普通高等教育"十一五"国家级规划教材

高等院校本科会计学专业教材新系

Auditing

审计学

王光远 黄京菁 主编

第4版

东北财经大学出版社

Dongbei University of Finance & Economics Press

大连

图书在版编目（CIP）数据

审计学 / 王光远，黄京菁主编． —4 版． —大连：东北财经大学出版社，2018.9
（高等院校本科会计学专业教材新系）
ISBN 978-7-5654-3317-7

Ⅰ．审… Ⅱ．①王… ②黄… Ⅲ．审计学-高等学校-教材 Ⅳ．F239.0

中国版本图书馆 CIP 数据核字（2018）第 194852 号

东北财经大学出版社出版
（大连市黑石礁尖山街 217 号 邮政编码 116025）
网 址：http://www.dufep.cn
读者信箱：dufep@dufe.edu.cn
大连图腾彩色印刷有限公司印刷 东北财经大学出版社发行
幅面尺寸：185mm×260mm 字数：503 千字 印张：21.5 插页：1
2018 年 9 月第 4 版 2018 年 9 月第 8 次印刷
责任编辑：王 莹 周 慧 责任校对：魏 莹
封面设计：冀贵收 版式设计：钟福建
定价：45.00 元

教学支持 售后服务 联系电话：（0411）84710309
版权所有 侵权必究 举报电话：（0411）84710523
如有印装质量问题，请联系营销部：（0411）84710711

"高等院校本科会计学专业教材新系"

编写指导委员会

第四版前言

随着中国经济日益融入国际经济圈并越来越凸显其重要性，中国的金融与经济服务行业也日益与国际接轨。中国的审计准则已经实现了与国际审计准则的持续全面趋同，中国的注册会计师行业迈向国际化也已经取得明显成果。鉴于此，本着与时俱进、立足当下的精神，以及高等学校本科教学要求，本书进行了第四次修订。在本次修订过程中，我们努力使其体现如下特点：

第一，内容安排上具有先进性。教材紧扣我国最新颁布的相关法规、制度，特别是作为行业标准的审计准则方面的修订及最新动向，体现教材的先进性和科学性。同时，本书也涵盖了国际审计准则和美国公认审计准则，既注意全面阐述审计基本理论、基本方法和基本技能，又努力与审计准则的最新内容相衔接，体现教材的完整性和广泛适用性。

第二，以受托责任为主线组织各章节安排。审计行为产生于审计委托人、被审计人和审计人这种三方关系人的互动作用关系之中，受托责任的不断演变又推动着现代审计的不断发展。全书以受托责任为主线，将审计基本理论和方法贯穿其中，使读者能够对审计的历史、现状和未来发展有清晰的了解，增强教材的针对性和可接受性。

第三，案例启发引导教学。每一章节都根据教学内容配有具体案例解读，使抽象、晦涩的审计学理论易于理解。大学的教学除了知识的传授，更多的是培养学生分析问题和解决问题的能力。在学习基本审计理论、方法的同时，以案例的形式将具有启发性的问题大胆引入，以探讨的方式向读者提出启发性的问题，不仅可以开阔思路，而且对学生的科研视野也会有所开拓。而且，本书所选择的案例以本土化案例为主，以保证其有更强的实用性。

第四，完善与教材配套的习题。配套习题是教材的补充和延伸，习题力求做到少而精，突出重点，难易适中，知识覆盖面广。同时，习题类型多样化，包括选择题、判断题、操作练习题和案例分析题等，有利于减轻学生对单调题型的厌倦感。

总之，通过本次修订，希望能使教材结构更加科学、内容更加全面，语言更加明晰，为读者学习审计理论、方法和技能提供有益的指导和帮助。

本次修订过程中，王光远博士拟定修订原则，黄京菁、范文萍、刘霞、陈骏负责具体修订工作。

编　者
2018年6月

目 录

MULU

第 *1* 章

什么是审计

学习目标

通过本章的学习，你应该能够达到：

知识目标：了解审计活动产生的社会经济背景；了解目前存在的不同类型的审计活动及其特点；了解会计与审计活动的联系和区别。

能力目标：结合当前经济社会现状，对不同类型审计活动如何发挥各自作用有初步的认识。

对经常接触证券市场的人而言，审计已经不再是陌生的字眼。大多数国家的法律都要求，股份上市公司应至少每年公布一次经过审计的财务报表。但是，究竟什么是审计，为什么需要对财务报表进行审计，仍然是令许多人疑惑不解的问题。

引例：

审计能帮我们解决这个难题吗？

小张、小王和小李是老朋友，他们经常在一起畅谈对生活的感受和对未来的设想。一天，他们看到报纸上一则欢迎加盟经营某一品牌西餐厅的广告后，认真分析了当地居民的生活观念和消费水平，认为在当地开设这样一家西餐厅是有赚头的。因此，他们开始着手编制创业计划。他们进一步对市场和客户群体进行了分析，选定恰当的经营地址，申请加入该品牌特许经营行列，并办理了相关开业手续，开业的资金由3个人平均缴付。小张和小王因对目前已有的工作岗位比较满意，他们决定不离开各自的工作单位，而小李的就业单位经济效益不佳，正在进行人员分流，因此，小李决定辞职，具体负责西餐厅的经营。他们商定，小李每月的工资为1 000元，税后利润的10%作为小李经营该店面的业绩奖励，其余部分3人平均分配。开业第1个月，小张和小王经常到西餐厅中帮忙，后来，小张到外地进修学习，而小王作为就职单位的业务骨干，因工作繁忙也几乎无法顾及餐厅的经营。年底，小李拿出会计报表告诉小张和小王，西餐厅的经营效果不如当初设想，只能勉强维持收支平衡，因此，没有什么利润可供分配。但不久，小张的另一位朋友告诉他，他们合伙经营的西餐厅生意十分火爆，应该大有赚头。小张感到很纳闷，该西餐厅的财务状况究竟如何呢？他与小王商议了此事。小王说："我就职的公司每年年末都要请注册会计师查核公司的经营状况和经营成果，然后才确定如何进行利益分配。为什么我们不请注册会计师来帮我们审计西餐厅究竟有没有利润可供分配呢？"小张很疑惑，审计能帮我们解决这个难题吗？注册会计师又是干什么的呢？

1.1　为什么需要审计

　　审计在拉丁文中的原意是"听"，早在 2 000 多年前，埃及、希腊、罗马和中国这四个文明古国就已经出现了审计活动。当时，政权的掌握者认识到，掌握政权资金的人员需要就其资金运用情况进行口头报告，同时，也需要特定的人员监督政权资金的使用情况，由此出现了审计职责。

　　人类社会在发展过程中，随着社会生产力及生产关系的不断发展，出现了私有制。当这种生产力和生产关系发展到一定阶段，私有财产的所有者因能力、技术、地域、经济、法律等多方面限制，可能无法亲自运用其财产从事生产经营，或是保管、使用这些财产时，为了获取更多收益，他们将财产托付给其他人进行生产或使用，并收取相应的收益。这就出现了财产所有权与经营、使用权的分离，两权的分离为审计活动的产生提供了客观基础。

　　在两权相分离的条件下，财产所有者（国王）受环境、能力或其他因素的制约，将财产的经营管理权委托给其管理者（各级官吏），他们之间形成了一种责任关系，这种经济责任就是**受托责任**。这种关系一旦建立，责任者（受托方）总是要根据责任关系，以最大善意履行其职责，实事求是地报告其经济收支活动情况和结果。所有者从自己的目的和利益出发，需查实审核经济收支活动情况的正确性、合理性，以解除受托方的责任。当所有者无法亲自来查核时，必然需要一个具有独立性（主要指独立于受托方）的第三方来实施审核，以证实受托方所提供的财务报表的可信程度，这个活动过程就是**审计**。

　　随着企业或其他类型组织的规模不断地扩大，在企业经济权责关系中也出现了与政权组织相似的资源和权力委派。尤其是经营管理权和所有权分离的股份制企业组织形式的出现，使得股东等资源所有者也存在着将资源委托给经营管理者以及随之而来的监督需要。正如著名会计学家查特菲尔德所言："17世纪公司制的出现，使利害关系者对与账簿分离的独立的财务报表的需求更为强烈，这是因为，债权人和股东均需要得到与他们投资有关的资料。但是，由于公司管理部门与股东之间潜在的利害冲突，股东对公司管理部门提供的财务报表常抱有怀疑态度，因此，需要进行审查，以证实其可靠性。"

　　当企业发展到一定规模，为了便于经营管理，需要设置不同级别的管理层，企业高级管理层将部分资源和权力委托给低层管理人员，由于存在这种权力和资源的委托受托关系，同样也就产生了监督的需要。

　　如果资源的所有者或权力拥有者无法亲自履行监督的职责，那么委托第三方（审计人员）进行监督就成为现实的选择。其关系如图1-1所示。

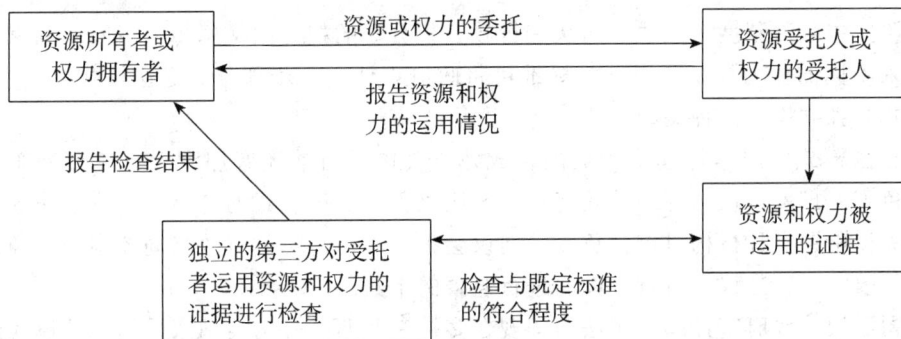

图1-1 审计相关方之间的关系

1.2 审计的不同类型

当然，早期的审计活动往往掺杂在其他经济活动中。随着社会经济活动的发展，审计越来越显出重要性，其外延和内涵也在不断地扩大，并日益成为具有鲜明特色的经济活动。所谓"横看成岭侧成峰"，即使对同一事物，从不同角度进行分析，也会得出不同结论。研究审计活动时也是如此。按照不同的标准，可以对审计活动进行不同的类别划分。

1）按照主要审计目的分类

按照主要审计目的，审计可以分为：财务报表审计、遵循性审计和经营审计。

（1）财务报表审计

如财务会计中所介绍的那样，企业编制财务报表的主要目的是向企业外部的股东和其他利益集团提供有关企业财务状况、经营成果和现金流量等信息，以便其进行相应的投资、信贷等决策。换言之，企业相关利益集团决策正确与否的一个重要变量，就是财务报表能否提供准确的信息。**财务报表审计**就是指审计人员检查一个企业或其他组织的财务报表。本书主要介绍这种类型的审计。

（2）遵循性审计

遵循性审计是检查审计对象的活动是否按照权威或权力机构所要求的程序或规则进行，审计目的是检查实际运行情况和法规之间的符合程度，或者说遵循程度。

（3）经营审计

经营审计是检查和评价审计对象的经营活动，目的是提升被审计单位经济活动的效率和效果。也有人将其进一步划分为管理审计和经营审计，或者称其为绩效审计、经营管理审计、经济效益审计、3E审计（效率、效果和经济性）、5E审计（效率、效果、经济性、公平性和环境）等。这是目前审计界主要拓展的一种审计类型。

2）按照主要审计主体分类

（1）政府审计

在**政府审计**中，审计部门隶属于国家政权机构，主要负责对政府机构的财政、财务收支、重点项目的资金及专项资金使用情况进行审计，也对国有企业或国有控股企业进行审计。①

按照民主政治制度中立法、司法和行政三权分立的权力制衡思想，不同的国家将政府审计纳入不同的权力体系，以此为标准可将政府审计进一步划分为立法模式、司法模式、行政模式和独立模式四种类型。

①立法模式政府审计起源于英国，成熟于美国。目前还有加拿大、澳大利亚、奥地利、以色列、挪威、埃及等国的政府审计采用该模式。该模式的特点是：按法律程序赋予审计机关权限；审计机构对议会负责，向议会报告工作，不受行政当局控制与干预，独立于政府行政部门，是议会对行政部门进行监督的工具。

②司法模式政府审计起源于法国，现在多被一些西欧、南美国家采用。该模式的特点是：审计机构拥有司法权，审计人员享有司法地位，从而强化了政府审计职能。审计机关就是审计法院，是具有终审权的权威组织，地位仅次于最高法院，是独立的介于立法与行政之间的最高审计司法机构。

③行政模式政府审计主要被苏联及东欧、北欧一些国家所采用。该模式的特点是：政府审计部门是国家行政部门的一部分，即对国家行政领导人负责。这种政府审计模式的独立性不如其他几种，不是一个权力体系对另一个权力体系的监督，事实上是政府行政权力体系下的自我监督。

④独立模式政府审计是由德国、日本结合本国的政治实践和审计传统创造出的类型。该模式的特点是：审计机关独立于立法权、司法权、行政权之外，能不偏不倚、公正地行使监督职能。德国是这一模式的最早实践者，其联邦审计法院既不属于立法部门，也不属于司法部门，而是独立的财务监督机构，只对法律负责。作为顾问，其为立法部门和政府部门提供帮助。独立模式政府审计超然独立于三权之外，它对行政体系的监督是同时服务于立法和司法部门的，具有政治上的中立性，该模式带有较强的宏观职能。

近年来，也有学者提出了国家审计免疫论，他们认为审计应该具有使经济社会免于内、外部组织和个人侵犯的能力；免疫自稳功能是指通过审计，能够不断健全、完善经济社会的各项管理机制，通过管理机制自动发现和清理不法分子和违法违纪问题；免疫监视功能是指对经济社会存在的共性问题进行预测分析，提出预警建议，避免危害加重的能力。这一观点的提出是因为，传统的审计产生于所有权和经营管理权相分离的受托经济责任。其局限性表现为：一是对"受托"理解的狭隘性；二是仅局限于"经济责任"。随着国家审计把推进法治、维护民生、推动改革、促进发展作为出发点和落脚点后，其受托经济责任逐步扩大为受托责任，审计受托责任从个别受托者对特定财产、特定个体的责任，扩大到审计机关对国有资产、社会群体的责任，它既包括受托经济责任，也包括受托社会责任。

（2）注册会计师审计

注册会计师审计，也称为民间审计、独立审计或者社会审计。在该类型审计中，受企业或组织的委托，由独立核算的会计师事务所或审计师事务所担负审计工作，从业人员是

---

① 传统的政府审计以检查政府机构的财务状况为主要内容。不过，近来美国政府审计已经改变了其工作的重心，财务审计只占其工作量的15%，大部分工作是对联邦政府进行业绩考核、项目评估和政策分析。美国审计总署（General Accounting Office，GAO）也改名为政府责任署（Government Accountability Office，GAO）。详细报道请查阅 www.e521.com/cjkx/haiwai/1026091214.htm/。

通过一定的考核或考试程序从而获得注册会计师称号的审计人员及助理人员。

出现注册会计师审计的原因是企业所有权和经营权分离，所有者不能参与经营，因而需要独立的第三方替代其进行监督。本书主要介绍的就是此类审计。

（3）内部审计

内部审计是由集团、部门、企业内部相对独立的人员在集团、部门、企业内部实施的审计。出现内部审计的原因是随着企业或组织的规模扩大，上级将部分财产的经营管理权授权给下级，从而出现了上级对下级的监督需要。

内部审计机构对企业或组织的活动进行审查，对其进行分析、评价、建议，目的在于协助企业或组织的管理者有效地履行其职能，促进其有效地控制成本费用。内部审计着眼于未来，起到了监督、评价作用。

与其他两类审计相比，内部审计的报告缺乏法律效力，其组织形式也因受企业或组织形式多样化的影响而有较多变化，从隶属关系角度分为：

①由公司董事会下属的审计委员会、监事会、非营利组织的理事会领导，其地位在董事之下、总经理之上，独立性、权威性最高。

②由总经理或与总经理级别相当的人员直接领导，其地位在各职能部门之上，有一定独立性。

③由财务部的会计长领导，权威性较低，独立性也不高，受多方干预。

从独立性看，这三者的独立性程度是逐渐下降的，但由于不同企业采取的组织结构形式不同，因此，很难准确地界定究竟哪一种方式最能发挥内部审计的作用。但从发展趋势看，第3种隶属关系正逐步减少，我国内部审计具体准则在规范内部审计机构与董事会或最高管理层关系时也只提及前两种隶属关系。①

上述三类审计的区别见表1-1。

表1-1　　　　　　　　**政府审计、注册会计师审计和内部审计的区别**

类型 项目	政府审计	注册会计师审计	内部审计
审计对象	各级政府财政收支、国有控股企业财务收支与受托责任	经营性组织的财务收支及财务报表	企业或其他组织内部各职能部门的财务收支和经营活动
审计权限	审查权、处理权	审查权	审查权、部分处理权
审计方式	强制性	自愿性	强制性
审计手段	无偿	有偿	无偿
审计独立性	独立	独立	相对独立
审计报告的法律效力	有法律效力	有法律效力	无法律效力

3）按照法律义务分类

（1）法定审计

法定审计是由法律或法规规定，需要强制进行的审计类型，即审计对象没有选择是否进行审计的权利。如上市公司的财务报表审计，就是国家法规要求进行的，上市公司不能违背该要求，当然，它可以选择由哪一家会计师事务所负责进行审计。

---

① 见《内部审计具体准则第23号——内部审计机构与董事会或最高管理层的关系》，自2006年7月1日起实施。

（2）自愿审计

自愿审计是企业或组织的自愿活动，没有法律或法规等的强制要求，该类型审计的目的是增进被审计企业或个人的信誉或维护委托者的自身利益。如企业向银行贷款之前进行的审计或两个企业合并之前进行的审计就属于这种类型。

1.3　审计与会计的联系与区别

就财务报表审计而言，会计和审计常常联系在一起。

1）会计和审计的联系

会计和审计的密切联系主要表现为：

（1）合格的审计人员必然首先是合格的会计人员

会计系统所加工、处理的会计数据是注册会计师财务报表审计工作中处理的基础材料。因此，注册会计师要做好财务报表审计，就必须首先懂得会计，是一名合格的会计人员。

（2）审计报告的重要作用是增加财务报表的可信性

在财务报表审计中，审计工作的最终成果是审计报告，会计工作的最终成果是财务报表，审计报告与财务报表密切相关，它们通常要同时并列呈送给委托人或正式对外公布。审计报告的重要作用是增强财务报表的可信性，使委托人或其他财务信息使用者信赖财务报表，并以此作为进行合理经济决策的直接依据。没有注册会计师的鉴证，财务报表的可信性及使用价值就会打折扣。

2）会计和审计的区别

当然，会计和审计毕竟是两种不同的经济活动，存在着明显的区别：

（1）二者的工作过程不同

会计基本上是一个反映的过程，即通过确认、计量、记录、汇总、报告等过程来反映经济事项；而审计则基本上是一个鉴证的过程，即通过收集和评价审计证据，并在此基础上就上述会计过程所产生的财务报表是否公允地反映了经济事项的实质作出结论。

（2）二者的工作成果不同

审计报告和财务报表是性质不同的两种报告文件。

会计工作的最终成果是财务报表，它是企业或其他类型组织的管理层向外部信息使用者，包括所有者、债权人、雇员、政府部门、证券交易所及社会公众等提供有关各企业或组织财务状况、经营成果和现金流量等财务信息的手段。一般来讲，一套完整的财务报表包括资产负债表、利润表、现金流量表、所有者权益（或股东权益）变动表及有关附注。管理层有责任和义务按现行的公认会计原则及时编制正确、完整的财务报表。

审计报告是审计工作的结果。审计人员以第三方的身份，对企业或有关组织管理层提供的财务报表进行检查，并对财务报表的公允性作出独立的鉴证，以增强财务报表的可信性。所以，审计报告只是审计人员表述审计结论的手段，它本身（主要指短式审计报告）不包括被审计企业或组织的财务信息和具体数据资料，不能代替财务报表。

（3）二者的最终责任不同

审计责任和会计责任是两种不同的责任，二者不能相互代替或混淆。

　　财务报表属于审计的对象，其编制质量的最终责任由企业或组织的管理层而非审计人员来承担。

　　审计人员的责任只限于审查财务报表是否公允表达、合理地揭示其中可能存在的错误和舞弊。根据审查结果，审计人员以不同意见类型的审计报告来表达鉴证意见，但无权修改或编制被审计单位的财务报表，也就是说审计人员只对审计意见的恰当与否承担责任。

　　在审计过程中，审计人员可以建议被审计单位根据公认会计原则的要求，调整或修改财务报表的内容或格式，但这种建议是否被采纳，还取决于被审计单位管理层。

1.4　经济社会需要企业财务报表审计

　　财务报表审计是在经营组织规模扩大后才出现的。由于企业组织规模的扩大，企业的所有者无法独立完成整个经营活动，因此，需要聘请其他人员帮助其进行生产经营活动，这样在企业组织中就形成了财产和权力的委托受托关系。下面以现代社会最典型的企业组织结构——股份公司组织形式为例说明为什么需要注册会计师对企业财务报表进行审计。

　　在股份公司的组织形式中，股东与经理人之间形成委托受托关系：股东是财产的所有者，是企业最终经营成果的享有者，同时也是企业最终经营风险的承担者，但另一方面，他们又不承担经营责任，而是通过签订委托契约方式将经营企业的责任完全委托给有才干的人，即经理人。经理人是物质财产的经营者，他们受托运用所有者的财产进行生产经营活动，拥有经营决策权，并依据委托受托契约条款取得相应的报酬。也就是说，所有者和经营者之间存在财产的委托受托经营责任。

　　所有者与经营者的分离，造成了严重的代理问题：[①]由于经理人不具有最终经营成果的分享权，只能根据委托受托契约领取固定报酬，因此，经理人与所有者之间存在目标的不一致性——经理人追求自身利益的最大化，而所有者追求最终经营成果的最大化。经理人可能为扩大自身利益而直接侵蚀所有者的财富或消极工作，从而导致所有者最终经营成果的减少，这部分减少的权益价值就形成代理成本。为使委托受托关系顺利持续下去，所有者和经理人可能通过签订契约来降低代理成本，进而要求利用会计信息对这些契约关系加以界定。瓦茨和齐默尔曼对会计信息在早期契约中的作用的研究表明，所有会计信息的计算程序与方法已成为有关企业剩余索取权的一系列契约中的一个重要组成部分。[②]

　　在实际经营过程中，经理人可能通过对会计信息系统的控制与操纵，使得会计信息脱离真实的财务状况和经营成果，而显示为偏向经理人自身利益的状态。值得庆幸的是，会计信息本身具有可验证的特点，上述问题可以通过所有者亲自对计量剩余索取权的会计信息的生成过程进行监督和消除经理人信息优势的方式加以解决，并在契约条款中进行适当的补充，即如果所有者发现经理人发生了上述代理成本，那么，经理人不仅不能得到激励

　　① 陈郁.所有权与控制权的分离［S］//所有权、控制权与激励——代理经济学文选.上海：上海三联书店、上海人民出版社，1998.
　　② ROSS L W，JEROLD L Z.The demand for and supply of accounting theories: the market for excuses［J］. The Accounting Review，1979，April：273-305.

报酬，而且还会受到相应的惩罚，直至解除委托聘约。1844年，英国议会颁布《股份公司法》，要求任命公司股东担任公司监事对资产负债表进行审查，就是这种解决办法的真实体现。

剩余索取权反映在会计信息上就是企业的净收益，它是会计核算的最终结果。因此，对剩余索取权计量的监督，也就是对已达成的所有会计计量规则执行过程的全面而完整地监督。遗憾的是，在现实生活中，由于会计信息质和量的变化，以及所有者个人受制于时间、精力、地域、能力等多方面的原因，拥有剩余索取权的所有者亲力亲为的监督往往是无法实现的。所有者只能退而求其次，花费一定的成本委托一个独立的监督人（注册会计师）代替其监督经理人报告的会计信息。对所有者而言，只要这种监督成本小于经理人可能造成的所有者的财富损失，这种委托就是合算的。当这种监督职能从行使剩余索取权的所有者手中分离出来，委托给一个与这种财产经营管理契约无关而又深谙这些会计信息表达方式的阶层来执行时，注册会计师审计这种经济活动就有了全新的表现形式。注册会计师审计的出现，不仅意味着它是社会经济职能分解的产物，而且标志着社会经济职能的进一步分解。[①]

如上所述，注册会计师审计是因企业所有权与经营权的委托受托关系而出现的，但需要注意的是，在所有者委托注册会计师进行财务报表审计的同时，双方又形成了另一层委托受托关系，即注册会计师也同样是受托人，审计的委托方需要向注册会计师支付一定的报酬来获取审计服务。从利益的角度分析，注册会计师与财产的所有者之间毕竟存在着利益差别，注册会计师并非天生就是为了维护这些资源所有者的利益而出现及存在着的。理性的经济人讲求自身利益的最大化，这种逐利的本性使得注册会计师审计聘约关系中同样也存在着机会主义行为选择所引发的新的代理成本问题。

在学习下面章节的内容时，我们需要运用上述两个委托代理关系来进行分析与认识，不仅要考虑到注册会计师对财务报表进行审计是为了鉴证所有者与经营者之间的委托代理关系，而且要注意到注册会计师的行为特征又受制于自身的这种委托代理关系。

■ 本章小结

自人类社会有经济活动以来，便以一定的社会经济权责结构开展各种经济活动。审计是社会经济权责结构复杂化后的产物。本章首先介绍了审计活动出现的经济背景。其次，说明由于审计活动服务对象的不同，目前形成了不同种类的审计活动，它们之间存在着一定的差别。最后，从历史发展进程看，财务报表审计是最为广泛的审计活动，也往往是其他类型审计的基础。本章说明了财务报表审计与企业经济活动的密切关系，并进一步阐释了在财务报表审计活动中，审计和会计存在着密切的关系，但又有本质的区别。

■ 主要概念和观念

□ 主要概念

受托责任　审计　财务报表审计　遵循性审计　经营审计　政府审计　注册会计师审计　内部审计　法定审计　自愿审计

□ 主要观念

权力制衡与政府审计模式　审计与会计的关系　委托受托关系与审计的双重联系

---

① 李若山.论审计与社会经济权责结构［M］.北京：中国财政经济出版社，1992：46-47.

▨　**基本训练**

☐　知识题

1.1　阅读理解

1）请说明审计活动的相关利益方之间存在着什么样的联系。

2）请说明政府审计四种模式之间的区别。

3）请说明政府审计、注册会计师审计和内部审计之间的异同点。

4）请说明会计与审计的联系与区别。

1.2　知识应用

1）选择题

（1）我国政府审计属于（　　　）模式。

A.立法　　　　　　　B.司法　　　　　　　C.行政　　　　　　　D.独立

（2）5E审计的内容包括（　　　）。

A.效率　　　　　　　B.效果　　　　　　　C.经济性

D.公平性　　　　　　E.环境

（3）属于外部审计的是（　　　）。

A.政府审计　　　　　B.民间审计　　　　　C.内部审计　　　　　D.全面审计

（4）检查审计对象的活动是否按照权威机构所要求的程序或规则进行的审计活动是（　　　）。

A.财务报表审计　　　B.遵循性审计　　　　C.经营审计　　　　　D.管理审计

（5）注册会计师的责任是（　　　）。

A.编制财务报表

B.发表不同意见类型的审计报告来表达意见

C.通过确认、记录、汇总、报告等过程来反映经济事项

D.向企业外部提供有关各企业或组织财务状况、经营成果和现金流量等方面的财务信息

2）判断题

（1）两权分离形成的受托经济责任的存在就是审计产生的客观基础。　　　　　（　　　）

（2）立法、司法和独立模式都是一种权力体系对另一种权力体系即行政管理权进行的审计约束，而行政模式则是在同一个权力体系内的监督约束。　　　　　（　　　）

（3）审计的客体（对象）是被审计单位的经营资料及会计资料。　　　　　（　　　）

（4）注册会计师审计的主要职能表现为监督。注册会计师监督被审计单位的具体活动，并将结果报告给审计委托人。　　　　　（　　　）

（5）从总体上看，评价是内部审计的核心。这是内部审计师协会对内部审计职能的定位。　　　　　（　　　）

☐　能力题

1.1　案例分析

请你学习完本章内容后，帮助解答本章引例中小张的疑问。

1.2　网上调研

1）请你通过文献的收集和整理，分析我国政府审计采用什么模式更利于其发挥作用。

2）请你结合当前上市公司治理方面的变化，谈一谈我国上市公司内部审计部门由企业哪一层次领导更能发挥其作用。

3）请你收集上市公司对外公布的年度财务报表，阅读注册会计师的审计报告。你认为注册会计师在资本市场上扮演什么角色？

1.3　单元实践

西方国家传统上认为，注册会计师、律师和医师是十分受人尊敬的黄金职业，请你设计调查表，向你周围的人了解，他们认为什么职业是黄金职业？在我国当前环境下，注册会计师是否也像在西方国家一样属于黄金职业？请你基于调查结果作出自己的判断。

□　拓展阅读内容

1.1　审计增强国家免疫力。

1.2　审计免疫系统功能的理解与探索。

第2章
审计目标与审计发展

学习目标

通过本章的学习，你应该能够达到：

知识目标：了解不同社会经济背景如何影响着审计目标的确立；了解不同审计历史发展阶段中审计技术的特点；了解表明审计目标变化的各主要文献所提出的观点。

能力目标：从不同历史阶段中审计目标的变化，归纳出影响审计目标确立的主要因素。

根据系统论的原理，任何系统性的事物都必须有一个目标，注册会计师审计也是一个系统化的过程，也存在着审计目标定位问题。①审计目标是审计活动应达到的目的或标准，它引导着审计工作的走向。审计目标的确立，既受制于审计本身的职能，又取决于社会经济环境，它会随着社会经济环境的变化而变化。

引例：

审计的目的究竟是什么？

老张年轻时经营了一家制衣厂。由于他有市场经营意识，对时尚潮流比较敏感，经过多年的打拼，制衣厂已经有了一定的规模，在市场上也有较好的声誉。每年年末，为了与税务、工商等管理部门便利地交流，他都聘请注册会计师对制衣厂的会计报表进行审计，从而准确地了解工厂的财务状况和经营成果。前年，老张积劳成疾，住院休养，不得不将制衣厂的日常经营管理全权委托给了他一手带出来的徒弟——现任副厂长小李。老张与小李约定，平时，老张通过制衣厂的会计报表了解工厂的经营情况，在经营的重大决策问题上，仍然需要得到老张的许可，每年年末，小李仍然需要聘请注册会计师审计制衣厂的

---

① 目前对注册会计师从事的审计活动有不同的称谓，如民间审计、独立审计和社会审计等。本书采用"注册会计师审计"一词，且从本章起，除非特别说明，下文所介绍的都为注册会计师审计活动。当然叙述历史部分存在着一定的混乱，因为在早期，并没有正式的注册会计师称号。不过，为了叙述方便与一致性，本章依然采用该词语。

会计报表。一周前，制衣厂的一位老员工私下告诉老张，工厂的经营很困难，他们的工资都无法按时发放了。老张很纳闷，因为他上个月看到的审计后会计报表显示，制衣厂还有不少银行存款，足以发放工资。于是，他走访了会计师事务所想先了解一些情况。注册会计师告诉他，审计的目的不是查找制衣厂是否存在舞弊行为，而只是验证会计报表是否公允。老张很疑惑，注册会计师的话是什么意思？如果制衣厂真的存在问题，他的损失该由谁来负责赔偿呢？

2.1　1844年以前的注册会计师审计

1）经济背景分析

1640—1660年的资产阶级革命和18世纪后半叶的产业革命，使欧洲经济迅速发展。贸易资金需求的扩大，使得经营的组织形式突破了奴隶社会、封建社会的财产私人占有形式，区别于家庭式手工作坊的企业组织形式出现，并迅速从独资企业类型向合伙、股份制企业类型发展。

1720年前后，因当时社会资金充裕而投资渠道十分有限，西欧三大都市——伦敦、巴黎和阿姆斯特丹——先后出现了空前的特大股市投机狂潮。但由于股份公司发起人和经理人的舞弊行径、谣言的流传，以及股票市价的剧烈波动，不久，社会经济形势急剧恶化，不少股份公司纷纷破产，其中英国南海公司的破产最为引人注目。[①]在众多蒙受损失的利害关系人的强烈要求下，英国议会组织了13人的特别委员会负责调查南海公司破产事件。委员会聘请了当时著名的伦敦会计专家查尔斯·史奈尔（Charles Snell）对南海公司所属的主要舞弊机构——索布里奇商社（Jacob Sawbridge）——进行全面的账目审查。1721年，史奈尔向议会提交了名为"伦敦市霍斯特·莱恩学校习字教师兼会计师查尔斯·史奈尔对索布里奇商社会计账簿进行检查的意见"的查账报告，详细揭示了该企业存在的种种舞弊行为和弄虚作假等问题。[②]这一事件也被认为是近代注册会计师审计的开端。[③]

2）审计目标定位

在这个时期后期，虽然已经出现了一些新经济组织形式的萌芽，但由于生产关系发展的滞后性，大多数产业资本仍以少数人的私有资本占绝对比例的方式存在。在社会经济格局中，受托的经理人尚未形成一个明显的社会阶层，所有者阶层在这种财产委托受托责任关系中占据着主要地位。对后者而言，他们更关心接受受托责任的经营人员使用资金的诚实性，他们同时也掌握着选聘审计人员的委托权，并行使监督其工作的职能。

在这种经济格局下，审计的目的是维护所有者的利益，审计结果也不需要公之于众。只要所有者认为审计人员圆满地完成了工作，反映出真实的情况，他们就乐意支付审计报

① 英国南海公司破产案在民间审计发展史和证券市场发展史中都占据极为重要的地位。该案件发生后，英国颁布了《泡沫公司取缔法》，将股份公司的发展进程延缓了100年。
② 文硕.世界审计史［M］.北京：企业管理出版社，1996：223.
③ 目前对究竟谁是世界上第一位民间审计师（当时还没有审计师称号）仍存有争议。一部分学者认为，第一位民间审计师的荣誉属于查尔斯·史奈尔，也有人认为此殊荣非乔治·沃桑（George Watson，1645—1723）莫属，还有人认为该荣誉属于Browne Tymms或James Parker。参见文硕.世界审计史［M］.北京：企业管理出版社，1996：224。还可参见Gary J P.A history of accounting in America［M］. New York：John Wiley and Sons Inc.，1979：9。

酬；审计人员的目的是获取审计服务收费，而提供客观、真实、公正的审计服务是达到这一目的的手段。这样，审计人员的目的与财富所有者的目的完全一致。因此，这一阶段审计目标的定位，就是发现可能存在的人员舞弊，检查受托经营人员的诚实性。

3）主要运用的审计方法

从另一个方面看，审计人员也有能力完成这个目标的要求。这个时期的财务报表还处于原始阶段，企业在一个会计期间内的经济业务活动较少，业务内容也比较简单，因此，审计人员可以通过对本会计期间内的经济交易和会计记录进行详细的检查来确定计算的精确性和报表与账册之间的相符程度。

2.2 1844年至20世纪20年代初的注册会计师审计

1）经济背景分析

至19世纪中叶，英国的工业化革命已基本完成，经济进入飞速发展时期。单个的企业主无力提供大规模经营所需的资金，企业经营规模及相应的资本需求日益扩大，使得企业合并浪潮迭起。企业规模扩大的需求使得1834年与1837年英国议会通过了设立股份公司需由国王授予特许权证的法案，公司组织形式正式出现。

（1）法定审计的起源

这个时期的证券市场还处于萌芽状态，很不规范，存在着高度的冒险投机倾向，公司破产率很高。在周期性爆发的经济危机的推动下，统治者认识到保护小投资者的利益是稳定社会经济的重要一环。英国议会于1844年颁布了《股份公司法》，这一法案的出台是注册会计师审计取得法律强制地位的起源。[①]不过，该法案并未要求审计人员独立于公司管理层，也未对审计人员的资格进行要求。

英国1900年颁布的《公司法》再次提出了强制审计的条款。尽管该法案仍然没有对审计人员的资格进行要求，但提出了审计人员应该独立于公司的管理层，即不能任命公司的经营管理人员为其审计人员。

（2）债权人成为注册会计师审计的主要需求方

企业经营者为了获取扩大生产经营所需的资金，以谋求更多的利益，纷纷向银行借贷，这成为企业又一主要的资金来源渠道。债权人在社会经济中的地位明显提高。在1893年以前，几乎没有银行家或金融家在董事会占据一席之地，而到第一次世界大战之前，投资银行家或金融家的代表占据董事会席位的现象极为普遍，有时甚至取得了控制权。仅1913年，金融资本家就占据112家公司中的341个董事会席位，控制着大约22亿美元的资源。[②]

在一系列的金融信用失败案件发生后，为保证公司（企业）合并的顺利进行和降低银行贷款的偿还风险，金融资本拥有者（债权人）开始考虑要求审查申请贷款公司的资产负债状况。1907年，美国银行协会信贷信息委员会提议，向出具经审计人员审查的资产负

---

① 在民间审计的发展过程中，对不同的审计业务或类型存在不同的称谓。由于此时的审计是由国家法规强制执行的，因此，不少人认为它属于法定审计的范畴，但是在后来的发展中，为强调民间审计人员的独立性，将这种审计人员对财务报表进行的审核称为民间审计已成为大的趋势。因此，本文选择后一种表述方法。
② LOUIS M H.Major documents in American history.Princeton：D.Van Nostrandand Co.，1961：26.

债表的贷款人提供较为优惠的贷款条件。翌年，美国银行协会总会批准这一提案并付诸实施。

2）审计目标定位

这一时期，股份制公司的规模仍然相对较小，公司股东依然与公司保持着紧密联系，掌握着选聘审计人员的委托权，公司管理者的受托责任仅仅是保证托管财产的安全性和其自身的诚实性。因此，与社会的这种需求相一致，审计目标就定位于保护股东的利益，发现舞弊或错误。[①]

债权人通过契约将其拥有的资金让渡给债务人使用，债权人和债务人之间形成了一种代理关系。债务人极可能以小额的自有资金和众多的借贷资金去追求风险极大的获利项目，一旦失败，企业只承担有限责任，而使债权人受到重大损失。这使得债务的提供者在控制债务人行为或行为产出上存在相关的经济利益。为了充分了解债务人的偿债能力，债权人逐渐要求债务人报送经审核的资产负债表，并通过契约的形式规定双方的责任和义务，防止经理人对其财产可能的侵害。

虽然债权人是这种审计服务的真正需求方，但在实际中与审计人员达成委托契约的却是企业的管理者。这样一来，审计的真正需求者无法与供给者进行面对面的谈判并在审计聘约中明确自己的服务需求及质量要求。因此，为了节约交易成本，债权人将自己的需求以公共契约的形式表现出来。1917年，联邦储备局审议并颁布了由美国会计师协会（AIA）制定的《资产负债表备忘录》，用来核实资产负债表中资产的存在并反映流动性的**资产负债表审计**应运而生。这种审计的目的就是满足债权人降低信贷风险的需要，考察债务人所有流动资产与流动负债的关系的真实性，因为该指标最能反映债务人资产的未来流动性，其审计目标就是确定公司的资产负债表是否正确地描绘出公司的偿债能力。

3）审计方法的变化

由于衡量债务人偿债能力的指标主要体现在资产负债表中，因此，在该阶段，对重要账户进行分析、审查的资产负债表审计逐渐取代了传统的交易事项的详细审计。资产负债表审计是以针对少数重要的会计账目进行集中、彻底的审查为基础实施的，不需要对全部的经济业务进行检查，即可对公司的资产负债表进行验证。这种选择性检查可以节约审计成本，也受到审计界和审计委托人的欢迎。与该审计目标相适应，此时所采用的审计程序依然是详细地检查相关会计账册计算的精确性以及与此相关的公司内部文件。

当时的审计界对在资产负债表上签署审计报告的做法存在争论。一些专业人士认为，在资产负债表上签署审计意见并随之向公众发布，可能会损害公司利益，如引起债权人的恐慌而要求收回债权。另一些人认为，从逻辑上讲，审计意见应该和资产负债表一起发布。1908年的英国公司法案支持了后者的观点，要求资产负债表应和审计意见一同发布。

这一时期的后期，法院的判决表明对审计人员的要求提高了：他们应该保证会计账册记录的内容是真实的而非虚构的。这就要求审计人员寻找更多的证据来支持其审计意见。这种审计技术的迅速发展对审计人员的资格提出了一定的要求，民间审计职业团体逐步形成。但是，当时大多数股东并没有认识到这一点，依然任命其外行的亲信来担任公司审计

---

① 1907年出版的英国早期的审计教科书《狄克西审计学》将这一阶段民间审计目标总结为：查找舞弊、查找技术错误、查找原理错误。参见沙利文，等.蒙哥马利审计学［M］.《蒙哥马利审计学》翻译组，译.10版.北京：中国商业出版社，1989：前言第6页.

人员。

2.3　20世纪20年代至60年代的审计

1) 经济背景分析

在这个时期，世界经济中心和民间审计发展的中心都由英国转为美国。社会经济环境和观念发生了巨大的变化。

（1）所有权与管理权的彻底分离

为了适应现代企业规模的持续发展以及由此带来的对资金的巨大需求，证券市场日渐发达。活跃的市场吸引了大量的个人资金，股权迅速扩散。这些小额资金的投资者阶层与前一时期的投资者存在明显的不同，他们与公司的联系并不紧密，他们并不关心公司的管理和其名义上拥有的公司财产份额，其关注的重心是其投资的回报。如果他们认为某家公司的股票能带来更多的收益，他们会迅速地抛售手中其他公司的股票，转而购买那家公司的股票，其身份也就从一家公司的股东转变为另一家公司的股东。这种资金筹集方式的改变导致了最重要的会计信息从反映流动资产与流动负债之间比例关系的短期财务状况，转向反映期间净收益和投入资本之间关系的盈利能力。

股权的这种极端分化造成了公司所有者利益和公司管理职能的彻底分离，具有一定资格、领取薪酬、不持有公司股份的职业化管理阶层逐渐接管了公司的管理与控制职能。公司的所有者渐渐退出了对公司的控制，他们只是通过投资契约关系对公司财产保持着参与净资产分配，决定企业分立、合并或解散等极为消极的权力，其唯一能够行使的积极权力就是转卖股票。与此相适应，公司在经营过程中的实质控制权逐渐地落入企业经理人手中。公司管理者的受托责任也由诚实地使用受托资金扩展到有效地使用这些资金，以获取更多的资金回报。同时，企业管理者的受托责任范围也发生了变化。企业管理者的责任不再局限于与股东和债权人的关系上，还表现在与其他许多利害关系者的直接联系上，如为社会提供就业机会、与供应商和经销商形成供应链、职工福利、环保与安全等社会责任等。

（2）政府加大了对会计信息市场的管制

1929年，美国爆发大规模的经济危机后，美国国会很快对证券市场进行调查，发现证券交易中存在着大量人为操纵的投机行为，这引起了严格管理资本市场的呼声。为了恢复投资者（所有者）的信心，刺激投资，美国政府采取了一系列措施，其中最主要的措施之一就是改革财务报表制度，充分披露财务信息，有效地防止财务报表出现差错和弊端。美国政府援引英国公司法的基本内容，从法律上对证券市场严格地加以管理，制定了一系列证券法律，主要有1933年的《证券法》、1934年的《证券交易法》、1935年的《公共事业持股公司法》、1939年的《信托契约法》、1940年的《投资公司法》和《投资顾问法》等。

其中，《证券法》和《证券交易法》对证券的发行、交易和公司财务状况的披露、财务报表的审计等问题作了明确规定。《证券法》规定发行有价证券的企业必须向联邦贸易委员会进行证券发行登记，并报送由民间审计人员验证过的财务报表。审计人员有责任明确财务报表在报告提出日之后直到上市登记表生效之前，其表达都是公允的。任何购买证券者如发现经审计过的财务报表对重要事实有不实的表述，或故意隐瞒使报表不被误解所必须说明的重要事实，并因此遭受损失时，可对执行该审计业务的审计人员提出起诉。①
这种**强制性财务报表审计**，客观上使得民间审计人员必须是具有一定资格的专业人士，即审计人员，其已不再是对企业的某个具体投资者负责，而是面向全社会。

2）审计目标的定位

在20世纪20年代至60年代，民间审计发生了许多变化，其中最重要的变化是审计的目标从发现和防止舞弊，转向评估公司财务报表所表达信息的公允性。

（1）经营管理者成为审计实质上的委托人

在这个阶段，经营管理者已经摆脱了被监督和控制的地位，成为企业的真正主宰者，同时，也成为注册会计师审计最主要的需求者。理性的投资者（包括债权人以及所有者）都希望用最少的资金获取最大的报酬。在一个竞争的资本市场中，经理人为吸引投资者手中的资金，必须展示自身的经营能力和较高的投资回报率。由于理性的投资者意识到经理人可能存在着机会主义行为的选择，为防范风险，他们在委托契约中要求的资金回报率要高于在信息对称情况下的要求。为解除投资者的这种心理预期，降低获取资金的成本，经理人也会产生对注册会计师审计的需求，要求他们验证企业的会计信息，以减少与投资者之间的信息不对称。②

其次，传统的所有者退出了民间审计最主要需求者的地位。③一方面，由于股权的分散，所有者失去了对公司的实际控制权，从具有长远利益的业主地位转变为临时的投资人角色，与此相适应，他们也丧失了监督注册会计师审计的积极性。另一方面，由于分散的所有者之间产生了相互抵消的作用，即使某个所有者愿意监督审计人员的履约行为，在实际中也变得极为困难。

这样，选聘审计人员的权力就落入经营管理者的手中，并形成了这样一种局面：财产经营委托关系中的受托人本该是审计监督的对象（被审计人），却成为了注册会计师审计实质上的委托人，委托与否、审计应达到什么样的程度以及审计报酬的多寡，完全取决于经营管理者，由此导致了所有者对审计的最终要求根本无法反映在审计聘约中，审计人员出于自身利益的考虑，对管理部门比对所有者更为敏感。

（2）政府管制力量的介入对审计目标的影响

繁荣的经济是国家财富最有效和最丰富的来源，是政府关注的主要对象。为了保障市场的繁荣和秩序，政府管制力量介入了市场经济，在一定程度上改变了注册会计师审计的社会经济环境，从而影响了审计目标的定位。

自1930年起，纽约证券交易所与美国会计师协会（AIA）之间为了改善审计报告标准进行了长达3年的协商。AIA建议，不再制定所有公司均应依据的统一的会计程序，而是由公司自行选择会计方法，但是，这种选择必须在认可的公认会计原则框架内进行。1933年10月，纽约证券交易所同意了这项建议。1934年1月，由AIA与美国证券交易委员会组成的特别委员会发表了名为"公司账目审计"的公告，将审计报告中关于意见表达的多

---

① 阿伦斯，洛贝克.当代审计学 [M]. 张杰明，等，译.北京：中国商业出版社，1991：123.
② 詹森，麦克林.企业理论、管理行为、代理成本和所有权结构 [S] //所有权、控制权与激励——代理经济学文选.上海：上海三联书店、上海人民出版社，1998：10—23.
③ 债权人与所有者对民间审计需求之间存在共性，即要求对与代理契约有关的完整的会计计量规则进行验证。在大量发行债券导致债权分散的情况下，债权人在签署民间审计目标聘约时的地位变化也和股权分散的情况下相一致；对大的债权人而言，它依然可以通过亲自参与民间审计目标签约过程来体现其对民间审计服务的需求。因此，在本文后面的篇章中主要以分散的股权为例进行论述，不专门提到债权拥有者对民间审计的需求。

种术语，从真实、准确、正确等定位于"公允地反映"，建议审计报告采用"所附资产负债表和收益表按照公认会计原则……公允地反映了公司的财务状况和经营成果"的表述。1936年，该文件修订并更名为"民间审计人员对财务报告的检查"，正式将审计目标转向"对财务报表是否公允地遵循公认会计原则表示意见"。①

1948年，AIA制定了《审计准则暂行说明》，其中明确规定：审计报告应对整个财务报表表示意见，或说明不能表示意见……②这是审计职业界在其颁布的第一个准则中，正式确认审计目标是对财务报告的公允性表示意见。从此，这一观念深深地嵌入审计实务界和理论界的头脑中。③

3）审计技术方法的发展

在20世纪20年代至60年代，民间审计出现了以下三方面的主要变化：

（1）审计抽样技术的发展

伴随着公司规模的扩大，企业经济业务的交易量也随之增多，对审计人员而言，详细地检查企业所有的会计分录，不但工作量大、花费时间长，而且容易分散注意力，无法抓住重点。审计人员逐渐接受以下观点：仔细审查随机选出的低于100%的经济业务，将能获得其余同类经济业务是否正确的可靠推论，这就是**抽样审计**。

对企业管理者而言，企业规模的扩大使其不可能事必躬亲，将部分工作和责任委派给其他员工成为必然。管理者在企业内部建立起各种控制制度，保证经济业务按照其意图进行。管理者和审计人员都认为，如果内部控制系统运行良好，会计组织机构管理得到加强，就能够预防和发现日常会计业务中的舞弊和差错，提高会计记录的正确性和可靠性。这样，也为抽样技术的使用提供了一定的条件：如果企业内部控制制度健全，会计记录中存在舞弊和差错的可能性就小，在较小的抽样范围内就可以搜集到必要且充分的审计证据，而如果内部控制制度不健全，运行状况不佳，那么，会计记录的正确性和可靠性就小，有必要适当地扩大审计抽样范围，以取得充分的审计证据。

（2）外部审计证据不断受到重视

1938年，美国爆发了截至当时最大的舞弊案件——麦克森·罗宾斯公司倒闭事件。美国证券交易委员会的检查人员发现，该公司关键管理人员利用内部控制的薄弱环节，从公司贪污了巨款，并编制虚假财务报表进行掩饰。检查表明，虽然审计人员按照惯常的审计程序进行了审计，但未能发现1937年12月31日合并资产负债表的总资产8 700万美元中有1 907.5万美元资产是虚构的，1937年度合并损益表中虚假的销售收入和毛利分别达到1 820万美元和180万美元。④该案件暴露了当时所采用的审计程序存在着巨大的漏洞。

美国证券交易委员会吸取教训，颁布了新的报告，对审计程序进行修改。民间审计界对此作出了积极的反应。1939年1月，审计程序特别委员会（CAuP）正式建立，并于5月9日提出了名为"审计程序的扩展"的文件，对审计程序作出了四个方面的改善：

①存货检查：通过实地盘点，确认存货数量；

②应收账款的检查：采用信函对债务人直接询证；

① 沙利文，等.蒙哥马利审计学 [M].《蒙哥马利审计学》翻译组，译.10版.北京：中国商业出版社，1989：24.
② 李若山.审计学 [M].沈阳：辽宁人民出版社，1994：16-17.
③ 从职业界制定现实和有用的准则角度看，公认审计准则的出台是一个里程碑，但它也受到不少专家的批评。参见莫茨，夏拉夫.审计理论结构 [M].文硕，贾从民，译.北京：中国商业出版社，1990：147-148.
④ 详细案情经过可参阅文硕.世界审计史 [M].北京：企业管理出版社，1996：571.

③选举独立的审计人员：审计人员应由董事会或在股东大会上投票选举产生；

④审计报告：审计报告应分为范围段和意见段，并明确内部控制系统的完备状况。

这些新的要求将获取外部审计证据放在了与审计人员长期以来所采用的检查公司内部账簿、记录和文件以获取审计证据同等重要的地位。

（3）损益表审计成为民间审计的重心

由于公司的现任股东十分关注其投资后所获取的报酬，同时，投资回报变成了影响潜在投资者投资方向的主要因素，即财务报表使用者的关注重心从资产负债表体现的公司财务状况和偿债能力，转向了反映盈利状况的损益表。对企业经理人来讲，市场资金有着与生俱来的追逐获利的本性，因此吸引市场资金的最佳方法就是表明企业获利的能力。这样，确认公司的财务状况和盈利，即损益表审计，就成了民间审计的首要任务。①

2.4　20世纪60年代以后的审计

1）经济背景分析

进入20世纪60年代后，公司规模不断扩大，股权也进一步分散，这又强化了管理者在审计委托关系中的地位，跨国公司的出现更是表明企业已经成为具有极大影响力的社会经济力量。

（1）舞弊案件的频发引发舆论的强烈不满

由于缺乏有力监督，企业管理人员进行会计舞弊（主要表现为贪污或操纵会计利润）的现象不断增加，并有愈演愈烈的趋势。社会公众认为，一份清楚的审计报告就意味着财务账目的审阅者保证在签字那天所有方面的资料信息要正确，但在刚刚提交审计报告后不久，被审计企业就倒闭、破产、受监管或取消的事例层出不穷，注册会计师难道不应对此承担一定的责任吗？会计舞弊现象的激增，直接引发了要求注册会计师审计承担揭示舞弊的任务的社会需求。

（2）保护消费者观念的盛行对审计目标定位的影响

随着商品经济的发展，保护消费者利益的观念深入人心。企业外部的所有者认为，他们为获取注册会计师审计服务支付了相应的费用（审计费用是收益的扣减项，即减少了剩余索取权），毫无疑问是审计信息的消费者。当其利益受到损害时，他们往往诉诸法律。1965年，美国法律协会颁布了权威性的侵权原则纲要——《民事侵权修正说明（第二稿）》，将确认负责的判例原则从"特定的、已知的第三方"推进为"可合理预期的第三方"。②法院的判决一如既往地倾向于确认审计人员有责任揭露重大舞弊欺诈，如1969年的大陆销售公司案和1974年的霍齐费尔德案。③司法界的举措鼓励了企业外部所有者诉讼的热情，这一时期针对审计失败的诉讼案急剧上升，被称为诉讼爆炸时期。④

———————————

① R. H. 蒙哥马利在其1912年版、1923年版和1927年版的《审计理论与实务》中均如此表述民间审计目标。

② 沙利文，等.蒙哥马利审计学［M］.《蒙哥马利审计学》翻译组，译.10版.北京：中国商业出版社，1989：93-94.

③ 李若山.审计疑难案例解析［M］.南昌：江西科学技术出版社，1992：224-226.

④ ELMER B S.Why today's audit is more difficult［J］. The Internal Auditor, 1987, April：29-33.

（3）政府加大监管注册会计师审计服务的力度

大量的诉讼案件与社会舆论倾向迫使各国政府转变了对注册会计师审计目标的认识。美国参众两院的监督委员会提出了会计、审计领域内舞弊性财务报表的问题，并建议实施更多的政府干预。1987 年起，在美国多位参议员或众议员所领导的委员会的推动下，美国国会开始着重调查注册会计师审计在反舞弊性财务报表中的作用。2002 年 4 月，美国国会通过了《萨班斯-奥克斯利法案》，旨在纠正安然公司、世界通信公司等公司财务报表舞弊中出现的公司治理和包括会计师事务所在内的中介机构的问题。

在此背景下，以公允性为主的注册会计师审计目标受到来自各方面的批评与冲击。

2）审计目标的重新定位

（1）表明审计目标变化的多个文献

①审计人员职责委员会报告及美国审计准则第 16、17 号（SAS No.16、SAS No.17）

鉴于上述因素的共同作用，1978 年 AICPA 专门委员会提交最终报告——《审计人员职责：结论与建议》，其建议的内容涉及保持审计人员的独立性、报告重大的不确定性、审计人员揭示舞弊的责任、对违法或有问题公司交易的反映等 11 个方面。就审计目标和责任而言，该报告认为“绝大多数利用和依靠审计工作的人都将揭露舞弊列为审计的最重要目标……为合理保证财务报告没有受到重大舞弊的影响，合理保证企业管理层履行管理重要资产的职责，审计项目应予以合理计划。在财务报表审计中，审计人员应考虑客户防止舞弊的控制是否适当，且有责任查找舞弊行为，并要求揭露出那些通常通过实施应有的职业关注能予以揭露的舞弊行为”[①]。在该报告的基础上，审计准则委员会（ASB）于 1977 年发表了 SAS No.16《注册会计师检查错误以及不当行为的责任》和 SAS No.17《客户的不法行为》，开始有限度地将查找错误和不当行为纳入审计人员责任体系。

②审计人员职业行为特别委员会报告

1983 年 10 月，AICPA 成立了审计人员职业行为特别委员会，并经过 3 年广泛的调查与周密分析，在 1986 年的《公众期望差距》报告中指出，尽管审计准则已作了重要变革，但委员会在报告中所保证的审计责任程度尚未满足公众的期望。该报告认为，在国会、传媒、管理层和公众对审计职业界的批评意见中，其中一些合理的内容主要涉及审计人员的行为和工作质量，现有制度需要更大的灵活性和适应性，职业界确认和处理低于正常标准的工作方式有待进一步改进。1986 年 7 月，该委员会发表最终报告《适应环境变化，重构职业行为准则，促进职业完善》，为职业界一贯重视的概念——公众利益、正直、独立性和客观性、应有的谨慎——赋予了新的活力，重申职业界对职业服务和行为所能达到的最高水准所作的承诺。该报告代表着职业界对改革时代的肯定性反应。[②]

③全美反舞弊性财务报告委员会报告及美国审计准则第 53、54 号（SAS No.53、SAS No.54）

1985 年，美国审计人员协会（AICPA）、美国会计协会（AAA）、内部审计师协会（IIA）、财务总经理协会（FEI）以及全美会计师协会（NAA）共同达成协议，成立全美反舞弊性财务报告委员会。该委员会从分析财务报表的全过程着手，仔细考察参与该过程的每一类人员的作用，包括管理人员、审计委员会、注册会计师等，以及考察内部控制、公

---

①　Cohen Report，pp.31-36.
②　The Anderson Committee.Restructuring professional standards［J］．Journal of Accountancy，1987（May）．

司文化和法律环境，着重研究由于管理人员舞弊削弱财务报表完整性的程度、舞弊行为可预防的程度、注册会计师在披露管理人员舞弊中的作用以及审计准则是否应作必要的修改等问题。1987年10月，该委员会发表最终报告，就上市公司、注册会计师、证券交易委员会等法规制定机构、职业教育四个方面，提出了大量极富价值的建议。同时，它也指出，防范与发现舞弊是一项"大工程"（big picture），需要各方面的配合行动。①对审计人员的建议是：首先应更好地确认注册会计师对检查舞弊性财务报表的责任，采取积极的步骤评估舞弊性财务报表存在的可能性，从而为揭示舞弊提供合理的可靠保证；其次应提高注册会计师揭露舞弊的能力。②

为强化审计人员履行揭弊查错这一审计目标的能力，ASB于1988年发布9项新的审计标准公告，内容涉及4个方面：舞弊及违法行为的揭露；更有效的审计；改进外部环境；增进内部沟通。其中，SAS No.53和SAS No.54对审计目标重新进行了界定，分别取代了20世纪70年代的SAS No.16和SAS No.17。新准则的出台代表着注册会计师职业界态度的一次重要转变，它以更坚定的态度确立了审计人员揭露和报告舞弊、差错和不法行为的责任，并就舞弊对审计报告及企业内外信息交流的影响、审计计划、程序及评价等问题作出了更为具体的指导和规定。有的学者认为，这2项准则的颁布标志着揭弊查错再次成为审计人员在财务报表审计中的重要目标。③

④审计准则第82号（SAS No.82）

1993年3月，AICPA的公共监督委员会（POB）提出了名为"为了公众利益"的报告，认为审计职业界应扩展其目前的审计报告，从而相应扩展目前的责任程度，以接受查找管理层舞弊的责任。

1993年6月，AICPA指导委员会在名为"满足未来对财务报告的需要：注册会计师职业界应承担的义务"的报告中，支持POB提出的上述建议，并提出了具体的施行程序，声明"公众期待注册会计师检查舞弊，因此审计人员有责任检查舞弊"。

ASB在1997年2月发布SAS No.82《财务报表审计中对舞弊的考虑》，取代了SAS No.53，力图缩小舞弊方面的期望差距。新准则以更清楚的语言、更多的指导和更显要的位置来重申这一责任，将该责任表述列入一般准则，以这种位置的变化促使审计人员对此有更清醒的认识。④

⑤审计准则第99号（SAS No.99）

2002年4月，美国国会通过了于当年7月1日起生效的《萨班斯-奥克斯利法案》，该法案要求美国SEC通过设立上市公司会计监管委员会（PCAOB）、制定可执行的具体法规等措施，全面加强对资本市场的监管。

AICPA SAS No.99比以前的准则更加强调关注财务报表中可能存在的舞弊，强调审计职业怀疑的重要性，要求在审计的各个环节中充分考虑可能存在的舞弊风险，与被审计单位的管理层、董事会、审计委员会等相关利益方讨论可能存在的舞弊，并记录这一过程。

2004年国际会计师联合会下属的国际审计与鉴证准则委员会颁布《国际审计准则第

①　AICPA Centennial Issue.The Treadway Commission：frandulent financial reporting ［D］. 1987（May）：336.
②　BOLOGNA G J, ROBERT J L, JOSEPH T W.Treadway Commission report summary ［D］. The Accoutant's Handbook of Commercial Crime, 1992：293-301.
③　谢荣.市场经济下的民间审计责任 ［M］. 上海：上海社会科学院出版社，1994：82-84.
④　LANDSITTEL D L, BEDARD J C.Consideration of fraud in a financial statement audit ［J］. Auditor's Report, 1997.

240号——审计师在财务报表审计中对舞弊考虑的责任》（新ISA 240）。2016年中国注册会计师协会发布审计报告相关准则，修改审计报告的内容和措辞，使财务报表使用者能够更准确地理解审计的定位、核心概念以及注册会计师、治理层和管理层各自的职责，弥合"审计期望差距"。其中着重说明注册会计师和管理层对持续经营假设各自的责任、注册会计师对年报中除已审计财务报表和审计报告以外的其他信息的责任、"合理保证""重要性""风险导向审计"等审计核心概念的内涵、注册会计师对发现舞弊的责任、与治理层沟通的责任等，明确项目合伙人对审计质量承担的最终责任。

这些文件的出台，清楚地表明了注册会计师职业界已经逐渐将审计目标定位于合理地揭示重大舞弊差错与验证财务报表公允性并重。

（2）审计委托代理关系对审计目标的影响

合理地揭示重大舞弊差错与验证财务报表公允性并重的审计目标是对单纯公允性审计目标的修正，代表了注册会计师职业界愿意对与经管责任相关的全部会计计量规则制定权进行审核监督，在更大程度上担负起保护所有者利益的职责。这种代表更高服务要求的审计目标能够确立，同样也与目标契约的签约方的变化有关。

首先，政府从维护社会经济秩序的角度出发，出台了多项法案，提高了对注册会计师审计服务的要求，即要求审计人员承担起揭露经理人操纵会计信息的责任，更好地保护投资人利益。这无疑对注册会计师审计目标的转换起到了积极作用。

其次，审计聘约委托关系再次发生了变化，代表经理人利益的企业经营管理人员的作用在签约过程中逐步削弱甚至消失，转由代表所有者利益的、相对独立于经营管理层的审计委员会承担起选聘审计人员、决定审计人员报酬的主要职责。

虽然审计委员会的出现只是企业内部的一次职能分工，即监督权力独立分离出来，但这对注册会计师审计的意义十分重大。由不参与企业经营管理的独立董事组成的审计委员会来代表所有者，掌握选聘审计人员的权力，就能够在签订注册会计师审计的报酬与时间等条款时，在一定程度上维护所有者的利益，保障审计人员对企业管理层的独立性，使审计人员在揭弊查错时不再担心失去该审计项目，并使所有者愿意支付适当的费用，为审计人员承担揭弊查错审计目标提供经济上的保证。当然，从成本效益角度考虑，这种揭弊查错责任的程度也只限定在合理和重大的范围内，这是因为，即使是所有者本人也需要考虑注册会计师审计成本与所降低的经济管理责任代理成本之间的经济关系。

（3）审计技术的发展对审计目标的影响

在审计技术方面，审计职业界一直追求提高审计效率与效果，节约审计成本，从而增强在注册会计师审计服务市场中的竞争力。重大的技术变革体现在：

一方面，加深了对内部控制的认识，将控制环境与风险的概念，尤其是管理层的经营理念等属于精神范畴的内容，正式纳入审计人员评估审核的范围，并提出控制环境是一切内部控制措施的基础，明确指出辨明经营管理者的观念对发现舞弊的重要性，使现代抽样审计的基石更加牢固。

另一方面，传统的分析程序方法在应用和解释现象时，存在高度的主观性弊病；传统的抽样审计方法常着眼于细节，通过对已存在的证据进行搜集和检查来证实审计人员对财务报表的判断，形成的审计结果只能保证部分真实性，有验证功能而没有主动发现舞弊的功能。20世纪80年代，以回归分析、趋势分析、财务关系统计模型等为代表的新型分析程序方法的大量采用，克服了上述缺陷，在提高审计效率、降低审计成本的同时，提高了审计人员发现舞弊的能力，为审计人员承担揭弊查错审计目标提供了技术上的支持。当然，由于分析程序方法的特点，它只能揭示影响财务报表比率、模型数据关系的重大差错，而不可能揭示所有存在的问题，因此，审计人员在其新确立的审计目标上对揭弊查错也进行了重大性与合理保证的限制。

经济与技术的双重保证促使合理地揭示重大舞弊差错与验证财务报表公允性并重的审计目标就此达成。

需要指出的是，在推动审计目标变化的众多因素中，经济利益关系是第一位的，而技术的限制或解放是第二位的。技术发展水平的确对注册会计师审计目标的形成有所影响，但事务所作为一个具体的自主经营、自负盈亏的经济实体，经济性是其必须首先考虑的问题。即使事务所在技术上具备了揭弊查错的能力，没有外在竞争压力的刺激和经济利益的保障，事务所宁愿在原目标下以更先进的技术获取超额利润，也不会主动承担更高要求的注册会计师审计目标[①]，因为这意味着审计操作与风险成本的提高。职业界也不会为了承担这样一个于己不利的审计目标而自愿研究、发展审计技术。

不过，即使在原审计目标下，事务所也愿意积极地改进技术。因为技术的进步（无论是抽样审计还是分析程序的出现）意味着审计成本的降低，从而可以降低审计收费，在竞争市场中赢得先机。这种技术的进步客观上为注册会计师职业界承担更高要求的目标提供了客观条件。正如亚当·斯密所指出的："他确实既不打算促进公众利益，也不知道自己在多大程度上会促进这种利益。他所考虑的只是自己的利益，但像其他许多情况一样，他受一只无形的手的引导，去促进一个并非他本意要达到的目的。也并不会因为出于他本意，就对社会有害，他追求自己的利益，却往往使他能够比真心真意要促进时更有效率地促进社会的利益。"[②]因此，可以说，技术与利益是一个互动的过程，技术进步是为了获取更大的利益；而经济利益要求发生变化时，审计人员才有采用新技术的主动性。

■ 本章小结

本章介绍了注册会计师审计发展的四个历史阶段的不同社会经济背景、审计目标定位以及审计技术方法的变革。历史发展进程清楚地表明，审计目标的确立受制于政府法规导向、审计业务自身的委托受托关系，以及审计技术的发展创新。对注册会计师而言，在确立其审计目标时，不能忽视注册会计师及会计师事务所是一个具体的自主经营、自负盈亏的经济实体的经营本质，因此，在推动审计目标变化的众多因素中，经济利益关系总是第一位的，而技术的限制或解放是第二位的。

■ 主要概念和观念

□　主要概念

资产负债表审计　　强制性财务报表审计　　抽样审计　　损益表审计

□　主要观念

股权结构的变化与股东权力变革　　审计业务委托权与审计目标的变化

审计技术发展的社会背景　　公允性审计目标与揭示重大舞弊审计目标

---

① 从民间审计职业界的文献看，纵然学术界20世纪60年代就看到了审计人员应对揭弊查错承担责任，但职业界对此的态度却一直是消极的，只是在社会需求者强大的压力下，他们才不情愿地、一步一步地接受这一新的审计目标。

② 斯密.国富论 [M].上卷.北京：商务印书馆，1979：184.

经济与技术对审计目标变革的不同影响

基本训练

□　知识题

2.1　阅读理解

1）1844 年以前的注册会计师审计的目标定位如何？相应的审计方法有哪些？

2）1844 年至 20 世纪 20 年代初的注册会计师审计的目标定位如何？相应的审计方法有哪些？

3）20 世纪 20 年代至 60 年代的注册会计师审计的目标定位如何？相应的审计方法有哪些？

4）20 世纪 60 年代以后的注册会计师审计的目标定位如何？相应的审计方法有哪些？

2.2　知识应用

1）选择题

（1）资产负债表审计的目的是（　　）。

A.发现可能存在的人员舞弊，检查受托经营人员的诚实性

B.确定计算的精确性和报表与账册之间的相符程度

C.保护股东的利益，发现舞弊或者错误

D.确定公司是否正确地描绘其偿债能力

（2）注册会计师职业界成立的第一个职业团体是（　　）。

A.爱丁堡会计师协会　　　　　　　　B.苏格兰会计师协会

C.爱尔兰会计师协会　　　　　　　　D.英格兰会计师协会

（3）股权的极度分散造成了（　　）的变化。

A.投资者更关心投资回报

B.职业经理人阶层的出现

C.企业的社会责任被逐渐重视

D.投资者更关注经理人履行受托责任的情况

（4）下列（　　）因素影响着审计目标的确定。

A.审计职业团体的形成

B.受托责任的哪一方掌握审计委托契约的签约权

C.政府法规的要求

D.审计技术的发展

（5）通常当一家公司准备向银行申请大额贷款时，受理贷款申请的银行可能会要求提供一份经过独立注册会计师审计后的财务报表，其原因是（　　）。

A.对银行而言，财务报表太复杂了，他们自己没有能力进行分析

B.银行与申请贷款的公司之间的距离太远了，他们无法自己前去执行会计和审计活动

C.银行对自己作出贷款决策没有把握，请注册会计师帮助决策

D.一般而言，银行和申请贷款的公司管理者之间存在着潜在的利益冲突，银行需要更为可信的财务报表进行贷款决策

2）判断题

（1）英国议会于 1844 年颁布了《股份公司法》，这一法案的出台是注册会计师审计取

得法律强制地位的起源。   （   ）

（2）企业的会计报表的编制遵循了公认会计原则，也就被认为是公允地表达了该企业
的财务状况、经营成果和财务状况变动。   （   ）

（3）审计人员发表的意见表明被审计单位的财务状况良好，而该企业却很快破产倒闭
的现象，被称为审计失败。   （   ）

□ 能力题

2.1 案例分析

1）请你学习完本章后，帮助解开本章引例中老张的疑惑。

2）请阅读下面的案例，分析审计活动是如何与查找舞弊联系在一起的。

南海公司破产案及注册会计师审计的产生①

1640年，英国资产阶级革命后，英国率先进入资本主义社会。1710年，牛津伯爵罗
伯特·哈里根凭借市场开拓的"灵感"向政府建议成立发展南大西洋贸易的皇家特许公司
"南海公司（South Sea Co.）"。南海公司就以帮助政府处理国债为交换条件，获得了利用
国债转化为公司资本金和向社会发行股票的权力，获得了英国和南美大陆之间的贸易特许
权，特别是白银和黑奴的贸易垄断权。但由于种种原因开业10年无所成就。1720年左右，
西欧三大都市——伦敦、巴黎、阿姆斯特丹先后出现了空前的特大股市投机狂潮。南海公
司乘机推波助澜，发行巨额股票，声称所得资金将全部用于购买国债。公司经理和发起人
从中舞弊，将原始股赠送给政府要员，董事们也利用职权将股票分给自己。公司还公布了
振奋人心的"宏伟计划"，扬言要兴办多达50多家公司，南海公司必将获得巨大利益的消
息四处传播，其股票价格暴涨。1720年1月，每股股票的价格仅128英镑，3月为330英
镑，5月升至550英镑，7月竟达1 020英镑，半年时间上涨约8倍。英国还有其他与南海
公司类似的"泡沫公司"（在中国被称为"皮包公司"）也竞相参与股市。

由于许多未经政府批准就随意上市的形形色色的"泡沫公司"影响到南海公司的特许
权和垄断利益，因此，南海公司向政府告发，要求国家干预和制止，促成英国议会于
1720年7月颁布了《泡沫公司取缔法》，当年8月下令：凡是非法发行股票、从事特许证
范围以外经营活动和不正常的股份投机的公司限期解散，予以取缔。该法案公布后股市狂
跌。南海公司本身虽不在被禁之列，但公司董事和经理人员为赚取投机利益也纷纷抛出股
票，抛盘严重超出买盘，造成南海公司的股票也同样狂跌，从1 000多英镑迅速下降，9
月份陡然变为175英镑，12月更跌至124英镑，甚至低于年初的发行价，并最终破产。许
多在南海公司投入巨资的新老贵族、商人、政要人士和普通市民都因此蒙受巨大的经济
损失。

在蒙受损失的利害关系人的强烈要求下，英国议会组织了由13人组成的特别委员会
负责调查南海公司破产事件。因这些委员会成员本身并不擅长会计知识，为彻底查清问
题，特别委员会特聘请当时伦敦著名的会计专家查尔斯·史奈尔（Charles Snell）对南海
公司所属的主要舞弊机构——索布里奇商社——进行全面的账目清查。史奈尔是伦敦霍斯
特·莱恩学校的教师，曾撰写过会计教科书，其中专设一章"商人审查会计记录所采用的
实用方法"，被认为是一位既有理论知识又有实践经验的会计专家。他接受委托后经过艰

---

① 沈志.南海公司及社会审计的产生 [J]. 云南审计，1995（2）.

苦细致的查证，于1721年向议会特别委员会提交了查账报告书。该报告书被公认为是世界上第一份由独立的会计师经过查账后向委托人提供的审计报告。在报告中他开宗明义地写道："伦敦市霍斯特·莱恩学校会计习字教师兼会计师查尔斯·史奈尔对索布里奇商社的会计账簿进行检查的意见。"他详细地揭示了该企业存在的种种舞弊行为和弄虚作假等问题，由于当初该特别委员会只要求会计师查清问题，故在这个世界上第一份审计报告中，史奈尔没有对企业出于何种目的编制假账作出自己的评价，这一报告的写作方式至今仍被民间审计在撰写审计报告时所沿用。

"南海泡沫公司事件"是市场经济和股份公司发展史上的重大事件，是英国近现代史上的一出荒唐而又真实的闹剧，因为这一事件，股份制这种企业组织形式被推迟了100年，直到1840年，英国才又通过立法允许了股份制企业组织形式的存在。但也正是这一财务报表舞弊事件孕育了现代注册会计师民间审计事业的开端。

2.2　网上调研

请你在网上搜集并阅读我国及美国等国家的一些上市公司财务报表舞弊丑闻的相关背景与评论性文章，谈谈将揭示舞弊纳入注册会计师审计目标是否有必要。

2.3　单元实践

请你设计一张调查表，走访附近的证券公司营业厅或你周围参与股票买卖的人，询问他们对审计报告是否要揭示被审计单位舞弊问题的看法，并基于你的调查，形成你的分析报告。

□　拓展阅读内容

2.1　财务报告舞弊四因子假说及其实证检验。

2.2　史上最大审计诉讼案，全球最大会计师事务所或面"生死之战"。

2.3　二中院受理"欺诈发行退市第一股"，引发的证券纠纷案。

第 *3* 章
注册会计师执业准则

学习目标

通过本章的学习，你应该能够达到：

知识目标：了解执业准则的发展过程；了解公认审计准则；了解注册会计师执业准则的结构与主要内容；了解注册会计师行业内质量监控途径。

技能目标：掌握审计报告的基本内容与类型。

能力目标：运用鉴证业务基本准则和质量控制准则内容初步分析现存的审计活动现象。

在国际上，"职业（profession）"是一个崇高的词语，意味着从事"职业"人员的行为不仅对自己负责，满足于法律、法规限定的责任外，他们还应当对社会公众承担责任，有着比社会其他人员更高的道德水准。注册会计师就属于职业人员。如前一章所言，注册会计师的聘用和报酬的支付通常由审计客户管理层决定，但审计的主要受益人却是报表使用者。从表面上看，注册会计师与后者没有联系，却与前者有着频繁和持久的交往。不过，后者的信任却是注册会计师行业生存的基础，如果丧失这种信任，客户管理层也不会聘请注册会计师进行财务报表的审计。为此，注册会计师职业界以多种途径促使自身成员保持高水平的服务水准，主要有审计准则及其解释、质量控制与同业复核、职业道德规范、法律责任、后续教育、注册会计师考试及证券监管机构等。

引例：

审计工作如此简单吗？

小张是某高等院校会计学专业四年级学生，他在寒假期间到一家会计师事务所实习。一天，他与事务所一位项目负责人老王一起到一家企业进行会计报表审计。到现场后，老王发现该公司的财务记录比较混乱，一些账目尚未记录完全，于是，他告诉企业负责人现在还没有办法立即开始审计，需要先对其会计账册记录进行清理，补全账簿后才可以进行审计。企业提出，因为其会计已经离职，且无法立即找到合适人选，因此建议该清理工作由事务所来完成。老王便提出由小张来承担该单位会计记录的清理工作，替企业完成编制相关会计报表相关的基础工作。小张便利用10天的时间对该企业的账册记录进行了仔细的清理，他没有发现该企业存在什么异常事项，只是原会计人员离职后的一些会计基础工作没有人完成。因此，他为所有已有的原始凭单编制了相应的会计分录，登记了相关账簿，最后编制完成了会计报表。完成这些工作后，老王询问了小张的清理情况，并根据小张的汇报和其编制的会计账簿，编制了相应的审计工作底稿，出具了无保留意见的审计报告。小张在享受着工作成就感的同时，也很疑惑，审计工作原来如此简单，这样的审计工作质量有保障吗？

3.1　执业准则的起源及美国公认审计准则

审计目标表明了审计活动应达到的境地，这种目标随着社会经济环境的变化而变化。但就一个具体的审计项目而言，这种目标的表述相当抽象，难以指导审计实践活动。由于企业的经营活动十分复杂，且审计活动具有很强的专业性，外界人士无法简单地以被审计单位是否破产等极端事件来判断审计质量的好坏，也就是说，外界人士无法通过审计活动自身来判断其是否达到目标要求。与任何一个职业团体一样，如果审计人员不能令人信赖，那么这个行业就无法生存。为此，审计职业界在长期的发展过程中形成了一套指导审计活动的行为规范和指南，并以此来衡量审计活动的质量，保障审计目标的实现，这样的规范和指南就是执业准则。

1）执业准则的发展

执业准则是随着审计实践活动逐步形成并不断完善的。在审计发展史上，最早出现的执业准则是注册会计师行业的审计准则。政府审计机构和内部审计职业界在制定各自的审计准则时，在很大程度上借鉴了注册会计师行业审计准则。

每个国家的社会经济活动环境都有差别，其审计准则也有所不同。由于美国经济的领先性，其审计活动对其他各国有相当大的影响。可以说，美国是制定审计准则的先行者，为其他国家制定本国的审计准则提供了非常丰富的经验。因此，本章着重介绍美国注册会计师行业审计准则的发展过程。

1917年，美国联邦储备局审议并颁布了由美国会计师协会（AIA）制定的《资产负债表备忘录》，这可以被看做注册会计师职业界促使审计实务标准化的开始。1929年，《财务报表的验证》发布，该文件不仅确立了资产负债表的审计程序，而且也是非常重要的审计标准。

1930年至1934年，AIA与纽约证券交易所为改善审计报告标准进行了长期协商，这也属于审计活动标准化进程的一部分。麦克森·罗宾斯药材公司报表舞弊事件被曝光后，美国证券交易委员会（SEC）认识到当时公认的审计程序存在严重缺陷，于1941年发表了会计系列公告第21辑，对财务报表规则"审计证明书"作出了重要修正，规定：在审计报告的范围段，应记载"审计是否是根据在当时的情况下适用的公认审计准则进行的"。

这是 SEC 第一次向注册会计师职业界提出了"公认审计准则"的概念。由于 SEC 并没有明确地解释什么是公认审计准则，因此审计界对此展开了争论。

AIA 下属的审计程序委员会（CAP）提出，审计准则应该是在各种审计程序中存在着的普遍原则。SEC 认为，审计准则是支配通过执行审计程序收集的审计证据的性质和范围的根本原则，应由经过训练且具备执业能力的人来实施。根据上述思想，CAP 于 1947 年发表了《审计准则暂行说明——其公认的意义和范围》，并在 1948 年的会计师年会上被正式通过。该说明将准则划分为一般准则、外勤准则和报告准则三个部分，并提出了 9 条公认审计准则①。该说明还指出：审计程序作为"应执行的审计行为……审计准则就是测量这些应执行的审计行为的质量的尺度，就是在执行审计程序时应达到的目标"。1954 年，AICPA 对该报告进行了修订，发表了《公认审计准则——其意义和范围》，形成了具有划时代意义的 10 条公认审计准则（GAAS）。

由于 GAAS 比较抽象，在 1939 年至 1972 年，CAP 共发表 54 辑审计程序说明（SAP）。1972 年，CAP 改名为审计准则执行委员会（ASEC），同时对审计程序说明作了必要的修改，将前者发布的第 1~54 辑审计程序说明汇编成第 1 号审计准则说明书（SAS No.1），此后又陆续发表了第 2~23 号审计准则说明书。1978 年，美国注册会计师协会（AICPA）成立了审计准则委员会（ASB），接替了 ASEC 的工作，负责制定审计准则。

从技术上说，后来制定的审计准则说明书都是 10 条公认审计准则的引申和细化，因此，也有人将其与后者一起称为公认审计准则。换言之，广义的**公认审计准则**包括 1954 年确立的 10 条基本准则及不断出台的一系列审计准则说明书。②无论被审计单位经营规模大小、组织形式如何、所属行业种类、是营利组织还是非营利组织，只要注册会计师执行财务报表审计业务，都需要遵守上述审计准则，这是其执业的最低标准。

随着经济的发展，注册会计师审计的业务活动范围越来越广泛，审计准则的种类也日趋多样，除了上述财务报表审计业务的准则外，还有《鉴证业务准则说明书》《注册会计师提供未来财务信息服务准则说明书》《会计与复核服务说明书》《管理咨询服务准则》《税务活动中责任说明书》等。

2）公认审计准则（GAAS）

以下是 10 条公认审计准则的内容，它是对审计工作的原则性规定，对注册会计师职业界的影响十分重大。它不仅约束取得执业资格的注册会计师，也约束在事务所从事审计实务工作的助理人员。公认审计准则分为三部分：

（1）一般准则

①审核检查应由经过充分技术培训、具有足够业务能力的人员担任。

审计人员作为财务报表和会计准则的专家，他应该接受过正规的会计、审计教育，具有足够的实际工作经验，并不断地接受继续教育。

在财务报表审计过程中，审计人员需要作出大量的专业判断，如理解被审计财务报表每一项目的含义、判断哪些证据能够证明或反驳上述项目的表述、选择恰当的审计程序获取上述证据、评估所收集的证据是否足以支持他表述的审计意见。作出正确的判断有赖于

---

① 当时仅有 9 条，1954 年增补为 10 条，但基本内容未发生变化。参见王光远.论美国公认审计准则的发展及其对政府审计准则内部审计准则的影响 [J]. 审计研究资料，1998（5）：15。

② 随着审计环境的变化和审计技术的发展，10 条审计准则的具体内容在不断修正，也有人将这 10 条准则称为狭义的公认审计准则。

审计人员深厚而广博的专业知识、丰富的实践经验和对社会经济事项的敏感度。

在信息化社会中，合格的审计人员还需要熟悉电算化的内部控制和会计系统。

②执行业务时，审计人员必须保持超然独立的观念和态度。

在审计的长期发展中，人们认识到，审计人员应该毫无偏见、不偏不倚地检查被审计的财务报表及其他信息。社会期望他们公平地对待发布会计信息的公司管理层和使用这些信息的公司外部利益集团。虽然从审计的发展过程看，这种期望有时是无法实现的。但一个行业要存续下去，必须要满足社会的需求，因此，审计职业界一直十分强调独立性，将其提高到很高的地位上。

通常认为，独立性有两个方面：形式上的独立性和实质上的独立性。

实质上的独立性是一种精神状态，要求审计人员在审计过程中严格保持独立性，不主观袒护企业受托经营责任的任何一方，不依附或屈从于持有反对意见的利益团体或个人的影响和压力。由于这是一种心理状态，外界无法进行衡量，只能依靠审计人员在审计过程中的自我约束。

对财务信息的使用者而言，由于不能看到审计人员的心理状态，只能从一些外在的方面来判断审计人员的独立性，因此，审计人员必须与被审计单位（审计客户）没有任何利害关系，才能使财务报表的使用者和公众相信其是独立公正的。这种独立性的外在表现就是**形式上的独立性**。

一些注册会计师审计的批评者认为，从审计委托人那里收取审计费用的制度安排本身就使审计人员不可能真正独立。但注册会计师职业界认为，这并没有什么问题。他们认为，尽管他们向公司的管理层收取审计费用，但其真正的委托人是财务报表的使用者。本书第 5 章将更详细地论述独立性的相关内容。

③执行审计业务与编写审计报告时，审计人员应恪守职业上应有的谨慎。

审计中"应有的职业谨慎"概念与经济学中的"经济人"概念及法律上的"理性人"概念是类似的。莫茨和夏拉夫在其《审计理论结构》中把**应有的职业谨慎**定义为：

一个谨慎的审计人员需要有审计的理论与实务的经验，经过适当的培训，具有独立审计人员平均水平的经验和技能，有能力识别违规的迹象，并能不断地保持这种能够制约和发现违规、舞弊的能力。应有的职业谨慎要求审计人员熟悉被审计的公司，知晓其会计与财务问题，能对不寻常的事件或不熟悉的环境作出反应，能够在审计过程中取得合理证据，解除对存在重大违规行为的合理怀疑，小心谨慎地指导其助手并检查其工作。[①]

应有的职业谨慎概念关系到审计人员做什么及如何做的问题。确定是否足够谨慎必须与审计活动当时的环境和事件联系起来。在涉及法律诉讼的审计案件中，审计人员是否尽到应有的职业谨慎是经常被提到的问题。在本书第 18 章中，我们将进一步讨论该概念。

与该概念有联系的另一个审计概念就是**职业怀疑**，这要求审计人员不能倾向于相信管理者的申明，而需要管理者"证明"其申明。职业怀疑源于应有的职业谨慎，由于管理者和外部信息使用者之间存在内在矛盾，在舞弊与错误频发的经济环境背景下，加重了审计人员的这种倾向。当然，审计人员还需要将其与"相信管理者正直性"的观念相平衡，不能走向任何一个极端。

---

① 莫茨，夏拉夫.审计理论结构［M］. 文硕，贾从民，译.北京：中国商业出版社，1990.

（2）外勤准则

对审计人员而言，如果他们不能有效地完成外勤准则的要求，那么，他们也就不可能做到应有的职业谨慎。

①审计工作应充分计划，若有助理人员，应予以适当督导。

审计的计划和督导工作涉及了解被审计企业的业务、制订审计计划以及监督、指导助手的工作等。

每一项审计工作都需要有一份书面的审计计划。审计计划由审计人员在审计活动中需要执行的审计程序组成，完成这些程序就可以获得据以发表审计意见的足够及适当的证据。这些程序应该明确而详细，足以指导助理人员展开工作。

审计计划需要体现对助理人员的督导，由于助理人员是在现场工作并获取审计证据的，因此，只有在审计过程中有效地指导和监督助理人员的工作，才能保证审计质量。

编制审计计划之前，审计人员需要了解被审计企业的业务，以及其业务活动特点和管理方式对财务报表的影响，从而确定容易发生错误、违规或舞弊行为的区域，评估管理层作出的会计估计及选择的会计政策是否恰当。对此我们将在第9章进行论述。

②审计人员必须对内部控制进行充分的了解，以便确定其可信赖程度，作为决定检查范围和审计程序的依据。

内部控制是随着企业管理的不断强化而逐步完善与丰富的。目前认为，内部控制由控制环境、风险评估、控制活动、信息与沟通和监控五个方面构成。现代审计是建立在对被审计单位内部控制评审基础上的，审计人员需要对上述五个方面进行评估，确定被审计单位的内部控制不能及时发现或阻止重大错报或舞弊发生的可能性，即控制风险水平。对控制风险水平的评审结果直接影响着审计人员的进一步审计决策。完善的内部控制有助于形成可靠的财务信息，降低会计账目中发生错误和违规行为的可能性，从而减少审计工作量。本书第11章将对此进行更详细的说明。

③应通过检查、观察、询问和函证等方法，获取充分而适当的审计证据，以便为被审核的财务报表发表审计意见提供合理的依据。

审计现场工作的核心就是获取充分而适当的审计证据，它们将影响审计人员的最终审计决策，为得出审计结论提供合理的逻辑基础。审计证据可以是会计数据，也可以是其他可用的证明信息；既可以是定量的，也可以是定性的；既可以是主观的，也可以是客观的；既可能据此立刻得出审计结论，也可能只是对得出结论有所帮助。审计人员可以通过多种方法获取审计证据。第10章将进一步对此进行论述。

（3）报告准则

审计人员的最终工作成果就是通过提交审计报告发表审计意见。编写审计报告必须遵守以下审计准则的要求：

①审计报告必须说明财务报表是否按公认会计原则编制。

只有遵循同样的标准，会计信息才能是被理解的信息，各企业的经营状况才能进行比较。公认会计原则（GAAP）就是会计界经过长期发展后形成的，对进行会计业务处理所达成的共识。企业的财务报表编制必须遵守公认会计原则。在财务报表审计中，审计人员衡量被审计单位管理层编制的财务报表是"好"还是"不好"的标准就是公认会计原则。在审计意见中，审计人员首先就需要说明被审计单位财务报表与公认会计原则的符合程度。

尽管公认会计原则的条文都可以查阅，其涵盖了许多会计问题，但是判断某一特定企业的财务报表是否符合公认会计原则却不是一件容易的事情。因为会计准则不可能涉及所有的会计问题，仍有相当多的问题需要依赖于审计人员的专业判断获得解决。

②审计报告应说明本期采用的会计准则与上期是否一致。

在审计报告中说明所采用的会计准则与上期一致，是为了向报表的使用者说明本期的会计数据与前期的"加工"方法是相同的，这样，前后期的数据有了比较的基础，使用者才能作出决策。在现实中，企业可能根据环境的变化采用不同的会计准则，为了方便使用者的理解，就需要向他们说明这种变化及这种变化对财务报表数据的影响。

③除审计报告另有说明外，财务报表中的资料应被视为已充分适当地披露。

不少针对审计人员的诉讼都涉及经过审计的财务报表所披露信息的充分性问题。本准则要求审计人员以应有的职业谨慎，判断财务报表是否包含所有对报表使用者的决策有用的重要会计信息。由于会计准则不可能将所有情况下需要揭示的信息都一一列出，因此，需要审计人员确定哪些可能是引起财务报表使用者兴趣的问题，并对是否和怎样披露这些问题得出结论。如果审计人员认为某些信息需要充分披露而企业管理层拒绝披露，审计人员就应该认为这是对GAAP的背离。

④审计报告应对财务报表整体表示意见，或申明不能表示意见。若不能表示意见，应说明理由。在任何情况下，审计人员的姓名若与财务报表发生联系，他就必须明确其审查工作的性质和所负的责任。

审计报告必须明确地阐述审计人员的意见，否则将是十分危险和不负责任的。注册会计师就财务报表发表的审计意见通常有四种类型。标准报告也称为无保留审计意见，通常意义是代表"好"，也就是审计人员在审计工作中没有发现任何需要提醒报表使用者注意的事项，被审计财务报表的会计处理符合GAAP的要求。保留意见则暗示存在问题，尽管被审计的财务报表在整体上依然公允地表达了被审计企业的财务状况和经营成果等信息，但与GAAP存在着一定程度的偏离。在实际经济生活中，否定意见和无法表示意见是比较少见的意见类型。否定意见说明注册会计师完全不能接受管理者编制的财务报表，被认为是不符合公认会计原则的要求。无法表示意见则说明注册会计师无法对被审计财务报表发表意见，是一种消极的意见表示。具体的说明可以查阅本书第14章的相关内容。

3.2　中国注册会计师执业准则

中国注册会计师行业在20世纪80年代初得以恢复，在经过了10多年的发展后，自1995年起，陆续出台了一系列的行业规范，建立了包括独立审计准则、职业道德守则、质量控制准则和后续教育准则在内的独立审计准则框架体系。

为了适应中国经济发展以及中国经济融入世界经济的需要，2006年年初，中国颁布35项审计准则。2010年11月对这些准则进行修订。2012年1月1日起开始实施《中国注册会计师审计准则第1101号——注册会计师的总体目标和审计工作的基本要求》等38项准则，废止原来的准则，保持了中国注册会计师行业规范和国际准则的持续全面趋同。

2008年金融危机后，国际上对于提高审计质量、提升审计报告信息含量的呼声日趋强烈。2014年欧盟出台了新的审计指令，在对公众利益实体的监管要求中明确提出审计师须出具更具"信息量"的审计报告；美国的审计准则制定机构也正在进行相关改革。2015年年初，国际审计与鉴证准则理事会发布了新制定（修订）的审计报告系列准则，其中最大的变化是要求审计师在为上市公司财务报表出具的审计报告中，就关键审计事项进行沟通，目的是大力加强审计报告对投资者和其他财务报告使用者的效用，为其决策提供更多有用信息。经济全球化要求中国顺应这一发展潮流。另一方面，中国资本市场的改革和注册制的推行，将进一步要求提升审计质量，提高审计报告的决策有用性。为了提高注册会计师审计报告的信息含量，满足资本市场改革与发展对高质量会计信息的需求，保持我国审计准则与国际准则的持续全面趋同，2016年中国注册会计师协会颁布《中国注册会计师审计准则第1504号——在审计报告中沟通关键审计事项》等12项准则。

注册会计师执业准则包括中国注册会计师鉴证业务基本准则、审计准则、审阅准则、其他鉴证业务准则、相关服务准则和会计师事务所质量控制准则。为帮助注册会计师正确理解和运用准则提供可操作性的指导意见，我国注册会计师协会还颁布了中国注册会计师执业准则指南，与注册会计师执业准则构成一个完整的注册会计师执业规范体系。

1）鉴证业务

鉴证业务是指注册会计师对鉴证对象提出结论，以增强除责任方之外的预期使用者对鉴证对象信息的信任程度的业务。

鉴证业务分为基于责任方认定的业务和直接报告业务。注册会计师针对财务报表出具审计报告就属于基于责任方认定的业务，此时，是由责任方对鉴证对象进行评价或者计量，鉴证对象信息以责任方认定的形式为预期使用者所获取。在直接报告业务中，注册会计师直接对鉴证对象进行评价或计量，或者从责任方获取对鉴证对象评价或计量的认定，而该认定无法为预期使用者所获取，预期使用者只能通过阅读鉴证报告获取鉴证对象的信息。注册会计师直接对内部控制的有效性进行评价并出具鉴证报告，预期使用者只能通过阅读该鉴证报告获得内部控制有效性的信息，就属于直接报告业务。

其他鉴证业务包括历史财务信息审计或审阅以外的鉴证业务、预测型财务信息的审核等。其他鉴证业务的保证程度分为合理保证和有限保证。

2）鉴证业务基本准则

我国注册会计师执业准则从层次上可以分为鉴证业务基本准则和具体准则。

鉴证业务基本准则实际上确立了鉴证业务的概念框架，是各个具体审计准则、审阅准则和其他鉴证业务准则的总纲。

审计准则、审阅准则、其他鉴证业务准则都属于鉴证业务准则。

财务报表审计的目标是注册会计师通过执行审计工作，对财务报表的下列方面发表审计意见：一是财务报表是否按照适用的会计准则和相关会计制度的规定编制；二是财务报表是否在所有重大方面公允地反映了被审计单位的财务状况、经营成果和现金流量。本书主要介绍适用审计准则的财务报表审计。

财务报表审阅的目标是注册会计师在实施审阅程序的基础上，说明是否注意到某些事项，使其相信财务报表没有按照适用的会计准则和相关会计制度的规定编制，未能在所有重大方面公允地反映被审阅单位的财务状况、经营成果和现金流量。

3.3　行业质量控制

如第 2 章所言，注册会计师审计质量对稳定资本市场、有效进行公司治理和事务所内部管理都有着重大意义，因此，强调审计质量不仅仅是事务所内部的事情，而且已经成为审计行业生存的基本条件。鉴于此，各国的审计职业组织都纷纷制定了质量控制准则，为指导、监督事务所的质量控制提供指南和依据，也为判断、衡量、评价事务所质量控制的有效性提供了标准的尺度。

所谓质量控制就是指会计师事务所为了保证审计工作质量符合审计准则等相关执业规范要求而制定的政策、其拟实现的质量控制目标，以及为执行这些政策和监控政策的遵守情况而设计的必要程序。为确保审计人员在履行每一项财务报表审计委托时都遵守审计准则的要求，各事务所可以从自身的特点出发，制定各自的质量控制制度。

1）质量控制准则与审计准则的关系

质量控制准则与审计准则同为注册会计师执业规范体系的组成部分，二者存在密切关系，都是为了保证审计工作的质量，提高会计报表的可靠程度。就如同生产产品一样，审计准则建立了衡量生产工人（审计人员）生产出的产品（审计报告）质量好坏的标准，质量控制准则对产品的生产加工过程进行控制。质量控制的最终目的就是要使生产者遵守审计准则的要求，生产出合乎标准的产品。换言之，制定和实施质量控制准则就是为了促进审计准则的落实。

尽管质量控制准则和审计准则都与审计工作质量有关，但二者仍然存在差别：

（1）二者的性质不同：审计准则是审计人员在执行每一项审计业务时必须遵守的执业规范，涉及完成具体的审计委托业务；质量控制准则是各个会计师事务所建立的管理规范，涉及事务所对所有审计业务的整体控制。

（2）二者的作用不同：审计准则指导审计人员开展具体的审计业务，以此可以衡量审计工作质量的高低；质量控制准则指导事务所开展所有的审计业务，衡量事务所内部管理的有效程度。

（3）二者的内容不同：审计准则规范了审计活动的全过程，以及特殊事项下的审计要求；质量控制准则围绕着质量控制，规范了事务所管理审计业务的全过程，指出在各个管理过程应达到的质量水平。

2）质量控制准则特点

按照国际审计准则（IFAC）的要求，会计师事务所的质量控制分为两个层次，从事务所层面和单个审计项目层面来分别制定控制的政策与程序。不少国家和地区的民间审计在制定其质量控制准则时，也采用了这种分两个层次的质量控制规范方法。

也有相当一部分国家在规范事务所质量控制时并不进行层次上的区分，而是直接抓住质量控制的核心——控制要素，以此对事务所的质量控制政策和程序进行制定。美国注册会计师协会（AICPA）1979 年发布的《质量控制准则说明书第 1 号》（SQCS No.1），提出了审计业务质量控制的九个要素为：独立性、工作分派、咨询、督导、招聘、专业发展、晋升、客户的接受与保留、检查。1996 年后，AICPA 发布的《质量控制准则说明书第 2

号——会计师事务所会计和审计实务的质量控制》（SQCS No.2）取代了 SQCS No.1，又发布了质量控制准则说明书第 3 号至第 6 号作为落实 SQCS No.2 的具体准则。2007 年又以 SQCS No.7 替代上述所有文件，美国新的质量控制准则的适用范围扩展到了鉴证业务，提出了质量控制的六个要素：对业务质量承担的领导责任、职业道德规范、客户关系与具体业务的接受与续约、人力资源、业务执行和监控。

英国审计实务委员会（APB）在 1985 年发布的质量控制指导的基本框架，将质量控制分为业务承接、职业道德、技术与能力、咨询、检查质量控制程序的效果等五个部分。

中国《会计师事务所质量控制准则第 5101 号——业务质量控制》旨在规范会计师事务所建立并保持有关财务报表审计和审阅、其他鉴证和相关服务业务的质量控制制度。

尽管各国和各地区对质量控制具体要素的表述存在一定的差异，但是其关键的实质性内容则是十分相似的。可以说，质量控制准则都体现了以下特点：

（1）质量控制是以对人员工作的管理为基本内容的；

（2）质量控制是全员和全过程的动态控制，即从员工的招聘、培训、专业发展到晋升的全员管理，以及从客户和聘约的接受、保留到工作分派、督导，实行全过程的控制；

（3）质量控制既依赖于审计人员职业道德约束，又能体现人员胜任能力的实际业绩；

（4）质量控制不仅是建立并运用控制政策和程序，还要对实施这些控制政策和程序的有效性进行监控。

3）质量控制的基本内容

不同的会计师事务所可以根据自身的特点决定其质量控制政策，但都应包含质量控制准则所规定的以下六个方面的内容：

（1）对业务质量承担的领导责任

质量控制准则要求会计师事务所主任会计师（通常是事务所最高层管理者）对质量控制制度承担最终责任。为落实这种责任，事务所领导层应通过清晰、一致和经常的自身行动示范和信息传达，培育以质量为导向的内部文化，树立质量至上的意识，并要求事务所应当将质量控制政策和程序形成书面文件，传达到全体人员，并对质量控制制度各项要素的运行情况形成适当记录。

（2）相关职业道德要求

质量控制准则要求会计师事务所应合理保证自身和其下属人员遵守职业道德规范，并通过领导层的示范、教育和培训、监控以及对违反职业道德规范行为的处理，强化职业道德建设。

遵守职业道德要求会计师事务所及其从业人员恪守诚信、客观和公正的原则，保持专业胜任能力和应有的关注，对执业过程中获知的信息保密，展示良好的职业行为等。独立性对于鉴证业务非常重要，因此，质量控制准则要求事务所就此制定专门的政策和程序。

质量控制准则虽与我们下一章将介绍的职业道德准则的规定有所重复，但二者的关注角度是不同的。职业道德准则就注册会计师职业品德、职业纪律、执业能力及职业责任等思想方式和行为方式提出了基本要求；而质量控制准则主要从质量控制的角度出发，将职业道德主要体现在对注册会计师恪守独立、客观、公正原则等的政策要求上。

独立、客观和公正三原则是相辅相成的，但是客观、公正和实质上的独立性均表现为一种思想状态，在实际中难以计量和监控，而形式上的独立性可以由一套规范注册会计师行为的政策和程序来体现，比较容易具体掌握和计量，也就是说，形式上的独立性是可以控制的。因此，质量控制中对职业道德的控制更多地表现为对形式上独立性的控制。

（3）客户关系和具体业务的接受与续约

业务承接不仅包括获取新的审计聘约，也包括是否继续与原有的客户签约。质量控制准则要求事务所在接受和保持客户关系和具体业务时，需要考虑客户的诚信状况，自身是否具有执行业务必要的素质、专业胜任能力、时间和资源，是否能够遵守职业道德规范，是否存在潜在或现实的利益冲突。

由于现实的复杂性，要求事务所在承接所有业务时都在上述问题上绝对不存在任何疑点是不现实的，因此，质量控制准则要求会计师事务所在识别出上述内容中存在问题但又决定接受或保持客户关系或具体业务时，应当记录上述疑点、问题是如何得到解决的。

事实上，并不是所有的审计风险都能通过审计过程中的质量控制来减少或者消除，尤其当事务所不具备相应能力时，根本不能明风险所在，更不要说实施风险控制了。客户的管理层是否诚信也对注册会计师形成正确的风险判断至关重要。假若其蓄意欺骗和隐瞒，是比较容易掩盖风险的，从而造成审计人员无法形成恰当的审计意见。因此，在无法控制风险或者不能使风险降低到审计人员可接受水平时，放弃聘约是彻底消除风险的唯一办法。

（4）人力资源

会计师事务所是智力密集与人力密集相结合的组织，其业务开展有赖于足够的、具有必要素质和专业胜任能力并遵守职业道德规范的人员。为此，质量控制准则要求，会计师事务所应制定人力资源政策和程序，解决招聘、业绩评价、人员素质、专业胜任能力、职业发展、晋升、薪酬以及人员需求预测问题。

（5）业务执行

业务执行环节的质量控制包括：进行业务指导、监督和复核的方式；咨询；出现意见分歧时的处理方式；项目质量的控制复核。会计师事务所的执业过程及其质量水准是通过审计工作底稿来体现和记录的。

质量控制准则要求会计师事务所应当建立分派督导制度，并要求各级督导人员对各层次的审计工作进行指导、监督和复核。有关审计项目的质量控制规定也是对本政策的进一步阐释。

督导人员是指对审计工作负有指导、监督和复核责任的各级人员，包括会计师事务所负责人、对审计项目负有直接责任的注册会计师和负有督导责任的其他人员。本着"工作可以分派，而责任不能分派"的质量控制原则，任何将其工作分派给其他人员的人，均负有督导被分派工作者的责任，且分派工作者仍对其分派的工作负责。

具体地讲，指导就是督导人员在审计前期通过书面或电子手册、标准化底稿以及指南性材料等文件对项目组及助理人员的工作进行适当指导，让项目组及助理人员清楚地了解自身所要进行的工作，如告知被审计单位的业务性质，拟实施的审计程序的目标，可能影响审计程序性质、时间、范围的会计和审计问题，以及助理人员的责任等事项。

监督则是在审计过程中督导人员需要进行的三方面考虑：一是监控审计进度，判断助理人员是否理解了审计指导、具有完成分派工作所必要的技术和胜任能力、能够按照审计计划完成审计工作；二是了解审计期间发生的重大会计和审计问题，从其重要性考虑，决定是否修改审计计划；三是解决审计人员之间存在的判断分歧，并向适当人员咨询。从效果上看，事前和事中的指导和监督具有防患于未然的特点，比单纯的事后复核更有效果，更能提高审计工作的质量。

事务所为了保证质量控制的有效性，往往采取分级复核的制度，即由审计项目的现场负责人对所有审计工作形成的底稿进行详细复核，由部门负责人进行一般复核，由合伙人进行重点复核。对于重大的、高风险项目，还需要执行独立复核。这几个层次的复核不是简单地重复，而是在范围和重点上各不相同。

质量控制准则要求会计师事务所在必要时应当向有关专家咨询。专家不仅指事务所内的，也可以是事务所外的，还可以是会计、审计领域以外的其他专家。咨询事务所外的非会计行业专家的情况往往是涉及某一特别领域的内容，如法律问题、金融等经济问题、技术性评估问题、行业惯例问题等。注册会计师就遇到的会计、审计问题向事务所内部的人员进行咨询则更为经常，当事务所无法形成一个有充分依据的观点时，也可能需要向事务所外的行业专家请教。

咨询是质量控制中极为重要的组成部分，所有具有规模的国际事务所均制定了具体的咨询制度，规定了注册会计师在哪些情况下必须咨询所内的其他人员。而注册会计师也养成了咨询的习惯，在规定以外的情况下也不时地进行非正式的咨询。广泛地开展咨询可以充分体现事务所的实力，因为通过咨询可借助于其他人员对被审计单位所在行业的经验，或是对个别会计、审计难题的经验，或是对非会计、审计的相关专业和技能的经验，以第三方的客观判断，平衡项目负责人由于投入工作而可能出现的主观偏差，使项目负责人和相关负责人员对风险水平达成共识，形成相同的主观判断，而且还可以帮助所内人员提高业务水平，提升审计质量。

质量控制准则要求，当审计项目组内部、项目组和被咨询者之间以及项目负责人与项目质量控制复核人之间出现意见分歧时，应予以记录并设法解决。只有问题得到解决，才能出具审计报告。

审计过程的相关记录和支持性材料就构成了审计业务工作底稿，它直接反映出审计业务的执行情况，也是事后判断审计质量、裁决是否承担相应法律责任的凭据。质量控制准则要求，事务所应制定政策和程序，确保出具审计报告后及时将工作底稿归整为最终业务档案。对历史财务信息审计和审阅业务、其他鉴证业务，业务工作底稿的归档期限为业务报告日后60天内，保存期限为业务报告日后至少10年。

业务工作底稿的所有权属于会计师事务所。会计师事务所可以自主决定是否允许客户获取业务工作底稿的部分内容，或摘录部分工作底稿，但披露这些信息不得损害会计师事务所执行业务的有效性及独立性。

（6）监控

质量控制准则规定，事务所应当对质量控制政策与程序的执行情况进行监控。监控实际上是对前5项全面质量控制方面的再控制。前5项控制政策和程序能否得到执行、是否继续有效，都有赖于监控环节来评价和确定。会计师事务所质量控制制度的监控是一项持续性的工作，应当由具有专业胜任能力的人员实施，监控内容包括质量控制制度设计的适当性和运行的有效性。会计师事务所应周期性地选取已经完成的业务进行检查，周期最长不超过3年。在每个周期内，应对每个项目负责人的业务至少选取一项检查。会计师事务所外部的独立检查不能替代自身的内部监控。

3.4　同业复核与行业监督

　　由于事务所的质量控制具有内向性，因此，为保证整个行业的服务质量，很长一段时间内，民间审计行业还采取了其他措施，最主要的就是"同业复核（peer review）"。它可以说是对"会计师事务所审计质量的再审计"，是职业界的一项行业自律机制。

　　同业复核制度起源于20世纪60年代民间审计陷于诉讼爆炸的浪潮后。1974年和1975年，普华和安达信先后聘请了德勤会计师事务所对其审计质量进行检查，[①]由此揭开了同业复核的序幕。1977年，AICPA成立了"会计师事务所部"，下设"证券交易委员会业务处"和"非上市公司业务处"，每个会员事务所可选择成为某个业务处或两个业务处的成员。如会计师事务所有至少一个上市公司客户，它就必须参加"证券交易委员会业务处"。这两个处的成员至少要每3年接受一次复核。[②]这样，同业复核就成了职业界强化针对会员事务所的服务质量的监控的一项强制性措施：如果事务所没有经过同业复核，那么该所的所有从业人员将失去AICPA的会员资格。其他国家的民间审计专业团体也纷纷借鉴美国的做法，开展行业内的同业复核。

　　在美国，同业复核和质量检查不仅是AICPA的要求，也是SEC的要求。SEC要求对所有上市公司的审计都进行质量检查。SEC还要求所有上市公司应向其报告该公司发生的涉及审计的诉讼、对审计不充分或对财务状况进行粉饰的指责。SEC关心这些信息并不是为了参与诉讼或争执，而是为了确定相关事务所是否存在质量控制漏洞，从而加强对整个注册会计师审计行业质量的监管。

　　同业复核制度就是由另一家会计师事务所或职业团体指定的检查人员对某一事务所遵守质量控制制度的情况进行检查与评估，其目的是确定和报告被复核事务所是否围绕质量控制要素制定和运用了恰当的政策和程序。这与事务所内部的监控是不同的，不仅检查者来自所外，而且同业复核是针对事务所的检查与评估，而不是针对事务所内部的个别审计人员或项目。

　　同业复核的方法主要是对事务所质量控制的文件进行广泛的查阅、向有关人员询问、抽取部分审计项目以检查其质量控制的轨迹及遵循审计准则和质量控制准则的情况。检查者需要就事务所遵循质量控制准则的情况提交一份报告，并提出改进建议。

　　对于一些特大型的会计师事务所而言，能够对其进行检查的只有规模相类似的事务所，而此类事务所的数量是极为有限的，如"四大"，这样就形成了这些事务所相互进行检查的局面。从理性的角度看，这种制度决定了这些事务所之间必然会选择合作博弈，因为谁都知道在自己核查后总有一天被核查者将会对自己进行检查。不合作，对谁都没有好处。这样一来，同业复核成为事务所之间"礼尚往来"的形式。正是基于这种考虑，2001

---

　　① 需要说明的是，这里所提的三大会计公司与现在的这些同名公司不完全一样，是现在公司的前身。在此后的时间里，这三大会计公司都经过了一系列的兼并，发展成为规模更大的行业组织。
　　② 若不是上述两个业务处成员的AICPA会员事务所也要求每3年进行一次同业复核，称为"质量检查（quality review）"。该检查的目的与所述的同业复核相同，但检查的范围要小一些，费用也要少一些。我们这里不再将二者进行区分。

年德勤对安达信进行同业复核，出具了充分肯定安达信审计质量的"无保留"复核报告，此后曝出安然公司会计舞弊丑闻，安达信在其中扮演了不光彩的角色。

2002年，美国通过了《萨班斯-奥克斯利法案》，并根据该法案设立了独立的注册会计师行业监管机构，即美国上市公司会计监管委员会（Public Company Accounting Oversight Board, PCAOB），从而结束了此前注册会计师行业一直依靠同业复核进行质量控制的局面，开始了由行业外部独立机构对注册会计师行业进行规范并进行质量检查的新阶段。

2004年以来，中国注册会计师协会积极推进执业质量检查制度建设，对事务所实行周期性的全面检查。中国的执业质量检查是指注册会计师协会组织开展的对事务所、注册会计师遵循会计师事务所质量控制准则、中国注册会计师审计准则、职业道德守则等情况的检查，包括检查工作的组织实施，以及检查结果的评价和处理。

中国会计师事务所质量检查实施分级监管。中国注册会计师协会负责对证券资格事务所（包括分所）实施监管。各地方注册会计师协会负责对本行政区域内事务所实施分类分级监管。

中国注册会计师协会开展的执业质量监督检查，是对事务所质量控制体系设计和运行的有效性的整体评价。涵盖事务所质量控制体系检查与业务项目检查，以质量控制体系检查结果指导业务项目检查，以业务项目检查结果支持质量控制体系检查的结论。

本章小结

本章主要介绍了注册会计师界用以促使自身成员保持高水平服务的两个途径：第一个途径是约束审计人员进行审计业务的审计准则及其解释，各国由于各自国情不同形成了不同的审计准则，本章介绍了美国的公认审计准则和我国注册会计师执业准则的内容，具体相关内容将在以后的篇章中进行介绍；第二个途径是事务所内部的质量控制与事务所之间的同业复核。本章介绍了一些主要国家和组织关于事务所质量控制的规范，以及我国的事务所质量控制的基本内容。

主要概念和观念

□ 主要概念

执业准则　公认审计准则　应有的职业谨慎与职业怀疑　形式上和实质上的独立性
鉴证业务　财务报表审计的目标　财务报表审阅的目标　质量控制　同业复核

□ 主要观念

专业胜任能力　审计计划与督导　审计准则与质量控制准则的关系

基本训练

□ 知识题

3.1　阅读理解

1）美国公认审计准则（GAAS）的内容有哪些？

2）我国注册会计师执业准则包括哪几个层次？

3）我国鉴证业务基本准则包括哪些内容？

4）各国的质量控制政策一般都包括哪些内容？

5）质量控制准则与审计准则的区别表现在哪些方面？

3.2　知识应用

1）选择题

（1）公认审计准则是注册会计师执业的（　　　）标准。

A.最高　　　　　　　　B.一般　　　　　　　　C.参照　　　　　　　　D.最低

（2）在下列选项中，（　　　）不属于鉴证业务准则。

A.审计准则　　　　　　　　　　　　B.审阅准则

C.质量控制准则　　　　　　　　　　D.其他鉴证业务准则

（3）质量控制中对职业道德的控制更多地表现为对（　　　）的控制。

A.保密　　　　　　　　　　　　　　B.客观性

C.实质上的独立性　　　　　　　　　D.形式上的独立性

（4）注册会计师应具备的专业胜任能力通常包括（　　　）等方面。

A.学历　　　　　　　　B.实践经验　　　　　　C.后续教育　　　　　　D.业务能力

2）判断题

（1）注册会计师的审计责任不能替代、减轻或免除被审计单位的会计责任。　（　　　）

（2）放弃审计聘约，是彻底消除风险的唯一办法。　（　　　）

（3）质量控制基本准则适用于注册会计师的所有业务活动。　（　　　）

（4）每个审计项目均因其具体情况不同而需要不同经验和能力的审计人员。即使事务所在整体上具有胜任能力，但若单个审计项目出现人员的错误安排，也会对审计质量产生负面影响。　（　　　）

（5）在电子数据处理环境下，注册会计师在利用计算机辅助审计技术执行审计程序时，会改变审计目标与范围。　（　　　）

□　技能题

操作练习

请你比照鉴证业务基本准则的要求，指出本章引例中审计人员存在的失误之处。

□　能力题

3.1　案例分析

罗宾逊药材公司案件的启示①

1938 年年初，债权人朱利安·汤普森（Julian Thompson）在与长期接受其贷款的麦克森·罗宾逊药材公司（Mckesson & Robbins Drug Company）的经济往来中，发现后者的财务报表中存在两个疑问：

第一，罗宾逊药材公司中的制药原料部门，应该是个盈利率较高的部门，但该部门却一反常态地没有现金积累。公司的管理者却对它直接重新投资，以便维持生产。令人难以理解的还有，账面制药原料存货的保险金额较少。

第二，以前的公司董事会决定减少存货余额，并要求公司现任经理菲利普·科斯特（Philip Coster）也这样做，然而，到 1938 年年底，公司存货反而增加了 100 万美元。

满怀疑虑的汤普森立即表示，在罗宾逊公司管理者提出表明制药原料存货实际存在的证据前，拒绝承认 300 万美元的债券。同时，他还请求美国证券交易委员会调查此事。

---

①　文硕.世界审计史 [M]. 北京：企业管理出版社，1996：570-579；查特菲尔德.会计思想史 [M]. 文硕，董晓柏，译.北京：中国商业出版社，1989：203-207。

　　美国证券交易委员会调查后发现，罗宾逊药材公司是股票公开上市的公司之一，已根据1934年的《证券交易法》确实到证券交易所注册登记了。该公司及其相关公司10余年的财务报表都是由一流的普赖斯·沃特豪斯会计师事务所执行审计的。注册会计师每年都对该公司的财务状况及经营成果发表了"正确、适当"等无保留的审计意见。而实际上，其1937年12月31日的合并资产负债表中共计资产8 700万美元，有1 907.5万美元的资产是虚构的（其中，存货虚构1 000万美元，销售收入对应的债权虚构900万美元，银行存款虚构7.5万美元），在1937年度合并损益表中，虚假的销售收入和毛利分别达到1 820万美元和180万美元。

　　此外，负责检查的官员还发现，公司经理菲利普·科斯特是使用化名爬上领导岗位的有犯罪前科的诈骗犯，与他同谋的3个兄弟也使用化名，并在公司窃据业务执行董事的位置。罗宾逊药材公司在国内进行的药品交易是合法的，但与国外进行制药原料交易则仅仅是书面上的东西。科斯特自称使用公司的资金，从加拿大的5家卖主那里"购进"了制药原料，这5家公司的仓库里为罗宾逊药材公司保管着并不存在的"商品"。然后，科斯特在报表中虚构了对外国商人的销售，并虚构相应的应收账款。这种舞弊行为通过巧妙地伪造会计记录而被掩盖起来。发票、订购单、收入传票、发运通知单、提货单、借项和贷项通知单、发货计算书、署名的汇总表、银行寄来的计算书、外部供应厂商的询证书、合同、保证书和信用级别等，都是伪造的。在12年的时间里，科斯特和其兄弟从罗宾逊药材公司贪污了大约290万美元的款项。而正是因为他们之间相互勾结，利用公司内部控制的薄弱，使其从公司贪污巨款的行为长期不被发现，使股东和债权人蒙受重大损失。

　　1939年1月，证券交易委员会就该事件在纽约市召开公众意见听证会。鉴定人证明，审查麦克森·罗宾逊药材公司的普赖斯·沃特豪斯会计师事务所忠实地依据了会计师协会1936年的声明中论述的审计程序。在1935年以前的检查中，审计人员收集了经公司职员署名的盘存表，1934年以后，他们又收集了由加拿大的供应商保管的盘存数量询证表，并对它和订购单进行测试核对，每年两名或两名以上的公司职员正式对资产负债表反映的存货状况和数量进行证明。尽管没有通过信函对应收账款进行询证，但对客户账户的贷方记录与现金收入的记录内容进行了比较，并对制药原料销售的记录和永续盘存记录与提供给客户的发货单、运输单据（均为伪造）进行了测试检查。因此，普赖斯·沃特豪斯会计师事务所为自己辩护说：审计是依据了当时通行的职业标准，管理者串通舞弊是难以发现的，不能期望通过进行资产负债表审计，就能把它们揭露出来。但鉴定人也表示，无论如何，更为广泛的测试本来完全可以发现伪造的追加凭证。为此，普赖斯·沃特豪斯会计师事务所自愿将50多万美元的审计报酬退给麦克森·罗宾逊药材公司。

　　这一破产案件的披露，给社会和民间审计职业界带来了很大的震动，并给当时和后来的审计留下了两个值得探讨的重要课题：如何使审计人员具备基本的专业素质，并在实施工作中有明确的指南可资遵循，以便向用户保证审计工作的质量；如何保护审计人员免遭玩忽职守的控告。于是，审计标准的制定成为民间审计职业界的迫切任务。

　　人们普遍认为，该案件暴露出了在审计程序和内部控制方面存在着严重的问题，美国证券交易委员会吸取教训，颁布了新的报告，对审计程序加以修改，增加了新的内容：

　　①对应收账款进行询证（confirmation）：普赖斯·沃特豪斯会计师事务所就应收账款

制订的审计计划是以当时公认的审计程序为依据的，但是，没有实施询证程序。如果应收账款的总额在企业流动资产或总资产中占据重要地位，那么，就有必要实施询证程序。

②对存货进行实地检查（observation）：普赖斯·沃特豪斯会计师事务所按照当时公认审计程序只对结账进行了审计，而对存货盘点没有进行实地检查。

③对内部控制系统进行详细的评价。

④强调审计人员对公共持股人的责任，加强对管理部门的检查。

⑤发表审计意见。

民间审计界对证券交易委员会的行动作出了积极的反应。1939 年 1 月 30 日，审计程序特别委员会（The Committee on Auditing Procedure）正式成立，并于同年 5 月 9 日提出了名为"审计程序扩展（Extension of Auditing Procedures）"的文件，对审计程序作了四个方面的改善：

①存货检查：通过实地盘存，确认存货数量，这成为通常的审计手续；

②应收账款的检查：应采用积极询证法或消极询证法，通过信函，对债务者直接询证；

③选举独立的注册会计师：审计人员应由董事会或在股东大会上投票选举产生；

④审计报告：审计报告应分为范围段和意见段两部分，并明确内部控制系统的完备和运行状况。

1941 年 2 月，证券交易委员会发表了会计系列公告第 21 辑，作为调查麦克森·罗宾逊药材公司的最终结果，并对财务报表规则 S-X 第 2 条第 2 项"审计证明书（Regulation S-X，Rule2-02，Accountants' Certificates）"和第 3 条第 7 项"会计原则和会计惯例的变更（Changes in Accounting Principles and Practices）"作了重要修订。修订后的 S-X 第 2 条第 2 项的条文中规定：在审计报告的范围段，应记载"审计是否根据在当时的情况下适用的公认审计准则进行的"。这样，美国证券交易委员会第一次向民间审计界提出了"公认审计准则"的概念。

请你结合财务会计的知识，分析该著名案例中的舞弊行为是通过编造怎样的虚假会计凭证得逞的，并更深入地理解审计准则出台的社会及经济背景。

3.2　网上调研

1）请你查询相关资料，了解我国目前已经颁布了哪些适用于注册会计师的独立审计具体准则。

2）请你查询相关资料，比较我国目前已经颁布的分别适用于政府审计、注册会计师审计和内部审计的基本准则的异同。

3）请你查阅相关资料，考虑我国会计师事务所执业质量检查是否属于行业内部同业复核。

□　拓展阅读内容

3.1　中国注册会计师执业准则。

3.2 中国注册会计师协会的行业监管信息。

3.3 美国行业监管信息。

3.4 Carl Ruzicka 是一家小会计师事务所的负责人，受聘审计芝加哥合伙委员会（CPB）1996年度财务报表。CPB的所有者兼董事长挪用公司超过300万美元资金，并通过隐藏负债的方式掩盖这一欺诈行为。审计师没有发现该情况，因为对CPB这类业务不熟悉。美国SEC认为该案件涉及公认审计准则中的职业责任与风险评估。

资料来源：库利南，怀特.美国证监会审计案例精选［M］.宋建波，等，译.北京：中国人民大学出版社，2015：4。

第 4 章

职业道德

学习目标

通过本章的学习，你应该能够达到：

知识目标：了解审计职业道德存在的意义与起源；了解目前主要国家与地区的职业道德规范；了解审计职业道德的具体内容。

技能目标：运用职业道德规范的基本原理判断什么是符合注册会计师职业道德的行为。

能力目标：针对目前审计实务工作中存在的理论争议进行独立的分析判断。

作为一个成熟的职业，注册会计师必须对社会承担相应的责任。这种责任可以被归结为三类：道义责任、职业责任和法律责任。道义责任也就是按照社会标准所界定的一般意义上的责任，即良好的行为举止。每个普通人都应对社会承担这种责任，注册会计师自然也不例外。这种责任的界定随社会环境的变化而变化，由哲学家进行清楚的阐释。以这种普遍意义上的责任来要求注册会计师，显然无法将注册会计师行业与其他行业区分开来。对注册会计师职业界而言，更为密切的责任是职业责任和法律责任。前者是一般意义上的道德行为观念在注册会计师行业的具体运用或特殊表现，由注册会计师职业道德来规范；后者则涉及国家颁布的相关法律法规。可以说，注册会计师的责任与义务由法律和职业道德规范两个方面来界定。

引例：

为什么要有职业道德规范？

小王和小李是中学同学。高中毕业后，二人选择了不同的大学和专业。小王就读于一所著名大学，学习会计学专业，毕业后进入一家会计师事务所，目前已经成为这家事务所的合伙人。小李则选择了广告专业，经过多年打拼，目前也有了自己的广告服务公司。小李在一次拜访客户的过程中了解到，这家公司目前正在寻找一家会计师事务所为其申请银行贷款进行会计报表审计。他想到了老同学，便主动承揽了这项差事。他打电话给小王，让小王赶紧为这家公司进行审计，并多多美言，最后他说："你就不用付介绍佣金了，谁让我们是老同学呢！不过，你的事务所太没名气了，为什么不让我帮你策划一下，在媒体上做几次广告，好好地宣传一下你们的实力呢？"小王回答道："按照我们行业的职业道德规范，不管你是不是我的老同学，都不能付佣金给你，至于做广告目前还没有这个必要。此外，按照我们质量控制的要求，能不能作该项审计，还要对该客户进行一些调查。"小李十分纳闷，在广告行业为拉来广告业务委托的人支付佣金是很正常的事情，如果老同学为了省钱也就罢了，但哪有对送上门的业务还挑三拣四、也不愿进行广告宣传的公司呢？职业道德规范作出这样奇怪的要求，事务所还能经营下去吗？

4.1 强调审计职业道德的必要性

任何一个以社会公众为服务对象的行业，要想取得公众的信任，都由其职业道德进行规范，特别是具有相对复杂技术的职业更是如此。注册会计师行业在长期发展过程中逐步形成并十分强调职业道德规范，究其原因主要有：

1）取得公众的信任

如同我们在第2章所介绍的那样，现代注册会计师审计服务从接受审计委托聘约到审计现场工作至工作结束，注册会计师都是与被审计单位管理层接触的，其报酬也在很大程度上由管理层决定，可以说被审计单位管理层掌握着实质的委托权。管理层需要审计服务的原因却是要鉴证其经营成果，从而引导资本的流动，即审计服务的结果（审计意见的种类）影响着众多的投资者和潜在投资者的投资决策及经济利益。如果社会公众不能信任注册会计师的工作，那么资本就不能如管理者希望的那样流动，后者也失去了聘请注册会计师审计的必要。可以说，公众的信任是维持注册会计师行业存在的基石。制定职业道德规范并将其公之于众，就是为了取得公众的信任，也使注册会计师行业有别于其他行业。

2）审计活动的复杂性

现代信息技术和经济活动日趋复杂使注册会计师审计活动日渐深化，依赖审计结果的人们难以对注册会计师的素质进行评定。为维护审计质量，需要注册会计师行业自己进行质量约束。在审计规范体系中，虽然有审计准则指导和规范注册会计师的审计行为，但是这种规范更多的是技术层面上的。审计活动不像纯粹的自然科学，只要遵守技术规则就能保证审计质量。在审计过程中需要大量的职业判断，这种判断离不开注册会计师的主观性。因此，还需要职业道德对注册会计师的主观思想进行约束，使审计质量更有保证。

3）维持行业内部的秩序是行业自我管理的需要

注册会计师行业是由独立经营的会计师事务所组成的。像任何一个经营实体一样，事务所也需要谋求经济利益的最大化，它们之间也存在着竞争。为了防止恶性竞争导致的行业混乱，维护行业的整体形象，注册会计师也需要职业道德来规范其经营行为。可以说，注册会计师职业道德最初的起源之一就是为了维护行业利益。如早在1889年，美国公共会计师协会就规定了禁止协会以外的人员打着他们的招牌从事会计业务。此后，职业道德规范的几次大变动也都与稳定行业秩序有关。

4.2　审计职业道德的起源

由于美国的职业道德规范建设对其他国家有着极为深远的影响，这里的职业道德发展脉络也以美国为例进行介绍①。

1854 年，苏格兰特许会计师协会成立，其章程中明确提出了注册会计师要公正、客观地从事审计业务的道德要求。但早期的审计道德更多的是基于注册会计师自身的道德观念。20 世纪初，注册会计师行业竞争加剧，为维护行业形象，保护整个职业界的服务质量，使公众利益免受不合格服务的侵害，有必要建立行业的道德规范。1906 年，美国公共会计师协会建立了一个正式的道德委员会，以制定会员应遵循的标准。1907 年，协会通过了 5 条禁令性的职业道德条款。由于协会没有足够强大的地位，这些道德条款形同虚设。

1916 年，美国会计师协会成立，其职责之一就是宣传和实施职业道德。1917 年，针对当时经常出现的弊端，协会发布了 8 条道德规范，为以后的职业道德规范建设奠定了基础。由于当时的社会经济发展程度并未对注册会计师职业服务提出高要求，所以，这 8 条规范所产生的实际效果极为有限。

1936 年，美国注册会计师联合会和美国会计师协会合并。为提高审计服务质量、管制会员的行为，其对职业道德规范进行了一系列重大修正，于 1940 年将规范条款增加到 15 条。1956 年，协会重新检查了以前发布的职业道德条款，经过改革后，将这些条款以单一职业道德规范的形式正式发表。

20 世纪 60 年代后，注册会计师审计环境发生了巨大的变化，公众对注册会计师界能否有效地满足社会需求、保护投资者利益产生了怀疑。为此，1967 年，美国注册会计师协会的职业道德部对当时的职业道德规范进行了广泛的检查，修改后的职业道德规范于 1973 年 3 月 1 日起生效。该规范分为三部分：一是职业道德概念，包括了 5 个广义的概念，即独立性、正直和客观性，一般标准和技术标准，对客户的责任，对同行的责任，其他责任和活动。二是行为规则，这是从职业道德概念中推导而成的，由 15 条规则构成，规定了注册会计师最低的可行标准，具有强制性，适用于美国注册会计师协会成员所执行的全部业务。三是行为规则的解释，不具有强制性，主要为明确行为规则的范围和实施提供了指南。任何对该解释的背离都需要在纪律听证会上说明其背离的理由。

1973 年至 1977 年间，又增加了第四部分，即职业道德裁决，概括了行为规则及其解释在各种特殊情况下的运用。这部分也不具有强制性，但违反的人要对其行为作出解释。

1977 年的职业道德规范形成了完整而严密的体系，是较为成熟的规范，四个层次相互呼应，共同形成对注册会计师行为的有效控制。这个职业道德规范也第一次明确提出了注册会计师应达到的道德目标，向社会公众表达了提供高质量审计服务的承诺。该规范为美国注册会计师协会以后的职业道德规范构建了主要框架，并影响了其他国家的民间审计

---

① 本部分内容参阅：陈汉文.注册会计师职业行为准则研究［M］.北京：中国金融出版社，1999.

职业道德规范的建设。

20世纪70年代以后，美国注册会计师职业界根据社会环境的变化，对职业道德进行了更深的研究。1988年1月12日，美国注册会计师协会正式采纳修正后的职业道德规则，并更名为职业行为准则。1992年1月14日，美国注册会计师协会再次修订职业行为准则，对有关条款进行了扩充说明。

4.3 不同国家和地区职业道德规范的简单比较

1）国际会计师联合会

国际会计师联合会颁布的《职业会计师道德准则》由以下几部分组成：

（1）定义：是对准则涉及的术语进行解释。

（2）导言：是对准则的适用范围、责任和准则框架的说明。

（3）公众利益概念：明确该准则不是为了满足个别客户的需要，而是按公众利益确立的。

（4）目标：指出民间审计职业应达到的最高境界，如可信性、职业特征、服务质量和信赖等。

（5）基本原则：涵盖了为达到职业目标，注册会计师必须遵循的原则，如客观公正、胜任能力、应有的职业关注、职业行为和技术准则等。

（6）准则：是对注册会计师在各种典型情形中运用基本原则的详细指南，是目标和原则的具体化。其中，适用公开执业注册会计师的准则包括：独立性、收费和佣金、与公共会计业务不相容的业务、客户的资金、与其他公开执业注册会计师的关系、广告和业务招揽等。

（7）评论：是对个别重要准则所作的详细说明。

2）美国注册会计师协会

美国注册会计师协会的《职业行为准则》由四个部分组成：

（1）原则：这是对注册会计师应具有的品质和应负的责任所作的总括性规定，代表着注册会计师行为的理性标准，是职业道德规范的基础，不具有可操作性和强制性。其内容包括：

①责任：在作为专业人员执行职责时，会员在其所有的活动中应该运用敏感的职业和道德判断。

②公众利益：会员应该有责任为公众的利益服务，不辜负公众的信任，证明其职业承诺。

③公正：为了保持和提升公众的信任，会员在完成所有专业工作时应保持高度的正直感。

④客观性和独立性：会员在执行专业任务时，应不受任何利益冲突的干扰，保持客观性。公开执业的会员在提供审计和其他鉴证服务时应在实质上和形式上都独立。

⑤应有的职业关注：会员应遵循专业技术和道德准则，不断提高能力和服务质量，尽最大能力完成专业任务。

⑥服务的范围和性质：会员在执业时应遵守专业行为法规确定的提供服务的范围、性质。

（2）行为规则：这是准则的核心内容。这些规则是由原则推导得出的，是对职业行为的最低要求，具有可操作性和强制性。其内容包括独立、正直和客观、一般准则、审计准则、会计准则、客户的机密信息、或有收费、有损名誉的行为、广告和其他招揽业务形式、佣金和续约收费、组织形式和名称等。

（3）行为规则解释：是对行为规则中的专业术语作出的相对具体的说明，不具有强制性。但注册会计师若有违背之处，须提出正当理由。

（4）道德裁决：是职业道德执行委员会对一些具体的实际情况作出的解答，是行为规则及解释在实际中的运用，不具有强制性。但注册会计师若有违背之处，须提出正当理由。

3）中国注册会计师协会

中国注册会计师协会为了规范民间审计行业道德诚信，1992年颁布《中国注册会计师职业道德守则（试行）》，1996年颁布《中国注册会计师职业道德基本准则》，2002年发布《中国注册会计师职业道德规范指导意见》，自2010年7月起实施《中国注册会计师协会会员职业道德守则》及《中国注册会计师协会非执业会员职业道德守则》。

《中国注册会计师协会会员职业道德守则》包括五个组成部分，分别为职业道德基本原则、职业道德概念框架、提供专业服务的具体要求、审计和审阅业务对独立性的要求、其他鉴证业务对独立性的要求。该职业道德守则涵盖了国际会计师职业道德守则对注册会计师的所有要求和内容，明确了注册会计师在业务承接、收费报价、专业服务工作的开展等所有环节的要求，突出强调了注册会计师行业的社会责任与独立性。

4.4 职业道德的基本内容

1）道德原则

各个国家职业道德的道德原则内容有所不同，但都包括正直、诚实守信、独立、公正和客观。

（1）独立性

如我们前一章所言，独立性是民间审计中极为重要的概念，在各项审计规范中都要涉及该概念。独立性有实质上的独立性和形式上的独立性之分。在职业道德的基本原则中，作为一种理想状态的描述，更多地是强调实质上的独立性。从本质上看，实质上的独立性对形成恰当的审计意见更为重要。但这种存在于人的头脑中的状态，在他人眼中是无法辨别的，尤其在法庭和行政裁决中。由于这种不可捉摸性，法官和裁决者更看重的是注册会计师是否在外界人士面前呈现出形式上的独立性，因此，作为行为的最低标准，行为准则是从形式上对独立性进行界定的。

形式上的独立性是指注册会计师必须在第三方面前呈现出一种独立于被审计单位的身份。通常认为，可能损害独立性的因素包括经济利益、自我评价、关联关系和外在压力等四个方面。

①经济利益对独立性的损害，主要包括以下情况：与审计客户存在专业服务收费以外的直接经济利益或重大的间接经济利益；收费主要来源于某一审计客户；过分担心失去某项业务；与审计客户存在密切的商业关系；对审计业务采取或有收费的方式；可能与审计客户发生雇佣关系；审计客户提供了非正常程序条款和条件的贷款或担保。

②自我评价对独立性的损害，主要包括以下情况：审计小组成员最近曾是审计客户的董事、经理、其他关键管理人员或能够对审计业务产生直接重大影响的员工；为审计客户提供直接影响审计服务对象的其他服务；为审计客户编制属于审计业务对象的数据或其他记录；会计师事务所合伙人或员工兼任审计客户高管。

③关联关系对独立性的损害，主要包括以下情况：与审计小组成员关系密切的家庭成员是审计客户的董事、经理、其他关键管理人员、所处职位能对客户的会计记录或被审计财务报表编制施加重大影响的员工；审计客户的董事、经理、其他关键管理人员或能够对审计业务产生直接重大影响的员工是会计师事务所的前高级管理人员；会计师事务所的高级管理人员或签字注册会计师与审计客户有长期交往；接受审计客户或者其董事、经理、其他关键管理人员或能够对审计业务产生直接重大影响的员工的贵重礼品或超出社会礼仪的款待。

④外在压力对独立性的损害，主要包括以下情况：在重大会计、审计等问题上与审计客户存在意见分歧而受到威胁；受到有关单位或个人不恰当的干预；受到审计客户降低收费的压力而不恰当地缩小工作范围。

上述四个方面说明了在什么情况下注册会计师应该回避，以保证审计的独立性。但并不是只在这些情况下会损害注册会计师的独立性，随着时间和环境的变化，还可能发生一些新情况影响注册会计师的独立性。此外，在他人面前呈现独立性，即要以他人的眼光来判断注册会计师的行为，这种判断结论取决于判断者的理解与意识。不同的人理解程度不一，环境发生了变化，理解就可能不同。因此，准则中不可能穷尽所有可能影响独立性的情况，多数行为规范都采用了以不完全列举的方式来说明什么是损害独立性的行为。对注册会计师而言，在没有明确行为规范指南时，只能以道德原则，即实质上独立性的要求来作出判断。

即便是执行上述标准，其宽严程度在业内外人士中也一向颇有争议。本书第5章将会对此作详细的说明。

（2）公正与客观

公正与客观是对人的品质的要求，也表现为一种思想状态，它要求注册会计师按照事物的本来面目，不加入个人主观臆断来考察、分析，并得出结论。换言之，注册会计师在作出专业判断时须不偏不倚，其提供的服务才有价值，公众才会予以信任。但是，公正与客观和实质上的独立性一样是无形的，因此，只能表述为基本原则，而在行为规则中，须通过形式上的独立性来体现。

（3）公众利益

历史发展表明，公众对保护自身利益的需求，直接促进了民间审计职业的发展和地位的提高。民间审计所服务的真正委托人是包括投资人、债权人等在内的公众，他们依赖注册会计师的正直和客观维持经济秩序的正常运行，这种依赖就赋予了注册会计师保护公众利益的责任。对注册会计师而言，将**公众利益**作为职业道德原则的基石，就是当公众利益与客户利益发生冲突时，应以公众利益为重；当公众利益、客户利益及注册会计师自身利益三者发生冲突时，应以公众利益作为判断是非的标准。注册会计师对公众利益的公开认同，可以免除公众对其的误解，从而增加对注册会计师的信任感。

强调对公众利益的保护，与我们前面所介绍的民间审计是独立经营实体，具有"经济人"的本性并不矛盾。就单个事务所或注册会计师而言，有追逐利益最大化的倾向，有可能为了其个人或小集团的短期利益而片面地偏向或顾及客户的利益，发表不恰当的审计意见。在民间审计发展史上不乏这样的例子，如 20 世纪 80 年代初期的美国赫顿股份有限公司案①、2001 年美国安然公司案、2008 年美国雷曼公司案等。在这些案件中，由于注册会计师为了获取业务收入、保留客户而发表了有利于客户、不符合事实的审计报告，使公众的利益受到损害。但从长远看，这些不实的报告总会被识破，但案情被曝光后，引发了社会公众对民间审计的信任危机，行业的整体利益受到损害，涉案的事务所和个人的利益也受到损害。如安然事件中涉案的安达信会计师事务所原有的 2 300 家客户在短时间内便有超过 800 家离它而去。② 可以说，从长远看，维护公众利益与事务所或注册会计师的利益是一致的。也正是因为存在个别事务所和人员追逐短期利益的可能，才更凸显出制定职业道德规范进行约束的必要性。

2）专业胜任能力和技术标准

（1）专业胜任能力

和独立性概念一样，在审计准则、审计质量控制准则和职业道德规范中，都对专业胜任能力和应有的关注及遵循技术规范作出了规定。这种重复性的规定，一方面，说明了民间审计界对这些概念的高度关注，希望从不同角度对此进行界定；另一方面，也是规范体系自身构建的需要。在美国等不少国家，上述规范都由行业组织制定，属于自律性规范。但是，违反或不能有效执行职业道德规范，会受到各种程度的惩罚，甚至会被取消会员资格，这意味着注册会计师失去了谋生之道。因此，通过职业道德规范来强化审计准则和质量控制准则的要求，实际上强化了后者应有的作用。

专业胜任能力是指当注册会计师同意提供某项职业服务时，就意味着他有从事该项职业服务所需的能力。因此，对注册会计师和事务所而言，他们只能承揽凭借其专业胜任能力预期可以完成的任务，拒绝提供他们无力完成的服务。当然，这并不是说，所有的工作都只能由注册会计师自身完成，职业道德准则并不排斥注册会计师寻求帮助。当注册会计师缺乏完成职业服务中某一特定部分的能力时，他必须向专家诸如其他注册会计师、律师、精算师、工程师、数学家和评估师等寻求技术帮助和充分的建议，以使他们能令人满意地完成这些服务。

具有专业胜任能力包含了两层意思：一是注册会计师需通过接受普通高等教育、专业教育、培训和相关专业的考试获得专业胜任能力，此外，无论规定与否，还需要有一段时间的工作经验来获得这种能力；二是注册会计师有义务保持一定水平的专业胜任能力。这需要注册会计师随时观察会计专业新的发展动态，并采取与相应国家和国际公告相一致的措施，保证其所提供的职业服务符合当今业务、立法和技术的发展水平。可以说，胜任能力是在学习和实践的共同作用下形成的。为了保持胜任能力，注册会计师应不断地学习与

---

① 案情介绍请参阅：李若山.审计案例——国外审计诉讼案例［M］.沈阳：辽宁人民出版社，1998.
② 恒方.安达信沉沦美国会计业何去何从［N］.21 世纪经济报道，2002-02-04.

提高职业水准。不少国家的行业组织甚至以行业规定的形式来强化注册会计师继续教育的要求。

胜任能力的规定为注册会计师作出了一种限制，即每个注册会计师都有义务对自己的能力进行评价，估计自己所受的教育、具有的经验和判断能力是否足以承担所担负的责任。当完成职业聘约所需的专业能力超越了会员个人或事务所的能力范围时，注册会计师应当进行咨询或将该业务介绍给他人。

胜任能力的概念不只是具有某种能力这样简单的静态概念，还包括合理地运用这种能力，这表现为几个方面：一是在执业过程中保持应有的职业关注，要求注册会计师有义务尽其所能、勤勉地提供专业服务，关注服务对象的最大利益，并与对公众的职业责任保持一致；二是要求注册会计师对其所负责的任何执业活动都进行充分的计划和监督，保证助理人员的工作质量；三是在执业过程中应获得充分适当的审计证据，作出合理的职业判断，从而发表审计意见，提出审计建议；四是在必要时注册会计师应当使客户以及业务报告的其他使用者了解专业服务的固有局限性。

正是出于胜任能力和应有的职业关注的考虑，不少国家最初在职业道德规范中都对注册会计师对预测信息发表意见作出了限定，不允许注册会计师将其姓名与有关未来交易的任何预测数据发生联系，以免使人误解这些预测的数据已经过注册会计师的审核。在执业过程中，由于注册会计师可能被要求协助企业管理人员编制预算、进行预测，或对预测数据进行审核，因此，一些国家放宽了此项要求，允许注册会计师的姓名与预测数据发生联系，但要求充分说明注册会计师的工作性质、所用信息的来源、预测所作的主要假定及注册会计师所负的责任，并明确表明注册会计师并不保证预测数据的可达成性。

（2）技术标准

遵循职业技术标准与专业胜任能力密不可分。只有遵守这些技术规范，并以这些技术规范作为判断客户业务的标准，才能保证注册会计师在执业过程中作出正确的职业判断，达到客观公正的职业要求。换言之，会计、审计等专业技术规范是评定注册会计师是否出色完成审计任务的标准。熟悉和掌握并认真遵守会计、审计等专业技术规范就成为注册会计师完成审计业务的前提，也是其胜任能力的构成要件之一。

3）对客户的责任

一般地说，客户和会计师事务所之间存在委托合约关系，客户可以采用与注册会计师一对一的方式在合约中明确对后者的职责要求。注册会计师也需要履行合约规定，竭诚为客户服务。但是，在民间审计的长期发展过程中，审计界感到仍然有一些方面需要以职业道德的形式进行规范，目的是维护整个行业的形象与利益。在这个领域的职业道德规范主要有：

（1）保密

保密性和独立性一样是职业界的基本概念，但不同的是，在民间审计的发展史上，业内人士曾多次对独立性进行争论，而对保密性则历来是一致认同的。有的甚至认为，没有保密性，就可能没有民间审计行业。①

从经营的一般常识就能很好地理解这种高度认同。在执行审计委托业务过程中，注

①　普雷维茨，梅里诺.美国会计史——会计文化意义的历史阐述［R］.刘长文，译.厦门：厦门大学经济学院会，1985：189.

会计师可以了解到被审计单位的诸多商业秘密，如产品成本构成与定价、销售客户名单、主管人员的薪金总额、盈利水平和组织计划等。这些消息一旦泄露出去，就会使被审计单位在市场竞争中处于劣势，或者造成企业内部员工不和。在今天的信息社会，保守商业秘密更成为企业的头等大事。因此，企业管理层在选择注册会计师执行审计时，都会作出保密的要求。对于企业外部的股东、债权人而言，损害了企业的经济利益，实际上也就损害了其可能获得的利益，因此，他们和企业管理层一样对审计有着保密要求。从注册会计师角度看，只有履行保密的要求，才能获取客户的信任，取得审计聘约，且在执行审计业务时，客户才能如实地将自己所知晓的真实情况告诉注册会计师，后者才可能获取查证过程中必要的全面信息，运用其职业技能对客户的经营成果、财务状况及变动作出正确的判断，为客户提供恰当的建议，出具客观公正的鉴证意见。换言之，保密是注册会计师有效地履行职责的基础和前提。从整个行业看，由行业组织事先在职业道德规范中明确保密原则，可以在签订委托聘约前就获得客户的信任，提高行业的整体形象。

①保密的具体要求

保密要求就是要求注册会计师对其在审计过程中获知的信息予以保密，在未经客户的特别允许下，不得向会计师事务所以外的第三方披露其所获知的涉密信息。其本质含义是不能让其他人包括注册会计师自身利用这些信息谋取利益。由于现实经济环境十分复杂，保密本身还存在一个程度问题。为此，多数国家都在职业道德行为准则中，将保密的概念具体化：

第一，注册会计师应对执行业务过程中获知的所有信息予以保密。注册会计师在审计过程中所获知的资料有些属于被审计单位的商业秘密，有些则不是。虽然只有商业秘密的泄露才可能对企业造成利益损失，但是，商业秘密和非商业秘密的划分界限是很难界定的，且对所有获知的资料进行保密，更能取得客户的信任。

第二，保密的责任不能因审计聘约关系的结束而终结，即使客户更换了注册会计师，前任注册会计师依然有保密的责任，前任注册会计师是否可以或必须与后任注册会计师讨论客户的相关事务，取决于业务的性质、是否征得客户同意，以及法律法规或职业道德规范的有关要求。这是对保密时间跨度的要求。

第三，负责审计的注册会计师不仅自身要履行保密义务，还要保证其下属及向其提供建议和帮助的人员也要履行保密义务。

第四，保密不仅涉及对客户资料的披露，还涉及对这些资料的利用。保密即要求注册会计师不能为其个人利益或第三方的利益而利用这些资料或打算利用这些资料。

②保密的例外情况

通常，注册会计师在法律法规允许披露并取得客户或工作单位授权的情况下，可以披露涉密信息。在某些环境下，保密要求可能与其他道德规范产生冲突。在法庭判决和职业界有识之士的推动下，职业界认识到，保密不是绝对的，它应该服从于法律法规、执业准则和职业道德的基本原则。所以，道德规范还规定了保密的例外情况：

第一，根据法律法规的要求，为法律诉讼、仲裁准备文件或提供证据，以及向监管机构报告所发现的违法行为。在司法审理过程中，司法部门或监管机构需要向注册会计师询问的事宜涉及客户的相关信息，注册会计师应当将所了解的情况实事求是地说出，也就是说，注册会计师的保密是无法律赦免权限的。这说明，遵守法律规章的责任是法制社会里每个公民应尽的义务，注册会计师不能以行业的规范抗衡国家的法律法规。

第二，在法律法规允许的情况下，在法律诉讼、仲裁中维护自己的合法权益。在某些情况下，注册会计师可能受到来自客户、行业协会或监管部门的指控或者需要提起仲裁，为证明自身行为的合理性以及遵循了行业规范要求，可以运用审计工作底稿。

第三，接受注册会计师协会或监管机构的执业质量检查，答复其询问和调查。在接受行业协会或者监管机构的质量检查时，注册会计师必须提供工作底稿，以此方式保证职业行为的质量。当然，参与质量检查的工作人员对其在工作中获知的信息也有保密的义务。

（2）或有收费

或有收费，也有人称其为相机收费或不确定收费，是指收费与否或收费多少取决于所执行工作的结果或交易的结果。例如，注册会计师若出具无保留意见审计报告就收取50 000元费用，若出具保留意见审计报告就收取30 000元费用。

价格是商品购销合同中不可或缺的要件，民间审计聘约中也不能缺少对价格的确定。在同等质量条件下，价格往往是决定审计服务双方能否达成交易的重要因素。争取到更高的服务价格当然对事务所及注册会计师更为有利。在民间审计的早期，或有收费是非常普遍的，越有利于客户的服务成果，自然可以获得越多的报酬，这符合人们日常的消费习惯。但这种一般商品的收费方式，无疑并不适用于民间审计这种特殊服务。如第2章所言，客户与社会公众之间存在利益冲突，管理者存在着为了使自身利益最大化而提供虚假会计信息的动机。如果按照对客户有利的原则确定审计收费，就可能诱使注册会计师关注个人的私利而放弃客观公正的立场，发表有利于客户的审计意见，这样势必损害社会公众的利益，也使职业界失去了形式上的独立性。

为了取信于社会公众，职业界逐渐认识到应在职业道德规范中禁止或有收费。计算执业收费只能按照职业服务所需要的技能和知识、完成审计服务所需人员的经验水平、完成专业服务所耗用的时间及提供专业服务所需要承担的责任来确定。

后来，这一规定逐步扩大到了注册会计师从事的审阅、复核或其他鉴证服务，以及代编的财务报表有可能为第三方使用的情况。如注册会计师作为专家证人时，不能以帮助客户获得的赔偿金额为计费基础。在代编纳税报表时，不能按所节约的税金比例来收取费用。在帮助客户发行股票、债券或获取银行贷款时，不能按募集资金的多少来决定收费。当然，职业道德也存在对该条款的例外，即收费金额由法院或其他公共权威机构确定时，就不应视为或有收费。如在税务诉讼中，客户应缴或应退税金完全由司法程序确定，审计意见不能左右税金的多少，此时，审计服务可以按照预先约定的退、缴税金比例来收取费用。

20世纪90年代后期，一些国家的行业组织放宽了对或有收费的限制，规定如果事务所对一家客户不提供鉴证服务，就可以对其提供的非鉴证业务收取或有收费。

4）对同行的责任

（1）规范对同行责任的意义

在会计服务市场中，不同的会计师事务所之间存在着竞争。如何协调同行业竞争对手之间的关系，是行业协会所要解决的重要问题。早在爱丁堡会计师协会成立之初，民间审计界就认识到同行业团结的必要性。[1]

①维护行业团结，可以获得公众对这个职业的信任。维护公众利益，获取公众信任，是民间审计生存的基石。公众要信任注册会计师，自然要求注册会计师具有高尚的品德。如果审计界之间不能互相尊重，而是抬高自己、贬低对方、相互拆台，那么，这样的行业自然不能赢得他人的尊重，更不要说信任了。

②维护行业团结，有利于保证审计服务质量。作为审计服务的购买方，客户自然希望以最低的审计付费获取最有利的审计意见。就审计服务供给方而言，作为一个经营实体要维持再生产，其服务收费自然应该超过其成本。如果行业内不能保持团结，则可能出现恶性竞争。恶性竞争的手段之一就是低价揽客，即不合理地降低审计收费。这意味着降低审计标准、减少审计程序、缩短审计时间、任命经验水平不足的注册会计师等，这些都将导致审计质量下降。

③维护行业团结，也是为了保护注册会计师。恶性竞争的另一个局面就是为客户"购买会计原则"[2]提供了方便，即客户以签订聘约为诱饵，迫使审计方放弃客观公正的立场，不顾事实，出具有利于客户的审计意见。这实际上损害了那些坚持原则的注册会计师的利益。

（2）美国早期的同行责任行为准则

早期，美国对同行责任的道德规范，除了在原则中提出"执业会计师的行为应有助于促进自己和同行的合作，并与同行保持良好的工作关系"外，还有如下的行为准则条款：

①禁止竞争性投标，即不允许利用收费的高低来争取客户。前已述及，这种竞争方式可能诱使注册会计师不合理地降低审计收费，从而影响审计质量。

②侵犯其他注册会计师的业务，即除了客户自身要求外，注册会计师不得争取已经由其他注册会计师提供服务的客户聘约。如果是某一企业的分公司或子公司等组成部分已经由其他注册会计师提供审计服务，则执行该企业审计聘约业务的注册会计师再次对子公司、分公司等进行审计，不在此限制之列。

③聘用其他事务所成员，即事务所不得在没有事先告诉另一事务所的情况下，因自己的利益或客户的利益而直接或间接地聘用后者的从业人员。

这几项条款禁止了注册会计师之间的非正常竞争，有利于稳定审计质量。但是从另一个角度看，这种规定无疑有利于那些进入会计、审计市场时间长、规模大的事务所，不利于新进入该市场的事务所争取客户。缺乏竞争的结果往往是使从业者安于现状，不利于技术的创新、成本的下降，这又制约了价格的下降，使审计服务的消费者的利益受到损害。在保护消费者利益和反垄断思潮的影响下，前两项条款由于受到美国司法部和联邦贸易委员会等机构的法律质疑而被取消，后一条款由于美国注册会计师协会担心对职员权力的潜在侵犯而取消。这样，在美国有关同行责任的规则已被逐一取消。国际会计师联合会对此也没有细则规定。

（3）对前后任注册会计师联系的规范

无论何种原因发生的事务所更换行为，前后任注册会计师之间自然存在着利益冲突，

① 爱丁堡会计师协会成立的宗旨之一就是"将正在从事民间审计职业的人们团结成一体"。参见 ICAS.A history of the Chartered Accountants of Scotland.1954：21.
② 美国 SEC 对此定义为：上市公司寻找那些愿意支持其所采用的会计政策的审计人员，而这些政策能够使上市公司达到其财务目的，却不一定符合 GAAP（SEC，Release No.33-6594，1985（1））。

如何处理其关系，就成为同行责任的重心所在。在国际上，关注注册会计师同行之间的道德责任，目前主要体现为审计聘约的转变，即前后任注册会计师的关系上。①目前对前后任注册会计师的责任是通过行业规范进行约束的，主要有以下几个方面：

①对于后任的责任

前后任注册会计师的沟通通常由后任注册会计师主动发起，但需要得到被审计单位的同意。在接受审计业务委托前，后任注册会计师应当与前任注册会计师进行必要的沟通，关注前任注册会计师与审计客户之间在重大会计、审计等问题上可能存在的意见分歧。

后任注册会计师应当提请审计客户以书面形式授权前任注册会计师对其询问作出充分的答复。如果审计客户拒绝授权，或限制前任注册会计师作出答复的范围，后任注册会计师应当向审计客户询问原因，并考虑这其中隐含的意义以及是否接受业务委托。

在允许查阅工作底稿前，前任注册会计师应当向后任注册会计师获取确认函，就工作底稿的使用目的、范围和责任等与后任达成一致意见。在实务中，若后任注册会计师能在此方面作出更高程度的限制性保证，那么前任就可能更倾向于提供更多的接触其工作底稿的机会。

后任在提交对客户会计报表的意见时，不得直接以前任工作底稿中记录的审计程序或结果为证据。后任不应在审计报告中表明，其审计意见全部或部分地依赖前任的审计报告或工作。

如果后任注册会计师发现前任注册会计师所审计的会计报表存在重大错报，应当提请审计客户告知前任注册会计师，并要求审计客户安排三方会谈，以便采取措施进行妥善处理。如被审计单位拒绝告知前任，或者前任拒绝参加三方会谈，或者后任对解决问题的方案不满意，后任应考虑对审计意见的影响或解除审计委托约定。

②对于前任的责任

在被审计单位允许的前提下，前任注册会计师应当根据所了解的情况对后任注册会计师的询问作出及时、充分的答复。如果受到审计客户的限制或存在法律诉讼的顾虑，决定不向后任注册会计师作出充分答复时，前任注册会计师应当向后任注册会计师表明其答复是有限的。

如果客户在辞退前任后，向多个事务所索取了审计计划书，则前任只在某个事务所有条件地接受委托聘约后，对其必要的交流作出答复。

以上的规范不仅可以体现出一种职业上的相互尊重，有助于树立起同行之间和谐相处的良好职业形象，还通过对更换原因的交流，维护注册会计师的正当利益。

5）其他责任

职业道德中的其他责任规范主要有：专业服务营销、佣金和介绍费、礼品和款待、保管客户资产、有损职业信誉的行为。对上述方面的规范，也是出于保护公众利益、维护职业形象的考虑。

（1）专业服务营销

经济实体要维持再生产，必须争取客户群，扩大销售额。广告历来是经营实体扩大自身影响、招揽业务的重要手段，而且经济越发展，广告的效用越突出。在民间审计早期，

---

① 美国虽然在道德规范中没有相关内容，但在其审计准则中对此进行了规范。如 AICPA 在 1975 年颁布 SAS No.7，1997 年又发布 SAS No.84 取代了前者。

广告就是注册会计师招揽业务的有效手段之一。做广告自然需要夸耀自己的优点，达到吸引顾客的目的。但在激烈的竞争下，难免有注册会计师会在广告中吹嘘夸大自己的能力。这种过度的自我颂扬与社会公众对注册会计师的品德要求存在一定的差距，尤其是公众及客户作为非专业人士，对会计不甚了解，就可能受骗于这种夸大其词的广告。因此，不少国家民间审计界逐渐禁止以广告招揽业务。

到了20世纪70年代，在保护消费者利益、反垄断、反不正当竞争思潮的影响下，美国、加拿大等国家认为，不允许做广告，实质上是维护了名气大的事务所的利益，对于新成立的事务所而言，很难等到客户主动来邀约，广告是其推广、介绍自己的有效媒介。因此，为保持一定程度的竞争，维持民间审计行业的活力，这些国家纷纷允许注册会计师做广告，但要求广告是以客观、真实和得体的方式向公众提供信息，禁止那些会对公众造成危害且不能给职业界带来最大利益的招揽行为，即不得以虚假、误导和欺骗性的广告招揽业务，或以其他高压、诈骗或骚扰行为招揽业务。为了具体说明什么样的信息是客观、真实和得体的，各注册会计师协会颁布了详细的指南：

①美国职业界一般将广告内容限制在：注册会计师的姓名；会计师事务所的名称、地址、电话号码；合伙人、股东以及职工人数、办公时间、外语能力；事务所创建日期；提供服务的种类、收费标准，包括小时收费率与固定收费额；注册会计师受教育程度、学位，包括注册会计师领证的时间与地点、就读学校、毕业时间以及专业协会的会员资格；注册会计师和事务所对有关公众利益的政策与公认会计业务所持的立场。

②国际会计师联合会在其职业道德规范中规定，以下行为不符合标准：产生虚假的、欺骗性效果，或对有利结果的不合理期望；暗示有能力影响法院、法庭、规章制定部门或类似组织或政府部门；没有核实依据的自我褒扬、标榜；与其他公开执业的职业会计师作比较；包括奖状和签名；包括任何可能造成一个有理性的人误解或被欺骗的成分；无理由地宣称是某一特殊会计领域的能手或专家。

③中国注册会计师职业道德守则规定，注册会计师通过广告或其他营销方式招揽业务，可能会对职业道德基本原则产生不利影响，因此在向公众传递信息时，注册会计师应当维护职业声誉，做到客观、真实、得体。注册会计师在营销专业服务时，不得夸大宣传提供的服务、拥有的资质、获得的经验；不得贬低或无根据地评价其他注册会计师的工作；不得暗示有能力影响有关主管部门、监管机构或类似机构；不得作出其他欺骗性的或可能导致误解的声明；不得采用强迫、欺诈、利诱或骚扰等方式招揽业务。注册会计师不得对其能力进行广告宣传，但可以利用媒体刊登设立、合并、分立、解散、迁址、名称变更和招聘员工等信息。

（2）佣金和介绍费

在营销手段中，为招揽顾客而向介绍业务等帮助销售的人员支付一定金额的佣金或介绍费是常见的做法。在民间审计发展早期，也曾出现过在其他人销售产品或服务的过程中，注册会计师给予某种程度上的帮助并收取佣金的做法。逐渐地，职业界认识到，收取佣金的做法很容易让人认为注册会计师是为了个人私利而作出某种推荐和建议，从而对其客观性产生怀疑，对职业界造成不利影响。因此，职业道德规范中出现了禁止收取佣金的条款。随着注册会计师服务范围的不断扩展，其面临的商机也不断增多，可能出现的佣金支付和收取的具体形式也是多种多样的，是否放松这一禁令，在民间审计界也出现了争议。

在美国20世纪七八十年代，美国注册会计师职业界坚持：除了支付购买会计业务的款项、向以前曾在本事务所工作过的退休职工或其继承人及遗属支付退休金，注册会计师协会会员不得以支付佣金的手段争取客户，也不得因向客户介绍他人的产品或业务而收取佣金，并认为这一规则适用于注册会计师面临的所有情况。这一观点深深地影响着其他国家的注册会计师职业界，如国际会计师联合会及我国至今都坚持这一立场。

进入20世纪90年代，美国注册会计师职业界改变看法，放宽对佣金和介绍费的限定，认为注册会计师在某些不会导致利益冲突的业务领域内收取佣金是适当的。1992年美国职业道德规范对佣金和介绍费作了三方面的规定：第一，在某些业务领域内，注册会计师不得收取或支付佣金。这一禁令适用于注册会计师完成上述业务服务的期间或上述服务所涉及的历史性财务报表所涵盖的期间。这类业务包括：财务报表审计或复核；当会员预料或可合理地预料第三方将使用财务报表时代编报表，而会员的代编报告中未披露缺乏独立性；检查预测性财务信息。第二，在不为前条所禁止的场合下，允许收取和支付佣金，但需要向他们推荐或介绍与佣金有关的产品或服务的人员或团体披露佣金事宜。第三，因推荐或介绍某注册会计师的业务给他人或团体而收受介绍费的注册会计师，或支付介绍费以获得客户的注册会计师，应向客户披露这种收取和支付介绍费的事实。

国际会计师联合会注意到美国注册会计师职业界的这种动向，指出在允许支付和收受佣金的国家，应将此许可限制在不影响独立性的服务聘约中，公开执业的职业会计师应向客户披露这一事实。

我国的注册会计师职业道德守则指出，注册会计师收取与客户相关的介绍费或佣金，可能对客观和公正原则以及专业胜任能力和应有的关注原则产生非常严重的不利影响。因此，注册会计师不得收取与客户相关的介绍费或佣金，同时也不得向客户或其他方支付业务介绍费。

（3）礼品和款待、保管客户资产

如果客户向注册会计师或其近亲属赠送礼品或给予接待，将对职业道德基本原则产生不利影响，注册会计师不得向客户索取、收受委托合同约定以外的酬金或其他财物，不得利用执业之便，谋取其他不当利益。

除非法律法规允许或要求，注册会计师不得提供保管客户资金或其他资产的服务。

（4）有损职业信誉的行为

各国的职业道德规范中都规定，注册会计师不得作出有损职业信誉的行为。在经济发展的不同阶段，随着社会环境的变化，对什么是有损职业信誉的行为的认识也有所不同。即使在同一发展阶段，因个人理解的不同，对同一事件是否有损职业信誉，也会有不同的结论。鉴于该概念难以定义说明，在道德规范中都是以列举的方式加以说明的。

例如，美国的道德规范认为以下行为有损职业信誉：扣留客户的资料，以要求客户付款；招聘时因种族、肤色、性别、年龄、宗教等存在歧视行为；在提供鉴证或类似服务时没有遵守政府部门、委员会或其他管理机构提出的要求；编制财务报表或账户记录时存在疏忽行为；招揽或泄露注册会计师考试的试题或答案。[1]美国注册会计师协会章程提供了

---

① 在20世纪90年代，美国改变了注册会计师考试的命题方式，改为题库命题方式。这样就存在着以前使用过的考试题目在下一次考试中会再次出现的现象。为保证考试的效果，美国注册会计师协会出台了对考试保密的要求，即参加完考试的人员不得泄露考题及答案。我国在2002年年末也做了这样的改变考试命题方式，不再公布使用过的考试题目，但我国的职业道德守则尚没有明文作出对考试保密的规定。

更明确的指南,规定若会员犯有以下罪名,无须听证,就可以取消其会员资格:被判处一年以上的监禁的罪行;注册会计师有意不缴、漏缴个人所得税;为自己或客户申报所得税时有虚报、谎报行为;蓄意帮助客户编制虚假或欺诈性的所得税纳税申报单。

又如,我国的职业道德规范也指出注册会计师应当维护职业声誉,树立良好的职业形象。

值得注意的是,列举的方式无法穷尽所有可能损害职业信誉的行为,确定什么行为才符合职业标准,仍由每个从业人员自己决定。正如一份会计杂志所载:注册会计师不能指望通过抄近路取得成功,或是违反职业道德而侥幸逃脱。掌握执业所要求的全部技能,保持合理的职业谨慎态度,无论进行什么类型的工作都遵守已颁布的准则,尽最大努力使自己的行为符合职业水准,是注册会计师成功的关键。[①]

本章小结

本章主要介绍了注册会计师职业界用以促使自身成员保持高水平服务的另一途径:公众信任是注册会计师行业的生存之本,而审计技术的复杂性使得外界公众无法清楚地辨明审计的工作质量,也为了便于注册会计师行业自我管理,注册会计师职业界发展了一整套用来进行自我约束的职业道德规范。它主要包括独立、公正与客观、公众利益三个道德原则,以及专业胜任能力和行业技术标准、对客户的保密和或有收费责任、对同行的责任、业务招揽及佣金等其他责任。道德规范只是注册会计师从业的最低要求,其无法穷尽所有可能损害职业信誉的行为,确定什么行为才符合职业标准,仍由每个从业人员自己决定。

主要概念和观念

□ 主要概念

客观与公正　公众利益　专业胜任能力　保密要求　或有收费

□ 主要观念

保密性的例外情况　对同行的责任　前后任注册会计师的关系　业务的招揽及佣金

基本训练

□ 知识题

4.1　阅读理解

1)注册会计师行业为什么强调职业道德?

2)美国注册会计师协会的职业道德构成如何?

3)注册会计师的保密责任具体有哪些内容? 保密责任的例外是指什么?

4)当发生注册会计师更换的情形时,前后任注册会计师分别负有什么样的责任?

4.2　知识应用

1)选择题

(1)注册会计师接受 A 公司的审计委托,审核时发现其能力无法胜任该项工作,他应该(　　)。

A.建议 A 公司另请其他注册会计师

B.发表拒绝表示意见的审计报告

C.发表保留意见的审计报告

[①]　MICHAEL A P.Doing the right thing [J]. Journal of Accountancy, 1995 (June): 86//ALVIN J A, JAMES K L, LEMON W M, INGRID B S.Auditing and other assurance services [M]. Toronto: Prentice-Hall Canada, 2000.

D.依赖 A 公司职员的能力协助完成本项审计工作

（2）被审计单位的前任注册会计师为遵循职业道德规范，（　　　）。

A.未经被审计单位同意，不能允许同业检查小组检查审计工作底稿

B.将审计工作底稿交还给被审计单位

C.永久性地保存被审计单位的审计工作底稿

D.未经被审计单位同意，不能允许后任注册会计师检查审计工作底稿

（3）会计师事务所在招揽业务时，可以（　　　）。

A.与其他注册会计师进行比较

B.暗示有能力影响法院与监管机构

C.向客户发放有关事务所情况的手册

D.利用新闻媒体对其能力进行广告宣传

（4）注册会计师可以向外界提供或透露被审计单位的机密信息的情况是（　　　）。

A.被审计单位书面同意

B.注册会计师认为这样做对被审计单位有利

C.注册会计师认为这样做对社会公众有利

D.法院要求注册会计师在法庭作证时

E.被审计单位不再委托该注册会计师审计时

（5）注册会计师的保密原则要求（　　　）必须遵循。

A.注册会计师

B.注册会计师的助理人员

C.与其合作的其他注册会计师

D.协助注册会计师工作的专家

2）判断题

（1）注册会计师职业道德的行为原则是对注册会计师应具有的品质和应负的责任所做的总括性规定，代表着注册会计师行为的理想标准。　　　　　　　　　　　（　　　）

（2）美国注册会计师职业道德规范要求公开执业的会员在提供审计和其他鉴证服务时应在实质上和形式上都独立。　　　　　　　　　　　　　　　　　　　　（　　　）

（3）或有收费是指按照审计服务成果的大小来决定审计收费的多少。　　　（　　　）

（4）注册会计师不得对未来事项的可实现程度作出保证。　　　　　　　（　　　）

（5）注册会计师及其所在会计师事务所不得进行任何广告宣传。　　　　（　　　）

□　技能题

操作练习

1）若大山公司正考虑兼并丹丹公司，大山公司聘请丹丹公司的注册会计师小李去审查丹丹公司，在这种情况下，注册会计师小李面临着保密与利害冲突的问题，小李应怎么办？

2）王强是一家新开业的甲会计师事务所的首席合伙人。由于该事务所刚刚开业，因此，在社会上的影响较小。为了扩大影响，他决定在当地日报上为自己的事务所作一则宣传广告。其草拟的广告内容如下：甲会计师事务所是注册会计师行业的新成员，但我们的合伙人都具有较高的素质，8人中有4人获得相关专业的博士学位或高级职称，有着会计、

审计行业的丰富经验，与行业内外相关部门有着良好的合作关系。我们愿意竭诚为广大客户提供优质、便捷的服务。请问：你认为王强拟订的上述广告是否符合独立审计职业道德守则的相关要求？如有不妥之处，你认为该如何修改？

3）甲注册会计师是一家小型会计师事务所的合伙人，他的一个客户要求其提供某项服务，但甲所在的事务所因能力有限，无法提供该项服务。因此，甲将该客户介绍给了乙会计师事务所。乙会计师事务所同意将该客户支付的审计费用中的 10% 付给甲所在的事务所。此时，谁违反了我国独立审计职业道德守则的要求？

4）李美是厦门一家新开业的新飞会计师事务所的首席合伙人。由于该事务所刚刚开业，因此，他决定聘请已经在本市正华会计师事务所从事审计工作多年的老同学魏清加盟新飞会计师事务所。魏清愿意到新飞会计师事务所工作，但正华会计师事务所以工作合同未到期为由，不同意魏清离去。于是魏清干脆不办理离职手续，直接到新飞会计师事务所工作，并在新飞会计师事务所出具的审计报告上签字。请问：在上述过程中，谁违反了我国独立审计职业道德守则的要求？

□　能力题

4.1　案例分析

请你阅读下面的案例后，谈谈如何在维护客户的利益与保守客户秘密之间权衡？

美国两个有关保密责任的著名案例①

案例 1：1981 年康索利戴塔服务公司对亚历山大·格兰特会计师事务所胜诉案

康索利戴塔服务公司是一家工资服务公司，亚历山大·格兰特会计师事务所与该公司只涉及税务方面的服务，没有会计及审计方面的联系，但有时它们互相介绍客户。在一次有双方代表出席的会议上，会计师事务所得知康索利戴塔服务公司资不抵债，就要求该公司向其客户通报资不抵债的事实，但被该公司管理层拒绝，同时该公司总裁通知会计师事务所，他已辞职。会计师事务所旋即告知该公司管理层，事务所准备向其客户通报康索利戴塔服务公司资不抵债的情况，后者要求事务所推迟 10 天再通报，以便它能借款解决资不抵债问题。在事务所的客户中，有 12 家同时是康索利戴塔服务公司的顾客，事务所召集这 12 家客户开会，并建议他们不要再向康索利戴塔服务公司拨付款项。康索利戴塔服务公司以此控告会计师事务所过失和违约泄密，未履行保密责任。法庭判决康索利戴塔服务公司胜诉，并获 130 万美元赔偿金。

案例 2：1982 年范德有限公司对安达信会计师事务所胜诉案

范德有限公司是一家合伙投资公司。1970 年年末，该公司开展多种经营，大量投资于石油及天然气财产。根据与金氏资源公司签订的协议，已付款 9000 万美元用于购买 400 多项自然资源财产。范德有限公司与金氏资源公司签订的一项协议规定，全部财产将以金氏资源公司通常接受的价格出售给范德有限公司。而上述两家公司均由安达信会计师事务所审计，且关键的注册会计师也相同。注册会计师在金氏资源公司的审计中发现，销售给范德有限公司的石油及天然气的价格要比其他顾客高，但会计师事务所却未向范德有限公司通报这一情况。范德有限公司很长时间以后才发现这一情况，并以会计师事务所没有向它通报这一违反协议的情况为由，向法庭起诉。法庭判决范德有限公司胜诉，责令会计师

①　陈汉文，黄京菁.试论注册会计师的保密责任［J］.吉林会计，1997（1）.

事务所向范德有限公司赔偿 8 000 万美元的损失。

4.2 网上调研

请你观察周围的以及电视、网络上的相关广告信息，分析在目前激烈的市场竞争环境下，你认为会计师事务所可以采取哪些不违反职业道德要求的举措（内容与形式）来招揽业务、宣传自身？

4.3 单元实践

学习完本章内容，请你设计一张调查表对本班以及周围的人员进行调查，分析注册会计师的职业道德要求与个人品质道德之间存在着怎样的联系与区别？

□ 拓展阅读内容

4.1 美国证券交易委员会起诉德勤上海。

4.2 四大会计师事务所网站

4.3 美国 SEC 发现，J. Allen Seymour 对 Vista 公司 1994 年度财务审计中，丧失了独立性。本年度审计是 Seymour 和事务所另一位风险合伙人联合投标，负责审计业务。而在他们联合投标以及进行审计的过程中，该风险合伙人持有 Vista 公司 23 333 股普通股股票。此外，在 1994 年 12 月 6 日前后，Vista 公司终止了与另一家跨国会计师事务所（前任审计师）的业务关系。1995 年 1 月 9 日，Seymour 曾去前任审计师的办公室查阅了一些工作底稿，但是没有向前任审计师询问任何情况，既没有询问可以表明 Vista 公司管理层诚信的事实，也没有询问管理层和前任事务所之间就会计原则、审计程序和其他类似重大问题是否存在不同看法，也没有了解前任对 Vista 公司更换会计师事务所的看法。正因为与前任审计师缺乏足够的沟通，审计过程缺乏独立性，最后这两位审计师发表了无保留意见的审计报告，而事实上，由于不恰当地确认了收入，该公司虚增收入 985%[①]。

---

① 库利南，怀特.美国证监会审计案例精选［M］.北京：中国人民大学出版社，2005.

第 5 章

两个基本概念：
独立性与公允表达

学习目标

通过本章的学习，你应该能够达到：

知识目标：了解独立性的基本含义以及与此相关的一些争议；了解公允表达的含义。

技能目标：对在不同情况下注册会计师是否能够独立作出基本判断。

能力目标：对进入 21 世纪后国际、国内关于注册会计师管理体制等方面的争论和变革，能运用独立性基本要求进行分析。

在注册会计师审计的发展过程中，独立性和公允表达是两个基本的概念。其中，独立性被认为是审计的基石，是保障审计服务质量的最重要的前提条件；而公允表达则涉及注册会计师出具审计报告意见的核心原则。

引例：

注册会计师会不会偏向付费一方呢？

2011 年年初，小张和小李共同投资开办了一家专门经营长短途运输的有限责任公司，其中，小张出资 60%，小李出资 40%。在随后 3 年的经营过程中，该公司每年的投资回报率均达到了 10%。为了拓展市场份额，小张和小李将所获得的收益都用于购买新的运输工具。

2014 年年初，小李表示因为想到高等学校继续深造，所以要退出股份，并提取相应的货币资金用以支付学习和生活费。小张认为，若因此解散并清算公司十分可惜，但一时又拿不出足够的资金买下小李的股份。因此，二人商议将小李的股份出售，使公司能继续经营下去。为了让购买者能清楚地了解公司的运营状况，他们决定聘请注册会计师对该公司 2013 年度会计报表进行审计，并以此合理地确定股份出售的价格。2014 年 1 月 20 日，受聘的注册会计师提交了相关审计报告，收取了 4 万元的审计服务费。

老王一直十分看好当地的运输服务市场，得知小李想转让股份时，就表示有意购买。在阅读完审计报告商谈股份转让价格时，他表示了担忧：俗话说"吃人嘴软，拿人手短"，注册会计师收了小张和小李的钱，会不会就此偏向他们呢？

5.1   什么是独立性

独立性可称为注册会计师职业道德的精髓。尽管早期的学者试图为注册会计师独立性下一个简单的定义，但随着社会经济环境的变迁，会计师事务所的商业关系在广度和深度上日益变得复杂，在现实中，独立性的含义反而变得模糊，因此需要进一步予以界定。2000 年以来，美国市场所曝出的安然、世通等公司的会计丑闻，以及由此导致的原"五大"会计师事务所之一的安达信解体①，使得审计的独立性再次成为注册会计师行业的一个热点问题。美国 SEC、AICPA 等对审计有监管权力的组织纷纷修改各自的一些相关规定，对审计独立性作出了更为严厉的监管要求。

1）独立性的含义

对于独立性的具体含义，有着许多不同的看法。

约翰 L.凯瑞（John L.Carey）认为，对于注册会计师来说，独立性有两层含义：从广义上讲，它意味着正直性的一个方面，它使得所有的执业人员承担责任；从狭义上讲，它与审计和对财务报表发表的意见相联，意味着避免可能损害注册会计师作为审计人员的客观性。

著名学者罗伯特·K.莫茨（R. K. Mautz）和侯赛因·A.夏拉夫（H. A. Sharaf）在 1961 年出版的《审计理论结构》中，对注册会计师的独立性作出了讨论。他们认为，审计独立性分为两个方面："实务人员的独立性（practitioner independence）"和"职业的独立性（profession independence）"。前者包括审计计划的独立性、实施审查的独立性和审计报告的独立性；后者则是一种对集体审计人员的印象。

美国注册会计师协会职业道德委员会前主席托马斯·G.希金斯（Thomas G. Higgins）提出，注册会计师拥有的独立性实际上有两种，即实质上的独立性和形式上的独立性。这一定义得到了大多数业内职业团体的认同。如美国注册会计师协会在其《职业道德规范》中规定，从事公共业务的会员在提供审计和其他服务时，必须保持实质上和形式上的独立性。国际会计师联合会（IFAC）在其发布的《职业会计师道德规范》（IFAC Code of Ethics for Professional Accountant）中也把独立性分为两个部分："精神上的独立（independence of mind）"和"形式上的独立（independence in appearance）"。《中国注册会计师职业道德守则》也规定"注册会计师执行审计、审阅以及其他鉴证业务，应当从形

---

① 世界最大的八家会计师事务所在 20 世纪 80 年代初期被称为"八大（Big Eight）"，分别是 Peat Marnick Mitchll（PMM）、Arthur Anderson（AA）、Coopers&Lybrand（C&L）、Klynveld-Main-Goerdeler（KMG）、Arthur Young（AY）、Price Waterhouse（PW）、Ernst&Whiney（E&W）、Deloitte-Haskirs&Sells（DH&S）。20 世纪 80 年代中后期，为了提高事务所的竞争能力，在业内出现了合并浪潮，其中 KMG 和 PMM 合并成为 KPMG，AY 和 E&W 合并成为 E&Y，DH&S 和 Touthe Ross 合并成为 DT，由此，"八大"成为了"六大（Big Six）"，即毕马威（KPMG）、安永（E&Y）、德勤（DT）、安达信（AA）、永道（C&L）、普华（PW）。1997 年 10 月，PW 和 C&L 正式合并成为 PWCL，"五大（Big Five）"格局出现。2002 年，安达信因卷入安然公司会计丑闻而被迫解体，"四大"占据了注册会计师行业的领头位置。

式上和实质上保持独立性，不得因任何利害关系影响其客观性"。

（1）形式上的独立性

形式上的独立性，又称"外在"的独立性、"表面独立"等，是一种外在表现，指拥有充分信息的理性第三方，在权衡所有相关事实和情况后，认为会计师事务所或审计项目组成员没有损害诚信原则、客观和公正原则或职业怀疑态度。也就是说，注册会计师必须与被审计单位或个人之间没有任何特殊的利益关系，如不得拥有被审计单位的股权或担任其高级职务，不是企业的主要资金提供者或资产受托人，不能与管理层有亲属关系等。形式上的独立性又可以进一步分为组织上的独立性、经济上的独立性与人员上的独立性等。

（2）实质上的独立性

实质上的独立性是一种内心状态，指审计人员在审计过程中应保持正直、客观、无偏见的态度，在发表审计意见时不受损害职业判断的因素的影响，诚信行事，保持职业怀疑态度。对于实质上的独立性，由于它更多的是与审计人员的内在精神状态相关，是审计人员个人的道德品质的表现，学术界普遍认为很难对其直接进行衡量和评价。

（3）形式上的独立性和实质上的独立性的关系

最初，人们所关注的是审计人员实质上的独立性，但是它更多的是指审计人员精神状态上的独立性，因其过分抽象，无法用一个客观的、可计量的标准来衡量。在这种情况下，如果审计人员实质上是独立的，但是审计报告的使用者却不相信他的独立性，就会出现审计报告毫无用处的尴尬局面。因而，形式上的独立性也逐渐为人们所重视。莫茨和夏拉夫在其著名的《审计理论结构》中论及审计职业独立性时也指出："问题不在于这种怀疑是否成立、是否正确，而在于的确有人怀疑独立审计人员的独立性……如果这种不信任倾向加之各类鉴证活动的潜在竞争，其结果会给审计带来灾难性的影响。"[①]

由上述内容可知，实质上的独立性是无形的，通常是难以观察和度量的，而形式上的独立性则是有形的和可观察的。社会公众通常通过注册会计师形式上的独立性来推测其实质上的独立性。可以说，独立性的这两层含义是审计存在与发展的关键。形式上的独立性是实质上独立性的载体和重要前提。实质上的独立性是保证注册会计师工作成果确实有效的根本，而形式上的独立性则有助于注册会计师的工作成果发挥其应有的效用。

相关的监管部门和职业团体、组织在注册会计师的职业道德行为规范中，也主要是针对形式上的独立性进行明确的规定。如各国注册会计师协会在职业道德规范中针对审计机构的合伙人、审计人员及审计人员的近亲、审计机构前雇员等对象列举了各种被认为会对审计机构或人员的独立性造成损害的情况，如审计人员与客户存在直接或间接的财务利益；在被审计报表所包括的期间内，事务所的合伙人或其他雇员在客户公司担任一定的职务；审计人员的直系亲属在客户公司担任重要职务等。当然，"列举所有可能使形式上的独立性受到质疑的情况是不可能的"，因而需要审计人员在对各种情况进行判断时，考虑所面临的情况是否会使理性的第三方认为存在着对审计独立性造成威胁的"不可接受的因素"。

2）独立性概念框架

为了缓和和消除不同部门之间关于审计独立性规章之间存在的矛盾和混乱情况，为审

---

① 莫茨，夏拉夫.审计理论结构［M］.文硕，贾从民，译.北京：中国商业出版社，1990.

计职业界人士、社会公众和监管机构对审计独立性的理解提供一种统一的语言和指导思想，美国成立了独立性准则委员会（ISB）①。该委员会在2000年11月发布了《注册会计师独立性概念框架（征求意见稿）》。

独立性概念框架的内容可以用图5-1来表示。

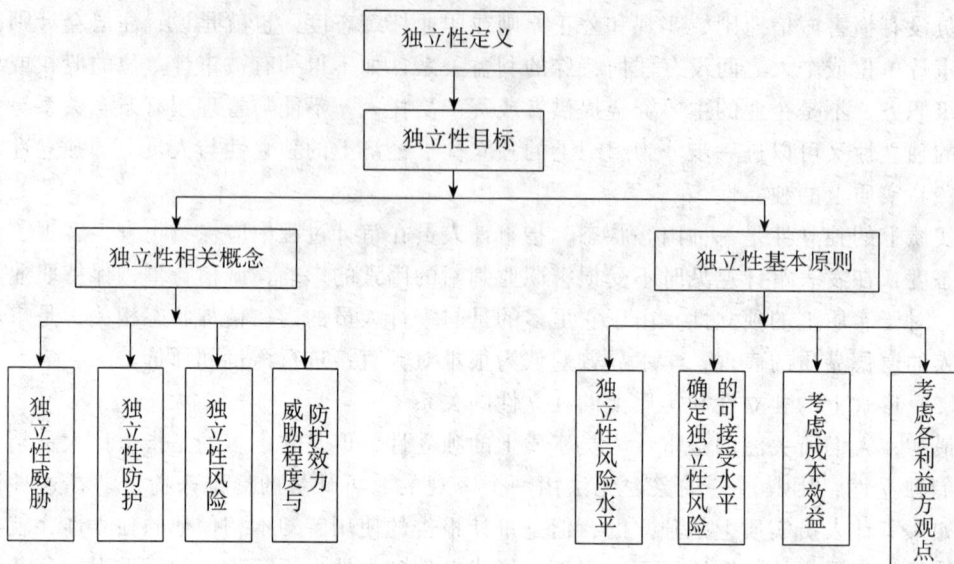

图5-1　注册会计师独立性概念框架

《中国注册会计师职业道德守则第4号——审计和审阅业务对独立性的要求》也提出了独立性要求，为注册会计师提供了解决独立性问题的思路和方法。

（1）独立性的定义

独立性的定义是：注册会计师不受那些危及或按理性预期会危及其作出无偏见审计决策能力的某些压力或其他因素的影响。

这一定义并不要求注册会计师完全免于所有可能削弱或按理性预期会削弱其作出无偏见审计决策能力的因素的影响，而只是限于那些会危及注册会计师作出无偏见审计决策能力的影响因素，也就是在判断独立性与否时存在着一个临界点。如果注册会计师能够采取适当的防范措施消除不利影响或将其降低至可接受水平，注册会计师依然可以接受审计业务委托。现实中存在着多种可能削弱或按理性预期会削弱审计人员客观性的压力或因素，尽管这些潜在影响因素并不必然导致注册会计师丧失实质上的独立性，但是若不加以规范，则一定会丧失形式上的独立性。因此，监管部门和准则制定机构颁布了众多规则，对独立性的潜在影响因素进行了界定。不过，注册会计师要做到独立还不能只限于机械地遵守这些规则，因为这些规则不可能穷尽所有对独立性有影响的因素。因此，面对具体情况，注册会计师应当运用职业判断作出自我评估，倘若注册会计师已经被所面临的活动、关系或情形削弱了其作出无偏见决策的能力，那么他就是不独立的，也就是说，遵循独立性的相关规则只是独立性的必要非充分条件。

---

① ISB已经于2001年7月份正式宣布解散。但是SEC在其发布的一份政策公告——Establishment and Improvement of Standards Related to Auditor Independence 中表明，由ISB制定的1-3号准则及00-1、00-2、99-1解释对于注册会计师独立性问题的解决有实质性的权威作用。

（2）独立性的目标

高质量的审计服务能提高财务报告的可靠性，使投资者、债权人和其他资本市场的参与者能够据此作出适当的决策，从而保证资本市场有序、有效运转。注册会计师行业只有提供高质量的审计服务，才能符合公众利益，并从中体现本行业存在的必要性。缺少独立性的审计工作成果是无法得到社会认可的，对相关利益主体而言也就变得毫无意义。正是基于此，各国审计职业道德规范均超越行业内部的即期利益，着眼于更长远的目标，将**独立性的目标**定位于支撑信息使用者对财务报告的信赖以及维护资本市场的正常运转。

（3）独立性的相关概念

审计人员的独立性程度最终取决于两个方面的影响：一是威胁或影响独立性水平的各种因素，二是减轻和消除对独立性威胁因素的防护控制手段。如果对独立性的威胁达到了防护控制手段无法消除的程度，或者是危及或按理性预期会危及注册会计师作出无偏见审计决策的能力，就意味着存在独立性风险。独立性风险随着独立性威胁的出现而增大，这种增大的程度称为独立性威胁程度。独立性风险可以用防护控制手段加以减轻或消除，防护措施的这种减轻或消除能力称为防护效力。相关人员需要考虑上述概念，对某一特定情况下注册会计师的独立性进行评估，并决定采取何种防护措施将独立性风险降低至可接受水平。

（4）独立性的基本原则

在一个特定环境下，独立性决策者应在考虑受到威胁程度和防护效力的基础上，从性质和数量两方面评估独立性风险水平，确定其可以接受的风险水平。在审计过程中，影响注册会计师客观性的独立性风险不可能完全消除，而只能尽量降低至一个可接受的独立性风险水平。考虑成本与效益是经济生活中的基本法则，决策者应确保从降低的独立性风险中所获取的收益超出实施相关防护措施所花费的成本。不过，独立性不仅对注册会计师而言是重要的，且对公众利益目标的达成也是重要的，因此，判断独立性相关成本效益时，不能仅考虑其决策的直接效应。与独立性问题有关的各利益方对注册会计师独立性的要求和考虑是不同的，独立性决策者在处理独立性问题时，应该考虑相关利益集团的观点，以便有效解决该问题。

3）影响审计独立性的因素

如第4章所介绍的，各国、各个监管机构、职业团体都以列举的方式说明了影响注册会计师独立性的若干因素，具体内容如下：

（1）经济利益

经济利益是指因持有某一实体的股权、债权和其他证券以及其他债务性工具而拥有的利益，包括为取得这种利益享有的权利和承担的义务。审计职业道德规范指出，如果会计师事务所、审计项目组成员或其主要近亲属在审计客户中拥有直接经济利益或重大间接经济利益，这将会损害独立性，且认为没有防范措施能够将独立性损害降低至可接受水平。如果是审计项目组成员的其他近亲属在审计客户中拥有直接经济利益或重大间接经济利益，则需要考虑其影响程度，采取必要的防护措施。

在现实经济中不存在完全独立的个体，在判断独立性损害时，需要考虑：拥有经济利益人员的角色；经济利益是直接的还是间接的；经济利益的重要性。

（2）贷款、担保和商业关系

会计师事务所、审计项目组成员或其主要近亲属不是按照正常的程序、条件或者条款，从银行或类似金融机构等审计客户取得贷款或获得贷款担保，被认为会损害独立性；如果是按照正常的程序、条件或者条款从审计客户取得贷款，则可以通过防护措施将不利影响降低至可接受水平，或者在某些情况下不会损害独立性。

会计师事务所、审计项目组成员或其主要近亲属与审计客户或其高级管理人员之间存在密切的商务关系或共同的经济利益时，可能因自身利益或外在压力而对独立性产生不利影响。例如，在与客户或其控股股东、董事、高级管理人员共同开办的企业中拥有经济利益；按照协议，会计师事务所销售或推广客户的产品或服务，或者客户销售或推广会计师事务所的产品或服务；按照协议，将会计师事务所的产品或服务与客户的产品或服务结合在一起，并以双方的名义捆绑销售等。若会计师事务所、审计项目组成员或其主要近亲属从审计客户购买商品或服务，是按照正常的商业程序公平交易，则通常不会对独立性产生不利影响。

（3）家庭和私人关系

如果审计项目组成员与审计客户的董事、高级管理人员或所处职位能够对客户会计记录或被审计财务报表的编制施加重大影响的员工存在家庭或私人关系，可能因为自身利益、密切关系或外在压力而对独立性产生不利影响。这种不利影响存在与否以及其严重程度取决于多种因素，包括该成员在审计项目组的角色、其家庭成员或相关人员在客户中的职位以及关系的密切程度。若会计师事务所审计项目组以外的合伙人或员工与审计客户的董事、高级管理人员或特定员工之间存在家庭或私人关系，对独立性的不利影响程度主要取决于这种关系的密切程度、该合伙人或员工与审计项目组之间的相互影响程度及其在事务所中的角色、该董事或高级管理人员或特定员工在审计客户中的职位。

（4）与审计客户发生雇佣关系

如果审计客户的董事、高级管理人员或特定员工，曾经是审计项目组的成员或会计师事务所的合伙人，则可能因为这种密切关系或外在压力而对独立性产生不利影响。

在某些情况下，会计师事务所会向审计客户借出员工，职业道德规范只允许短期借出，且借出的员工不得为审计客户提供职业道德规范禁止提供的非鉴证服务，也不得承担审计客户的管理层职责。如果会计师事务所向审计客户借出员工，可能因自我评价产生不利影响，必要时需采取防护措施消除不利影响或将其降低至可接受水平。

如果审计项目组成员最近曾经担任审计客户的董事、高级管理人员或特定员工，可能因自身利益、自我评价或密切关系而对独立性产生不利影响。职业道德规范指出，如果这种局面发生在被审计财务报表涵盖的期间内，则没有任何防护措施能够降低其对独立性的损害。

职业道德规范禁止会计师事务所的合伙人或员工兼任审计客户的董事或者高级管理人员、公司秘书等特定职位，认为这会因自我评价和自身利益而损害独立性。如果会计师事务所只提供日常和行政事务性的服务，只要所有相关决策均由审计客户管理层作出，通常被认为不会损害独立性。

（5）与审计客户长期存在业务关系

会计师事务所长期委派同一名合伙人或高级员工执行某一客户的审计业务，将因密切关系和自身利益而对其独立性产生不利影响，其程度取决于该人员加入审计项目组的时间长短、在项目组中的角色、会计师事务所的组织结构、审计业务的性质、客户管理团队是否发生变动、客户的会计和报告问题的性质或复杂程度是否发生变化等。可采取的防护措施包括将该人员轮换出审计项目组、由审计项目组以外的注册会计师复核该人员已经执行的工作、定期对该业务实施独立的质量复核。如果审计客户是上市公司，则执行其审计业务的关键合伙人任职不能超过 5 年，且在任期结束后的 2 年内，不得再次成为该客户的审计项目组成员或关键审计合伙人。在这 2 年内，该关键合伙人不得参加该客户的审计业务，不得对该客户的审计业务实施质量控制复核，不得就有关技术或行业特定问题、交易或事项向项目组或该客户提供咨询等。

（6）为审计客户提供非鉴证服务

由于会计师事务所的服务日趋多元化，在向审计客户提供非鉴证服务时，可能因自我评价、自身利益或者过度推介而对其独立性产生不利影响。职业道德规范要求在接受客户就这些非鉴证服务的委托之前，事务所应评估其对独立性的不利影响。职业道德规范指出以下的非鉴证服务会影响独立性，并说明并未涵盖所有的非鉴证服务：承担管理层职责、编制会计记录和财务报表、评估服务、税务服务、内部审计服务、信息技术系统服务、诉讼支持服务、招聘服务、公司财务服务。

（7）收费

如果会计师事务所从某一审计客户收取的全部费用占其收入总额的比重很大，则对该客户的依赖及对可能失去该客户的担心将因自身利益或外在压力而对其独立性产生不利影响。其影响程度取决于会计师事务所的业务类型及收入结构、成立时间的长短、该客户对会计师事务所是否重要。如果从某一审计客户收取的全部费用占某一合伙人从所有客户收取的费用总额的比重很大，或占会计师事务所某一分部收入的比重很大，也对独立性存在不利影响。

如果审计客户长期未支付应付的审计费用，尤其是相当部分的审计费用在出具下一年度审计报告前仍未支付，事务所的独立性可能因自身利益而受到损害。

会计师事务所在提供审计服务时，以直接或间接的形式取得或有收费，将因自身利益而对其独立性产生非常严重的不利影响。**或有收费**指收费与否或收费多少取决于交易的结果或所执行工作的结果。

如果某一审计项目组成员的薪酬或业绩评价与其向审计客户推销的非鉴证服务挂钩，将因自身利益而对其独立性产生不利影响。职业道德规范禁止关键审计合伙人的薪酬和业绩评价与其向审计客户推销的非鉴证服务直接挂钩。

会计师事务所或审计项目组成员接受审计客户的礼品或款待，可能因自身利益和密切关系而损害独立性。

如果会计师事务所或审计项目组成员与审计客户发生诉讼或很可能发生诉讼，将使双方处于对立地位，影响管理层提供信息的意愿，从而因自身利益和外在压力而对其独立性产生不利影响。

在特定情况下，某些审计业务的审计报告含有关于使用和分发的限制条款。在满足必要条件的情况下，会计师事务所可以对独立性要求作出变通。

（8）影响独立性的其他事项

独立性的限定，实际上限制了注册会计师和事务所涉足某些业务领域，极大地影响了从业者的经济利益，因此，职业界内外有关独立性的争论一直不绝于耳。对事务所独立性问题的争论主要集中在：

①事务所能否同时提供审计业务和咨询等其他多元化服务。

长期以来，对事务所兼任同一客户的咨询等其他多元化服务和审计业务，颇多人持有异议。他们认为，如果注册会计师提供的咨询意见被采纳，日后再进行审计时，难免出现自我评价的局面，这将削弱审计独立性。

一些国家的监管机构一直打算严格限制注册会计师非审计业务的范畴，但遭到审计职业界的强烈反对。职业界所持观点是：开展管理咨询服务可以提高审计效益和审计质量。首先，管理咨询有助于审计师了解客户的经营活动和交易情况，从而更好地选择审计程序，防范审计风险，提高审计工作效率，节约审计费用。其次，与仅着眼于历史财务信息的审计明显不同，管理咨询服务以市场需求为导向，为企业提供增值服务，深受客户欢迎。事务所当然不应放过这一新的收入增长点。积极扩展服务范围和领域，将使事务所拥有更坚实和更广阔的财务基础，更有能力承受失去某一个别客户的打击，割断对被审计单位经济利益的依赖性，加强审计独立性。最后，审计工作需要优秀的会计和审计专业人才，同时也需要贸易管理、税收、保险精算、信息技术等其他方面的专家。多元化管理咨询服务更便于注册会计师在审计过程中得到本所专家的技术支持，有利于质量控制。

安然和安达信事件形成了强大的冲击波，人们对同时兼任安然公司咨询和审计业务的安达信提出了种种质疑和责难。他们认为，上市公司选择某一审计公司，可能就是为获得其咨询服务，管理咨询的巨额收入也使注册会计师们失去了挑战管理层的勇气。

基于此，《萨班斯-奥克斯利法案》（Sarbanes-Oxley Act）和SEC规定，注册会计师在向证券发行人提供审计服务的同时不得提供部分非审计服务。因为这些业务将在日后被纳入审计程序，导致审计人员自我评价，影响其独立性。2002年1月，美国审计总署也宣布，禁止会计师事务所为政府部门和接受政府部门资助的私营组织同时提供审计和咨询服务。

尽管注册会计师职业界对此不予认同，不过，为尊重公众的要求，部分会计师事务所还是分拆了其咨询业务。不过，由于咨询业务的市场份额大，相比传统的审计业务承担的社会责任更小，因而各大事务所采用在同一集团下，不同业务模块进行相对分割审计与咨询的方式，极力发展咨询业务，截至2013年年底，全球四大所的营收约合1 137亿美元，其中审计业务收入增长已陷入停滞，咨询业务收入依然不断增长。

②注册会计师是否需要强制轮换。

一些学者提出，如果事务所长期为一家客户服务，过于熟悉的人情可能会影响注册会计师的独立性，使其丧失应有的职业怀疑态度与职业敏感性。同时，事务所长期为同一审计客户提供服务，容易导致审计人员与审计客户串通舞弊，使存在的财务问题久久隐藏难以发现。他们提议，为避免事务所和审计客户因长期服务而结成密切关系，有必要建立强制更换会计师事务所的制度。

该主张遭到上市公司和审计界的极力反对，因为这种变化会造成审计成本的增加、社会资源的浪费。同时，强制更换事务所不见得会提高审计服务质量，即将离任的审计人员有可能不再认真负责，而是花费大量精力寻找新客户，事务所用于推销审计业务的时间远远超过审计时间。大型跨国公司业务的复杂性导致可选的、能为其提供审计服务的只有几家大会计师事务所，这种限制使变更事务所成为轮流"坐庄"，失去强制变更事务所的意义。

最终，职业界新规将定期更换事务所的提议改为会计师事务所内部负责审计客户的领导合伙人必须定期更换。

③对会计师事务所和审计客户之间的人员流动是否作出限制。

原审计客户高级管理人员转到事务所工作时，因面临自我评价局面而可能损害独立性。同样，事务所工作人员接受审计客户的聘任，担任后者的管理人员，也可能损害独立性。

为了防止上述人员流动对独立性产生不利影响，部分国家规定，审计项目组成员不仅不得在被审计公司担任管理职务，而且在审计客户聘请审计师担任其高级管理人员之前，双方必须经过一年或者两年的"冷却期"。即审计人员，从事务所离任至少一年或两年后才能到受其审计过的公司任职。

④事务所能否接受有利害冲突的双方的委托。

有时，有利害冲突的双方分别与同一家事务所联系，要求事务所接受会计报表审计的业务委托。原则上，只要注册会计师诚信执业，独立、公正、客观地发表审计意见即可。因此，国际上尚无这方面的强制性限制。

但现实中，注册会计师往往会夹在保密责任和对客户尽责两项职业道德规范的冲突中，在可能的法律诉讼中处于不利地位。国际性会计师事务所的实际做法是，有的只接受一方委托而拒绝另一方委托；有的则同时接受双方委托，并由不同的合伙人负责。在后一种情况下，较谨慎的做法是，规定对双方的审计报告都要经过事务所内专门咨询组织如风险评估委员会的评议。

4）维护独立性的措施

用于防止审计独立性受到损害的各种措施可以分为两类：一类是对总体环境因素的防护措施；另一类是对各种可能损害独立性的具体风险进行防护的措施。

（1）针对总体环境因素的防护措施

审计独立性之所以一直备受关注，原因在于审计环境内含有与审计独立性相悖的因素，如审计人员与客户之间存在着经济上的依赖关系、保密上的信赖关系，注册会计师的聘任实际上掌握在审计客户手中等。因此，维护注册会计师的审计独立性，必须从审计总体环境入手。

为改变或削弱审计客户管理层实际掌握的委托选聘权，职业界内外提出不少建议，如由政府或独立机构负责事务所的选聘；由客户审计委员会、监事会等掌握选聘权力，给予被更换事务所在股东大会陈述的权力，强制在一定年限内更换事务所等。但这些方法都带有一定的局限性。比如，由政府负责事务所的选聘，实际上是以政府职能代替审计服务市场机制。审计委员会掌握选聘权力，的确在一定程度上防止了管理层操纵报表与控制注册会计师的倾向，但是，审计委员会自身的独立性与发挥作用的大小直接影响其是否真正掌握选聘权力。给予被更换事务所陈述权力，是一种理想化的解决方式，除非在股权极度分散且股东愿意行使自身权力时，这种陈述才可能起作用。大量现实是，分散的股东不愿意支付过于昂贵的监督成本，大股东本身可以控制管理层，不需要事务所监督。可以说，目前维护审计独立性总体环境的种种努力，都无法从根本上解决独立性问题。

（2）针对具体情况的防护措施

这一类措施是指各类法规或准则中针对审计人员面临某些具体情况如何维护审计独立性而作出的禁止、限制、披露或规定等。从不同的角度，可以对具体防护措施进行多种分类：

按防护措施的性质可以分为：一是预防性的，如制定对新聘审计人员强调独立性的重要性的程序；二是与特定情形下产生的威胁相关的，如禁止注册会计师家庭成员与审计客户之间存在某种雇佣关系；三是为提高违反其他防护措施的被发现概率而设定的，如检查注册会计师的证券投资，查明是否存在着应禁止的投资行为；四是惩戒性的，如吊销注册会计师证书。

按防护措施对独立性威胁活动或关系的限制程度可以分为：一是绝对禁止的，如禁止注册会计师对审计客户的直接投资；二是允许但限制其程度的，如禁止注册会计师持有审计客户的重大间接投资；三是允许但需要披露的，如向审计客户的审计委员会披露所提供的所有服务的性质及所收取的费用。

按防护措施存在或实施的范围可以分为：一是存在于事务所内部的防护措施，如确立高质量服务的经营理念，制定与独立性有关的质量控制政策和程序，要求独立合伙人复核审计工作等；二是存在于事务所职业环境中的防护措施，如事务所及注册会计师的声誉、事务所之间的同业复核、监管机构的惩戒行为以及法律责任等。

按防护措施的效用可以分为堵与疏两种途径。所谓堵，就是利用司法判决的高额赔偿与罚金，以及前后任注册会计师交流规则等法规要求，构成强大的压力，迫使注册会计师在执业过程中考虑司法诉讼与行业行政处罚成本，保持审计的独立性。但只堵而不疏，是治标不治本，长此以往，只会给注册会计师行业造成伤害。所谓疏，就是以法规的力量强制企业等经营实体建立健全其治理结构，将审计委托权从经营管理层手中分离出来，使审计人员摆脱经营管理层的制约。建立审计委员会和独立董事制度，并由他们来行使审计委托权，就是在这方面的一种尝试。

5.2 什么是公允表达

在第 2 章中，我们已经介绍了注册会计师的审计目标之一就是要对财务报表的公允性表示审计意见。"公允性"一词是经过精心选择的词语。对它的准确认定曾引起独立审计职业界和外界的极大兴趣，但这一概念和独立性概念一样，并没有得到很好的界定。对于究竟什么是公允，在理论界和实务界还存在着不少的争议。

1）公允表达的含义

公允表达指的是编制的财务报表应该达到的标准。英国乃至欧洲将其表述为"真实与公允（true and fair）"，而美国则称之为"公允表述（present fairly）"，国际会计准则委员会在其 1989 年 7 月所发布的《编报财务报表的框架》中指出："财务报表体现了有关企业财务状况、经营业绩和财务状况变动的真实和公允的观点。"《中国注册会计师审计准则第 1501 号——对财务报表形成审计意见和出具审计报告》第十三条规定："注册会计师应当就财务报表是否在所有重大方面按照适用的财务报告编制基础编制并实现公允反映形成审计意见。"

（1）美国对公允表达的理解

美国注册会计师协会会计原则委员会（APB）认为，若财务报表符合公认会计原则（GAAP），那么就达到了所谓的"公允性"。具体说来，它必须满足四点要求：

①财务会计信息的收集和处理符合公认会计原则；

②账簿中信息的描述符合公认会计原则；

③不同时期应用不同的会计原则的情况得到了适当披露；

④有限的财务报表格式和符合公认会计原则披露的财务信息要求之间的矛盾得到了解决。

1975 年，美国注册会计师协会审计准则委员会（ASB）在第 5 号审计准则说明书《审计报告中所谓符合公认会计原则的公允反映的含义》中指出，公允性并没有一套较好的衡量标准，但注册会计师对公允性作专业判断时，应当以下列五个方面作为判断基础：

①所选择和应用的会计政策是否是公认的；

②会计原则是否适用于环境；

③财务报表及其附注是否包括了可能会影响它们被使用、理解和解释的丰富信息；

④财务报告中所包含的信息是否以合理的方式进行分类、归纳，既不会太过详细，也不会过于简单；

⑤财务报告在反映基本事项和交易时，是否是以在一种可接受的范围内的方式来表述财务状况、经营成果和财务状况变动。

可见，审计准则委员会和会计原则委员会的观点是相近的，即都把公认会计原则作为衡量"公允性"的标准或依据，只不过审计准则委员会还强调了财务报表应不致使报表使用者产生误解。审计职业界将公允性审计目标与公认会计原则相联系，也就是说，在这种审计目标下，审计工作就是验证企业遵循公认会计原则的程度。

（2）英国和欧洲对公允表达的理解

"真实与公允"最早出现于英国，1948 年的英国《公司法》规定，在会计年度结束时，公司必须按照"真实和公允"的观点提供资产负债表来表达公司的财务状况，提供损益表来披露会计年度中的利润或亏损。此后，1967 年的英国《公司法》又规定，审计人员应当在报告中说明财务报表是否符合真实和公允的观点。

1978 年，欧共体（EEC）发布的第四号理事会令中，将"真实和公允"作为衡量财务报表的最高标准。这一文件指出，当执行某一条款无法达到所要求的"真实和公允"时，应当放弃执行这一条款，并在注释中进行说明。但是对于何为"真实和公允"，并没有在正式的文件中作详细、清楚的定义。

欧共体要求各成员国在指令颁布之后两年内调整各个国家的法律以体现这一精神，因此，随后法国、德国等国家相继修订了本国的《公司法》，体现了"真实和公允"的观点。由于理解的不同，以及各个国家文化背景的差异等原因，造成了不同国家对于"真实和公允"这一术语的理解存在着不同。同时，没有一个国家像英国那样，将它作为一个衡量财务报告最为重要的标准。可以说，尽管具有统一的用词，而且是由同一份文件所衍生出来的，但是，"真实和公允"这一术语在欧洲的不同国家所具有的含义并非完全一样。

正如英国学者 Brenda Porter 在其所著的《外部审计原则》中所陈述的，一般认为的真实和公允，是指财务报表应当遵循的会计准则。从另一个角度来说，财务报告的使用者在阅读财务报告后从中得到的对报告主体的财务状况和业绩的认知与其获得的关于这个主体的充分信息后的印象是否一致，这是用于判断"真实和公允"的一个方法。

（3）国际会计准则委员会

国际会计准则委员会在其发布的《编报财务报表的框架》中的"财务报表的质量特征"部分提到了"真实和公允"，但是对于什么是真实和公允，同样没有进行定义和解释，只是指出："……运用主要的质量特征和适当的会计准则，通常可以产生表达一般所理解的真实和公允信息的财务报表。"

2）关于公允性的争论

从以上对公允表达的几种理解和解释可以看到，公允表达这一概念并没有正式的、权威的定义。但是一般可以认为，在判断报告主体的财务报告是否符合公允表达这一标准时，是以财务报告的编制是否采用符合公认会计原则的会计政策、是否真正反映了报告主体的财务状况和经营业绩为基础的。但应该说明的是，审计界所持的上述观点并未得到司法界的认可。大量司法判决表明，法院判决并不以是否符合公认会计原则为衡量的标准，而依然秉持着揭弊查错是审计人员责任的观念。

例如，在雷克斯对基尔桑特诉讼案（1932年）中，注册会计师被指控帮助并支持向皇家邮船包裹公司的股东提供篡改过的、使人误解的财务报表。在此案发生之前，按照公认的会计实务标准，企业可以将资产负债表上的储备金和未动用准备金转作财务报表利润数额以保证股东红利的分配，并且可以不在资产负债表中予以揭示。该项标准在各个企业得到广泛的运用。但该诉讼案的结论是：企业盈利能力和财务状况并不像资产负债表反映的那样好。企业总裁基尔桑特被指控公布1926年和1927年虚假的年度财务报表而被判有罪。由于注册会计师了解动用储备金的会计处理，所以也因帮助并支持公布虚假报表而受到指控。后经法院证实，该注册会计师之所以未向股东公开说明动用储备金的情况是由于储备金的使用属于企业的"秘密"，这在当时是公认的会计实务标准。然而，赖特法官坚持认为，由于储备金可以为了欺骗而被使用，因此，需要充分揭示储备金的使用，而且注册会计师对这些揭示还应该加以核实。他继续指出："……如果股利或企业的经常费用由秘密储备金支付，那么我认为很难搞清注册会计师如何能在履行其职责中不提及和不注意这一重大事实，并对企业财务状况提出真实正确的评语。"[①] 该诉讼案强调这样的事实：承认现存的公认会计和审计实务标准，也许不能满足注册会计师的工作和意见要充分反映其检查的会计信息的可靠性这一法律概念。换言之，当确立企业采用的会计概念和基础是否符合真实合理的要求时，注册会计师必须独立进行判断。

西蒙诉讼案（1969年）再次表明，司法界对独立审计目标所持的观点与独立审计职业界不同。在该案中，注册会计师由于未充分证实并报告有关大陆售货机公司和它的一个子公司，以及这两个公司与一位董事之间的某些业务问题，就提出无保留审计意见，因而被判犯有预谋罪。这些业务是有关大陆售货机公司向其子公司贷款，这些贷款又被子公司转贷给大陆售货机公司的一名董事，该董事以其在子公司的股本作为贷款的保证。该公司注册会计师认为，大陆售货机公司在财务报表中处理这些业务的方式符合当时公认的会计实务标准，且当时的公认会计实务标准并未要求注册会计师证实并报告大陆售货机公司贷款的这种用途以及这种用途的安全保证。然而，由于大陆售货机公司报告的财务状况依赖于对子公司贷款的可收回性，其子公司贷款的可收回性又依赖于该董事的还款能力。所以，法院裁决，注册会计师应该证实并报告收回贷款的不确定性和大陆售货机公司股票安全性所面临的危险，因为贷款的收回直接影响到其股票的价值。法院进一步指出，"公允性"应是一个具有自由地位的独立概念，而不应依附于是否符合公认会计原则的判断上，可以说公允性与符合公认会计原则是两个不同的问题。即使有证据表明财务报表是按公认会计原则编制的，仍然存在着财务报表是否公允地反映了企业的财务状况和经营成果这一历史遗留问题。这就是说，符合公认会计原则不一定就达到了"公允性"。[①]注册会计师所遵循的一般公认审计准则，只能是作为审计执业的最起码要求，不能被推断为注册会计师在具体审计环境下所必须做到的一切工作。即使能够证明审计是按照公认审计准则实施的，也不能借此确认注册会计师具有善良的信念和意图，不能以此必然地或自动地构成辩护的全部理由。

事实上，审计界在公允性概念上存在困惑的原因有两点：第一，会计、审计上的公允本身就是主观判断的结果，没有一个客观的标准，这本身与会计准则的可选择性以及会计处理的灵活性是相关的。对于同一个事项和交易，不同的处理者、不同的时间和空间都可能产生不同的结果。因此，当审计人员进行审计时，就报告主体的财务报告是否公允地表达了该主体的财务状况和经营业绩发表意见时，在很大程度上依赖于审计人员主观上的职业判断。第二，注册会计师职业界不愿意接受更高标准的公允性界定（如法律界的观点），是由于社会经济环境的多变性，以及会计师事务所及注册会计师是需要盈利的经营实体这一现状，使得注册会计师只能在其成本能够弥补的情况下提供审计服务。

■　本章小结

独立性问题被认为是注册会计师行业生存的根本，同时也是备受争议的话题。通常认为，注册会计师拥有的独立性实际上有两种，即实质上的独立性和形式上的独立性，由于前者是无形的，无法证明和查验，因此只能依靠后者来进行逻辑推断。为防止审计独立性受到损害，审计界内外采取了两类防护措施：一类是对总体环境因素的防护措施；另一类是对各种可能损害独立性的具体风险进行防护的措施。公允表达这一概念并没有正式的、权威的定义。但是一般可以认为，在判断报告主体的财务报告是否符合公允表达这一标准时，是以财务报告的编制是否采用符合公认会计原则的会计政策、是否真实反映了报告主体的财务状况和经营业绩为基础的。应该说明的是，审计界所持的上述观点并未得到司法界的认可。

■　主要概念和观念

□　主要概念

独立性　独立性准则的目标　或有收费　公允表达

---

①　葛家澍，裘宗舜.会计信息——会计热点问题［M］.北京：中国财政经济出版社，1999.

□ 主要观念

形式上和实质上独立性的关系   事务所审计业务和多元化服务   强制轮换注册会计师   独立性的防护措施   审计界与司法界在公允表达上的争议

■ 基本训练

□ 知识题

5.1 阅读理解

1）什么是审计的独立性？

2）影响独立性的因素有哪些？

3）会计师事务所维护独立性的措施一般有哪些？

4）对公允表达的含义有哪些理解？

5.2 知识应用

1）选择题

（1）审计人员在审计过程中，不主观袒护企业受托经营责任的任何一方，不依附或屈从于持反对意见的利益团体或个人的影响或压力，这是（   ）的要求。

A.客观性   B.实质上的独立性

C.形式上的独立性   D.公正性

（2）在承办具体鉴证业务时，会计师事务所维护其独立性的措施不包括（   ）。

A.发表拒绝表示意见的审计报告

B.定期轮换项目负责人及签字注册会计师

C.向客户的审计委员会或监事会告知服务性质和收费范围

D.将独立性受到损害的鉴证小组成员调离鉴证小组

（3）按照我国职业道德守则的要求，以下选项中（   ）属于不独立的情形。

A.事务所曾向客户提供一笔较大数额的贷款，目前尚未收回

B.客户不能支付审计费，而以其股票为担保支付费用

C.事务所的主要负责人与客户存在重大利害关系

D.与客户的高级职员、董事或主要股东有近亲属关系

（4）注册会计师在实施审计时，努力保持形式上的独立性的目的是（   ）。

A.减轻审计风险和责任   B.保持公众对本职业的信任

C.加强实质上的独立性   D.遵循公认审计准则的要求

（5）按照职业道德规范对独立性的解释，注册会计师与被审计单位都拥有另一家公司的直接投资，这属于（   ）。

A.间接投资，不影响独立性   B.直接投资，影响独立性

C.与被审计人的联合投资，影响独立性   D.与被审计人的联合投资，不影响独立性

2）判断题

（1）小李是某知名会计师事务所的合伙人，其丈夫为事务所的审计客户——某海外公司的成本会计。该事务所可以接受其丈夫所在公司的母公司的审计业务。   （   ）

（2）小李为注册会计师，A公司为其审计客户。A公司总经理认为小李熟悉其公司情况，拟聘请他担任A公司的保险代理人。小李可以答应A公司的聘请。   （   ）

（3）美国注册会计师职业道德准则要求公开执业的会员在提供审计和其他鉴证服务时应在实质上和形式上都独立。 （ ）

（4）会计师事务所不得为上市公司同时提供编制会计报表和审计服务。 （ ）

（5）独立性原则是独立审计职业道德准则中的基本原则，因此，注册会计师在从事所有业务活动时，都应当遵循该原则。 （ ）

（6）若注册会计师从被审计单位获得的贷款的条件与其他非审计人员相同，则注册会计师独立于被审计单位。 （ ）

（7）注册会计师为某一客户提供了税务服务。他告诉该客户一项节税措施，可以使客户得到一大笔的税收减免，但他要求该客户以节约金额的一定百分比作为服务报酬，客户同意了该项收费要求。注册会计师的行为符合职业道德要求。 （ ）

□ 技能题

操作练习

1）某会计师事务所的审计人员小李多年来常参加A公司的审计工作，并作为现场负责人。在此期间，小李取得注册会计师执业证书。A公司对小李的印象极佳，今年年初拟聘请小李担任该公司的财务经理，小李已接受该职。A公司的一位董事提出没有必要再请注册会计师来审计，可以请小李来对前任注册会计师的工作进行审计，反正小李也要熟悉A公司的情况。对此，你有什么看法？

2）若某会计师事务所审计一家公司的财务报表，后者的董事会认为公司的存货管理方面存在较多的薄弱点，故委托该事务所提供咨询服务。请你分析若事务所提供以下服务，不会影响其今后对该公司审计的独立性的有哪些？

（1）指出由于现行购买、验收、存储、发货等作业程序所造成的存货管理问题；

（2）研讨和评估存货管理问题并提出相应的改进建议；

（3）审计解决问题进度时间表，由公司董事会指派公司专门人员按该表实施监督；

（4）监督购买、验收、存储和发货等作业的进行。

□ 能力题

5.1 案例分析

小黄和小王两人是审计学专业的学生。小黄认为：注册会计师是专业人员，独立提供专家对于财务报表的意见。为保持执行一切审计工作的独立、客观立场，注册会计师和客户间不宜交往太过密切。工作之余，若注册会计师与委托人之间有过多的社交应酬，一旦发现后者有欺诈或不健全的会计事务时，就很难坚持立场、保持客观。而小王对此不以为然，他认为：注册会计师与委托人同样是有血有肉的凡人，前者需要后者的合作才能圆满完成审计任务。如果冷酷无情又怎能取得与委托人的合作？一些必要的社交应酬并不会损害其独立性，却可以拉近双方的工作距离。请你试评论小黄、小王两学生的意见。

5.2 网上调研

1）请你通过阅读网上相关资料，评价一下，法院的判决对确定注册会计师职业道德边界有多大的影响程度。

2）请你通过阅读网上相关资料，以及对课本知识的理解，考虑一下，对注册会计师职业界而言，遵循独立性要求是否是基于社会压力的被动之举。

3）请你阅读以下信息，并从网上查找有关注册会计师违反独立性问题的最新报道，分析注册会计师职业界为什么会频繁地发生与独立性有关的纠纷。

美国证券交易委员会（SEC）对事务所违反独立性的处罚①

1997年，原本在"六大"事务所中排名最后的普华（Price Waterhouse）和永道（Coopers & Lybrand）事务所宣布合并，一跃成为世界上最大的会计师事务所——PWCL。其广告词——"加入我们，我们一起可以改变世界"（Join us，together we can change the world）将合并后的事务所领导层的信心与骄傲显示无疑。

但树大招风，1999年，SEC针对PWCL在佛罗里达州的一些审计人员持有审计对象的股票，违反会计师的独立性的职业道德规范的个案，对其罚款200万美元，并对PWCL整个事务所进行了进一步的扩大调查。2000年1月6日，SEC公布其调查结果，发现PWCL的2 698名合伙人中几乎有半数至少违反一项事务所、会计师专业及SEC所定的标准。PWCL的人员持有审计对象的股票，损害了审计人员的独立性。事务所的合伙人是主要的违规者，在8 000多项违规中，81%的违规者是合伙人，17%是经理人。报告也指出，许多违规是由于普华和永道的合并造成的。针对此次调查结果，PWCL开除了5位合伙人及5位非合伙人，SEC要求PWCL的6家审计客户更换会计师事务所，其中最大的一家是Compaq电脑公司。

2002年7月，PWCL因再次涉嫌违反独立性规则，被SEC处以500万美元的罚款。

5.3　单元实践

请你走访或以调查问卷或者网上调查的方式，调查一下，大众认为目前我国注册会计师职业界是否有必要分离审计与咨询业务，并基于你的调查问卷数据作出你的分析判断。

□　拓展阅读内容

5.1　1990年，安达信出任世界通信的前身LDDS的独立审计师。此后，一直到2002年4月被世界通信的审计委员会解聘，安达信担当世界通信的独立审计达12年之久。如果追溯双方正式的商业往来史，年头超过20年！看着世界通信从一家默默无闻的地方性电信转售商成长为世界级的通讯巨头，作为其审计师的安达信似乎也在跟着享受这份荣耀和自豪……

"看着世界通信成长"的安达信自以为对世界通信的经营情况知根知底，甚至对电信业了如指掌。上述言论更是渗透出了安达信过分倚重某一客户、以客户为豪的不良心态。绵长的审计史培养出安达信与世界通信的亲密无间的共生关系，也在一开始就滋生出信赖过度的风险，孕育了独立性危机。

资料来源：黄世忠，张胜芳，叶丰滢.会计舞弊之反思——世界通信公司治理、会计舞弊和审计失败剖析［M］.大连：东北财经大学出版社，2005.

5.2　审计独立性的复杂性产生于审计过程中各方力量博弈的对比。科恩委员会报告中曾指出："独立审计人员的任务就是说服管理层做他们不想做的事情。然而在许多情况下，处于力量优势的一方是管理层，而不是审计人员。如何提高审计人员抑制管理层压力的能力，这一问题越来越受到关注。"是否能保持独立性，关键问题就在于压力和抑制之间的力量对比……在这个力量博弈过程中，管理层对审计人员最大的威胁就是提出审计人

①　林柄沧.新会计大战［M］.北京：中国时代经济出版社，2003.

员变更……因此监管部门要求，当上市公司解聘审计人员或者审计人员自动退出审计时，和聘请新审计人员一样，都是应当披露的事项。

　　资料来源：陈汉文，王华，郑鑫成. 安达信：事件与反思［M］. 广州：暨南大学出版社，2010。

　　5.3　美国南方保健公司审计案例分析——审计独立性角度的解读。

第6章

两个基本方法：
抽样审计与分析程序

学习目标

通过本章的学习，你应该能够达到：

知识目标：了解什么是抽样审计以及抽样的一般过程；了解统计抽样与非统计抽样的区别；了解分析程序的原理与基本步骤。

技能目标：能够运用本章介绍的知识选取恰当的样本。

能力目标：在审计的不同阶段恰当地运用分析程序。

注册会计师审计的发展史不仅是审计理论的发展史，而且是审计技术的发展史。其中，审计技术最主要的两大发展为：一是从逐笔经济业务的详细审计发展转向抽取部分经济业务进行检查并由此推断全部经济业务特点的抽样审计；二是从针对具体报表项目的证据收集转向依靠分析程序获取证据。

引例：

分析程序究竟指什么？

小张是某高校会计学专业本科毕业生，目前正在一家会计师事务所实习。注册会计师老王作为某项目负责人，带队正在对A公司进行审计，小张就跟着这个项目组进行实习。小张从当地的报纸中得知，A公司是有一定名气的公司。A公司财务经理在介绍情况时说，该公司在本年度克服了重重困难取得了相当骄人的业绩，A公司的会计报表也验证了财务经理的话，显示该公司经营比上一年度经营状况有大幅度的改善，当年销售收入达到1.2亿元，销售成本为7 000万元，当年净利润为5 600万元，净资产收益率达到6.07%。

不过，注册会计师老王似乎对财务经理的介绍不是很信服，他让小张与另一事务所审计人员计算了 A 公司的一些财务指标，计算结果显示：流动比率为 0.70，速动比率为 0.35，营运资本为 –7 000 万元，经营活动现金净流量为负数，应收账款的回收期、存货周转率都比上一年度慢。在审计小组计划会议上，注册会计师老王提出，审计的分析程序显示：第一，A 公司的财务报表显示其经营状况仍然十分困难，在审计过程中对其可持续经营能力要特别关注；第二，A 公司的销售可能存在问题，对销售环节的收入确认和成本结转需要加强审计。

小张十分纳闷，为什么 A 公司报表显示其经营状况相当不错，而注册会计师老王还没有对其进行完整的审计，却显得不那么乐观呢？注册会计师老王所说的分析程序究竟是什么意思？该程序又将如何帮助注册会计师得出结论呢？

6.1　抽样审计

在审计发展的最初阶段，所采用的审计方法是详细审计，即对被审计单位的全部交易、资产和账目进行清查。之所以采用详细审计，可以简单归纳为以下两个原因：第一，各类审计对象的组织结构简单，经济业务单一，会计业务数量少；第二，由于组织的管理控制体系不健全，各种会计方法如复式记账、试算平衡等尚未出现或完善，使得组织对于舞弊、错误等的出现较难控制。第一个原因使得采用详细审计的方法成为可能，而第二个原因体现了采用详细审计的必要性。

但是，随着社会经济的发展，各类经济组织的组织结构日趋复杂，使得经济业务无论是规模还是复杂程度都有了极大的改变，而会计方法、制度也逐渐完善和复杂化，在这种情况下继续采用详细审计，其效益和效率显然无法令人满意。正是在这种背景下，出现了抽样审计。

1）抽样审计的发展

抽样审计的出现可以追溯到 19 世纪末的英、美等国。有证据表明，19 世纪末的英国和美国，已经出现了抽样审计。如第 2 章所介绍的，在注册会计师审计由英国逐渐向美国传播的过程中，抽样审计得到了进一步发展。这是因为在当时的背景下，详细审计所表现的低效率显然无法适应美国规模日趋扩大的企业生产组织形式。在英国，注册会计师审计具有法定审计的特点，而美国此时正处于快速发展的新兴阶段，对于审计尚没有强制性的要求。因此，对于注册会计师而言，只有当他提供的服务能够使企业从中获得的利益高出其支付的成本，才可能为众多的企业所接受。这就抑制了注册会计师审计服务的收费水平，促使注册会计师寻求一种比详细审计更为经济、有效的审计技术，抽样审计开始产生和发展。

（1）非统计抽样审计发展阶段

从抽样审计出现到 20 世纪 40 年代之前，注册会计师在运用抽样审计方法时，主要是凭借自身的实际经验和直接观感，通过主观判断来确定抽样相关事项，这种抽样方法称为经验抽样，也称为判断抽样或非统计抽样。

由于审计对象随着社会、经济的发展趋于复杂化，注册会计师所要审查的会计资料等也大量地增加，使得继续采用详细审计在效率和效益上变得不可行。这个时期，内部控制思想及其实践的普及，也推动了抽样审计的发展。

20世纪初，开始有人认识到内部控制的重要性及其与审计抽样的关系。最早认识到内部控制与审计抽样之间存在关系的人是英国著名的审计学家 L. R. 迪克西（L. R. Dicksee），他在《迪克西审计学（美国版）》中指出："……合理的内部控制系统可以减轻详细审计工作。"此外，美国的注册会计师 F. S. 蒂普森（F. S. Tipson）也在其1904年出版的《审计学》中提出采用抽样的方法来减少一部分审计工作量，以应对在面临日益增多的会计资料时，详细审计的局限性带来的诸多不足之处。

虽然意识到了内部控制制度在审计抽样中的作用，但在实际工作中，注册会计师在确定审计范围时，并没有将它与内部控制评价直接联系起来。这种情况到20世纪30年代末40年代初才有所改变，一些学者和实务工作者纷纷主张在审计方法上结合内部控制来运用审计抽样方法。

在各种因素的推动之下，抽样审计取代了详细审计。但是在非统计抽样阶段，由于确定抽样的相关事项取决于注册会计师的主观判断，带有一定的主观倾向性，因此，总体中各个对象被选中的概率并不一样，注册会计师可能会倾向于选择自己比较熟悉的样本，这一抽样方法的准确性在很大程度上依赖于注册会计师的经验水平。对于新手而言，由于缺乏经验，可能会选择不具有代表性的样本，影响审计结论的准确性。

（2）统计抽样审计发展阶段

统计抽样方法的出现，弥补了非统计抽样方法的主观性缺陷。20世纪40年代末，统计抽样方法开始出现。1942年，罗伯特·H.普赖塞迟（Robert H. Prytherch）在美国《会计》杂志上发表"测试多少即可符合要求"一文，文章论述了统计技术在审计测试中的作用。统计抽样方法的出现促进了抽样审计的发展。

20世纪60年代，审计抽样技术得到了快速发展，对于统计抽样的理论探讨明显增多。与此同时，美国注册会计师协会（AICPA）相继发布了关于统计抽样的公告和相关研究文献，进一步促进了审计抽样的发展。

1961年，肯尼斯·W.斯特林格（Kenneth W. Stringer）在《会计月刊》上发表了"统计抽样审计的基本概念"一文，对统计抽样的特点、置信度、精确度、样本容量和概率等基本概念进行了系统的论述。

1962年，美国注册会计师协会（AICPA）在《会计》杂志上发表了统计抽样委员会（Committee on Statistical Sampling）所作的研究报告——"独立注册会计师与统计抽样"，报告指出，统计抽样并不排斥专业判断。此后，1963年12月发布的审计程序说明第33辑、1966年发布的审计程序说明第36辑和1972年发布的审计程序说明第54辑，进一步说明了统计抽样在审计中的应用，在第54辑中还提供了程序与统计抽样相结合的指南。

1978年，AICPA推出了由D.M.罗伯茨（D. M. Roberts）所著的《统计式审计》，帮助注册会计师在实务中运用统计抽样技术。

1981年，第39号审计准则说明书《审计抽样》（Audit Sampling）发布。这份公告详细说明了统计抽样与非统计抽样的基本关系，使抽样审计成为一个独立的说明。1983年，AICPA又发布了第47号审计准则说明书《审计过程中的审计风险和重要性》（Audit Risk and Materiality in Conducting an Audit），进一步推动了统计抽样在审计实务中的应用。

与非统计抽样审计方法相比，统计抽样审计方法运用统计理论来确定抽样的范围和样本量等事项，而非依靠注册会计师的主观判断，收集的证据更具客观性。在统计抽样中，总体中每个样本被选中的概率是一样的，因而，抽取的样本更具代表性。不过，这并不意味着统计抽样已经完全取代非统计抽样。事实上，非统计抽样主要依赖注册会计师的职业判断，具有简便易行、成本较低的优点，在审计实务中仍有很高的应用价值，特别是在审查舞弊等专项审计中，非统计抽样可以充分发挥注册会计师的职业经验和职业敏感性，取得良好效果。

这两种抽样方法可以说是互补的。注册会计师可以根据实际情况选择和使用不同的方法。

2）非统计抽样与统计抽样

审计抽样的基本原理是从作为审计对象的总体中抽出样本，再根据这些样本的审计结果来推断总体的正确性和恰当性。在抽样的过程中，要求所抽取的样本须具有能代表总体的代表性，注册会计师才能据此得出正确的审计结论。

（1）非统计抽样

非统计抽样是指注册会计师在使用抽样方法时，依赖于自身的经验，运用职业判断来决定样本量，应该抽取哪一个样本以及是否根据样本所得出的结论来决定接受或拒绝总体。

①非统计抽样的优点

非统计抽样依赖注册会计师的职业判断，运用时更方便、更快捷，实施成本较低；同时，当注册会计师对客户的情况较为熟悉时，结合所了解的情况来确定相应的抽样事项，可以充分发挥注册会计师的职业经验。

②非统计抽样的缺点

非统计抽样的缺点同样也是由于依赖注册会计师职业判断造成的。在非统计抽样中，总体中的每个对象被选取的概率不一样，若选出样本的代表性不足，可能会造成更大的审计风险。当注册会计师经验不足时，会导致无法正确地选择具有代表性的样本，使注册会计师得出错误的审计结论。由于这是以注册会计师的主观感觉为基础的抽样方法，因此，对审计抽样风险无法进行量化。

（2）统计抽样

统计抽样是指以统计理论为基础，按照随机原则从审计总体中抽取若干样本进行审查，并根据样本的情况进而推断总体的情况。

①统计抽样的优点

与非统计抽样相比，统计抽样的优点主要是：由于它是以统计理论为基础的一种抽样方法，在确定抽样的相关事项时，更具客观性，得出证据的客观性也更强。另外，在选择样本时，总体中的每个项目被选中的概率是一样的，因此，样本更具代表性。由于采用的是数理方法，对抽样过程中可能产生的抽样风险可以利用数学公式进行量化。

②统计抽样的缺点

统计抽样也存在一定的缺点，这种抽样方法更为复杂，成本相对较高。当审查对象的资料不全时，不适合采用统计抽样方法。在舞弊等专项审计中使用统计抽样方法的效果也不理想。

（3）非统计抽样与统计抽样方法的使用

统计抽样和非统计抽样各有其优缺点，都可以应用于审计实践操作。正如美国注册会计师协会所发布的第39号审计准则说明书中指出的，就审计抽样来说，不论是非统计抽样还是统计抽样，只要运用得当，都可以提供充足的证据资料。

非统计抽样主要适用于可较多地依赖注册会计师职业判断的情形，如凭借注册会计师职业判断就能比较准确地确定样本量的情况，或是由于各种原因无法使用统计抽样方法的情况，或是对总体中某一类特殊项目进行审查的情况。

统计抽样方法具有科学、客观的特点，在可能的情况下，应尽量采用这一方法进行抽样。由于它采用的是统计学方法，在审计对象容量大的情况下，更能发挥其优势。统计抽样虽然以统计理论方法为基础，但它并不排斥注册会计师的职业判断。在统计抽样中，仍然存在着需要注册会计师运用职业判断的地方，如确定审计对象的总体，明确其特征；决定所采用的选取样本方法；对抽样结果进行质量上和数量上的评价等。

3）审计抽样的一般过程

审计抽样的一般过程可以分为以下步骤：第一，确定审计抽样的总体，进行样本设计；第二，抽取样本；第三，对抽样结果进行分析和评价。

（1）样本设计

样本设计是指根据审查项目的性质、特点，对样本量、样本的抽样方式、抽样工作的质量要求等进行计划。

样本设计的目的是进行合理规划，为后续的样本抽取、抽样结果的分析和评价等程序提供科学的指导。在进行样本设计时，应当主要考虑以下几个基本因素：

①审计目的

在设计样本时，注册会计师首先根据具体审计目的，考虑所需审计证据的特征、性质及构成误差的条件，确定所采用的审计抽样方法，确定能达到目的的最优方案。

②审计对象总体与抽样单位

审计对象总体是指注册会计师为形成审计结论，拟采用抽样方法进行审计的有关会计或其他资料的全部项目。

注册会计师应当根据具体审计目的，按照相关性和完整性原则确定审计对象总体。所谓相关性，是指确定构成审计对象总体的所有组成项目都应当与具体审计目的的相关。所谓完整性，是指应把与具体审计目的有关的、有助于形成审计结论的所有项目包括在审计对象总体中。例如，当审计目的是测试应收账款是否多计时，审计对象总体应是应收账款的明细账；如审计目的是审查应付账款余额是否少计，则审计对象总体不仅包括应付账款的明细账，还应包括期后付款、未付发票及能够提供应付账款少计证据的其他项目。

抽样单位是指构成审计对象总体的具体单位项目。注册会计师应当根据审计目的和被审计单位的实际情况来确定抽样单位。

③抽样风险和非抽样风险

在设计样本时，应当关注由抽样引起的风险及由于其他因素引起的非抽样风险。

A.抽样风险

抽样风险是指如果对整个总体实施与样本相同的审计程序，注册会计师根据样本得出的结论可能不同于对总体实施这些审计程序得出的结论的风险。抽样风险与拟抽取的样本量成反比，样本量越大，抽样风险越小。

从逻辑上看，既然抽样风险是抽样得出的结论（主观）与审计对象总体特征（客观）

的偏离，那么就存在着不同方向的偏离：一种是客观上是正确的，而主观判断却认为其是错误的；另一种是客观上是错误的，而主观判断却认为其是正确的。

在对内部控制进行的测试中，前一种偏离被称为信赖不足风险，指抽样结果使注册会计师没有充分相信实际上可以信赖的内部控制的可能性；后一种偏离被称为信赖过度风险，指抽样结果使注册会计师对内部控制的信赖程度超过了其实际上可以予以信赖的可能性。

在对报表余额进行的实质性测试中，前一种偏离称为误拒风险，也称作"α风险"，是指抽样结果表明账户余额存在重大错报而实际上不存在重大错报的可能性；后一种偏离称为误受风险，也称作"β风险"，则是指抽样结果表明账户余额不存在重大错报而实际上存在重大错报的可能性。

上述几种风险都是因为根据样本结果判断总体特征发生错误所产生的，但它们对审计效率和效果的影响是不同的：信赖不足风险与误拒风险会使注册会计师执行额外的审计程序，降低审计效率；而信赖过度风险与误受风险则可能会导致注册会计师形成不正确的审计结论，影响审计效果。

B.非抽样风险

非抽样风险是指除抽样技术外，导致审计工作得出的结论与审计对象总体特征不相符合的可能性因素。例如，注册会计师因采用不恰当的审计程序或方法、误解审计证据等而未能发现重大错报的可能性。非抽样风险是由于注册会计师的人为疏忽或错误而产生的。

非抽样风险既可能影响审计效率，也可能影响审计效果。注册会计师可以通过适当的计划、指导和监督来对其加以有效控制和降低。

④可信赖程度

可信赖程度是指用百分比来表示的，预计抽样结果可以代表审计对象总体特征的概率大小。可信赖程度与样本量呈正比，样本量越大，可信赖程度越高。可信赖程度也称为置信水平或置信度。

与可信赖程度相关的概念是误判风险，也称为显著性水平，以"α"表示，而可信赖程度则以"1−α"表示。通常α的取值范围为（0，1），是指根据样本对总体进行判断时发生判断错误的比率。例如，当α为0.01时，其含义为在100次判断中有1次判断错误。

⑤可容忍误差

可容忍误差是指注册会计师认为抽样结果可以达到审计目的所愿意接受的审计对象总体的最大误差。

在对内部控制进行测试的阶段，可容忍误差是注册会计师在不改变其对内部控制的信赖程度的前提下所愿意接受的最大误差。也就是说，可容忍误差是注册会计师可以接受的，内部控制实际执行中偏离于规定的控制要求的最大比率。当测试的偏离率小于这个最大比率时，注册会计师就可以信赖内部控制制度。在实质性测试阶段，可容忍误差是注册会计师可以对某一账户余额或经济业务作出合理评价的情况下所愿意接受的最大误差。这一误差通常与金额有关。

⑥预期总体误差

注册会计师应当根据前期审计所发现的误差、被审计单位经营业务和经营环境的变化、内部控制的评价及分析性复核的结果等，来确定审计对象总体的预期误差。如果存在着预期误差，则应当选取较大的样本量。

⑦分层

分层是将某一审计对象总体划分为若干具有相似特征的次级总体的过程。

分层主要适用于内部各个组成部分具有不同特征的总体。对总体进行分层，可以按照经济业务的重要性来分，也可以按照经济业务的类型等特征来分。注册会计师可以利用分层技术，重点审计可能有较大错误的项目，减少样本量，从而提高审计效率，也可以使注册会计师针对不同层次使用不同的审计程序。例如，在对存货项目进行审计时，将存货按价值大小分为贵重存货、普通存货和低值存货，针对不同的分类，可以采取不同的审计程序：对贵重存货，可以采用详细审计，逐一审查；对于普通存货和低值存货，则可以采用抽样的方法进行审计。

在考虑上述因素的基础上，在样本设计阶段，应当确定以下几个事项：所采用的样本抽取方法；样本量；所能接受的抽样风险的大小；构成误差的条件。

（2）样本的抽取

在样本设计完成之后，应当进行样本的抽取。抽取样本可以采用非统计抽样和统计抽样方法，只要运用得当，这两种样本抽取方法都可以提供充足的证据资料。在抽取样本时，应当确保所抽取的样本具有代表性，即可以根据样本的情况推断出正确的总体情况，据以得出正确的审计结论。

①非统计抽样的样本抽取方法

非统计抽样的样本抽取方法不是以精确的统计方法为基础的，因此，样本的代表性较难确定。这些方法所选取的样本效果如何，在很大程度上取决于注册会计师的职业素养和能力。常见的非统计抽样的样本抽取方法有：定向选样、区域选样、任意选样。

A.定向选样

定向选样是指根据注册会计师所确立的某些判断标准来选择样本项目的方法。这些判断标准是注册会计师根据自己的职业判断得出的，并且通常是针对审计重点确立的。这些标准与样本的代表性不一定相关。

在定向选样中，每个项目被选中的概率是不一样的。注册会计师在定向选样时常用的一些标准包括：

a.最有可能包含错报的项目。如账龄较长的应收账款、关联公司之间的交易等项目发生错报的可能性较大。

b.具备所选定总体特性的样本。审计对象总体可能被划分为几类主要的组成类型和来源，注册会计师可以从每个类型或来源中选取一定数量的样本，这样选取的样本也具有一定的代表性。如在对现金收支进行审计时，可以从主要的采购支出类型、每个月或每个银行账户抽取一定数量的样本，进行总体推断。

c.金额较大的样本。这种标准对小型业务来说更为有效。注册会计师可以选取金额较大的样本，对总体进行推断，这样即便未选取的小金额项目中含有错报，其影响也是有限的。

B.区域选样

区域选样是指按顺序选取一些项目作为样本，一旦某区域内的第一个样本被选定后，则该区域内的其他样本就会自动被选出。例如，从6月份的销售明细账中按顺序选取50笔业务。

在使用区域选样时，应当注意区域的数量是否足够多。如果所选用的区域数量过少，则取得没有代表性的样本的概率就会增加。比如，正好选中非正常波动的区域，就会使所选取的样本不具有代表性，如会计政策的变动、行业的季节性波动等都有可能造成这种结果。

C.任意选样

任意选样就是注册会计师在从总体中选取样本时，不带个人偏好，不考虑项目的大小、来源或其他特性。所选取的样本就是任意样本。

但是，在实践中，注册会计师很难完全无偏见地选取样本项目。这是因为，注册会计师在选取样本项目时可能会潜意识地带有一定的倾向性，这也是任意选样最为严重的缺陷。

②统计抽样的样本抽取方法

统计抽样常用的样本抽取方法有：随机选样、系统选样、分层选样等。

A.随机选样

随机选样是指按照随机原则，确保总体中的每个项目被选中的概率是一样的，从审计对象总体中抽取样本。随机选样适用于不需要进行分层的总体，或者说是总体内部不具有其他分类特征的次级总体。

在进行随机选样时，必须采用一定的方法，以保证总体中所有的项目被选中的概率是一样的。通常可以采用随机数表或计算机生成的随机数来决定抽取哪些样本。

随机数表是指在实验中具有同等出现概率且不具有可辨认模式的一系列数字（见表6-1）。

表6-1　　　　　　　　　　**随机数表**

行	列				
	1	2	3	4	5
1	04734	39426	91035	54939	76873
2	10417	19688	83404	42038	48226
3	07514	48374	35658	38971	53779
4	52305	86925	16223	25946	90222
5	96357	11486	30102	82679	57983
6	92870	05921	65698	27993	86406
7	00500	75924	38803	05286	10072
8	34826	93784	52709	15370	96727
9	25809	21860	36790	76883	20435
10	77487	38419	20631	48694	12638

例如，注册会计师要从凭证号为2 000~5 000连续编号的凭证当中抽取100个样本。由于凭证号是4位数，因此，必须使用随机数表中的4位数字。假设使用表中数字的前4位，并人为地选定以第2列与第3行的交点为起点，然后向下读取。第一张被选中的凭证

就是4837号凭证，接下来的8692超过了总体的编号，就应当跳过，接着读取。接下去被选中的就是2186号凭证。依此类推。

此外，还可以利用计算机生成的随机数来抽样。可以利用随机数生成程序来生成随机数。利用计算机生成随机数的优点在于节约时间，并且可以减少注册会计师的人为错误。

B.系统选样

系统选样也称为间距选样，是在总体中随机选定一个单位为起点，然后以固定的间距来选取样本。

注册会计师应当首先计算出抽样的间距。抽样间距的计算是以总体单位的数量除以所需的样本量。例如，当审计对象总体是编号130~729的600张凭证，需要从中抽取30个样本，则抽样间距为20（600÷30）。在确定抽样间距后，就可以开始抽取样本。注册会计师应该在0~29之间随机指定一个数字作为抽样的起点。如果选定的数字为10，则第一张抽取的是编号为140（130+10）的凭证，依此类推。

系统选样的优点在于方便使用，但是这种方法也存在着一定的缺点，就是当所关注的样本特性在总体中不是随机分布的时候，所选取的样本可能会偏向总体中的某些个体。例如，如果控制偏差总量在每个月的某一时间发生，或问题在某类凭证上出现，那么以系统选样方法选取的样本不具有代表性的可能性就要高于随机样本了。

C.分层选样

分层选样的做法是先将审计对象总体的组成单位按照一定的标准分为若干组（层），然后再分别从各组（层）中利用随机原则或经验判断来抽取样本。

在划分层次之后，应当将所需要的样本量在各个层次进行分配。分配时，可以采用两种方法：比例分配和非比例分配。所谓比例分配，是指根据各个层次的单位数量占总体数量的比例来确定各个层次的样本抽取数，单位数量大的层次抽取的样本数就大。而非比例分配则是根据各个层次的具体情况来分配样本数，层次内单位变动较大的，抽取的样本数就多；变动小的，抽取的样本数就少。按照非比例分配的原则，还可以在审计中针对重要的项目进行详细审查，即对于重要的层次可以考虑采用全部审查。

（3）对抽样结果的评价

在注册会计师抽取样本并对样本实施必要的审计程序之后，需要对抽样的结果进行评价。评价的主要程序和内容是：分析样本误差、推断总体误差、重估抽样风险、形成审计结论。

①分析样本误差

注册会计师应当事先确定构成误差的条件，并根据这些条件确定在样本中出现的误差数量。例如，注册会计师对应收账款的余额进行审查时，发现某一客户的应收账款被错记在另外一个客户的明细账上，这个错误并不影响应收账款一级科目的余额，因此，在这个审计项目中，这个错误不被认为是误差。在对出现的误差进行分析时，应当考虑这些误差的性质、原因及其对其他审计工作的影响程度。

②推断总体误差

注册会计师应当根据抽样样本中发现的误差，对总体的误差情况进行推断。采用的推断方法应当与所使用的样本选取方法相一致。

③重估抽样风险

对抽样风险的重估应分为控制测试和实质性测试两种情况来进行考虑。

在对内部控制进行测试时，注册会计师如果认为抽样结果无法达到其对所测试的内部控制的预期信赖程度，则应考虑增加样本量或修改实质性测试程序。

在进行报表项目的实质性测试时，推断出总体误差后，应将总体误差与可容忍误差进行比较，并将抽样结果与其他有关审计程序中所获得的证据相比较。如果推断的总体误差超过可容忍误差，经重估后的抽样风险不能接受，应增加样本量或执行替代审计程序；如果推断的总体误差接近可容忍误差，应考虑是否增加样本量或执行替代审计程序。

④形成审计结论

注册会计师根据所取得的审计证据，在对抽样结果进行评价的基础上，确定审计证据是否足以证实某一审计对象总体的特征，从而得出审计结论。

以上所介绍的是在审计过程中抽样审计的一般过程。我们将结合审计程序中的控制测试和实质性测试，在第11章和第12章中详细介绍审计抽样在这两种审计测试中的具体运用。

6.2 分析程序

分析程序也称为分析性测试、分析性复核程序，是指注册会计师通过分析不同财务数据之间以及财务数据与非财务数据之间的内在关系，对财务信息作出评价。分析程序还包括在必要时对识别出的与其他相关信息不一致或与预期值差异重大的波动或关系进行调查。

1）分析程序的基本原理与步骤

分析程序是从20世纪70年代起逐步发展起来的审计方法，是把握重点审计领域、保证执业质量、提高审计效率、将审计风险降低至可接受水平的有效途径。分析程序最早出现在美国注册会计师协会（AICPA）所发布的第23号审计准则说明书中，此后，1988年AICPA发布了第56号审计准则说明书，取代了第23号审计准则说明书，并正式将其命名为分析程序。《中国注册会计师审计准则第1313号——分析程序》也对这一基本方法进行了规范。

（1）分析程序的基本原理

分析程序是审计中应用比较广泛的一个基本技术方法，它通过财务报告及有关数据中所包含的数据或数据间的异常变化来发现可能存在的舞弊、错误或风险较高的领域，对于缩小审计范围、提高审计效率起到了很大的作用。分析程序的基本原理是：

①财务数据和非财务数据之间存在着内在关系。这是因为，能用货币形式表现的非财务数据最终都反映在财务数据中。

②财务数据内部存在勾稽关系。根据会计报表要素的恒等式及复式簿记原理，会计报表项目之间存在勾稽关系。

分析程序采用的分析手段既包括简单的技术，如比率分析、趋势分析，又包括复杂的技术，如财务模型和回归分析等。进行分析时，用于对比的预期标准可以是被审计单位前期的数据，或者是同行业其他企业的数据或行业的平均数据，或者是预算的数据，也可以是注册会计师在对被审计单位进行一定的了解之后自己作出的合理估计。

分析时主要考虑的数据关系可以是财务数据之间的关系，如销售收入与利润之间的关系，也可以是财务数据与非财务数据之间的关系，如工资总额与员工人数的关系。但是，分析程序能否发挥作用，取决于基本数据是否准确、可靠，这是运用分析程序的关键。

（2）分析程序的基本步骤

通常，在执行分析程序时包括四个基本步骤：

①确定账户或项目余额的预期标准

注册会计师通过对被审计单位基本情况的了解，针对分析程序的具体分析项目，结合其他数据及对这一项目产生影响的其他因素，事先确定一个预期标准。在确定预期标准时，可以用被审计单位以前期间的数据，也可以用行业的平均数据或预算数据作为基础，进行合理的修正。如在对销售收入进行审查时，注册会计师应当对被审计单位的生产情况进行了解，并考虑产品的生命周期及是否存在销售的淡旺季等因素，对审计当期的销售收入进行估计，而不能简单引用前期数据来进行对比分析。

A.用于确定预期标准的方法

a.趋势分析，即对所审查项目或账户过去两个或两个以上期间的发展趋势进行分析。

b.比率分析，即将当期的财务比率与以前期间的相应比率或者行业的平均比率或预算比率进行比较分析。

c.合理性分析，即利用某些数据之间存在的合理的变化规律，通过对有关数据变动进行分析，从而判断所验证数据的合理性和正确性。例如，注册会计师可以利用平均住房率和平均房价对酒店的营业收入进行估计。

d.回归分析，即根据被审计项目与其他因素之间的相关关系，利用统计方法建立起回归分析方程式，对被审计项目进行推断。在建立回归分析方程式时，以能够对被审计项目产生影响的其他相关因素为自变量，以被审计项目为因变量。自变量可以是财务因素，也可以是其他经营因素。与其他方法相比，回归分析应用了更多的因素包括非财务因素来对验证项目进行推断，因此，在精度上可以达到更高的水平。

B.对确定预期标准的方法的效力分析

学者的研究表明，这四种方法所形成的预期标准在确定潜在的错报与舞弊方面具有的效力有着显著的不同。

趋势分析的效力最差，因为它所依赖的数据仅仅是一个账户的记录。比率分析要优于前者，因为它能直接揭示两个或多个账户之间的预期关系。如周转率指标就十分有用，因为在销售账户与其他会计报表账户之间，尤其是在应收账款与存货账户之间，存在着稳定的关系。但这两种方法都有局限性，其形成的预期标准是不明确的，其假设是账户金额或比率与前期或行业平均水平是可比的，而且分析的范围都限定在已入账的财务数据之中。假若被审计单位刻意粉饰舞弊，则可以通过调节财务报表数据之间的比例或趋势，使其更符合表面上合理的预期。特别是当经济环境发生变化，事实上的预期已被打破，但企业不如实反映这种变化而仍按原来可能的预期编造报表数据时，运用这两种方法不能揭示这种舞弊情况，相应地，审计测试的重点也不会落入有效区间内。

合理性分析和回归分析所形成的预期标准最清楚，其能更有效地作为错报的信号。在实际经济活动中，经营的变化往往直接导致会计报表的变化，而这两种方法则直接测试了有联系的财务数据和经营数据的一致性，更有助于揭示可能存在的舞弊行为。例如，测试不动产的租金收入，可以通过不动产的容积、使用率和租金费率对租金收入形成合理的预期，为验证已入账租金收入的准确性、完整性提供可靠的审计证据，并可以揭示未入账的租金收入。

②确定可接受的与预期标准之间的差额

在确定预期标准之后，注册会计师还需对实际数据与预期标准之间的差额确定一个可以接受的水平，当实际数据与预期标准之间的差额低于这一水平时，注册会计师可以认为这一差额是合理、正常的波动，被审计项目不存在误报的现象。在考虑这一可接受水平时，应当根据被审计项目的性质、特点来确定。对于比较容易产生波动、容易受其他因素影响的项目，差额可以适当放宽一点。

③实际余额与预期标准的比较

在完成前面两个步骤之后，将被审计项目的实际比率或余额与预期标准进行比较，计算其中的实际差额。当实际差额小于可接受差额时，可以认为被审计项目是正常的，不存在错误；当实际差额大于可接受差额时，则应当进行下一个步骤，即对实际差额产生的原因进行审查。

④对超出可接受差额的显著波动进行审查

注册会计师必须对比率或余额有明显波动的项目进行审查，找出其波动的原因，审查这一波动是否是因为存在误报而引起的。审查时，需要对确定预期标准的方法、采用的影响因素等重新进行考虑，看所使用的方法是否恰当，是否遗漏了其他的影响因素或者过低估计原有因素的影响力。

注册会计师可以与被审计单位的管理层进行讨论，以寻求波动的原因。管理层对企业的经营情况最为熟悉，可能了解一些外人不易发现的导致波动的原因。但是，对于管理层的解释，应当有可信的证据以资证明。当对于波动无法找出可靠的原因时，注册会计师应当扩大对相关财务资料的测试范围，以确定是否存在错误。

2）分析程序在审计中的应用

分析程序包括对会计报表进行概略性分析和对报表余额或发生额进行详细分析两种形式。

（1）分析程序在概略性分析中的运用

分析程序在计划阶段和报告阶段的运用都属于概略性分析。

①分析程序在审计计划阶段的运用

在编制审计计划时，分析程序的重点在于对未审计会计报表进行总体概略性分析，以帮助注册会计师了解客户的财务情况；估计未审计报表包含重要错误的可能性；确定适当的重要性水平，事先确认高风险的领域，即最有可能存在错误的账户或区域，从而起到缩小审计范围、确定审计重点、提高审计效率的作用。其程序为：

首先，获取本期的财务信息及相关的非财务信息，并与其他相关的信息进行比较，如上期或以前数期的可比信息、所在行业或同行业中规模相近的其他单位的可比信息、被审计单位的预算预测数据、注册会计师估计的数据等。比较的方法包括简易比较、比率分析、结构百分比分析和趋势分析等。

其次，分析比较的结果，若比较结果表明有关变动与预期数据存在明显差别，注册会计师应就此与被审计单位管理层讨论，以确定他们能否为这些异常变动提供合理解释。若管理层能够作出合理解释，注册会计师应执行进一步的分析性测试程序，以证实其解释的合理性；若管理层不能作出合理解释或其解释不可信时，注册会计师应将可能受到影响的账项认定为高风险领域。由于某些刻意舞弊的企业为掩饰其虚假的会计报表，采取假账真算的方法，因此，如果注册会计师不能将其视野从单纯的账簿资料中扩展出来运用分析性测试，是很难发现问题的。例如，在2013年被披露的事件中，被审计单位的核算都是有会计原始资料的，但是这些资料并不是真实业务的反映，根据新闻媒体记者的报道，他们以海关及税务机关的出口报关和出口退税这两个环节为突破口，才找到其报表的破绽。这种分析就属于利用外部信息实施分析程序，也是注册会计师应该重点运用的方法。

②分析程序在审计报告阶段的运用

在审计报告阶段，注册会计师应当设计和实施分析程序，从而对财务报表形成总体结论，以确定财务报表是否与其对被审计单位的了解一致。

在这一阶段，注册会计师通常会对会计报表的有关信息进行全面的分析性测试，以评价局部的审计结论和拟形成的整体的审计意见。其中，注册会计师需要特别注意对经审计调整后的会计报表的整体合理性进行分析性复核，并着重考虑以下两个方面：一是在报告阶段，注册会计师需要重新评价在计划和实施阶段所发现的异常差异或未预期差异是否已收集到充分适当的审计证据，来证实这种差异存在的合理性；二是由于种种原因，被审计单位会计报表的某些异常差异或未预期差异可能在审计计划或审计实施阶段未被注册会计师所发现，而这种失误或疏漏可能影响到所发表的审计意见的类型，给注册会计师带来很大的风险。因此，复核人员需要注意会计报表中是否还存在尚未发现的异常差异或未预期差异。

（2）分析程序在报表余额或发生额的实质性测试中的运用

在审计实施阶段，分析程序可用作实质性程序（即实质性分析程序）。在实质性测试阶段是否直接利用分析程序作为获取审计证据的主要程序，取决于多种因素，如分析程序的目标、分析程序结果的可信赖程度、被审计单位的业务性质及相关信息的可分解程度、信息的相关性、相关信息的可获得性及其来源、相关信息的可靠性和可比性、相关内部控制的有效性和前期审计发现的会计调整事项等。

①分析程序与传统的会计报表细节测试方法的不同

作为一种实质性测试，分析程序与传统的会计报表细节抽样测试方法有明显的不同。

细节抽样测试方法主要是通过对已存在的证据进行收集和检查来证实注册会计师对财务报表的判断，其特点是它所形成的审计结果只能保证部分真实性。因为即使是细节测试，该方法的准确性还取决于测试样本的代表性，而注册会计师本身所造成的选样错误是不可避免的。但在很长一段时期内，直接的细节测试是注册会计师审计主要的甚至是唯一的方法，其提供的证据，如应收账款的函证回函、存货的实地盘点等，可以为证明某一事项提供直接的说明，被称为"硬证据"。

传统的分析程序所取得的证据被称为"软证据"，因为这种技术方法产生或形成了以前不存在的数据，而且不能直接说明某一具体数据，在对其应用和解释时也具有高度主观性。因此，该方法被认为是一种辅助审计手段，其获取的证据也被认为证明力不强，只有在直接的细节测试无法进行时作为替代程序或在审计风险较低的领域内才使用。

20世纪70年代后，出于寻求更有效率和更有效果的审计技术的考虑，要求增加更多的分析程序和减少使用账项细节测试法的呼声越来越高。同时，各类研究成果也表明新型分析程序具有相当强的客观性，并且符合证据作为合理的直接评价的要求。许多注册会计师也根据其实践的成功经验，认为对于大量的独立性交易业务文件的检查而言，采用分析程序进行审计测试，得出结论的可靠性要比采用传统审计的直接测试法更强。

②分析程序在审计生产成本过程中的运用

与其他审计循环相比，分析程序在生产循环审计中占有更为重要的地位。生产循环中运用了大量的内部凭单，成本计算过程也纷繁复杂，单纯地依靠抽取一定样本进行审计，可能是只见树木不见森林，无法获取最有力的审计证据。借助分析程序来获取审计证据，既可以节约审计成本，又有助于形成恰当的审计结论。

生产循环运用分析程序应遵循由总体到微观的分析过程。

首先，选择存在一定关系的指标，运用趋势分析方法验证被审计单位生产循环涉及的各个科目的总体合理性。

其次，当发现某些存货项目存在异常现象后，应对该项目的具体构成情况做进一步的分析性复核。一般而言，产成品的成本是由生产成本在完工产品与在产品之间分配而形成的，构成生产成本的制造费用、直接材料或人工也可能需要在不同的成本计算对象之间进行分配。因此，追查的思路是按照成本构成项目的组成来比较每一次分配时的分配成本是否合理。

例如，通过总体性分析程序发现，A产品7月和10月的产品单位成本明显地与其他月份不同，因此，应将审计重点锁定在A产品的7月和10月的成本计算过程。比较A产品的成本构成，寻求进一步审计方向，即比较前后各期及本年度内各个月份直接材料成本、直接人工成本和制造费用，找出其中存在重大差异的项目。假定发现制造费用存在异常波动，那么就应对制造费用的主要构成项目如燃料、水电、物料消耗、车间费用等再进行分析，寻找差异所在，直至寻找到一个不能再分解的成本项目。也就是说，需要按照被审计单位事先规定的成本核算流程来测试该项目的分配过程是否存在问题。

对于无法再分解的成本项目，可通过分析成本与数量之间的关系，验算其分配过程是否恰当。例如，表6-2列示了按照这种分析思路对某企业两个生产车间耗用燃料（制造费用的组成项目）的审计过程（假定当月生产的产品已全部销售）。其中，第一车间正常生产，第二车间则处于刚完工试生产阶段。按照会计制度的规定，第一车间的生产成本转为产成品成本，销售后转为销售成本；第二车间的生产成本计入在建工程。当分析了消耗燃料单位成本后，可以清楚地发现，同一种燃料尽管购入成本相同，但领用后分配到两个车间时，单位成本却显著不同。也就是说，该企业通过调节燃料分配过程，使第一车间多负担燃料成本，从而加大了销售成本总额。

最后，在生产循环的分析程序中，简单的合理性程序是揭示被审计单位是否存在刻意舞弊行为十分有效的方法。简单的合理性程序就是通过建立一个财务关系或非财务关系的

表6-2　　　　　　　　　　　　　　　　燃料成本分配对照表

月份	第一车间			第二车间		
	耗用量（千克）	总成本（元）	单位成本（元/千克）	耗用量（千克）	总成本（元）	单位成本（元/千克）
1	1 186 440	678 394.11	0.5718	1 272 880	606 092.07	0.4762
2	1 066 381	629 082.60	0.5899	1 093 912	430 810.82	0.3938
3	1 191 240	616 265.61	0.5173	1 260 168	438 578.79	0.3480
4	1 143 744	575 958.00	0.5036	1 250 520	439 107.44	0.3511
5	1 195 536	617 140.09	0.5162	1 318 848	457 974.35	0.3473
6	1 126 515	467 446.84	0.4149	1 238 856	433 143.13	0.3496
7	1 159 128	600 425.12	0.5180	1 232 024	419 791.25	0.3407
8	1 162 579	531 492.71	0.4572	1 294 728	504 377.90	0.3896
9	1 110 480	543 575.54	0.4895	1 260 984	424 408.46	0.3366
10	1 135 128	541 937.12	0.4774	1 299 432	427 744.17	0.3292
11	1 110 480	540 914.91	0.4871	1 238 544	425 777.95	0.3438
12	1 117 584	552 273.83	0.4942	1 117 584	441 215.25	0.3948
合计	13 705 235	6 894 906.48	0.5031	14 878 480	5 449 021.58	0.3662
按实耗量与均价计算		5 918 630.06	0.4319		6 425 298.00	0.4319
与账面记录的差额		-976 276.42			976 276.42	

平均价＝（6 894 906.48+5 449 021.58）÷（13 705 235+14 878 480）=0.4319（元/千克）

结论：按平均价计算，第一车间比第二车间多负担燃料成本976 276.42元。

应调整：借：主营业务成本　　　　　　　　　　　　　　　976 276.42

　　　　　贷：在建工程　　　　　　　　　　　　　　　　　976 276.42

模型，将彼此相关的账目余额或造成某种变化的各种因素联系起来。为了建立恰当的模型，审计人员需要掌握较多的会计知识和有关领域的知识。

在信息化和智能化浪潮的影响下，审计人员通过信息技术获取多维数据的能力大幅度提高，构建审计过程中相关数据关系的模型也变得越来越普及，这显示出分析程序这种审计方法的运用前景越来越广阔。传统的审计方法也受到了很大的挑战，相当多的工作由审计机器代替，而审计人员主要的工作是根据业务的逻辑关系，建立这种分析程序，也就是说建模成为审计分析的重要环节。

本章小结

自审计活动产生起，审计人员就一直在努力地探讨审计技术方法的变革。审计抽样的一般过程可以分为以下几个步骤：首先，确定审计抽样的总体，进行样本设计，审计总体通常就是具体的审计对象；其次，以统计或非统计抽样方法抽取样本；最后，通过对抽样结果进行分析和评价，来推断总体的正确性和恰当性。

分析程序也称为分析性测试、分析性复核程序，是指注册会计师通过分析不同财务数据之间以及财务数据与非财务数据之间的内在关系，对财务信息作出评价。分析过程还包括在必要时对识别出的与其他相关信息不一致或与预期值差异重大的波动或关系进行调查。分析程序包括对会计报表进行的概略性分析和对报表余额或发生额进行的详细分析两种形式。传统上，概略性分析技术运用得比较广泛，而目前审计发展的潮流之一就是将分析程序大量运用于报表余额或发生额的审计过程中。

■ **主要概念和观念**

□ 主要概念

非统计抽样 统计抽样 审计对象总体 抽样单位 抽样风险 非抽样风险 可信赖程度 可容忍误差 分层 定向选样 区域选样 任意选样 随机选样 系统选样 分层选样 分析程序

□ 主要观念

审计抽样的一般步骤 分析程序的基本原理 确定预期标准的方法 分析程序的运用思路

■ **基本训练**

□ 知识题

6.1 阅读理解

1）统计抽样和非统计抽样各具有什么特点？

2）审计抽样一般包括哪些步骤？

3）在样本设计时应考虑哪些基本因素？

4）统计抽样、非统计抽样中样本的抽取方法各有哪些？

5）分析程序包括哪些基本步骤？

6.2 知识应用

1）选择题

（1）分析程序在（ ）可以选择是否使用。

A.审计计划阶段 B.审计实施阶段 C.审计报告阶段 D.审计的全过程

（2）注册会计师是否依赖分析程序的结果，取决于（ ）。

A.运用分析程序项目的重要性

B.注册会计师预测分析程序期望值的准确性

C.对该项目的固有风险和控制风险的估计水平

D.可能承担的法律责任的大小

（3）非抽样风险是由于审计工作不当造成的，造成该风险的因素包括（ ）。

A.样本结果不能代表总体的特征 B.遗漏了必要的审计程序

C.运用了不恰当的审计程序 D.审计步骤与抽样总体不相适宜

（4）降低审计效果的风险有（ ）。

A.信赖不足风险 B.信赖过度风险 C.误受风险 D.误拒风险

（5）在审计抽样过程中，注册会计师可以对总体进行分层，分层时（ ）。

A.每一抽样单位都应只属于一个层次 B.每一层次的抽样单位数量应能确定

C.不同层次之间项目应具有变异性 D.同一层次内的项目应具有同质性

（6）在下列指标中，（ ）最不可能进行同行业之间的比较。

A.每股收益　　　　B.资产收益率　　　　C.应收账款周转率　　D.经营周期

(7) 注册会计师运用分析程序的主要目的有（　　　）。

A.在了解客户阶段，帮助确定审计约定事项的有关内容

B.在审计计划阶段，帮助确定符合性测试和实质性测试的程序

C.在审计实施阶段，直接作为实质性测试程序，以提高审计效率和效果

D.在审计报告阶段，对会计报表进行整体复核

2）判断题

(1) 在所有控制测试中都可以运用抽样技术。　　　　　　　　　　　（　　　）

(2) 审计抽样只适用于针对内部控制的控制测试，而在实质性测试中不适用。
　　　　　　　　　　　　　　　　　　　　　　　　　　　　　　　（　　　）

(3) 样本抽取得越多，样本代表总体的可能性就越大，即抽样风险越低。（　　　）

(4) 对可信赖程度要求越高，即意味着可接受的风险水平越低，则需选取的样本量相应地越大。　　　　　　　　　　　　　　　　　　　　　　　　　　（　　　）

(5) 预期总体误差与样本量呈反方向变化。　　　　　　　　　　　　（　　　）

(6) 分析误差时不仅要看其误差的数量，还要考虑误差的性质及其对财务报表的影响。　　　　　　　　　　　　　　　　　　　　　　　　　　　　　　（　　　）

(7) 只有相关数据之间存在某种预期关系，注册会计师方可运用分析性复核程序。
　　　　　　　　　　　　　　　　　　　　　　　　　　　　　　　（　　　）

□　技能题

操作练习

1）假定某审计对象材料入库单的编号为001至400，审计人员拟从中抽取80份进行审计，请利用随机数表（见表6-1），抽取前10个样本，并写出样本的编号。若利用系统抽样方法，请写出前10个样本的编号。

2）具有100个项目的样本显示偏差率为3%，注册会计师是否可以认为整个总体同样含有3%的偏差率呢？

□　能力题

6.1　案例分析

请你利用财务会计与报表分析的技术，指出本章引例中，注册会计师老王为什么得出这样的结论。

6.2　网上调研

1）有人说，统计抽样比非统计抽样更科学，其得出的审计结论也更准确。请你通过网上调研后回答应该怎么看这个问题。

2）请你查找有关"万福生科（股票代码300268）"的媒体新闻报道，指出从哪些信息可以发现该公司对外公布的财务报表存在问题，你认为媒体这种判断问题的思路对注册会计师审计有哪些启示作用。

6.3　单元实践

1）请你调查周围的会计师事务所中主要采取的抽样方法是统计抽样还是非统计抽样，造成这种偏向的原因有哪些？

2）请你调查周围的会计师事务所或事务所从业人员运用分析程序的情况。根据你的

调查，你认为运用分析程序最大的困难是什么？

　　□　拓展阅读内容

6.1　德勤财务机器人工作视频曝光，效率惊人，审计人是否危机感爆棚？

6.2　普华永道推出财务机器人，哪些技能让财务们惊恐。

6.3　揭开数据真相——从小白到数据分析达人。

6.4　大数据的精髓在于我们分析信息时的转变，这些转变将改变我们理解和组建社会的方法。

　　第一个转变是，在大数据时代，我们可以分析更多的数据，有时候甚至可以处理和某一个特别现象相关的所有数据，不再依赖于随机采样……

　　第二个转变是，研究数据如此之多，以至于我们不再热衷于追求精确度……

　　第三个转变是因前两个转变而促成的，即我们不再热衷于寻求因果关系，而是寻求事物之间的相关性。

　　资料来源：舍恩伯格，库克耶.大数据时代——生活、工作与思维的大变革［M］.盛杨燕，周涛.译.杭州：浙江人民出版社，2013.

第 *7* 章
审计循环概述

学习目标

通过本章的学习，你应该能够达到：

知识目标：了解财务审计循环的基本程序。

技能目标：能够掌握不同审计循环主要涉及的会计账务处理。

能力目标：能够辨识出不同类型的审计意见。

审计活动经过多年的发展，已逐步形成了既相互关联又相互区别的多种业务形式，如财务审计（又称财务报表审计）、管理审计、绩效审计等。在这些众多的审计业务类型中，财务审计是最早出现的，其审计方法与理论也相对比较成熟，同时又是其他审计的基础。因此，第7章至第16章主要介绍财务审计的程序与方法。财务审计的最终目标是就报表的公允性和是否存在重大错报或舞弊发表审计意见。为了达到该目标，需要采取一系列的措施、方法、步骤和程序，这些步骤之间应该具有内在的逻辑联系，从而构成一个整体，形成财务审计循环过程。

引例：

注册会计师为什么与被审计单位形成如此僵局？

小林和王强共同出资成立一家制造小五金的小型有限责任公司，其中，小林占40%的股份，王强占60%的股份。小林不参与公司的经营活动，王强任公司经理，平时不拿固定工资，而是从净利润中抽成。连续两年，该公司的净利润一直在上升，但小林听说王强在公司中安插自己的亲信，排挤他人。公司的财务报表显示，该公司的销售收入不错，但是存货和应收账款增加较多，而流动资金不足，目前需要股东再投入资金或向银行贷款解决。于是，结合申请贷款的需要，小林决定聘请注册会计师老李对该公司的财务报表进行审计，并把上述传闻和有关怀疑告诉了注册会计师老李。

注册会计师老李带队进入该公司后发现，该公司账册记录不全，报表本身也存在不平的问题，于是，注册会计师老李让其助手花一周时间帮助该公司清理账目。第二周，审计工作步入正轨。注册会计师老李准备函证应收账款并实地盘点存货，但王强拒绝这样做。尽管注册会计师申明这是必需的审计程序，但王强仍然不同意，并要求注册会计师退出审计，不再要求其出具审计报告，也不支付审计费用。为了要求企业支付审计相关费用，注册会计师老李决定扣留该公司的账册和财务报表。

小何作为高校会计学专业毕业实习生参与了该审计项目的全过程，他很疑惑，注册会计师为什么与被审计单位形成如此僵局？这个审计项目的整个过程存在什么问题吗？

7.1 财务审计循环

为了使读者对财务审计循环有一个总体了解，从而更好地理解审计中各个步骤与程序的作用，我们首先对财务审计循环作一个简单的介绍。财务**审计循环**就是指从财务审计活动开始至结束的全部过程。在经济生活中，根据法律的要求或股东的意愿，通常需要对每一年度的财务报表都进行审计，因此，财务审计是年复一年的往复过程，从这个意义上讲，就构成了循环。

不同的学者对财务审计循环的步骤作出了不同的划分。例如，阿伦斯（Arens）等将财务审计循环过程表述为如图7-1所示[1]，而波特（Porter）等人将财务审计循环过程表述为如图7-2所示[2]。

尽管不同人员对审计循环组成步骤的表述有所不同，但是，从内容上看，其所介绍的财务审计循环都属于注册会计师审计业务中按照法规要求所进行的财务报表审计。这种审计类型可以分成三个内容上有明显差别的阶段：审计计划阶段、审计实施阶段和审计报告阶段。如果是政府审计部门或内部审计部门开展的财务报表审计，则在审计循环中与上述图示存在着一定的差别，最主要的差别体现在审计循环的头尾阶段：在审计循环之初，这两个部门都不存在接受委托一事；在审计结束之时，除了出具审计报告外，这两个部门从事的财务审计可能还存在着后续审计，即在审计报告出具一段时期后，再检查被审计单位就审计中发现的问题如何进行后续处理，查核处理的结果与效果。在本章的讲解中，我们只介绍注册会计师审计中财务审计的循环过程。

① ARENS A A.Auditing: An integrated approach ［M］. New Jersey: Prentice-Hall, 1997.
② PORTER B E.Principles of external auditing ［M］. New Jersey: John Wiley & Sons Ltd., 1996.

```
┌─────────────────────────┐
│   对客户的一般情况调查   │
└─────────────────────────┘
             │
┌─────────────────────────┐
│    签订审计业务约定书    │
└─────────────────────────┘
             │
┌─────────────────────────┐
│     初步调查内部控制     │
└─────────────────────────┘
             │
┌─────────────────────────────┐
│ 确定审计风险水平和重要性水平 │
└─────────────────────────────┘
             │
┌─────────────────────────────┐
│ 确定重大审计项目和重点审计领域 │
└─────────────────────────────┘
             │
┌─────────────────────────┐
│      编制审计计划       │
└─────────────────────────┘
             │
┌─────────────────────────┐
│    是否依赖内部控制     │─────────────────────────┐
└─────────────────────────┘                         │
         │ 是                                        │
┌─────────────────────────┐                         │
│     进行控制测试        │                          │
└─────────────────────────┘                         │
             │                                       │
┌───────────────────────────────────┐               │
│ 评价内部控制，确定内部控制的可靠程度 │              │
└───────────────────────────────────┘               │
         │         │          │                      │
     ┌──────┐  ┌──────┐   ┌──────┐                  │ 否
     │  高  │  │  中  │   │  低  │──────────────────┤
     └──────┘  └──────┘   └──────┘                  │
         └────────┴──────────┐                       │
                  │                                  │
         ┌─────────────────┐                         │
         │   修订审计程序   │                         │
         └─────────────────┘                         │
                  │                                  │
         ┌─────────────────────┐                     │
         │  提出改进内部控制建议 │                    │
         └─────────────────────┘                     │
                  │◄─────────────────────────────────┘
         ┌─────────────────┐
         │  实施报表余额测试 │
         └─────────────────┘
                  │
         ┌───────────────────────┐
         │ 整理审计资料，评价审计证据 │
         └───────────────────────┘
                  │
         ┌───────────────────────────┐
         │ 复核审计工作底稿，处理期后事项 │
         └───────────────────────────┘
                  │
         ┌───────────────────────────┐
         │ 编制审计报告与致管理层函    │
         └───────────────────────────┘
```

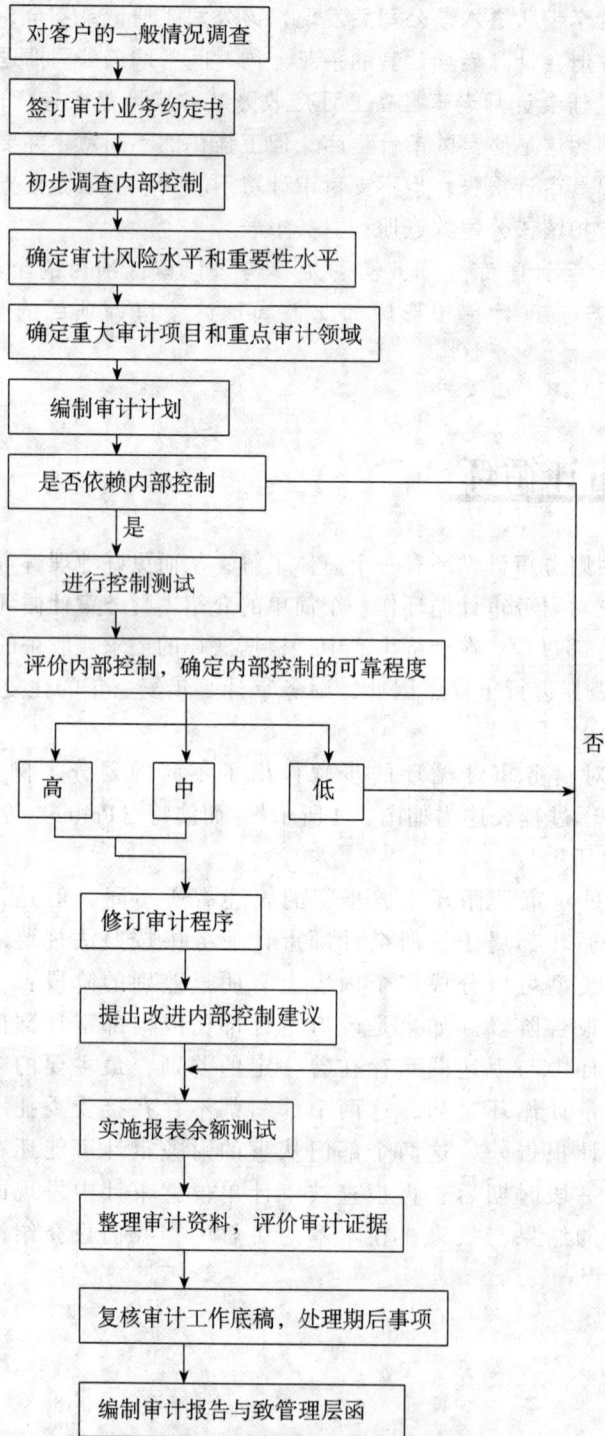

图 7-1　财务审计简要循环图（阿伦斯等）

审计步骤	目标	所采用程序举例
1. 根据相关法律要求，上市公司聘请注册会计师		
2. 签订审计业务约定书	记录审计安排并阐明容易产生误解的事项	
3. 了解被审计单位的经营活动和所处经营环境	了解对财务报表可能产生重大影响的事件、交易和经营活动	观察被审计单位的经营活动、厂房设备、工作流程；查阅其工作手册和相关法律文件；询问相关人员
4. 全面实施分析程序	评估审计风险、确定重要性水平	全面分析被审计单位财务状况和经营成果
5. 了解被审计单位的会计系统，评估其内部控制	了解会计系统如何工作，确定内部控制的重点和弱点	观察和询问后，完成内部控制的流程图、调查问卷或者文字说明，并进行穿行测试
6. 重点通过实施符合性测试测试内部控制	确信审计所要信赖的内部控制的设计和运行是否适当	符合性测试，如检查授权、复核、确认等环节的证据
7. 对交易和报表余额实施实质性测试	评价会计系统所产生数据的完整性、准确性和合法性	具体的分析程序、细节测试的实质性测试，如计算、追查、与外部第三者进行确认
8. 完成和复核	确认已经获得充分适当的审计证据，足以发表审计意见	检查或有负债、期后事项，检查和评价审计证据，从而形成报表是否公允的审计意见
9. 向股东或其他外部利益集团提出审计报告、向管理层报告	通过发表审计意见告知股东或其他外部利益集团报表是否公允	审计报告
	审计人员告知管理层其所发现的会计系统弱点及其他注意到的不足，提出如何使被审计单位的财务和会计系统更有效率和效果的建议等	致管理层函
10. 公司再次聘请审计人员		

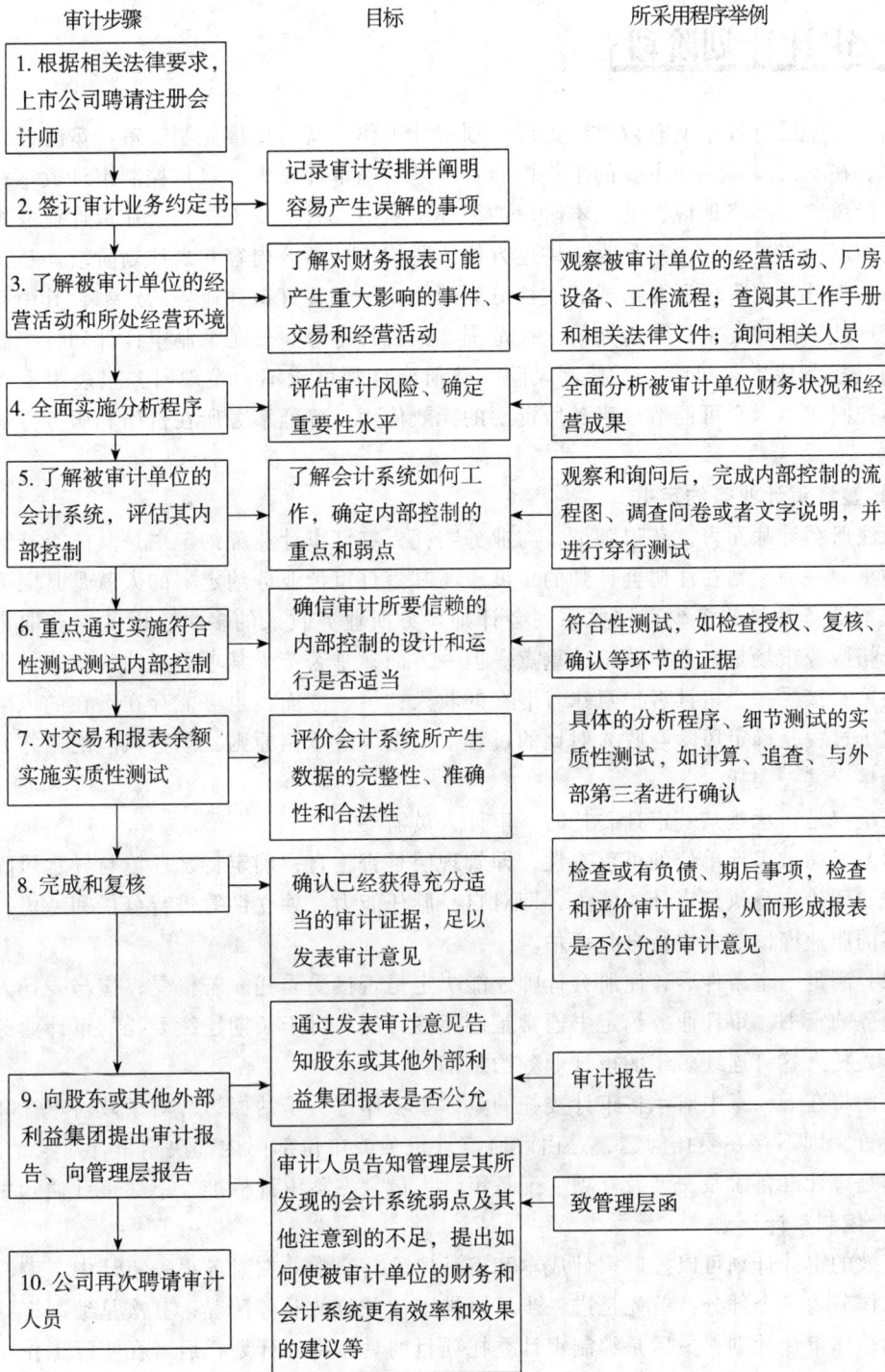

图 7-2　财务审计简要循环图（波特等）

7.2 审计计划阶段

如果希望既有效率又有效果地完成一项审计工作，就需要事先制定审计策略，做好准备工作。在本阶段有三项主要的工作内容：一是明确审计要求；二是控制审计成本；三是控制审计风险。严格地说，纳入本阶段的循环步骤中，有一些工作属于在审计业务约定书签订之前就应当进行的，只是为了讲述方便，我们将这部分内容并入计划阶段。从文档形式上看，审计计划阶段所要形成的文档分为两个：一是签订审计业务约定书，其中明确委托人对审计工作的要求，如预期的工作范围、报告日期等。二是编制审计计划，编制计划的目的是控制成本与风险。不控制风险，注册会计师可能不会发现财务报表中重大的错报；不控制成本，则可能造成事务所资源的无效使用，降低事务所在价格和服务方面的竞争力。

1）签订审计业务约定书

对注册会计师而言，获得聘请，与业务委托人签订审计业务约定书是其能否持续经营下去的重要一环。站在注册会计师的角度，与其签订审计业务约定书的人就是其服务的客户。获取业务数量的多少直接关系到会计师事务所业务收入的多少，因此，获取审计委托、开拓服务市场是事务所营销的重点。但一方面，是否接受某项委托往往是一个十分困难的决策，接受一个审计客户意味着潜在的收入；另一方面，也可能存在潜在的风险，因此，这个过程是确定风险与收入对比的过程。根据风险承担原则，承担风险的人才有权决定是否接受某一委托。

在决定是否承接某一审计委托时，审计人员需要：

（1）考虑被审计单位的可审查性，即管理层是否正直，确定特殊环境与异常风险。

（2）评价自身执行审计的能力，即对自身胜任能力、独立性等进行分析和考虑，对恪守应有的职业谨慎能力进行自我评估。

（3）满足一定条件后，注册会计师才能决定是否接受委托。若接受，应与委托人签订审计业务约定书。审计业务约定书通常是逐年签订的。对于长期连续委托的审计业务，也可以与委托人签订连续多年的审计业务约定书。

我们将在下一章中对承接审计委托的具体事项作进一步的探讨。对于政府审计和内部审计而言，则不存在委托问题，是由政府审计机关或单位部门内部决定审计对象，因此，该过程是审计准备阶段，涉及立项、配备审计人员、熟悉审计标准、下达审计通知书。

2）编制审计计划

有效的审计计划可以控制审计成本和审计风险。通常，在财务报表审计中，编制审计计划工作分为三个部分：首先是进一步了解被审计单位的业务情况；其次是编制审计委托项目的总体审计计划；最后是编制审计委托项目的具体审计计划，后者在实际工作中往往表现为一个指导索引表。我们将在第9章对审计计划作更进一步的探讨，这里只作简短介绍。

需要说明的是，虽然下面的介绍是立足于现场审计工作之前的审计计划之上的，但并不是在审计工作实施之前就能够一次性地编制好所有的计划内容，事实上，编制审计计划是一个持续的过程。在实施现场审计工作前，确定审计方法、预算、时间与人员安排；在现场工作过程中，根据新的情况，修改审计计划；在整个审计期间，可以收集相关法规及被审计单位经营环境的变化情况；在每年审计结束时，通常可以趁热打铁，为下一期审计制定备忘录，确定重点审计领域、可能改进的地方和建议的审计方法，为下期审计工作做好铺垫。

(1) 了解被审计单位业务情况及其环境

此项工作有利于注册会计师鉴别对被审计单位财务状况有重要影响的事件、交易和实务，为控制成本和风险提供一个合理的基础，为评价管理层陈述的可靠性和评价会计原则及披露的适当性提供帮助。了解行业特点时，需要考虑经济因素、竞争因素、会计惯例、法规要求等方面内容；了解经营活动时，需要考虑被审计单位的财务特点、经营特点、财务报告责任等内容；了解组织结构时，需要考虑被审计单位的所有权影响大小、管理层的特征、所形成的法律性文件等内容；了解内部控制时，需要考虑被审计单位的控制环境、风险评估过程、与财务报告相关的信息系统、控制活动、监督等内容。

(2) 编制总体审计计划

编制总体审计计划的具体步骤可分为：

①确定重要性水平。这是注册会计师对报表审计过程中所能接受的重大错报的初步估计。注册会计师根据此水平进行多种测试，以确保所有超出该重要性水平的错误都能被发现。确定的重要性水平适当与否，直接关系到能否有效地控制成本。

②确定可以接受的审计风险水平，估计可以接受的检查风险水平。通常，注册会计师出于控制风险与成本的考虑，都会设定某一审计项目最大可以接受的审计风险水平，即审计结论与被审计事实不相符合的可能性。

③运用分析程序，确定重点审计领域。利用分析程序可识别出财务信息与其他相关信息不一致或与预期值差异重大的波动和关系。若管理层能对此作出合理解释，应执行进一步的分析程序，证实其解释是否合理；若管理层不能作出合理解释或其解释不可信时，就应当将可能受其影响的账项认定为高风险领域。

④根据上述三个步骤的结果，确定拟实施的审计策略。审计策略是注册会计师针对确定的审计范围，选择能够达到审计目标而应当实施的最有效审计程序的基本思路和组织方式。重点要确定：是否实施控制测试、实质性测试是否按照业务循环进行、对被审计单位的分支机构和下属机构如何审计、是否及如何利用专家或其他注册会计师的工作等。

⑤确定时间预算、审计收费水平和审计小组成员及分工。根据拟采取的审计策略，确定每一项目和环节可能耗用的审计时间；根据所需要的专业判断水平，确定合适的审计项目组人员；根据审计时间和人员的报酬水平，确定审计项目的合理收费。

(3) 编制具体审计计划

具体审计计划是根据总体审计计划，对为了实现审计目标而采取的各项审计程序的性质、时间、范围的详细说明。具体审计计划一般通过审计程序表予以体现。具体审计计划一般包括：每一个审计程序所要达到的具体审计目标、拟采取的审计程序、该程序拟分配的执行人员及执行日期、审计工作底稿的索引号等。

7.3　审计实施阶段

审计实施阶段是整个审计工作的核心环节。审计实施阶段的主要工作是根据审计计划执行审计测试，从而收集充分、适当的审计证据，为下一阶段发表审计意见提供合理基础。根据审计测试对象与方法的不同，可以将审计实施阶段的工作分为两个部分：一是针对内部控制实施的测试阶段；二是针对报表余额和交易实施的测试阶段。前者称为控制测试阶段，即通过一定的审计方法，测试被审计单位业务活动的运行情况和相关内部控制的符合程度。后者称为实质性测试阶段，即在控制测试的基础上，运用多种审计取证方法，对被审计单位报表项目金额进行的证实性测试。本书的第10章、第11章、第12章将详细介绍审计实施阶段的工作。

1）业务循环

长期以来，注册会计师对财务报表的审计往往采取按照报表项目进行人员分工的办法来进行，如一部分人员负责资产类账户，另一部分人员负责负债类和所有者权益类账户，而第三部分人员负责利润表项目。这种分工方式对于熟悉财务报表的人员来讲，分工十分清楚，有利于对中小企业的审计。但其缺点是，在企业组织越来越庞大、结构越来越复杂的情况下，这种审计方式容易使注册会计师只见树木不见森林，且存在重复劳动，不利于提高工作效率和节约审计成本。目前，国际大型会计师事务所大都采取按业务循环入手的策略。一般而言，企业的经营活动可以划分为下列循环：

①销售和收款循环，主要包括处理顾客订单、批准赊销、开出发票、发运商品、确认和记录销售收入、应收账款和回收货款等业务，涉及的报表账户主要有应收和预收账款、应收票据、坏账准备、主营业务收入、税金及附加等。

②采购和支出循环，主要包括处理订货单，验收商品、劳务、服务、固定资产、无形资产，确认和记录购入资产和相关负债以及支付货款等业务，涉及的报表账户主要有预付和应付账款、应付票据、固定资产、累计折旧、存货等。

③生产和服务循环，主要包括领用原材料、加工产品、支付和分摊各种生产费用、核算成本等业务，涉及的报表账户主要有存货、应付职工薪酬、主营业务成本等。

④财务和管理循环，主要包括处理和记录各种融资和投资活动，核算融资费用和投资损益、支付和归集各种管理费用等业务，涉及的报表账户主要有货币资金、长期股权投资、投资收益、无形资产、长期借款、短期借款、股本、资本公积、盈余公积、管理费用、财务费用等。

2）控制测试

控制测试（tests of controls）是在了解内部控制的基础上，为确定内部控制政策和程序的设计与执行是否有效而实施的审计程序。控制测试通常是按照循环进行的。实施控制测试的主要目的在于评价被审计单位的内部控制能否有效地防止、发现和纠正报表的重大错报、漏报，据以确定是否信赖或在多大程度上信赖被审计单位的内部控制，进而评估控制风险水平，并根据可以接受的审计风险水平及估计的固有风险水平、控制风险水平，确定可接受的检查风险水平。注册会计师可以根据对被审计单位内部控制的了解情况，确定控制测试的方法、范围和时间。

（1）控制测试常用的方法

注册会计师可以酌情选择以下测试方法：

①检查交易和事项的凭证。通过检查凭证上留下的内部控制轨迹，如签字授权、审核等，获取相关内部控制有效运行的证据。

②询问并实地观察未留下内部控制轨迹的内部控制的运行情况。有一些控制可能没有留下控制轨迹，因此，需要采取询问相关人员的方法了解其运行情况，通过实地观察以验证询问获取的信息。

③重新实施相关内部控制程序。对某些内部控制环节，注册会计师可以重新作一遍，并将结果与被审计单位已形成的文件进行核对，从而验证其内部控制的有效性。

（2）控制测试范围的确定

首次接受委托时，内部控制测试的范围较为广泛，可能包括各个业务循环的关键控制程序。在以后年度的审计中，控制测试范围受上一年度审计的影响。如果注册会计师可以确信被审计单位本年度所采用的关键控制与上一年相比没有发生重大变化，可以缩小控制测试的范围；反之，需要扩大控制测试的范围。

（3）控制测试的基本步骤

控制测试分为四个阶段：了解内部控制、控制风险的初步评估、设计和执行控制测试、根据控制测试结果修正该循环的具体审计计划。

接受审计委托之初，注册会计师已经对被审计单位内部控制情况进行初步调查和了解，以决定是否信赖内部控制。了解的方法可以是询问、观察以及查阅内部控制生成的文件。一般来说，该了解过程按照内部控制要素分别进行，需采用填写调查问卷、绘制系统流程图或文字说明的方式予以记录。为防止记录过程中出现偏差，还需要抽取若干笔交易按照所描述的控制过程进行穿行测试。

控制风险的初步评估可以分为四个步骤：首先，需要建立评估控制风险的框架。各类业务的评估框架都与财务报表审计具体目标相联系。其次，识别循环的关键控制点与薄弱环节。不同审计项目的关键控制点与薄弱环节是不同的。再次，在识别关键控制点与薄弱环节后，需要将它们与控制目标联系起来。最后，根据评价各目标的关键控制点和薄弱环节来估计各目标的控制风险水平。这一估计过程十分关键，影响着注册会计师对循环采取何种审计策略的决策，但这又是非常主观的判断过程，判断结论恰当与否取决于从业人员的经验。

不同被审计项目中所采用的内部控制不同，其运行效果也不相同，因此，注册会计师需要针对该项目的特点设计控制测试程序，主要是决定测试的具体手续、选取多少样本规模、选取什么样的样本项目以及测试的时间安排。

依据执行控制测试程序后的结果，注册会计师应对循环的内部控制作出全面评估。若评估结果认为某一环节内部控制无法信赖或不健全，则说明该环节的控制风险高，在固有风险不变的情况下，为保证最终审计风险处于可接受水平，注册会计师需要修改已经制订的审计计划中与此会计科目相关的具体审计程序，扩大审计范围，增加审计测试的样本量。当然，若评估结果十分乐观，则可以适当地缩小审计范围，减少测试的样本量。

（4）控制测试的时间安排

如果注册会计师预期被审计单位内部控制在审计年度内不会发生重大变化，则控制测试通常可以在期中进行。这样可以均衡审计的工作量，避免在报表编制完成后的一段时间内堆积大量工作，而在其他时候则没有多少工作。如果进行过中期审计，且被审计单位内部控制未发生重大变化，则控制测试的时间范围可以是中期审计至财务报表日的期间。如果被审计单位未进行中期审计，或其内部控制发生重大变化，则控制测试的时间范围应覆盖整个被审计年度。

3）实质性测试

实质性测试的主要目的就是验证报表是否公允地反映了被审计单位的财务状况和经营成果。实质性测试可以按报表项目进行，也可以按照业务循环进行。

（1）实质性测试的主要类型

在审计实践活动中，实质性测试可以分为三种类型：分析性测试、交易实质性测试和报表余额的实质性测试。

①分析性测试

分析性测试也称为分析程序、分析性复核程序。第6章中，我们已经介绍了这种测试技术。这里再简要说明如下：

分析性测试的基本原理是：财务数据和非财务数据之间存在着内在关系，因为，能用货币形式表现的非财务数据最终都反映在财务数据中，且财务数据内部存在勾稽关系，根据会计报表要素的恒等式及复式簿记原理，会计报表项目之间存在勾稽关系，可以此检查报表数据的合理性。

分析性测试的预期效果和效率取决于：认定的性质、关系的合理性和可预测性、估计期望值所使用的数据的可获得性和可靠性、期望值的精确性。执行分析性测试的另一个优点是通常该技术花费的成本比详细测试技术花费的成本低。

②交易实质性测试

交易实质性测试的目的是审核被审计单位的交易是否经过恰当地审批，是否正确地过账，是否在日记账和明细账、总账中形成正确的记录和汇总。换言之，注册会计师在该测试中主要追查及核实交易业务流程中的货币性错误，常用的测试方法是查询和验算。该类型测试的审计成本比分析性复核程序高，但比报表余额的实质性测试程序低。

交易实质性测试的基本程序可分为四个步骤：确定交易业务流程的四大环节，即交易发生，填制原始单据、日记账和明细账、总账；编制交易流程图；确认交易流程中可能发生的错误；确认账户测试的时间和范围。

交易实质性测试主要包括用于揭示交易低估的追查方法（即从原始凭证追查到会计记录）和用于揭示交易高估的核证方法（将会计记录同原始凭证相核对），也可以使用询问和重新执行交易等方法进行测试。交易详细测试的有效性取决于所使用的特殊程序和凭证的有效性。

在实际工作中，控制测试和交易实质性测试经常是利用同一凭证或账项的样本来完成的，因此，它们常结合在一起执行，统称为**交易测试**，但这两种测试的目的明显是不同的。控制测试的目的是核实内部控制实施的效果，而交易实质性测试的目的是确定交易业务中与该控制目标有关的金额是否有错误。虽然交易实质性测试与关键控制点和控制测试没有直接的关系，但交易实质性测试的范围在一定程度上取决于关键控制点是否存在和控制测试的结果。

③报表余额的实质性测试

报表余额的实质性测试程序是针对报表科目的期末余额所实施的直接查核测试，目的是测试报表余额的正确性和有效性。长期以来，报表余额测试一直是注册会计师主要的甚至是唯一的测试方法，其提供的证据被称为"硬证据"。该类测试的有效性取决于所执行的特定程序和所取得的证据种类的有效性，由于涉及外部证据和注册会计师的直接判断，因此往往是十分有效的，但成本也最高。

（2）实质性测试的时间选择

实质性测试的时间可以分为财务报表日前、财务报表日及财务报表日后。财务报表日前的测试属于期中测试，通常交易实质性测试均在期间实施，分析性测试均在财务报表日后实施，而报表余额的实质性测试可以在财务报表日或其前后实施。

①财务报表日前的测试

财务报表日前的测试仅能对涉及权利和义务、评价和分配等部分审计目标提供有效的证据。期中测试与财务报表日间隔的时间越长，风险越高。通常实施期中测试的基本条件为：在本次测试至财务报表日的这段剩余时间内，被审计单位能维持内部控制的有效运作、被审计单位管理层没有误导财务报表使用者的诱因、注册会计师能够预先合理判定期中所测试账户期末余额的重要性、企业的会计制度能够提供在剩余期间内所发生的异常交易的信息。

②财务报表日的测试

在财务报表日实施的测试，可以为存在或发生、完整性审计目标提供最有效的审计证据；根据取得的有关期末市价的资料，可以确定资产估价与分摊审计目标。通常在财务报表日实施测试可达到以下目的：

A.确认截止期：注册会计师通过对财务报表日最后一张销售交易流程凭证号码的记录，确认交易流程的正确截止；通过对各账户最后一笔交易的审核，对分类账最后一笔过账作审核标记，作为入账的截止记号。

B.在财务报表日实施货币资金、有价证券及存货的盘点可取得最为有效的审计证据。

C.当被审计单位内部控制不可信赖时，在期中或期后进行审计测试的风险较高，而在财务报表日实施测试的风险较低。但在实际工作中，由于事务所在这个时点上的人力有限，不可能同时对多个审计项目实施财务报表日测试。

③财务报表日后的测试

一般而言，财务报表都是在财务报表日后才完成编制的，所以，注册会计师在财务报表日后实施的审核工作主要是分析性测试和报表余额实质性测试，同时还可以通过对期后交易事项的审核来证实财务报表余额的公允性。通常，除非是适合在期中及财务报表日实施测试的，多数仍需在财务报表日后执行实质性测试。在第 10 章中，我们将对审计证据和审计目标的相关内容作更详细的说明。

（3）实质性测试的范围

实质性测试的范围取决于注册会计师根据风险模型推断出的可接受的检查风险水平。在设定的审计风险水平下，重大错报风险较低，注册会计师可以接受较高的检查风险水平时，则可以主要采取分析性测试和交易实质性测试，而采取简单的报表余额实质性测试，获取较少的审计证据即可得出审计结论。反之，则需要以报表余额实质性测试为主，并尽可能在财务报表日前后实施测试，以获取较多的审计证据。

财务报表日前（期中测试）执行的报表余额实质性测试，绝不能完全替代财务报表日的报表余额实质性测试。即使执行了期中的报表余额实质性测试，仍需要对测试日到财务报表日的变化部分进行测试，以便为期中审计结论延伸到财务报表日提供合理的基础。

所有循环的报表余额实质性测试都针对资产负债表账户，但不是说完全忽略利润表账户。例如，函证应收账款余额发现由于给顾客开发票时发生错误，导致发票金额被高估，则应收账款和销售收入均会被高估。

7.4   审计报告阶段

在注册会计师审计服务过程中，出具报告是最后一步，审计报告是审计工作的最终"产品"，也是注册会计师与财务报表使用者的沟通工具。

1）不同保证程度的报告

注册会计师执行审计或其他鉴证业务后都必须提交报告，以此向鉴证信息的使用者说明其在鉴证过程中的工作性质和得出的结论。在美、英等一些国家的审计准则中明确要求，只要注册会计师的名字与财务报表发生了联系，不论该人员只是同意将其名字与报表相联系，还是只提供涉及财务报表的其他服务或只是代编财务报表，甚至其名字并没有出现在任何正式书面报告中，都要求提交报告。其原因是大多数财务报表的使用者都认为注册会计师的工作就是为了发挥其证明作用，根据注册会计师的报告作出投资决策，可以减少其投资风险。一旦注册会计师的名字与一份财务报表发生了联系，他们就以为他进行了审计工作，对该报表作出了鉴证，就可能以此财务报表作出相应决策。为防止投资者这种想当然的做法以及由此产生的法律后果和其他问题，提交一份报告来说明注册会计师的工作性质和承担的责任就显得十分必要。

针对财务报表所作的不同工作，注册会计师提交的报告中对财务报表公允性具有不同程度的保证水平。一般而言，即使同样是对财务报表持正面态度，他们也可能会提交三种类型的报告：

（1）审计保证

具有最高保证水平的类型是在审计业务中所提交的标准审计报告，又称为干净报告或积极保证水平的报告。该类型报告直接且正面阐述了注册会计师基于审计过程而得出的审计意见。其最显著的特征是意见段表述为："我们认为，该公司财务报表在所有重大方面公允地反映……"

（2）消极保证

具有中间程度保证水平的类型是消极保证，最为典型的是注册会计师在完成财务报表审阅业务后发表的意见，最显著的特征是意见段表述为："根据我们的审阅，我们没有发现该财务报表在所有重大方面未遵循公认会计原则反映的现象。"这种意见类型之所以被认为是消极保证，是因为它采用了"我们没有发现"（并不说明不存在）这一术语来说明财务报表与会计准则的相符程度。这类消极保证的意见类型严禁在审计业务中使用，因为对审计业务而言，该类型意见的保证程度太低，不能满足审计业务需求者的需要。

（3）无保证

最低的保证水平被称为"无保证"，也用于注册会计师所执行的审计业务中。它是指注册会计师明确表明他们无法得出结论，作出某种程度的保证，因此，他们对被审计财务报表是否公允反映不承担任何责任。在审计业务中，这种类型的报告被称为无法表示意见的审计报告，最显著的特征是："我们不能就该财务报表信息是否遵照公认会计原则公允地反映……表示意见。"

某些非审计业务类型的委托聘约也不需要提供任何程度的保证，最常见的例子是代编财务报表，因为在这种业务中，注册会计师不需要对管理层所提出信息的准确性、完整性执行审计、审阅或其他形式的鉴证程序。因此，也就不需要对财务报表的可信性发表意见。

上述几种不同保证水平的业务的关系可表示为图7-3。

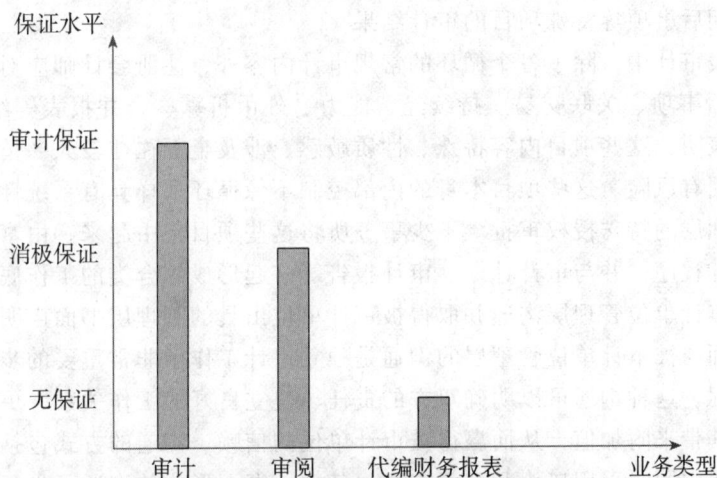

图7-3　不同保证水平的业务的关系

财务报表审计和审阅是注册会计师行业的传统业务。在第17章中，我们将简单地介绍注册会计师执行的其他非审计服务业务。

2）审计报告与财务报表的关系

财务报表是指整套通用目的财务报表，包括相关附注。相关附注通常包括重要会计政策和会计估计。适用的财务报告编制基础的规定决定了财务报表的形式和内容，以及整套财务报表的构成。财务报表是企业或其他组织管理层向外部信息使用者，包括所有者、债权人、雇员、政府部门、证券交易所及社会公众等提供有关各企业或组织财务状况、经营成果和现金流量等方面财务信息的手段。管理层有责任和义务按现行会计制度和准则及时编制正确、完整的财务报表。

审计报告是审计工作的结果，是指注册会计师根据审计准则的规定，在执行审计工作的基础上，对财务报表发表审计意见的书面文件。审计报告只是注册会计师表述审计结论的手段，它本身不包括被审计单位或组织的财务信息或具体数据资料，不能代替财务报表。

实际上，财务报表属于审计对象，其编制质量的最终责任是由管理层而非注册会计师来承担。注册会计师的责任只限于审查财务报表是否公允表达和合理地揭示其中可能存在的舞弊。根据审查结果，注册会计师可以发表不同意见类型的审计报告来表达意见，但他无权修改或编制被审计单位的财务报表。在审计过程中，他可以建议被审计单位根据会计准则的要求，调整或修改财务报表的内容或格式及附注说明。审计报告和财务报表是性质不同的两种报告文件。

另一方面，审计报告又与财务报表密切相关。它们通常要同时呈送给委托人或正式对外公布。审计报告的重要作用是增加财务报表的可信性，使委托人或其他财务信息使用者信赖财务报表，并将其作为进行合理经济决策的直接依据。没有注册会计师的鉴证，财务报表的可信性及使用价值就会大打折扣。

3) 审计报告阶段的主要工作内容

审计报告阶段的工作不仅仅是出具审计报告，还包括其他一些工作。我们将在第13章和第14章中进一步介绍，这里只作简要说明。

（1）处理期后事项等特殊项目的审计结果

在财务报表审计中，除了各个循环的常规审计内容外，注册会计师应对一些特殊的审计项目，如期后事项、关联交易、持续经营能力、外币折算、合并报表等给予重点关注。因为审计实践表明，这些项目内容特殊、性质敏感、涉及金额往往较大、情形复杂，具有相当高的审计固有风险。这些项目本身的内部控制不像循环那样具有系统性，而是更倚重被审计单位管理层的特殊授权审批。不少事务所将这些项目集中起来，由富有经验的人员实施专门的审计程序，并与审计计划、审计报告等一起形成综合类的工作底稿。

（2）与被审计单位管理层沟通并取得被审计单位出具的管理层书面声明

注册会计师与被审计单位管理层的沟通是独立审计工作中非常重要的步骤，始终贯穿于整个审计过程。这种沟通可以明确双方的责任、建立良好的工作关系，更好地为被审计单位服务，为其带来附加值，从而赢得被审计单位的信赖。沟通的方式包括口头、书面或在一项审计委托中同时采用口头和书面方式。其中，书面形式的沟通函也只是注册会计师与管理层之间沟通的形式，不具有任何公证效力。

注册会计师应当在现场工作结束前索取被审计单位管理层的书面声明。这种书面声明是将管理层在审计过程中的重要口头陈述书面化，提交该书面声明的目的是明确和强调被审计单位管理层对报表的责任，同时将被审计单位管理层对注册会计师在审计中提出的各项问题和建议的答复书面化。

书面声明的形式通常包括：管理层直接提供的书面声明、注册会计师为正确理解管理层书面声明所提供的且经管理层确认的信函、管理层相关会议记录、管理层签署的财务报表。该书面声明不能被视为十分可靠的证据，它只能从心理方面提醒管理层的责任，保护注册会计师避免卷入由于管理人员不明白自身责任而导致的潜在纠纷，所以，不应以管理层书面声明替代能够预期获取的其他审计证据。

（3）多级复核审计工作底稿，审查审计证据的充分有效性

在所有具体审计程序结束之后，注册会计师要根据事先确定的重要性水平判断在审计过程中发现的审计差异是否需要提请被审计单位调整，以及必须判断是否收集了充分适当的审计证据来支持对财务报表表述是否遵循会计准则和制度来发表审计意见，特别是确定

在整个审计过程中，是否在现有环境条件下对所有重要领域进行了充分测试，是否已达到了各项审计目标，是否对审计过程中发现的问题领域给予了足够重视。

复核是指审计项目组人员完成相应审计工作后，其他人员对其工作是否按照审计计划进行作出检查的过程。该过程是出具审计报告前的最后把关工作，对质量控制和事务所风险控制具有重大意义。从形式上看，完善的质量控制一般要求复核采用三级制，即由项目负责人首先对所有工作底稿进行一级复核，然后由部门经理进行二级复核，最后由对该项审计业务负直接责任的注册会计师或合伙人作三级复核。三个层次的复核并不是简单的重复，而是在范围及重点上均有所不同。

（4）编制并提交审计报告与管理建议书

管理建议书是指注册会计师把改善被审计单位经营的若干建议传达给被审计单位管理层的文书。管理建议书的书写灵活性强，体现了每位注册会计师的风格，该程序也可以口头方式提出，管理建议书只是审计活动的附属"产品"，其目的是促进注册会计师与被审计单位之间的良好关系。

审计报告是审计活动的最终产品。为避免不同人员使用不同的报告形式而引起误解和混乱，经过多年的演变，目前已经形成了格式和措辞基本统一的审计报告，为使用者准确理解其含义提供了条件。

（5）审计资料归档

完成一项审计委托后所形成的审计工作底稿经过分类整理、汇集归档后，就形成了审计档案。所有的审计委托项目都应形成审计档案并妥善保管。各个国家对审计档案的保管期限有着不同的规定，审计档案按其使用期限的长短和作用大小可以分为永久性档案和年度工作档案。

4）审计报告的基本意见类型

根据不同的审计委托要求，审计报告可以分为不同的类型，常见的分类有：具有统一格式和措辞要求、对外正式公布的短式报告；不对外正式公布、没有统一格式与措辞要求的长式报告。注册会计师从事的财务报表审计，常用的是文字简练、格式规范、通常依附于财务报表之后的短式审计报告。当然，由于委托项目不同，注册会计师也可能发布其他的报告。

根据审计结论的不同，短式审计报告可以进一步分为无保留意见审计报告和非无保留意见审计报告两类。

（1）无保留意见审计报告

无保留意见审计报告是最常见的审计意见类型，也是委托人最希望获得的审计意见类型，是指当注册会计师认为财务报表在所有重大方面按照适用的财务报告编制基础编制并实现公允反映时发表的审计意见。如果认为财务报表在所有重大方面按照适用的财务报告编制基础编制并实现公允反映，注册会计师应当发表无保留意见。在评价财务报表是否实现公允反映时，注册会计师应当考虑：财务报表的整体列报、结构和内容是否合理；财务报表（包括相关附注）是否公允地反映了相关交易和事项。

（2）非无保留意见审计报告

当注册会计师根据获取的审计证据，得出财务报表整体存在重大错报的结论；或者无法获取充分、适当的审计证据，不能得出财务报表整体不存在重大错报的结论时，应当在审计报告中发表非无保留意见。非无保留意见，是指对财务报表发表的保留意见、否定意见或无法表示意见。

①保留意见审计报告

保留意见审计报告用于这样的情形：注册会计师在获取充分、适当的审计证据后，认为错报单独或汇总起来对财务报表影响重大，但不具有广泛性；或者注册会计师无法获取充分、适当的审计证据以作为形成审计意见的基础，但是认为未发现的错报对财务报表可能产生的影响重大，但不具有广泛性。如果注册会计师认为所报告的情况极为严重，从整体上已无法公允地表示或无法得出结论，应采用否定意见或无法表示意见审计报告。因此，保留意见审计报告被认为是一种在不能提出无保留意见审计报告的情况下最不严厉的报告。

②否定意见审计报告

否定意见审计报告用于注册会计师在获取充分、适当的审计证据后，如果认为错报单独或汇总起来对财务报表的影响重大且具有广泛性的情形。它对被审计单位不利，是管理层最不希望得到的报告类型。为避免这种报告类型，被审计单位管理层一般愿意接受注册会计师建议的报表调整意见，使得调整后报表符合出具无保留意见或保留意见审计报告的要求，因而否定意见审计报告在实务中较少出现。

③无法表示意见审计报告

在审计实践活动中，注册会计师虽然接受了审计委托，但由于被审计单位的客观或主观原因，使得注册会计师无法获得充分、适当的审计证据以作为形成审计意见的基础，但认为未发现的错报对财务报表可能产生的影响重大且具有广泛性。这时，注册会计师应出具**无法表示意见审计报告**。由于研究调查表明，报告使用者认为无法表示意见的审计报告与保留意见的审计报告相比，提供的保证程度更低，因此，该报告类型也是被审计单位管理层不希望获得的。

▌ 本章小结

财务报表审计是所有审计活动的基础，也是注册会计师行业最为核心的业务内容。财务报表审计基本流程可分为三个阶段：第一阶段是审计计划阶段，主要涉及是否承接一项审计委托业务，以及对该业务展开过程进行事先的筹划。第二阶段是审计业务的现场实施阶段，注册会计师需要通过各种审计方法获取适当而充分的审计证据，支持其准备发表的审计报告意见类型。根据不同的测试目的又可以进一步将实施阶段划分为内部控制实施的测试阶段及针对报表余额和交易实施的测试阶段。第三阶段是审计报告阶段，根据不同的审计委托要求，审计报告可以分为不同的类型。通常，我们所看到的公司对外披露的审计报告是短式审计报告，分为无保留意见审计报告和非无保留意见审计报告，而非无保留意见审计报告又分为保留意见、否定意见和无法表示意见审计报告。

▌ 主要概念和观念

□ 主要概念

审计循环 控制测试 实质性测试 交易测试 无保留意见审计报告 保留意见审计报告 否定意见审计报告 无法表示意见审计报告

□ 主要观念

分析性测试基本原理 财务报表与审计报告的关系 不同保证程度的审计报告 交易

业务与报表余额实质性测试

▨　**基本训练**

□　知识题

7.1　阅读理解

1）请说明财务报表审计的基本过程。

2）请说明编制总体审计计划的具体步骤。

3）企业的经营活动可以划分为哪些循环？

4）控制测试的基本步骤有哪些？

5）实质性测试的主要类型有哪些？

6）财务报表和审计报告的关系如何？

7）审计报告的基本意见类型有哪些？

7.2　知识应用

1）选择题

（1）下列（　　）属于企业的会计责任。

A.保证审计报告真实、合法　　　　　　B.建立内部控制

C.保护资产安全完整　　　　　　　　　D.保证会计资料真实、合法、完整

（2）控制测试的内容包括（　　）。

A.了解内部控制

B.控制风险的初步评估

C.设计和执行控制测试

D.根据控制测试结果修正该循环的具体审计计划

（3）注册会计师通常可以出具（　　）的审计报告。

A.无保留意见　　　　　　　　　　　　B.保留意见

C.否定意见　　　　　　　　　　　　　D.拒绝表示意见

（4）下列（　　）类型实质性测试的成本最高。

A.交易实质性测试　　　　　　　　　　B.报表余额的实质性测试

C.控制测试　　　　　　　　　　　　　D.分析性复核程序

（5）当可接受的检查风险水平较低时，应以（　　）测试为主。

A.分析性复核　　　　　　　　　　　　B.交易业务

C.报表余额　　　　　　　　　　　　　D.三种测试同时运用

2）判断题

（1）注册会计师的审计责任不能替代、减轻或免除被审计单位的会计责任。　（　　）

（2）正确使用审计报告是委托人的责任，因使用不当而造成的后果与注册会计师及所在事务所无关。　（　　）

（3）在审计人员所提交的各种报告中，具有最高保证水平的类型是在审计业务中所提交的审计报告。　（　　）

（4）在实际工作中，控制测试和交易实质性测试经常是利用同一凭证或账项的样本来完成的，因此，它们常结合在一起执行，统称为交易测试。　（　　）

□ 技能题

操作练习

请根据本章给出的审计业务循环分类，列示出每一循环所涉及的主要会计处理分录。

□ 能力题

7.1 案例分析

请你学习完本章内容后，帮助解答本章引例中的疑问。

7.2 网上调研

1）请你阅读我国上市公司公布的年度报告，并了解审计报告的基本内容。

2）请你通过网上调研与信息搜集，回答：同样是注册会计师提交的工作报告，为什么需要区分为不同的保证水平？

7.3 单元实践

请你与同学合作，设计一份调查表，询问你周围的以下三类人员：买卖股票的人、具有财经知识背景的人、无财经知识且不接触股票买卖的人，看他们是否了解四种不同审计报告意见类型，进行股票买卖的人员是否关注审计报告信息。

□ 拓展阅读内容

7.1 10家公司年报遭"无法表示意见"，昔日重组上市概念股占大半。

7.2 普华永道为天马股份出具2017年首份无法表示意见审计报告。

第 *8* 章
审计业务的承接

学习目标

通过本章的学习，你应该能够达到：

知识目标：了解财务报表审计的承接业务环节的工作内容；了解审计业务约定书包含的基本内容。

能力目标：能结合当前社会经济背景，判断什么样的公司可能存在较高的审计风险。

承接审计委托聘约是审计循环的开始。承接客户的自身情况（在实际中往往就是审计对象）是决定注册会计师面临风险大小的一个重要因素。大量事实表明，被审计单位经营失败或财务困境、被审计单位管理层追求自身利益或恶意欺诈是导致审计风险增高的主要因素。那些资金周转不灵或面临破产的被审计客户的股东或债权人总想为他们的损失寻找替罪羊。因此，决定是否承接某一项审计委托是防范审计风险的第一道防线。

引例：

1136租户公寓公司案件

纽约州的美国1136租户公寓公司（以下简称1136公司）是一个具有合作性质的非上市房地产公司，公司的主要业务是出租公寓并收取租金。因公司股东并不精通房地产的管理，所以，他们聘请了房地产经纪人代为管理整个公司的经营。此外，公司股东口头委请会计师事务所代该公司编制包括纳税资料在内的年度财务报表。会计师事务所编制报表等所需材料由代为管理的房地产经纪人提供。股东每年付给会计师事务所600美元的工作报酬。

此后不久，房地产经纪人在管理公司的过程中挪用了公司资金，但会计师事务所的工作人员并未发现。当经纪人挪用资金的事实被发现之后，该公司的股东们联名向法院起诉，要求会计师事务所赔偿公司的损失，理由是会计师事务所应该发现但没有发现上述错误。

纽约州初审法院受理了该诉讼，并着手调查。调查人员首先查看了会计师事务所提供的 1963 年度及 1964 年上半年的该公司的财务报表。会计师事务所在编完 1136 公司的财务报表后，曾在报表下增加了一段附注："本表的编制受到一定的限制，详见转告信附件。"转告信附件有一段这样的说明："根据合约规定，本会计师检查并汇总了由该公司经理人所提供的各项有关 1136 公司的资料及数据……下列报表均根据公司账册记录编制，但没有加以独立验证。"据此，初审法院认定，会计师事务所没有过错。

原告对该判决不满，向法院又一次提出，当初聘请会计师事务所，不但要求他们编制财务报表，而且要求他们对报表进行独立审计验证。会计师事务所没有进行审计验证，表明他们违约。会计师事务所否认承担了审计委托，并且当初只是双方口头约定，无法查证。法院只得抽调会计师事务所的工作底稿，作进一步的调查。

调查人员在审阅会计师事务所工作底稿时，发现会计师在计算工作报酬的工作底稿中，曾将审计费用列入其中，并在编制的资产负债表中，将这一费用作为 1136 公司应付给会计师事务所的债务。对此，法院初步确定，会计师事务所曾接受该审计业务的委托。调查人员进一步查阅会计师事务所的工作底稿，发现会计人员曾经以审计的方式审核了委托人的银行结单、发票及其他凭证，特别是在其中一张工作底稿中，会计师还注有"发票遗失"的查账记号。这些现象都表明，会计师事务所似乎承担了审计验证的约定。

根据调查结果，纽约州初审法庭判决，会计师事务所曾应诺了审计的约定，却没有较好地履行，因此，会计师事务所应赔偿原告损失计 174 000 美元。事务所不服，向纽约州上诉法院上诉，上诉法院经过审理，认为初审法院的判决合理，驳回上诉，维持原判。事务所只得如数赔偿。①

8.1   签订审计业务约定书之前的预备性调查

在竞争性的经营环境下，取得一项新的审计委托或保持原有的审计委托都不是一件容易的事情。但是，注册会计师有机会获取一项新审计委托时，还是需要仔细地考虑是否承接这一委托。尽管从法理推演及审计职业界自身观点看，注册会计师只有在审计工作过程中存在过错时，才需要承担法律责任。但对现实资料分析后可知，无论是审计客户管理层舞弊还是经营失败，都可能导致事务所陷入法律纠纷的困境。无论出现哪一种情况，只要投资者和债权人蒙受经济损失，他们往往认为审计人员有责任发现问题并采取措施，因而，不可避免地向事务所寻求经济赔偿。

注册会计师准备承接某一审计委托而尚未签订审计业务约定书之前，拟委托审计项目的一方被称为准客户。在决定是否承接某项审计业务委托时，最主要的工作是进行**预备性调查**，这是指审计人员通过调查，获取准客户的相关信息，推断可能承受的风险水平的过程。预备性调查是事务所高级人员判断是否接受某一准客户委托的主要甚至是唯一的依据。传统的审计教科书所体现的思维是，如果某一审计项目的风险很高，就采取回避的策

---

① 李若山.审计疑难案例解集［M］.南昌：江西科学技术出版社,1992：227-229.

略，不接受该项审计委托，这主要是基于诉讼带来的后果。但是，作为独立经营实体的事务所在经营过程中不可避免地会受到市场竞争的压力。为了获取更多的业务收入，不少事务所也采取了接受一定审计风险的做法，即如果事务所从该项目中获取的收入能够超过该审计委托项目可能发生的审计成本，包括估计将可能承受的风险损失（指付出经济赔偿和声誉损失等），就可以接受该项委托。当然，这种做法也带有相当多的冒险成分，一旦注册会计师对风险的预计不够准确，则可能给事务所带来灾难性后果。

1）获取准客户的相关信息

通常，获取信息的主要来源有：

（1）从准客户及其他有关部门那里获取信息

最了解准客户目前所处环境和经营现状的无疑是其管理层。注册会计师可以通过获取该准客户以前年度的财务报告、实地参观被审计单位的作业现场，或与委托人及被审计单位管理层座谈等方式获取最直接、最详细的信息。这部分信息往往是注册会计师在预备性调查中最容易获取的资料。

在前面的章节中，我们已经介绍了企业的管理层负责向外部利益集团提供财务报表，注册会计师审计财务报表的目的是表明审计意见，即这些报表是否公允地反映了企业财务状况、经营成果及现金流量，是否遵循了相关法律规定。

尽管一些学者所提出的审计假设指出，注册会计师和被审计单位之间不存在必然的利益冲突。但事实表明，一些企业的管理层存在着故意操纵财务报表的行为，而且这种操纵行为有着愈演愈烈的趋势。1985 年，美国注册会计师协会、美国会计协会、内部审计师协会、财务经理协会以及全美会计师协会共同成立了全美反舞弊性财务报告委员会，也称特雷德威委员会（The Treadway Commission），从分析财务报表的全过程着手，仔细考察参与该过程的每一类人员的作用。研究表明，一些案件中管理层操纵财务报表信息是为了掩盖舞弊或者为了达到某些激进的目标、为了得到与利润相联系的奖金、为了以优惠条件获得贷款或投资等。当存在着财务报表信息操纵行为时，管理者会采取各种方法欺骗注册会计师，使其不能发现报表被操纵的事实，而审计后的这些操纵事实被曝光后，相关利益损失者就会以疏忽、未能发现管理者舞弊等理由将注册会计师送上法庭。因此，注册会计师获取到上述由被审计单位提供的预备性调查信息时，需要运用职业判断来确定其可信程度。如果这些高级管理人员缺乏正直性，其提供的资料的可信程度就会大打折扣，依据这些资料和信息作出的审计判断就容易发生差错。西方国家法院审理表明，指控注册会计师疏忽的法律诉讼中，经常在事后验证在审计过程中被审计单位高级管理人员的正直性是值得高度怀疑的。此外，在管理者舞弊的多数案例中，对舞弊负责的管理人员在此之前都曾被卷入违法或不道德的商业活动，因此，注册会计师需要通过了解被审计单位高级管理人员的经历来确定其正直程度。

一些注册会计师甚至雇用职业调查机构来了解准客户关键管理人员的背景、名声等信息，以合理地评价其正直程度。注册会计师职业界更倾向于回绝对其正直性存有质疑的准客户。由于审计信息渠道的限制以及审计竞争的压力，一些事务所对预备性调查尤其是对被审计单位管理层、关键管理人员正直性的考虑并不多。但随着证券市场监管的不断完善，注册会计师被卷入欺诈性财务报表的案例不断出现，注册会计师对预备性调查的关注程度也不断提升。

　　注册会计师还可以向准客户的开户银行、律师等相关第三方打听有关准客户的信息。从理论上讲，这种来源取得的信息更为可靠、客观。但是，在不同国家，由于资讯发达程度不同，从第三方获取信息的能力和程度也各不相同。在某些经济环境中，注册会计师在实际执行审计业务的过程中，想获取这类信息还有相当大的难度。例如，银行不愿回函或对函证活动收取较高的费用等，这往往需要注册会计师施展说服能力，劝说被询证者帮助其获取这类信息。在国际上，注册会计师还可以通过经常性阅读准客户所在行业的专业年刊等资料来捕捉相关信息，但比起询问被审计单位和相关第三方等信息来源，这种信息的针对性、时效性都不强，需要花费较多的时间进行经常性的积累。不过，尽管该方法费时费力，但是这种积累有助于注册会计师形成恰当的专业判断，进而确定前两种来源所获取的信息的可信性。在互联网时代，获得信息的便利程度已经大大提升，因此相当多的事务所利用信息化手段在不断提升获取间接信息的能力。

　　（2）向前任注册会计师了解

　　在审计服务市场中，买方（审计委托人）和卖方（会计师事务所）在遵循既定规章的基础上，有权自由地进行双向选择。因此，审计委托人基于各种原因更换注册会计师的行为也在所难免。其中一个原因是在企业较长的存续期内，规模或组织形式发生了变化。当企业规模较小时，会寻求较小规模的会计师事务所来提供审计服务；当企业规模扩大后，对审计服务的要求（如能力、地域、参与的人数等）也会越来越高，就有可能变更会计师事务所。企业在经营过程中也可能发生兼并或重组，从而引发对原注册会计师进行的调整。按照国际通行做法，如果同一会计师事务所的客户之间存在竞争或利益冲突，为遵循职业道德的要求，事务所可能会放弃其中一家客户。但是，在实际业务中，变更会计师事务所的原因更多的是基于委托方与事务所之间的关系，尤其是在审计职业界充满竞争的市场环境下，委托人认为自己有权得到最佳服务，如果现任注册会计师不能满足其服务需求，他就可能聘请其他人员，此外，委托人也经常利用更换注册会计师的方式对审计从业者施加压力，要求其出具更能令委托人满意的审计报告。

　　在第4章中已经介绍过，如果准客户以前接受过其他事务所的审计，那么，向前任注册会计师了解准客户的信息是十分重要的工作环节。国际上通行的观点是，后任注册会计师应当向前任注册会计师了解准客户的情况，这是接受新审计客户的必要步骤。国际会计师联合会提出，尽管所有者的合法权益应受保护，但是被要求取代另一位公开执业的职业会计师的被提名者有机会弄清是否存在不接受聘约的职业原因也同样重要，只有同现任会计师取得直接联系，这一目的才能达到。①

　　审计准则对前后任注册会计师沟通的总体要求是，前后任注册会计师的沟通通常由后任注册会计师主动发起，但需要征得被审计单位的同意。前后任注册会计师的沟通可以采用书面或者口头的方式，双方应当将沟通的情况记录于审计工作底稿。

　　规定后任在接受审计聘约前必须与前任沟通，是为了保护注册会计师的利益。更换注册会计师的真实动机很难让委托人亲口说出。委托人（准审计客户）可能与前任注册会计师在重大的会计审计问题上存在意见分歧，试图通过接触其他会计师事务所寻求有利于自己的审计意见，而一旦其他注册会计师提供了有利于准审计客户的审计意见，被审计单位

　　①　The International Federation of Accountants. Code of Ethics for Professional Accountants. First issued July 1990, Revised July 1992.

就会解聘前任注册会计师。这就是购买审计意见。规范前后任注册会计师的沟通，就是通过这一方式，让后任更好地了解目前的状况，避免陷入被动局面，同时也可以保护坚持公平立场的前任，防止委托人以解除聘约的方式，胁迫注册会计师放弃恰当的审计意见。

2）预备性调查的记录与时间安排

进行预备性调查的人员应系统地收集有关准客户的信息，形成完整的书面材料。尽管预备性调查十分重要，但所形成的工作底稿只有简单的程序性描述，这个过程更多地依赖于调查者的自身素质和职业判断。在预备性调查过程中，注册会计师必须运用敏锐的观察力、恰当的谈话技巧、合理的职业怀疑态度，以及宽厚的专业、人文、社会知识积累，才能获取有用的信息，形成较为准确的判断。为此，不少事务所的预备性调查都是由经验丰富的人员负责的。

预备性调查通常在决定是否承接审计委托之前完成。预备性调查并不只针对新客户才适用，对常年客户也应当进行预备性调查，尤其是当老客户更换管理层、陷入财务困境等问题出现时，更应不断地对其进行风险再评估，确保其状况仍然符合承接业务的标准。如果没有发现老客户存在异常现象，预备性调查的内容可以适当地简化。

8.2 影响承接审计委托的因素

注册会计师在决定是否承接某一项审计委托时，必须确认被审计单位在编制财务报表时采用的是可以接受的财务报告编制基础，被审计单位管理层认可并理解其自身的责任。这是接受审计的前提。当然，注册会计师也需要考虑自身的胜任能力和独立性。

1）评估审计风险

注册会计师在进行预备性调查、接受审计委托、着手制订审计计划时，都需要对该审计项目的风险水平进行评估。这一方面是为了了解准客户的经营情况，为以后审计服务作准备，更主要的目的是寻找评估审计风险水平的线索，这些线索可以从经营环节、管理行为及财务报告三方面查找。无论哪个环节出现问题，都可能导致注册会计师被暴露在法律纠纷与行政处罚的风险下。需要说明的是，随着企业经营环境的变化，导致审计风险增加的因素也会不断地发生变化。在一个具体的审计委托中，究竟哪些因素会影响审计风险水平，最终还取决于注册会计师的专业判断。

（1）经营环节影响审计风险水平的因素

注册会计师可以从以下几个方面来判断准客户是否存在经营失败风险：

①了解准客户的行业环境，判断其主要产品或服务是否具有竞争力，其财务稳定性和盈利能力是否将受到威胁。常见的风险标识有：因竞争激烈或市场饱和，主营业务毛利率持续下降；主营业务不突出，或非经常性收益所占比重较大；会计报表项目或财务指标异常或发生重大波动；难以适应技术变革、产品更新或利率调整等市场环境的剧烈变动；市场需求急剧下降，所处行业经营失败事件日益增多；持续的或严重的经营性亏损可能导致破产、资产重组或被恶意收购；经营活动产生的现金流量净额连年为负值，或虽然账面盈利且利润不断增长，但经营活动没有带来正的现金流量净额；与同行业其他公司相比，获利能力过高或增长速度过快；新颁布的法规对财务状况或经营成果可能产生严重的负面影

响等。

②了解准客户的资金供给与回收情况，判断其是否存在资金链断裂造成经营陷入困境的可能。通常，说明其资金周转困难的迹象有：高度依赖对外举债，长短期偿债能力较差，无法偿付到期的债务或即将到期且难以展期的借款；出现较差或持续恶化的财务状况，如巨额经营亏损或累积经营性亏损巨大、负的净现金流量、资不抵债、营运资金为负数等；无法继续履行借款合同中的有关条款；存在大量不良资产且长期未进行处理；重要的子公司无法持续经营且未进行处理；无法获得供应商的正常商业信用；难以获得开发新产品或必要投资所需资金等。

③了解准客户的行业、经营性质或从事的交易是否具有可能引发风险的特殊性。例如，科技含量高，产品价值主要来源于研发而非生产过程；市场风险很大，很可能在投入巨额研发支出后却不被市场接受；产品寿命周期短；大量利用分销渠道、销售折扣及退货等协议条款；不符合正常商业运作程序的重大交易；重大的关联交易，特别是与未经审计或由其他注册会计师审计的关联方发生的重大交易；资产、负债、收入、费用的计量涉及难以证实的主观判断或不确定事项；尚未办理或完成法律手续的交易；发生于境外或跨境的重大经营活动；母公司或重要子公司、分支机构设在税收优惠区，但不开展实质性的经营活动等。

（2）管理行为影响审计风险水平的因素

准客户管理层的正直性直接影响着注册会计师面临的审计风险大小。这种正直性可以通过管理者的管理行为，尤其是高级管理人员的经营理念与行为体现出来。当准客户的管理或管理者存在以下问题时，容易引发管理者作出与正直性要求相背离的行为：准客户的公司治理和内部控制存在缺陷会影响财务报表的公允性，注册会计师应确认准客户已经设计、执行和维护了必要的内部控制，以使财务报表不存在由于舞弊或者错误导致的重大错报。如果存在以下现象，可以认为内部控制存在缺陷：董事会被某一股东操纵；独立董事等监督机制无法发挥应有的作用；难以识别对公司拥有实质控制权的单位或个人；过于复杂的组织结构或涉及特殊的法人身份或管理权限；董事、经理或其他关键管理人员频繁变更；管理层凌驾于公司的内部控制之上；有关人员相互勾结，致使内部控制失效；内部控制的设计不合理或执行无效；会计人员、内部审计人员或信息技术人员变动频繁，或不具备胜任能力；会计信息系统失效等。

管理层承受外界异常压力或受到获取个人经济利益的驱使也容易影响财务报表的公允性。外在的压力表现在：政府部门、大股东、机构投资者、主要债权人、投资分析人士等对公司获利能力或增长速度存在着不合理期望；管理层对外提供的信息过于乐观而导致外界对其产生不合理的期望；急于满足对外筹资的条件；急于清偿债务或满足债务约束条款的要求；不良经营业绩对未来重大交易事项可能产生负面影响；急于实现设定的盈利预测目标、销售目标、财务目标或其他经营目标等。内在获利驱动表现在：管理层的薪酬与公司的经营成果挂钩；管理层持有的公司股票即将被解冻；管理层可能利用本公司股票价格的异常波动谋取额外利益。

③管理层的态度缺乏诚信也容易影响财务报表的公允性。具体表现在：管理层对公司的价值观或道德标准倡导不力，或存在不恰当的价值观或道德标准；非财务管理人员过度参与会计政策的选择或重大会计估计的确定；公司、董事、经理或其他关键管理人员曾存

在违反证券法规或其他法规的不良记录，或因涉嫌舞弊或违反法规而被起诉；管理层过分强调保持或提高公司股票价格或盈利水平；管理层向政府部门、大股东、机构投资者、主要债权人、投资分析人士等就实现不切实际的目标作出承诺；管理层没有及时纠正已发现的内部控制重大缺陷；管理层出于逃税目的而采用不恰当的方法减少账面利润；对于重要事项，管理层采用不恰当的会计处理方法，并试图将其合理化；商业圈中存在对该客户的管理人员、主要专业顾问（如法律顾问、财务顾问、税务顾问）或其他为该公司服务过的中介机构信誉不佳的评论；更换法律、银行、审计人员或其他专业顾问而无合理解释；最近有过"购买审计意见"的情况；试图无理地影响审计范围与审计程序，或者武断地对审计工作设置过早的最后期限等。

（3）编制财务报告方面影响审计风险水平的因素

以下迹象表明准客户的财务报告存在重大错报的审计风险：历来不积极配合工商、税务、财政、政府审计及其他监管部门的监管工作，甚至与这些部门发生不合理的争执；过分追求在公众场合或媒体中的形象；非主管财务的管理人员过度地关心和干涉公司所确定的会计政策、会计估计变更和会计差错更正；近期该公司作出的会计政策调整、会计估计变更和会计差错更正对报告期利润有很大影响；预备调查人员在与管理层进行初步讨论时，后者不能充分解释公司有关会计账项的意外结果或异常的交易事项；会计记录有差错、不完整；采用过于激进的、不稳健的会计政策；经常就调整分录和其他重大会计和报告事项与注册会计师（包括前任注册会计师）存在意见分歧和争论；对重大的会计事项不能与注册会计师进行公开、全面和及时的沟通等。

2）对自身胜任能力与独立性的考虑

事务所在决定是否接受某一客户聘约时，必须考虑自身的专业胜任能力和独立性。

（1）对专业胜任能力的考虑

专业胜任能力是指注册会计师同意提供某项职业服务时，就意味着他有从事该项职业服务所需的能力。在决定是否接受某一审计聘约时，最主要的质量控制之一就是对自身胜任能力的评估，只能承揽凭借其专业胜任能力预期能完成的任务，拒绝提供他无力完成的服务。会计师事务所的胜任能力取决于其执业资格、营业规模、业务能力及时间要求等主客观因素。胜任能力表现为其所具有的专门学识、职业经验、专业培训和业务能力。

在对胜任能力的评估中，最难以辨明的是业务能力，因为这一条件没有任何硬性的指标来约束，而且职业道德也未禁止以下状况：在接受业务时审计人员并不具备胜任能力，但可以在业务约定期内经过努力学习而取得必要的技能和知识的情况下，接受审计业务委托。此外，事务所和注册会计师还可以利用专家的工作来完成审计聘约。因此，可以说，由外界对事务所的胜任能力进行评估是不可能的，也是不现实的，这种评估只能由事务所内部作出。

国际上，事务所经过多年发展，已经形成了相对固定的顾客群。一些大型和具有较高名气的事务所，往往被认为具有较强的胜任能力，一些大企业往往愿意聘请这些事务所为其提供审计服务。学者以世界五百强的企业或企业集团为例进行的研究表明，总的来讲，世界排名前几位的大型事务所取得了垄断的市场地位。[①]当然，也有学者对此持不同看

---

① 李树华.审计独立性的提高与审计市场的背离［M］.上海：上海三联书店，2000：12.

法，他们认为，大型事务所之所以能获取大型企业的审计委托，主要是因为其具有更强的公关能力，以及可以利用各地的分支机构降低审计成本。

在市场竞争情况下，由于没有硬性指标限制，事务所能否恰当地考虑自身承接某一审计委托的胜任能力，实际上还取决于事务所领导层的风险意识和经营理念。如果事务所片面地追求经济利益，就可能承接超出其胜任能力的业务。

如果某一事务所承接了超出其审计服务能力的业务委托，其完成该项目的质量是值得怀疑的。一旦发生审计质量纠纷，报表使用者将通过法律诉讼来要求事务所弥补其因审计服务质量低下而造成的损失。尽管法律诉讼有滞后性，但是高额的诉讼赔偿金具有一定的威慑作用，相当多的事务所为避免这种法律诉讼风险损失，会自觉地回绝其所不能胜任的委托。

（2）对独立性的考虑

从职业道德的角度看，注册会计师只有认为自身具有充分的独立性，才能接受审计委托。考察独立性需要从主观和客观两方面着手：主观上独立，即思想状态的独立，要求注册会计师与被审计单位、委托人之间不存在任何妨碍其作出客观公正判断的事项；客观上独立，要求注册会计师不会受到来自其他外在压力的影响或制约。可以采用的方法是向所有同业人士传播准客户名字，以便得到可能影响其独立性的信息反馈。同时，注册会计师还需要确定准客户与事务所其他已有客户之间不存在利益冲突。

需要说明的是，理解独立性问题，不能只站在纯粹理性的角度。与胜任能力一样，独立性与否的评估需要注册会计师自己作出。现实中，注册会计师面临着职业道德禁止性要求与接受客户委托谋取更多业务收入之间的利益冲突。从"经济人"的本性看，注册会计师获取自身利益最大化的逐利心理是本能行为，而职业道德的禁止性要求是外在压力，是考虑与此相关损失与处罚后的理性行为。在特定的竞争环境下，逐利心理可能会突破理性的制约。因此，注册会计师因违反独立性的规定而受到处罚的报道并不少见。可以说，只要事务所营利性组织的性质不改变，突破道德限制的事例就不会消失，由此是否造成重大审计失败也只能由法庭诉讼来验证，或者由行政部门来仲裁。

8.3　签订审计业务约定书

注册会计师决定承接某一审计委托时，需要与委托人签订审计业务约定书，也称审计聘约。**审计业务约定书**是指会计师事务所与被审计单位签订的，用以记录和确认审计业务的委托与受托关系、审计目标和范围、双方的责任以及报告的格式等事项的书面协议。

1）审计业务约定书的作用

一般而言，除某些即时消费的服务外，其他服务均需就服务约定的内容、时间、品质等签订合同。审计业务约定书的经济实质就是审计委托双方签订的一种经济合同。早先，职业界对注册会计师提供审计服务时，并没有强制要求提供书面约定书。1136租户公寓公司案件发生后，由于注册会计师无法提供其服务的约定内容，被法院判决败诉，支付赔偿金后，审计职业界认识到审计业务约定书的重要性。签订书面审计业务约定书成为必需的程序。签订此文书的作用主要表现在以下几个方面：

（1）可以增进委托双方之间的了解。在审计业务约定书中，委托双方需要书面明确各自的要求，这样使双方能够了解彼此的需求，防止因沟通不足而产生误解或歧义。在审计工作开始前，注册会计师向被审计单位致送审计业务约定书，有助于避免管理层对审计产生误解，这符合被审计单位和注册会计师双方的利益。

（2）可以衡量委托双方完成委托约定事项的程度。审计业务约定书中一般需要明确注册会计师应做的工作及委托人应提供的条件。在审计过程中，审计双方凭此文书中约定的具体条款来检查对方的工作是否达到合同的要求。

（3）是判定委托双方应负责任的依据。在审计服务过程中，审计委托双方难免就委托事项发生争执，甚至可能寻求司法解决。审计业务约定书是审计委托双方举证的重要材料，是界定注册会计师及委托人应承担法律责任的依据。

需要说明的是，审计业务约定书并不包含注册会计师从事审计业务时的所有义务和责任，签订审计业务约定书更主要的目的是明确审计业务的目标和范围，以使被审计单位管理层意识到审计工作的性质及其自身对编制财务报表的责任。

2）审计业务委托人

审计业务委托人、客户和被审计单位等词语经常容易混淆。在某些时刻，其所指对象是相同的，但有时，其所指对象又有所不同。

审计业务委托人是指向事务所提出审计业务委托，并与事务所签订审计业务约定书的人员或单位。委托人之所以向事务所提出业务委托，是因为他们与被审计单位存在着某种利益关系，需要了解被审计单位的财务状况、经营成果与现金流量变动情况。任何单位或个人即使向事务所提出业务委托，也只能是潜在的委托人，只有当事务所与其签订审计业务约定书后，该单位或个人才能称为委托人。在注册会计师开展的其他业务中，也存在着委托人，同样也需要签订业务约定书。

"客户"一词在西方国家注册会计师审计实务教材中经常出现，我国的一些教科书也使用过，但在我国关于注册会计师审计的法规、规章中几乎未曾提及。从含义上讲，客户与委托人的所指对象基本相同，如 1983 年美国职业道德准则将"客户"一词定义为：聘请注册会计师协会会员或其事务所从事审计、会计、复核、代编报表、税务及管理咨询服务等公共会计师业务的个人或实体。只不过，西方国家将事务所和注册会计师视为当然的经营实体，如一般企业将经营服务的对象称为顾客、客户一样，事务所及注册会计师将服务对象称为客户更具有经营服务的意味。在我国注册会计师审计历史发展进程中，对事务所的定位存在着诸多争论，并没有明确事务所的企业经营性质，这也许是我国正式文件中避免使用"客户"一词的原因。

被审计单位是指审计的对象，是一个具体的组织或经营实体（企业）。从法律意义上讲，该经营实体的所有者是其投资人（股东），而经营实体的实际运行者是管理层，后者受雇于前者。但在股权极为分散的情况下，经营管理层成为企业经营的决策层，具有独立的经济利益，前者则逐渐蜕化为只拥有股利分配权力和用脚投票（转让股份）等消极权力。被审计单位更多意义上是指经营管理层。

如第 2 章所言，在注册会计师审计早期，审计业务的委托人是经营实体的所有者，但是，随着经营实体规模的扩大、股权的逐渐分散，审计业务的委托权也逐渐从所有者手中过渡到经营管理层手中。这一演变的后果对注册会计师审计服务的需求和供给都产生了极大的影响：从需求角度看，审计对象和审计业务委托人合二为一，可以使经营管理层利用委托权力来制约注册会计师，在审计市场上寻求更为"合作"的事务所，获取令其满意的审计报告，即实现了审计意见购买；从供给角度看，这一演变实际上动摇了注册会计师赖以生存的独立性根基，注册会计师一方面要从经营管理层那里获取业务委托收入，另一方面要在道德上和行为上保持与审计对象的独立性，其中存在着矛盾，相关内容已在第5章介绍过。

3）审计业务约定书的内容

注册会计师承接新客户委托时，需要签订审计业务约定书。一些国家规定，对常年服务的客户，可不必每次均签订审计业务约定书，但应提醒委托人原来的审计业务约定书的内容依然适用。如果注册会计师发现有以下迹象，依然应签订审计业务约定书：被审计单位或委托人误解审计目标和范围；管理层、董事会或审计委员会发生人事变动；被审计单位的规模和性质发生重大变化；法律或职业要求发生相关变化等。

审计业务约定书的内容需要根据具体审计服务的特定环境而变化，不过，总有一些共同的内容需要在审计业务约定书中体现，如：

（1）明确财务报表审计的目标和范围。一般而言，应根据有关法律、法规确定财务报表的审计范围。在上市公司年度报表审计等法定审计中，审计范围是非常明确的。其他环境下的审计范围，需要委托双方协商后确定。在实际业务过程中，注册会计师比较了解法规对审计范围的要求，但委托人可能对此了解不足，书面明确审计目标和范围，有助于委托双方的相互理解。

（2）明确注册会计师的责任。约定书中应当明确审计各方的责任。被审计单位管理层的责任是：①按照适用的财务报告编制基础编制财务报表，并使其实现公允反映；②设计、执行和维护必要的内部控制，以使财务报表不存在由于舞弊或错误导致的重大错报；③向注册会计师提供必要的工作条件。

有时候，注册会计师会在约定书中说明，财务报表审计不是专门用来发现被审计单位内部控制系统的重大弱点的，如果注册会计师在审计过程中发现这样的弱点将会告知被审计单位管理层。此外，如第2章所言，鉴于审计技术、成本和法律责任后果的限制，审计界认为，防范舞弊是被审计单位管理层的责任，财务报表审计的目的不是揭示被审计单位存在的所有差错和舞弊，但审计人员也已经意识到应合理地制订审计计划，以便揭示出财务报表中因差错、舞弊而造成的重大误述。这些说明审计计划对注册会计师十分重要，是对自我的保护，是对其审计责任的具体说明和限定。不过，法律界对这种单方面声明的作用仍存在一些质疑。

（3）大致介绍审计步骤。例如，一般情况下，注册会计师会要求被审计单位管理层就其审计过程中所作的一些重要口头说明提供书面声明。在西方国家的司法判例中，如果某些事项被证明与管理层的声明不相符，表明被审计单位管理层误导注册会计师，可在一定程度上保护后者。在某些特殊的环境下，注册会计师可能需要得到其他注册会计师或专家的帮助与合作，或者需要被审计单位的职员准备一些表格和单据。注册会计师采取什么样的审计程序与工作步骤，并不需要得到被审计单位的同意或认可。审计业务约定书中大致介绍审计步骤是为了让委托人和被审计单位更好地了解审计工作，双方可以较好地配合。

（4）关于财务报告编制基础与审计报告预期形式和内容的说明，以及对在特定情况下出具的审计报告可能不同于预期形式和内容的说明。

4）审计收费的考虑

审计业务约定书中另一个重要的内容是对审计收费的约定。在实务中，审计收费也称审计服务价格，这是事务所审计营销战略中最复杂多变的因素。特别是随着审计准则的逐步健全，各个事务所的审计工作程序、方法以及审计服务质量的差别越来越小，事务所竞争力的大小更多地表现为审计收费水平的竞争。特别是一些企业或组织以公开招标的方式选择审计服务的提供者时，审计服务收费水平高低往往决定了审计委托的归属。

传统审计价格包括审计过程中所发生的各种成本（操作成本与未来可能发生的风险成本）和利润。降低事务所服务价格的重要方法是控制审计成本，降低审计工时。但降低审计工时的前提应当是保证不损害审计质量和获取审计证据的充分性及适当性，事务所可以要求客户在审计正式进行前做好必要的准备，如列出应收款项的债务人名单以及账龄分析表、做好存货盘点的组织工作等，事务所也可以利用客户内部审计部门的工作来降低审计成本。这些要求应当明确地写在审计业务约定书中。当然，事务所也可以通过在执行审计业务过程中提高工作效率来降低审计成本。

国际上一般采取的是按照审计项目需要花费的时间来决定收取的审计费用，在我国也有事务所采取固定比例的收费方式，即按照被审计单位资产规模、资本总额的一定比例来计算收费标准。在固定比例的收费方式下，只要被审计单位确定，审计价格就可以基本确定。随着审计服务市场竞争的加剧，固定比例的收费方式因无法体现注册会计师的工作能力和个体差别，其不足越发明显。目前，我国相当多的事务所利用审计收费价格来争取客户，审计价格是客户和事务所双方协商的结果。

学者的研究表明，注册会计师对同一审计项目进行多年度审计时，各个审计年度发生的审计成本并不相同：在接受审计委托初始年份的审计成本（花费的审计时间）最高，而以后期间由于具有熟悉被审计单位的优势而使审计成本下降。相比于竞争者，现任注册会计师预期在以后的审计期间存在着技术和交易成本方面的优势。这种预期会对注册会计师产生两方面的影响：一是由于这些优势与特定的审计客户相关，既不能转让，也无法用于其他方面，因此，事务所为了保住这种优势所带来的收入，有可能屈从于客户的压力，降低审计质量；二是事务所只要有机会和客户签订初次审计委托聘约，就能在以后的审计期间获取竞争优势。因此，在国际上，有些事务所改变了原先完全依据审计成本来确定收费的政策，而是在发生高额初始成本的头一两年审计中，宁愿接受一个导致"亏损"的收费水准，寄希望于未来年份的持续审计收费来弥补。这种做法并不违背职业道德要求。

▇ 本章小结

在决定是否承接某项审计业务委托时，最主要的工作是进行预备性调查。审计人员可以从准客户、前任注册会计师和其他相关部门获得信息，并从准客户所处的经营环节、管理行为和报表编制等方面推断出该审计项目可能存在的审计风险的大小，进而考虑事务所自身的专业胜任能力和独立性，决定是否承接此项审计委托业务。若承接则需要签订审计业务约定书，这是确认注册会计师接受审计委托、明确审计委托双方对审计责任和管理层责任不存在误解和异议的重要文书，也是确定审计目标、审计范围、审计起止时间和审计服务价格的依据。

主要概念和观念

□ 主要概念

预备性调查 审计业务约定书 审计业务委托人 购买审计意见

□ 主要观念

前后任审计人员关系 承接审计业务的基本原则 影响审计承接的因素 审计价格竞争

基本训练

□ 知识题

8.1 阅读理解

1）注册会计师在接受一项审计业务委托前，为什么要进行预备性调查？

2）注册会计师进行预备性调查时可能获得信息的渠道有哪些？

3）影响注册会计师决定是否接受某项审计委托的因素有哪些？

4）签订审计业务约定书能够发挥哪些作用？

5）审计业务约定书一般包括哪些内容？

8.2 知识应用

1）选择题

（1）A公司聘请了丹风会计师事务所的注册会计师审计B公司的财务报表，并将该审计报告递交给C银行，这其中（　　）是审计客户。

A.C银行　　　　　　　B.丹风事务所　　　　C.A公司　　　　　　　D.B公司

（2）注册会计师接受A公司的审计委托，审核时发现其能力无法胜任该项工作，他应该（　　）。

A.建议A公司另请其他审计人员

B.发表无法表示意见审计报告

C.发表保留意见审计报告

D.依赖A公司职员的能力协助完成本项审计工作

（3）影响审计收费的因素有（　　）。

A.注册会计师所提出报告或建议的作用大小

B.专业服务所需的知识和技能

C.所需专业人员的水平和经验

D.提供专业服务所需承担的责任

（4）注册会计师在进行预备性调查时，主要是寻找（　　）线索。

A.准客户是否存在经营失败　　　　　　B.管理层是否存在重大欺诈行为

C.财务报表是否公允表达　　　　　　　D.财务报告是否存在重大错报

（5）事务所在决定是否接受某一客户的委托时，必须考虑（　　）因素。

A.事务所本身的胜任能力

B.事务所及注册会计师的独立性

C.该客户是否与其他已经承接的客户存在利益冲突

D.事务所可能面临的审计风险

（6）签订审计聘约的主要目的是（　　　）。

A.提请客户管理层注意其主要责任是编制财务报表

B.满足审计人员职业责任保险条款的要求

C.作为审计人员编制初步审计计划的起点

D.提供明确审计人员、客户权利与义务的书面证明

2）判断题

（1）合格的注册会计师可以将抽样风险降低在可以接受的水平内。　　　　（　　）

（2）注册会计师由于对老客户实施过审计，对其情况比较了解，因此无须对其再进行评价，可直接与之续约。　　　　　　　　　　　　　　　　　　　　　　　　（　　）

（3）审计业务约定书明确了会计师事务所与客户之间的权利与义务，但不能约束事务所与第三方的关系。　　　　　　　　　　　　　　　　　　　　　　　　　（　　）

（4）注册会计师确定的审计收费水平必须高于审计成本，这样才能保证审计活动的持续。　　　　　　　　　　　　　　　　　　　　　　　　　　　　　　　　　（　　）

□　能力题

8.1　案例分析

学习完本章内容后，请你思考总结本章引例中的注册会计师的失误。

8.2　网上调研

1）有人认为可以对审计业务实行招投标，请你通过文献的搜集和整理，分析在我国应用招投标方法确定审计项目的委托是否适当，如何能更利于发挥审计服务的作用。

2）审计职业道德要求，事务所在决定是否接受某一客户的委托时，必须考虑自身的专业胜任能力和独立性。但是在具体承接审计业务时，这种判断权是掌握在注册会计师手中的，这会不会造成道德约束流于形式？

8.3　单元实践

请班级内的同学分别作为注册会计师和企业客户，模拟业务承接环节的商业谈判过程，并参照市场营销的观点考虑如何进行有效的沟通。

□　拓展阅读内容

8.1　2017年度中注协公布业务收入百强所信息。

8.2　中注协关于《2016年会计师事务所综合评价前百家信息》。

8.3　如果仅由一个因素来决定"六大"中哪些公司将留在会计界顶层，哪些将被抛出队列，那么这个因素必然是至关重要的客户承接环节。这个环节中的操作历来是秘而不宣的，如果某一个企业打算更换审计师，那么各大事务所必然会展开激烈的争夺。美国举

足轻重的企业巨头甲公司决定对其审计业务进行招标，这是六十年来的第一次。此前，永道事务所一直是其审计师。作为现任审计师，永道事务所熟悉甲公司的经营特点及其内部管理，客户也熟悉审计师，双方的合作具有相当程度的默契。审计师变更必然带来较大的混乱，但是甲公司管理层启动的采购评估程序，要求对包含审计服务在内的所有采购业务都进行评估。起初，六大事务所全部应邀参与投标，但是很快就缩小为毕马威、永道和安达信的角逐。一开始毕马威显示出充分的优势，但是甲公司的海外分公司一致认为毕马威的海外业务平平。而永道事务所在竞争中显示，它除了发布审计意见之外，未能为客户带来增加值，且这些年的审计费用一直按照一定的百分比逐年上涨，从而失去了竞争力。在这场竞争中，安达信的策略自始至终比对手高出一筹，他提出把审计机构安排在甲公司总部所在的中小城市，其次其在国外子公司的评估中大获全胜。安达信的报价策略也是极为高明的，其报价数字远低于对手。最终安达信赢得了这场争夺。

　　资料来源：史蒂文斯.领袖的风险　世界顶级会计师事务所揭秘［M］.陈玉新，译.北京：中央编译出版社，2003.

第 *9* 章

审计计划和
审计风险评估

学习目标

通过本章的学习，你应该能够达到：

知识目标：了解总体审计计划的内容及编制时需要考虑的因素；了解影响期望的鉴证水平的因素；了解重要性水平的特征与需要特别考虑的因素；了解审计风险及其组成；了解审计重要性水平、审计风险和审计证据之间的关系。

技能目标：能够初步分析审计风险点；在初步评估各类风险的基础上，计算可能承受的审计风险。

能力目标：理解有关重要性水平和审计风险对注册会计师审计的重要意义。

对于一项已经接受的审计委托，其内在的审计风险（固有风险和控制风险）已经确定，注册会计师只能了解和评估这种风险，而无力改变风险的状况。不过，注册会计师也不是完全被动的，他可以通过努力抽取足够的样本量，获得充分适当的审计证据来降低审计风险，从而把审计项目的最终风险控制在注册会计师可以接受的水平内。要做到这一点，需要编制切实可行的审计计划，以此指导和控制审计实施过程。

引例：

在审计过程中，究竟该如何看待重要性水平这一问题呢？

2000 年 1 月，美国在线（American Online）和时代华纳（Time Warner）宣布合并。它们一个代表着新兴媒体，一个代表着传统媒体，该合并不仅创造了美国除金融业并购外有史以来最大的企业并购记录，而且象征着虚拟的互联网世界和传统的有形媒体的首度结合，赋予了 21 世纪大众传媒新的含义，被称为具有深远意义的"世纪并购"。

正当投资者期望合并后的新公司为其带来丰厚回报的时候，美国整体经济步入了调整与衰退时期，互联网行业首当其冲地开始进入了"寒冬季节"，".com"公司纷纷倒闭。美国在线时代华纳赖以生存的在线广告收入锐减。不过，美国在线时代华纳对外报告的业绩最终还是如愿以偿地达到了华尔街财务分析师的预测。

2002年7月，《华盛顿邮报》接连发表文章，详细地描述了美国在线为了实现与时代华纳公司的战略性合并而大肆操纵其营业收入和利润的种种手法。

美国在线是美国最大的网络服务公司，其门户网站的访问量相当高，因此，不少不知名的".com"公司纷纷在其门户网站上做广告，吸引访问者的注意。美国在线的营业收入也主要来自广告收入和订户收入。".com"公司出现的系统性危机不仅威胁到美国在线广告收入的增长前景，而且加大了其广告客户的违约率和坏账率。1996—2000年，美国在线广告收入突飞猛进地增长，至2000年9月，美国在线的广告和商业收入超过20亿美元，约占全部营业收入的1/3。然而，从2000年第4季度起，广告收入开始出现逆转，比1999年同期下降了7%。《华盛顿邮报》获得的美国在线内部文件表明，美国在线2000财年（2000年7月至2001年6月）面临着失去1.08亿美元在线广告收入的风险，而整个2001日历年度将失去1.4亿美元的在线广告收入。根据上市公司相关信息披露的规定，美国在线本应充分披露这种系统性危机对其广告收入的消极影响，以便投资者对美国在线的盈利能力和经营风险作出合理判断。然而，美国在线深知将实情公之于众意味着什么。2000年10月初，美国在线的竞争对手——雅虎公司公布了第3季度的财务报告，尽管营业收入较1999年同期有强劲增长，但雅虎公司同时提醒投资者这种增长势头难以为继，结果导致其股价暴跌21%，并殃及了美国在线，使其股价也下跌了17%。而此时，美国在线最担心的莫过于股价下跌，因为它与时代华纳宣布的合并方案尚未得到股东大会和政府部门的批准，如实披露".com"公司系统性危机对在线广告收入的消极影响，很有可能危及美国在线与时代华纳的战略性合并，或者导致时代华纳的股东提高要价。

在这种微妙环境下，美国在线铤而走险，决定不披露".com"公司系统性危机给其在线广告业务带来的压力和风险，而是采纳其广告经营部所提出的反其道而行之的策略，即面对许多与美国在线签订长期广告合同的".com"公司无法履约的严峻形势，广告经营部坚决反对诉诸法律（因为担心此举会泄露在线广告风险凸现的天机），而主张"和气生财"。经过谈判，广告经营部劝说这些陷入困境的".com"公司立即支付少量的违约金，以此作为它们解除与美国在线签订长期广告合同的条件，并将这些违约金确认为广告收入，2000年第3、第4季度和2001年第1季度，美国在线共将5 600万美元的违约金确认为广告收入。从表面上看，这些交易使美国在线化解了长期广告合同的风险，并将其转化为短期收益，但实际上这是寅吃卯粮。2002年，美国在线的广告收入下降了50%以上，这显然与以前年度透支收入密切相关。

《华盛顿邮报》披露了美国在线这些弄虚作假的丑闻后，美国在线的高层管理人员一直以重大性为由进行辩解，声称预期的1亿多美元在线广告收入的下降以及5 600万美元的违约金收入只占全部营业收入约3%的比例，因此没有必要披露。

9.1 审计计划的内容与编制

审计计划是指注册会计师为了完成各项审计业务，达到预期的审计目标，在具体执行审计程序之前编制的工作计划。美国注册会计师协会的公认审计准则明确规定："应当对审计工作制订恰当的计划，若有助理人员，应予以适当督导。"SAS200规定："为了有效地完成审计工作，注册会计师应当编制审计计划，应对已编制的审计计划进行复核，必要时，在审计过程中应对其进行修改。"《中国注册会计师审计准则第1201号——计划审计工作》第七条规定："注册会计师应当制定总体审计策略，以确定审计工作的范围、时间安排和方向，并指导具体审计计划的制订。"

1）审计计划的类型和内容

审计计划通常可分为总体审计计划和具体审计计划两个部分。总体审计计划又称为总体审计策略，具体审计计划又称为审计项目计划。

（1）总体审计计划

在对被审计单位及其经营情况进行彻底了解后，注册会计师应当制订总体审计计划。**总体审计计划**是对审计的预期范围和实施方式所作的规划，是对注册会计师从接受审计委托到出具审计报告整个过程基本工作内容的综合计划。

总体审计计划应包括以下内容：

①被审计单位的基本情况。其主要包括被审计单位的业务性质、经营背景、组织结构、主要管理人员简介及经营策略，以及人事、会计和财务管理等情况。

②审计目的、审计范围和审计策略。审计目的主要说明所接受的是财务报表审计，还是出于其他目的的审计。审计范围一般在审计聘约中已经约定。在财务报表审计中，凡是与被审计财务报表有关和可能对注册会计师作出专业判断产生影响的方面，都应纳入审计范围。审计策略恰当与否，不仅影响取证的可靠性和相关性，也直接影响着审计成本的高低。

③审计重要性的确定及审计风险的评估。这两项工作都涉及注册会计师的专业判断，而且是财务报表审计过程中最为关键的判断事项。我们在下文中将对此作进一步介绍。

④重要会计问题及重点审计领域。其主要是由被审计单位业务的复杂程度和账户的重要性，以及对固有风险与控制风险的评价和注册会计师的专业判断来决定的。

⑤审计工作进度和时间、费用预算。其主要是指对审计工作中何时开始实施审计、有时间限制的审计程序何时实施、检查各个账户所需要的时间、财务报表截止日前后所要完成的工作、现场工作结束日及报告签发日等方面的规划和说明。

⑥审计小组组成情况及人员分工。通常来讲，分工需要考虑小组成员的胜任能力，重点审计领域和重要会计问题需要由富有经验的人员执行。一般而言，审计人员是按照被审计单位业务循环进行分工的。

⑦对专家、内审人员及其他注册会计师工作的利用等。利用他人的工作，需要考虑被利用者的独立性及胜任能力。一旦被利用者发生错误，导致注册会计师出具不恰当的审计

意见，只能由注册会计师承担相应的责任。

（2）具体审计计划

具体审计计划是根据总体审计计划，对为了实现审计目标而采取的各种审计程序的性质、时间、范围作出的详细说明，具体审计计划一般表现为审计程序表。

具体审计计划应当包括以下内容：审计目标；审计程序；执行人及执行日期；审计工作底稿的索引号以及其他相关内容。

为了节约时间和提高审计效率，不少事务所都根据以往的经验和相关准则及质量控制的要求，针对委托项目的共同特点来拟订常规审计程序表。注册会计师根据所获取的具体审计项目的初步调查资料，判断常规审计程序表中的程序能否使审计达到预定的质量水准，如果不能，就需要增加或实施替代审计程序。具体审计计划的复杂程度取决于被审计单位的经营规模和在预定审计工作中注册会计师承担的责任大小。

2）审计计划的编制与审核

审计计划是用来指导和控制审计活动过程的，因此，其编制质量的高低直接影响着审计报告的恰当性，进而影响着审计服务质量。

审计计划一般由对审计项目负直接责任的注册会计师或审计项目负责人等具有独立工作经验的人员直接参与编制。如上所述，具体审计计划通常是在常规审计程序表的基础上进行适当的修改。因此，编制审计计划主要体现为编制总体审计计划。审计计划应形成书面文件，并在工作底稿中加以记录。审计计划可以采取表格式、问卷式和文字叙述式。审计计划应当在具体实施前下达给审计小组全体成员。注册会计师应根据审计实施情况的变化对审计计划进行修改和补充。

总体审计计划的编制过程，也是制定审计策略的过程，即根据对被审计单位内部控制的初步评价，确定是先对被审计单位内部控制进行测试，还是直接进行报表项目的实质性测试。在编制总体审计计划时，时间预算也是一个十分重要的内容，即对执行审计程序的每一个步骤需要的人员和时间作出详细规划。时间预算既是合理确定审计收费的依据，也是衡量工作进度、判断注册会计师工作效率的依据。

在编制总体审计计划时，需要重点考虑以下因素：

（1）总体经济因素和行业状况对被审计单位经营的影响，被审计单位的主要特征、经营、财务业绩和报告要求。

（2）注册会计师在审计报告中发表合适的审计意见的期望鉴证水平。

（3）未经审计财务报表中整体出现重大错报的可能性，以及其中的组成部分出现错误的可能性。

（4）为便于审计工作的开展，审计工作应进一步分成若干部分。

（5）从不同的渠道获得不同类型审计证据的可能性。

（6）被审计单位或注册会计师使用信息技术的可能影响。

（7）使用适合的审计人员和外部专家的可能性。

注册会计师应同被审计单位的有关人员就总体审计计划的要点和某些具体的审计程序进行讨论，并使审计程序与被审计单位有关的工作相协调，但独立编制审计计划仍是注册会计师的责任。

编制完成的审计计划应当经过会计师事务所最高领导层次（合伙人）的审核和批准。

对于审核中发现的问题，编制者应及时进行修改和补充，并在工作底稿中加以记载和说明。审计工作结束后，审计项目负责人还应就审计计划的执行情况，特别是对重点审计领域所作的审计程序计划的执行情况进行复核。

9.2 期望鉴证水平

对注册会计师而言，审计报告是对被审计财务报表是否真实和公允地表达了其经营状况及盈亏情况，是否遵循了法律法规或会计准则有关规定的合理保证，而不是对此作出的绝对保证。这种保证的程度涉及期望鉴证水平。

1）期望鉴证水平的含义

阿伦斯和李贝克认为，期望鉴证水平是在审计结束时，注册会计师主观上对所审计的财务报表的公允表达状况所希望获取的自信程度。期望鉴证水平越高，注册会计师就越需要对财务报表中不存在重大的错报和遗漏有信心。他们还认为，对财务报表准确性的绝对保证是不可能的，注册会计师不能保证完全不存在重大错报和违规。

注册会计师期望鉴证水平代表了审计工作期望达到的质量水平，它与审计风险期望值之间存在着互补的关系。例如，如果注册会计师希望其发表标准审计意见的报告中不存在重大错报和遗漏的概率是95%，这就意味着他所能接受的审计风险为5%。

2）影响期望鉴证水平的因素

注册会计师经常以数量形式表达期望鉴证水平。通常，95%被认为是最优原则。但即使达到了某一特定的鉴证水平，事实上，也很难用数量的形式进行准确描述。因此，在实践中，注册会计师通常使用"高、中、低"等术语对鉴证水平进行表述。

一般而言，注册会计师在下列情况下，都会希望达到较高的鉴证水平：

（1）当被审计财务报表的使用者很多时，如果注册会计师未能发现其中的重要错误或不充分披露，受到损失的报告使用者就会以疏忽等理由要求注册会计师承担相应的责任。因此，注册会计师出于对自身利益的考虑，会寻求较高水平的鉴证。

（2）当报告使用者在进行重要投资决策如兼并收购的时候，也将对被审计财务报表产生严重的依赖。若审计报告有重大虚假事项，其投资就会面临着巨大的财务损失。因此，注册会计师亦会有较高的期望鉴证水平。

（3）注册会计师对被审计单位的持续经营能力产生怀疑时，也会持有较高的期望鉴证水平。因为如果一家企业在收到无保留意见审计报告后不久便陷入清算境地，审计后财务报表中存在重大错报或不充分的披露，注册会计师就会面临着法律责任。在这种情况下，注册会计师会提高其期望鉴证水平，比不存在持续经营问题的情况下收集更多的证据，并作出更为充分的披露。

9.3 重要性水平

在编制审计计划的过程中，需要运用专业判断的一个关键领域就是确定审计"重要性水平（materiality）"，也称重要性。这是现代审计理论和实务中一个非常重要的概念，它贯穿于审计的全过程，是确定审计风险、审计查核范围和审计程序的直接依据之一。正确理解、全面掌握、科学运用重要性水平概念，对注册会计师制订审计计划、选择审计方法、提高审计效率、降低审计成本和审计风险都有十分重要的意义。

1）重要性水平的含义

由于受到审计时间和审计成本等因素的影响，现代审计的一个基本特征就是大量使用审计抽样方法。在这种条件下，注册会计师不可能就财务报表的所有方面发表意见。因此，注册会计师在编写审计报告、发表审计意见时总是在"所有重大方面"的限定下，对被审查的财务报表的合法性、公允性表示审计意见。这就向审计报告的使用者传达了这样一个信息：注册会计师并非对形成财务报表的所有资料都进行了审查，所以，对财务报表的可靠性不能百分之百地加以保证，注册会计师只对那些影响财务报表质量的重要信息和重大事项的反映和披露负有审计责任，对那些无碍大局的细节则可以忽略。

国际会计师联合会（IFAC）对重要性水平的定义是："如果信息的'错报或漏报（misstatement）'会影响信息使用者根据财务报表采取的经济决策，信息就具有重要性。"美国财务会计准则委员会（FASB）对重要性水平的界定是："会计信息错报或漏报的严重程度，这个程度在特定的环境下足以改变或影响任何一个理性决策者依赖这些信息所作的判断。"英国将重要性水平界定为"对财务报表整体中特定事项的相关性或重要性进行的表述"，并进一步认为："如果某个事项的错报或漏报可能影响到审计报告的使用者作出决策即为重要性。重要性可能在整个财务报表范围内、单个财务报表或财务报表的单个项目中加以考虑。由于可能是数量和质量方面的原因引起的，因此无法对重要性作出统一的定义。"我国对重要性的定义是："如果合理预期某一错报（包括漏报）单独或连同其他错报可能影响财务报表使用者依据财务报表作出的经济决策，则该项错报通常被认为是重大的。"[①]

可见，世界各会计职业组织对**重要性水平**的定义并不完全一致，但对其本质的认识基本上是一致的，即财务信息的错报或漏报程度可能影响到财务报表使用者的决策或判断时，就可将此差错确认为是重要的。换言之，重要性水平就是指报表使用者所能接受的最大误差范围。

2）重要性水平的特征

由于对重要性水平的判定直接关系到审计意见的类型以及可能带来的审计风险的大小，同时也关系到审计测试样本量的多少以及相应的审计成本的高低，因此，重要性水平的运用几乎成了衡量事务所执业水平的一个重要标志。为了更清楚地理解重要性水平概念，我们对其特征作出进一步的分析说明。

（1）重要性水平是一个临界点

重要性水平概念是针对特定审计客户某个年度的财务报表而言的，这里的"报表"包括资产负债表、利润表、现金流量表等。实际上，重要性水平可视为财务报表中包含的错报、漏报能否影响使用者对财务报表全面反映的、整体理解的"临界点"，超过该"临界点"，就会影响其作出正确的判断或决策。

---

① 《中国注册会计师审计准则第1101号——注册会计师的总体目标和审计工作的基本要求》第二十一条。

（2）确定重要性水平必须从财务报表使用者的角度考虑

从上述定义可以清楚地看到，判断重要性水平的立足点是站在财务报表使用者的角度。但实际中，影响不同报表使用者进行决策的重要性水平是不相同的，这就加大了注册会计师执业的判断难度，他需要考虑报表的使用者及其决策类型，才能确定报表层次的重要性水平。

（3）重要性水平的判断离不开特定环境

规模、性质不同的企业有不同的内部环境，因此，判断重要性的标准也不相同。例如，某一特定金额对 A 企业的财务报表来说是重要的，而对 B 企业的财务报表来说可能就不是重要的；即使对于同一个特定审计客户而言，重要性水平也必然会随时间的不同而改变。

（4）确定重要性水平需要一个数量基础

考虑多大金额的错报、漏报才是重要的时，需要先确定一个判断的数量基础，再采用固定比率、变动比率等确定某一报表的重要性水平。

判断的基础通常包括资产总额、净资产、营业收入、净利润等。一般而言，利润基础适用于利润比较稳定、回报率较合理的企业，收入基础适用于微利企业和商业企业，而资产基础则适用于金融、保险或其他资产多而利润小的企业。当被审计单位净利润接近零时，不应将净利润作为重要性水平的判断基础；当被审计单位净利润波动幅度较大时，不应将当年净利润作为重要性水平的判断基础；当被审计单位属于劳动密集型企业时，不应将资产总额、净资产作为判断基础。

在实务中，注册会计师根据历史经验总结出一些有助于审计操作的经验数字，形成了一些判断重要性的指南的数量标准，例如：税前净利润的 5%~10%（净利润数额较小时用 10%，净利润数额较大时用 5%）；总资产的 0.5%~1%；权益的 1%；总收入的 0.5%~1%；根据总资产或总收入两项中较大的一项确定一个变动百分比。超过这些经验比例的错报就达到了重要性水平，在此比例之下的错报或漏报则是不重要的。在这些比例之间的差错是否达到重要性水平，则取决于注册会计师的职业判断。

值得注意的是，这些判断重要性的指南都属于经验法则，对同一被审计单位的财务报表用这几种方法，也会得出不同的重要性水平，并且这些重要性水平之间还可能存在相当大的差异。

（5）考虑重要性水平时，必须考虑错报、漏报的性质

尽管有了判定重要性水平的数量指南，但是，绝不能把重要性水平的确定简化等同为运用公式的计算过程。在很多情况下，一项金额很小的差错因其性质特殊，也可能达到重要性水平。例如，一项差错：①使盈利或其他趋势发生变化；②掩藏了未能达到财务分析预期的事实；③使亏损变成了盈利或者使盈利变成了亏损；④影响了被审计客户对法规、贷款合同或其他契约的遵循情况；⑤达到了增加管理者报酬的效果；⑥隐藏了违法交易；⑦是某些敏感或者较稳定账户的错误等。有时，单独一笔错报或漏报金额不足以达到重要性水平，但相同业务的错报积累起来就可能反映出较大的错报金额，进而影响信息使用者的决策。

3）整体和账户层次的重要性水平

在编制审计计划时，首先需要根据被审计客户财务报表制定一个整体的重要性水平，

然后将其分配到各个账户，即确定各账户层次的重要性水平。

（1）报表整体的重要性水平

报表整体的重要性水平是指注册会计师准备接受的财务报表整体中出现错报的最大限度，在此限度内，尽管存在错报和漏报，注册会计师依然认为被审计财务报表真实、公允地表达了报告主体的财务状况、收益情况及现金流量变化。

注册会计师在进行审计前，应根据对客户经营情况，以及财务报表使用者决策的需求的了解，对被审计财务报表整体的重要性水平作出估计，这就是所谓的"计划的重要性水平"。它为确定审计计划的性质、时间及审计过程中执行的程序提供了基础，计划的重要性水平越低，说明注册会计师允许的差错越小，就需要越多的审计证据，以保证审计后财务报表的综合错报、漏报不超过预计水平。

计划的重要性水平不应被视为一个简单的货币性金额，注册会计师应考虑重要性的特性，运用专业判断，作出恰当的估计。在一个审计项目中，计划的重要性水平不是一成不变的，它只反映了注册会计师在审计计划阶段对财务报表整体错漏报水平的初步判断，在审计过程中，可能由于建立计划的重要性水平的基础（如税前利润）被修改，或者某些新出现的信息，使注册会计师认为以前建立的计划重要性水平偏高或偏低，就需要对计划重要性水平进行调整，一旦调低重要性水平，就需要收集更多的证据。

注册会计师应先对每张报表确定一个重要性水平，财务报表科目之间相互关联，如用以确定年底赊销是否正确记录在适当期间的审计程序，不仅为资产负债表上的应收账款提供审计证据，而且为利润表上的销售收入提供审计证据。因此，编制审计计划时，如果同一期间评估得出的各张财务报表（资产负债表、利润表）的重要性水平不同，应取其最低者作为财务报表层次的重要性水平，也就是使用被认为对任何一张财务报表都重要的最小错报或漏报总体水平。

（2）账户层次的重要性水平

账户层次的重要性水平（也称可容忍误差），是注册会计师在判断被审计财务报表中某一账户是否被错报、漏报时所能接受的个别会计账户的最大错误金额。账户层次的重要性水平决定了每一账户的审计性质、时间和所执行的审计程序。

不同注册会计师确定账户层次的重要性水平的方法不同，一般需要考虑以下几个因素：

①会计账户的重要性。根据对财务报表使用者进行决策影响程度的不同，不同账户的重要性程度不同。例如，货币资金账户在判断流动性方面比费用类账户更为重要；特定财务报表项目对使用者越重要，其期望准确表述的程度就越大，自然该项目的可容忍误差就越小。

②会计账户余额的大小。例如，某公司应付账款的余额是700 000元，而存货账户的余额为1 700 000元，则应付账款账户的可容忍误差要低于存货账户的可容忍误差。

③会计账户的可审计性。注册会计师验证不同账户的难度是不同的，如固定资产账户就比存货等其他账户更容易验证。从节约审计成本的角度考虑，注册会计师一般会将容易验证项目的重要性水平定得更低一些。

④会计账户被低估或高估的显著性。一般来说，高估资产、低估负债比高估负债、低估资产对报表使用者的影响更大，这也反映在重要性水平的评估上，对低估或高估的不同

账户可设定不同的可容忍误差。

（3）整体重要性水平在账户或交易层次的分配

在实质性测试前，注册会计师可以将财务报表层次的重要性水平分配到各个账户或各类交易中，也可以不分配而单独确定各账户的重要性水平。这也从一个侧面反映了重要性原则的运用并不是一个固定的、机械的过程。可以说，重要性水平的确定以及它的分配都是注册会计师权衡审计风险、审计失误带来的后果及审计成本等多种因素后作出的专业判断。

①分配重要性水平时应考虑的因素

分配重要性水平时需要考虑以下几个因素：

a.各账户、各类交易的性质及出现差错的可能性的大小。不同项目发生错误的概率是不均等的。例如，固定资产与应收账款账户比较起来，后者出现差错的可能性要大得多。在一般情况下，对于出现差错可能性大的项目，通常分配较高的重要性水平限额，以适当地减轻对这些项目审查的工作量，为出现的审计误差留有余地，只要使报表总体的错报、漏报在可接受的范围内。当然，这种余地也不是可以任意扩大的，需要考虑报表项目的重要性。

b.各个账户虚增虚减的综合影响。有些项目被虚增的同时，另一些项目可能被虚减，因此，分配到各账户层次的重要性水平之和可能高于所确定的报表层次的重要性水平，需要使各账户虚增虚减相抵后的净影响仍不会超过报表整体的重要性水平。

c.审计成本、效益的高低。成本效益原则是一切经济活动都需要遵守的原则。注册会计师对于那些审查起来比较麻烦的项目，如存货、应收账款、应付账款等可多分配一些重要性水平，以便节省审计时间和费用。

d.被审计报表项目的精确度要求。通常近似的、非精确数值的项目的重要程度要低一些；反之，要求精确度较高的项目的重要程度要高一些。例如，"存货"账户与"已交税金"账户相比重要程度要低一些，因为后者比前者要求更高的精确度。

e.内部控制制度的健全性。经测试证实被审计单位内部控制制度较为健全有效的，可将重要性水平定得高一些，以节省审计费用和时间，反之亦然。

f.注册会计师过去的审计经验。这也是影响重要性判断的一个因素，以前审计中所运用的重要性水平如果较为适当，则可以作为本年度确定重要性水平的依据，但应注意考虑被审计客户经营环境和经营业务的变化，并对其加以修正。

②分配重要性水平的方法

审计实务中有多种账户重要性水平的计算方法，这里简单介绍几种方法：

a.利用参数进行分配

用一个参数（通常为1.2~2）乘以计划的报表层次重要性水平，然后将所得乘积按上述原则分配给各个账户。

例如，已确定2014年度A企业财务报表层次的重要性水平为100 000元，若确定分配系数为2，则可以将200 000元，按照各账户占资产总额的比例，分配给资产负债表的各个账户。每一账户分配的金额就是该账户金额占资产总额的百分比与200 000元的乘积。

b.利用比率进行分配

这种方法只将报表层次的重要性水平分配给用于抽样审计的账户。注册会计师先估计采用抽样审计方法所不能发现的错报和漏报的比率，然后以这个比率乘以报表层次的重要性水平，并从报表整体的重要性水平中扣除，剩下的就是用于分配给抽样审计样本账户的重要性水平。

例如，计划用抽样方法对存货、其他应收款进行审查。已经确定2014年度A企业财务报表总体重要性水平为100 000元，估计没有被检查出来的错误比率为40%（40 000元），那么，还有60 000元作为这两个被抽样的账户的重要性水平。注意，这时存货和其他应收款账户的重要性水平合计为60 000元，而且不是平均分配。

c.账户间重要性水平的调整

计划的个别账户的可容忍误差也不是一成不变的，注册会计师可以根据遇到的新情况，作出适当调整。

例如，按某一特定顺序对几个项目的会计凭证、账簿进行抽样审计。假设存货余额为500 000元、应收账款余额为250 000元。审计人员分配给存货、应收账款的重要性水平分别为60 000元、30 000元。对存货审查时，抽查了50 000元的样本，发现实际误差金额为4 000元，由此推断该账户的误差总额为40 000元（4 000÷50 000×500 000），结论是该账户的误差40 000元没有超过重要性水平60 000元，因而可以接受。然后，审计人员可以将存货剩下的20 000元重要性水平限额分配给应收账款，即应收账款的重要性水平为50 000元。

上例也可以说明：已审计财务报表中存在的错报、漏报绝大部分是注册会计师所推断的可能存在的错误，而不是已经获得证实的错报、漏报。对于后者，注册会计师应依据审计谨慎性原则和相关会计准则要求提请被审计客户予以调整或披露。因此，上例中被审计客户需要调整的是已经证实的4 000元错误金额（已经获得证实的错报、漏报金额），而不是40 000元（推断的可能存在的错报金额）。

4）确定重要性水平的特别考虑

重要性水平的实质是报表差错影响使用者决策判断的金额临界点。它的数额大小取决于报表使用者的主观决策，但在审计时，又需要注册会计师来判断。实践数据表明，任何重要性（数量标准）的经验法则都存在着很大的判断空间，因此，在信息披露问题上，重要性的判断不能仅局限于量化的标准，而应当以信息披露是否会影响投资者决策为先决条件。

对注册会计师而言，困难之处在于要从报表需求者的角度进行分析，却又没有一个十分明确的判断标准。这需要注册会计师对理性使用者进行合理的假设，同时，时刻注意特定的报表使用环境。美国前SEC主席利维特就指出："一些上市公司蓄意记录一些没有超出规定百分比界限的错误事项，然后试图以这些错误对利润的影响微不足道为借口。如果真是如此，为什么需要不辞辛苦地制造这些错误，看来这些错误的影响还是有关系的，这些错误的影响与共识性预测相差分毫时更是如此。"基于重要性判断对审计结论的影响重大，注册会计师不能想当然地认为那些有目的进行盈余管理的错报是不重要的，不要把重要性判断简单地化为比率的计算过程。美国规定在判断重要性时，需要考虑一些因素：

（1）错报是否是因为难以准确计量或者是因为估计而产生的。如果是，需要考虑估计固有的不严密性。

（2）错报是否掩盖了收益或其他趋势的改变。

（3）错报是否掩盖了未能达到舆论的预期分析的事实。

（4）错报是否涉及将损失变成收入，或相反。

（5）错报是否与企业某一部分业务相关，而这部分业务与上市经营或与存在这种可能性密切相关。

（6）错报是否影响上市公司对法规的遵循情况。

（7）错报是否影响该公司遵循贷款或其他契约的要求。

（8）错报是否对增加管理层报酬有影响。

（9）错报是否涉及掩盖违法事件。

9.4　审计风险

现代社会是法制社会，人类的任何经济活动都受到法律的保护和规范，法律赋予注册会计师专门的职业鉴证权力。如果注册会计师不能恰当、有效地完成其鉴证责任，而发表错误的审计意见、损害财务信息使用者的利益，那么就需要承担相应的法律等责任。

1）审计风险的含义

审计风险是由"审计"和"风险"两个词组成的复合概念。在注册会计师行业，审计业务是指注册会计师接受委托对被审计单位的财务报告作出鉴证的行为。而有关风险的定义，经济理论界至今还没有形成一个绝对权威的观点。其主要观点有："风险是指在特定的客观情形下，特定的期间内某一'结果（outcome）'发生的可能程度"；也指"某一事件预期结果（主观）与实际结果（客观）之间的变动（背离）程度"[①]；"风险是指可测定的不确定性"；"风险是一种无法预料的，其实质后果可能不同于预测后果的倾向"；"风险即可能的损失"[②]等。我们认为，风险概念引进审计领域后，也可以理解为审计活动中主观与客观的偏离，即审计人员在对审计客体——会计报表实施审计后，根据所收集的审计证据，对审计客体——会计报表进行客观公正的判断和评价，提出相应的审计意见。这种意见就是审计人员的主观意见，虽然它的提出是基于审计客体的客观经济活动，但这不能改变审计意见是建立在职业判断基础上的一种主观结论，它有可能与客观事实存在偏离，甚至与客观事实完全相反。审计意见可能存在的这种不确定性就构成了审计风险。简单地讲，审计风险可以理解为审计鉴证的意见与被审计单位真实的财务状况与经营成果之间不相符合（或者说背离）的可能性。偏离程度越大，风险就越大，反之则越小。

审计工作的目的是要求审计结论能够保证合理地反映被审计单位的真实的财务状况与经营成果。审计意见越接近被审计单位的真实状况，就被认为是审计质量越高；反之，则被认为是审计质量低下，甚至审计失败。审计风险越高，则审计意见与被审计单位真实状况相背离的可能性越大，也就意味着保证审计质量的难度越大。

从逻辑上看，审计风险既然是"主观"与"客观"的偏离，那么就可能存在不同方向

---

① 普雷切特，丝米特，多平豪斯，等.风险管理与保险［M］.孙祁祥，等，译.北京：中国社会出版社，1998：3.

② 姚海明，段民.保险学教程［M］.上海：复旦大学出版社，1999：3.

的偏离：一种是客观上是错误的，主观判断却认为其是正确的；另一种是客观上是正确的，主观判断却认为其是错误的。用审计的专业术语来表述就是：会计报表没有公允地表述而审计人员却认为已公允地表述，并发表了无保留审计意见；或会计报表总体上已经公允地表述，而审计人员却认为未公允表述，发表了非无保留审计意见。前者被称为误受风险（也称"β风险"），后者是误拒风险（也称"α风险"）。由于在现实生活中，前者对注册会计师及事务所造成的后果往往更为严重，因此，审计学者们倾向于将其与审计活动的特点联系起来，对审计风险的概念进行了多角度的界定：

美国注册会计师协会认为：审计风险是审计人员对存在重大错报的财务报表未能适当地发表其审计意见的风险。①

《国际审计准则》认为：审计风险是财务报表存在重大错报而审计师发表不恰当审计意见的风险。②

阿伦斯认为：审计风险是在财务报表事实上有重大错报时，而审计人员认为财务报表已公允表述，并因此提出无保留意见的风险。③

《中国注册会计师审计准则第1101号——注册会计师的总体目标和审计工作的基本要求》认为：审计风险是指当财务报表存在重大错报时，注册会计师发表不恰当审计意见的可能性。审计风险取决于重大错报风险和检查风险。④

综合来看，上述概念都认为**审计风险**是指财务报表没有公允地表述而审计人员认为已公允地表述的风险，即审计人员错误地发表不恰当审计意见的风险。

2）审计风险的组成要素

为了提高效率、注重审计服务的成本效益原则，事务所都会接受一定程度的审计风险。这要求注册会计师在编制审计计划时，根据已确定的重要性水平对尚未审计的财务报表中出现错报的风险进行评估。注册会计师需要从财务报表整体水平和个别账户水平两个层面考虑财务报表中出现错报的风险。

审计风险是一个集合概念，如图9-1所示，它由多种风险因素构成。

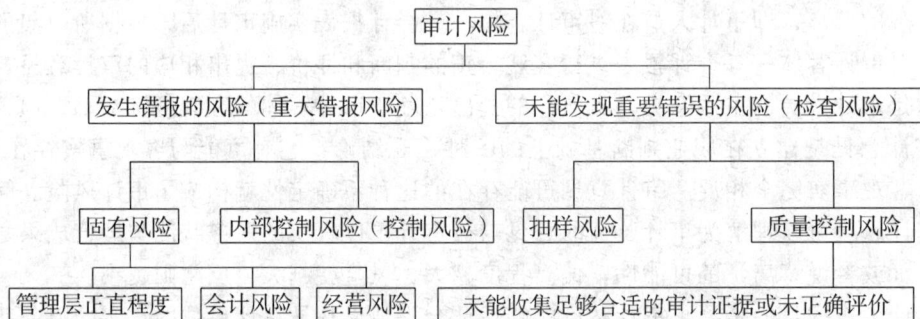

图9-1 审计风险的组成要素

（1）重大错报风险（RMM）

重大错报风险是指财务报表在审计前存在重大错报的可能性。认定层次的重大错报风险由固有风险和控制风险两部分组成：

---

① AICPA.Professional Standards〔R〕. 1992，AU.312.
② IFAC.Handbook of international auditing，assurance，and ethics pronouncements〔R〕. 2007：140.
③ ARENS A A.Auditing：An integrated approach〔M〕. New Jersey：Prentice-Hall，1997.
④ 《中国注册会计师审计准则第1101号——注册会计师的总体目标和审计工作的基本要求》第十三条。

①**固有风险**（IR），是指在考虑相关的内部控制之前，某类交易、账户余额或披露的某一认定易于发生错报（该错报单独或连同其他错报可能是重大的）的可能性。固有风险主要来自以下三个方面：

a.审计客户管理层的正直程度。这种正直程度取决于两个方面：固有正直度和情境正直度。固有正直度是指管理层本身具备的道德和价值立场，是其对诚实或不诚实的"自然"倾向。情境正直度是指管理层在面临压力或诱惑的情况下，能否坚持使财务报表客观、公正地反映企业的财务状况和经营成果。例如，当企业不能实现预期的经营业绩，而企业又要发行新股进行筹资时，管理层就面临着虚报经营业绩的压力，若不能抵制这种压力而制造"报告业绩"，就说明管理层的情境正直度不高。如果企业管理层缺乏正直性，企业未经审计的财务报表就有可能受到操纵，从而无法反映企业真实的经营状况和业绩。

b.会计风险。有些会计账户或交易容易被错报，比如，有疑问债权准备金的提取需要较强的会计判断能力，也可能使未审计财务报表中存在错误。

c.经营风险。被审计客户经营的性质也会影响到财务报表中出现重大错报的可能性。有些企业的经营对经济环境、竞争状况和技术进步等因素的变化比较敏感，例如，珠宝经营商的经营很大程度上受顾客收入水平的影响，电子行业则容易受到技术变革的冲击。

②**控制风险**，是指某类交易、账户余额或披露的某一认定发生错报，该错报单独或连同其他错报可能是重大的，但没有被内部控制及时防止或发现并纠正的可能性。内部控制有自身的局限性，有些控制风险就与内部控制固有的局限性有关，但如果一个企业能够建立和保持有效的内部控制，财务报表中出现错报的可能性就会降到最低。

尽管注册会计师不能直接控制上述固有风险和控制风险，但他们应知道在何种环境下，这些风险出现的可能性较大，他们应执行特定的程序，对这些环境进行认定。一旦发现类似的情况出现，注册会计师应对审计计划和技术作出相应调整。

（2）未能发现重要错误的风险

这是指如果存在某一错报，该错报单独或连同其他错报可能是重大的，注册会计师为将审计风险降至可接受的低水平而实施程序后没有发现这种错报的风险。这种风险称为未能发现重要错误的风险，也称为检查风险。之所以造成这种风险，一方面缘于抽样技术本身，另一方面缘于审计工作的失误。前者可称为抽样风险，后者可称为非抽样风险，也就是质量控制风险。在第6章，我们已经对这两种风险作了初步介绍。

①抽样风险。只要采用以部分样本检查结果推断总体结论的抽样方法，抽样风险就必然存在。在实践中，注册会计师可以通过合理地运用抽样技术将抽样风险量化，并通过扩大审计样本量，将其控制在可以接受的期望风险水平内。

②质量控制风险。这是由于注册会计师的工作没有遵循恰当的审计程序或者未认真执行审计程序等工作失误而造成的，只要事务所加强内部的审计质量控制与监管，这种风险是可以被消除的。

9.5 审计风险评估和重要性水平在审计计划中的运用

在审计工作中，注册会计师总是要在审计质量和审计成本之间进行权衡。如果扩大审计测试的范围，则有利于保障审计质量，但是会增加审计成本。如果一味地降低审计质量，可以减少直接审计成本，但可能会引发质量事故，因而会发生支付赔偿金等间接成本。因此，权衡的原则是：优先保证审计质量，在此基础上，将审计成本控制在可以接受的范围内。如果注册会计师认为，为达到既定审计质量而需支付的审计成本是无法接受的，那么，他要么提高审计收费水平，要么放弃该项审计委托。

在审计工作中，描述审计质量的概念是审计风险和重要性水平，它们又决定着审计工作的成本大小，即审计测试的样本量的多少。

1）审计重要性与审计风险

在财务报表审计过程中，重要性和审计风险是两个密切联系的概念。

如图9-1所示，审计风险也可以分解为重大错报风险和检查风险两个构成要素。这些要素与可接受的审计风险之间的关系通常用下面的公式来表达：

审计风险（AR）=重大错报风险（RMM）×检查风险（DR）   (9.1)

变换公式（9.1）两边的项目后，我们可以确定在目前可以接受的审计风险水平下，审计过程中应该将检查风险控制在什么范围内：

$$检查风险（DR）=\frac{审计风险（AR）}{重大错报风险（RMM）}$$ (9.2)

检查风险的高低直接决定着审计过程中应该抽取多少样本量进行检查，并与审计样本量（审计证据）之间存在反向变化的关系。从公式（9.2）可以看出：检查风险是由其他两个因素决定的，它与可接受的审计风险呈同方向变动关系，而与重大错报风险呈反方向变动关系。在可接受的审计风险一定的情况下，重大错报风险提高，检查风险就要下降，也就是说需要检查的审计证据量应该增加。

对同一个审计项目而言，存在着审计活动开始或执行过程中注册会计师主观估计可以接受的审计风险水平和审计工作结束后被审计报表中实际存在的未发现错误的现实审计风险。这是两种不同的风险概念，前者是由注册会计师的主观偏好决定的，在审计计划过程中，我们所提的审计风险就是指这种可接受的风险水平。

一方面，如果审计人员可以接受的审计风险大，则意味着其期望的审计质量不高，自然也就可以容忍较大的审计差错，也就是说，在审计计划中确定的重要性水平可以比较高。另一方面，如果审计计划中确定的重要性水平较高，则意味着审计质量不佳，则在完成审计工作后，报表中存在的现实审计风险就比较大。

2）重要性水平与审计证据

审计过程中所检查的样本量，也就是注册会计师在执行审计业务过程中为形成审计意见所获取的证据，因此，检查的审计样本也被称为审计证据。重要性水平与审计证据之间存在着一种反向变动关系，也就是说，重要性水平越低，可容忍误差越小，所需要获取的审计证据越多；相反，重要性水平越高，需要获取的审计证据则可适当减少。例如，为合理保证应收账款账户的错报或漏报不超过1 000元所收集的审计证据比为保证该账户的错报或漏报不超过2 000元所收集的审计证据要多。在理解这一关系时，必须注意：重要性水平不同于重要的审计项目，审计项目越重要，所需收集的审计证据越多。例如，当存货占总资产的比重为40%时，所需要的审计证据比其只占总资产的20%时要多。

3）正确理解审计重要性与审计风险、审计证据之间的关系

理解审计重要性、审计风险、审计证据三者之间的关系可以使我们在审计实践中抓住关键环节，突出审计重点，提高自身的职业水平。

（1）财务报表使用者所认可的审计重要性水平越高，审计风险就越小；反之，财务报表使用者认可的审计重要性水平越低，审计风险就越大。

就某一特定财务报表而言，如果依赖会计信息的理性使用者所认可的、将会影响使用者判断和决策的错误金额标准越大或比率越高，那么已审财务报表中存在着超过这一水平的错误的可能性就越小。这里强调的是"可能性"，而不是"绝对性"。从理论上分析，重要性水平不可能超过一定的限度，因为当信息使用者可以接受的错报、漏报超过一定的限度时，财务报表审计就失去了其应有的作用。

（2）注册会计师对审计风险和重要性水平高低的估计是决定审计证据多少的充分条件。

审计证据的收集、处理、评价过程离不开重要性水平，该原则是判断审计证据充分性必须考虑的一个关键点。重要性水平越低的项目，注册会计师就越需要获取更多的审计证据以支持其审计结果，否则一旦出现判断失误，注册会计师将会面临很高的审计风险。相反，重要性水平高的项目，即使出现某些判断偏差，也不影响审计意见类型。

（3）注册会计师在计划阶段确定这三者的顺序是：先估计可以接受的审计风险，依据该审计风险水平，再依据社会公众对错报、漏报的容忍程度来确定审计的重要性水平，最后确定需要收集的审计证据的数量。

例如，注册会计师审计某企业2017年度的销售收入，估计可接受的审计风险水平为5%，该企业该年度销售收入为1 000万元，抽取200万元进行审查，并发现其中存在2万元金额的错误，由此推断总体错报率为1%（2÷200），推断总体错报金额为10万元（1 000×1%）。若事先根据审计风险水平估计的重要性水平为11万元，则审计程序可停止；若重要性水平估计为6万元，则应实施以下两种措施之一：①扩大控制测试范围或追加控制测试程序，收集更多的审计证据以降低对"控制风险"的初步判断；②修改计划实施的实质性测试程序的性质、时间、范围，力求将"检查风险"降低至可接受水平。

（4）注册会计师可接受的审计风险水平、重要性水平、检查风险以及实质性测试程序之间的关系是复杂的。它们之间存在着以下关系：

①在其他条件保持不变的情况下，随着注册会计师可接受的审计风险水平的降低（或者说注册会计师期望鉴证水平的升高），计划的检查风险也应降低。

②在其他条件保持不变的情况下，随着财务报表使用者可接受的错误水平（重要性水平）的提高，注册会计师可接受的检查风险也随之升高。反之，设定的重要性水平越低，就需要收集越多的审计证据验证被审计项目是否超过了所设定的重要性水平，而收集的审计证据越多，出现检查风险的可能性就越小。

③在其他条件保持不变的情况下，如果注册会计师认为财务报表中出现重要错误的风险较大，就需要保证较小的检查风险，即未经审计的财务报表中存在重要错误的风险与检查风险之间是反向变动关系。

④注册会计师可接受的审计风险水平（或期望鉴证水平）、注册会计师设定的重要性水平以及注册会计师对未经审计的财务报表中出现重要错误风险的评估等因素的综合作用，决定了注册会计师计划接受的检查风险，同时也决定了实质性测试的程度。

⑤计划检查风险越低，就要越强有力地扩展实质性测试程序，获取较多的审计证据。

本章小结

为达到预期的审计目标，需要在具体执行审计程序之前编制总体审计计划和具体审计计划。总体审计计划是对注册会计师从接受审计委托到出具审计报告整个过程基本工作内容的综合计划。其中，最为关键的判断事项是审计重要性水平的确定及审计风险的评估，前者影响着审计工作的成本，后者关系到审计工作的质量。重要性水平就是指报表使用者所能接受的最大误差范围，这是基于经济活动的成本效益原则而提出的概念，目前也是会计舞弊频繁利用的手段之一。审计风险是指财务报表没有公允地表述而审计人员认为已公允地表述的风险，即审计人员错误地发表不恰当审计意见的风险。这个概念也是审计理论界目前争论的热点之一。审计风险、审计重要性水平和审计证据之间存在着某一变量保持不变，另两个变量呈反向变化的特点。

主要概念和观念

□ 主要概念

审计计划　总体审计计划　具体审计计划　期望鉴证水平　重要性水平　报表整体的重要性水平　账户层次的重要性水平　审计风险

□ 主要观念

影响期望鉴证水平的因素　重要性水平特征与特别考虑　审计风险因素　审计风险、审计重要性水平和审计证据之间的关系

基本训练

□ 知识题

9.1　阅读理解

1）什么是审计计划？为什么要编制审计计划？

2）总体审计计划一般应包括哪些内容？

3）什么是期望鉴证水平？影响期望鉴证水平的因素有哪些？

4）什么是重要性水平？它有哪些特征？

5）确定账户层次重要性水平需要考虑哪些因素？

6）什么是审计风险？它由哪些要素组成？

7）审计重要性水平、审计风险和审计证据之间的关系如何？

9.2　知识应用

1）选择题

（1）下列不属于审计风险组成因素的是（　　）。

A.经营风险　　　　　B.固有风险　　　　　C.检查风险　　　　　D.控制风险

（2）在审计活动中注册会计师可以控制的风险是（　　）。

A.经营风险　　　　　B.固有风险　　　　　C.检查风险　　　　　D.控制风险

（3）下列关于重要性的说法，（　　）是不正确的。

A.重要性水平是一个相对而不是绝对的概念

B.重要性是报表使用者认为财务报表是否全面反映及整体理解的"临界点"

C.不同的注册会计师即使面对同一份会计报表，其重要性水平的判断也会存在差异

D.重要性水平只与发生差错的数量有关

（4）注册会计师在编制审计计划时，确定的重要性水平越高，需要获取的审计证据（　　）。

A.越多　　　　　　　B.越少　　　　　　　C.质量越高　　　　　　D.质量越低

（5）审计计划应根据具体情况的变化作出必要的修订，更应在（　　）编制完成。

A.审计现场工作开始之前

B.审计人员完成对现有内部控制结构调查评价后

C.审查了客户的会计记录之后

D.签订审计聘约之后

（6）重要性对注册会计师来说是非常重要的概念，因为它可以帮助注册会计师确定证据的（　　）。

A.适当性　　　　　　B.充分性　　　　　　C.可靠性　　　　　　D.正确性

（7）在确定拟实施的审计程序后，如果注册会计师决定接受更低的重要性水平，则注册会计师应当（　　）。

A.扩大预备调查的范围，以降低固有风险的初步判断水平

B.扩大控制测试的范围，以降低控制风险的初步判断水平

C.修改计划实施的实质性测试程序，以降低检查风险至可接受水平

D.扩大分析性复核的范围，以降低总体审计风险至可接受水平

2）判断题

（1）如果审计可以接受的检查风险水平越低，则需要取得越多的审计证据来支持其所发表的审计意见。　　　　　　　　　　　　　　　　　　　　　　　　（　　）

（2）账户余额层次的重要性水平，也被称为各个报表余额项目的可容忍错报。

（　　）

（3）重要性初步判断的估计数与所需要收集的证据量呈正向变动关系，即此估计数越大，说明项目越重要，因此，需要收集更多的证据。　　　　　　　　　　（　　）

□　技能题

操作练习

1）在编制审计计划时，注册会计师应当评估被审计会计报表中存在重大错报的风险，下列哪些情况可能增加东方公司报表错报的风险：

（1）由东方公司管理层中的 8 位成员负责最高层次的管理运行与财务决策；

（2）过去的一年半中，东方公司管理队伍中没有人离职；

（3）东方公司的管理者试图通过预算来达到盈利预期；

（4）东方公司所处行业的变化速度比较快；

（5）东方公司的盈利状况与同行业相比，已经相当低且各期起伏较大；

（6）东方公司的组织形式属于分散经营，只有当分支机构显示其遇到困难时，公司管理层才对该分支机构进行监控；

（7）尽管这是东方公司第一次接受注册会计师审计，但东方公司已经经营了10年；

（8）多次出现的亏损已经使东方公司的持续经营能力出现了问题。

2）假设某一被审计单位的重大错报风险被评估为10%、50%、70%、90%时，审计计划所拟订的检查风险为10%，则审计风险为多少？

□ 能力题

9.1 案例分析

请你学习完本章内容后，帮助解答本章引例中的疑问。

9.2 网上调研

请你运用本章所介绍的判断重要性的指南的数量标准，对一家上市公司公开的年度财务报表进行分析，计算各种指南下的重要性，比较它们之间的差异程度，以便更深入地理解本章中所言"实践数据表明，任何重要性（数量标准）的经验法则都存在着很大的判断空间"。

□ 拓展阅读内容

重要性是独立审计方法体系中的一个重要概念。在审计抽样过程中运用重要性原则，可帮助注册会计师选择恰当的样本，提高审计效率，合理地保障审计质量。但众多的舞弊案显示，常年接受审计的企业可能因为太了解注册会计师所运用的重要性水平而别有用心地设计会计造假的应对和规避措施。

在南方保健舞弊案中，舞弊分子对重要性水平的规避在很大程度上源于安永在执业过程中的疏忽大意。众所周知，"四大"会计师事务所都有一套令人羡慕的"完美"审计流程。一般而言，只要获取被审计单位当期和前期的报表数据，这套流程便能自动执行设定的分析性复核程序，确定重点审计领域，初步评估报表层次和各个账户的重要性水平并确定抽样样本量。南方保健的会计人员中不乏曾在安永执业的注册会计师。在他们的指导下，结合会计人员长年对注册会计师的观察和与他们博弈的经验，别有用心的舞弊分子不难了解注册会计师在各个科目上所能容忍的最大误差，甚至可以知晓注册会计师们习惯的抽样起点金额。如果审计小组的成员比较固定，舞弊者做到这一点就更容易了。

事实上，对重要性的评估是注册会计师的一种专业判断，而且这一判断离不开特定的环境。注册会计师在对某一企业进行审计时，必须根据该企业面临的环境，考虑诸多影响因素（包括经营活动、业务性质的变化、内部控制与审计风险的评价结果等），才能合理确定各个账户的重要性水平，对审计抽样作出高效率的指导。如果仅仅依靠特定的比率（比率区间）计算重要性水平或因循长年使用的重要性水平，难免产生"死数字"，让舞弊者有机可乘。安永在执行南方保健2001年度财务报表审计时，无视其正面临Medicare欺诈诉讼的事实和糟糕的内部控制情况，不顾管理层曾发布极具欺诈嫌疑的盈利预警，甚至对举报者明确告知的可疑账户都不从严制定重要性水平、进行彻底的审查，其审计失败在所难免！这也给注册会计师留下一个值得深思的问题：如何活学活用重要性水平，使其成为一条"流动的标准线"？

首先，为规避重要性原则而设计的利润操纵一般来说每笔金额较小，但造假分录发生的频率较高，舞弊者试图通过"化整为零"使造假金额达到既定的目标。这就要求注册会计师提高职业审慎，如果在抽样过程中捕捉到一些"奇特"的分录，即便发生额不大，也应拓展审计程序，弄清其来龙去脉，以降低审计失败的风险。

其次，经常轮换审计小组成员也不失为一个好办法。重要性既然是一种专业判断，必然因人而异。因此，事务所在派遣人员时，如果轮换指派不同的注册会计师负责某一具体项目的审计，就能产生较好的流动性，这不仅有助于克服审计过程中由于主观因素而造成的不必要失误，还可增加发现问题、自我补救的机会，避免长久地陷入思维定势的陷阱中。

资料来源：黄世忠，叶丰滢.南方保健审计失败案例剖析［J］.中国注册会计师，2003（8）.

第 10 章

审计证据和审计工作底稿

通过本章的学习，你应该能够达到：

知识目标：了解财务报表审计的具体审计目标；了解不同类型的审计证据及获取方法；了解审计工作底稿的基本内容和审计档案的分类。

技能目标：熟悉不同类型审计证据的获取方法。

能力目标：运用课本知识分析当前注册会计师职业界出现的热点问题。

在审计实施阶段，审计人员的主要工作就是获取、评价和使用审计证据。因为要形成任何审计结论和意见，必须以合理的审计证据为基础，否则，审计报告就不可信赖。如果说审计报告是审计工作的成果，那么，获取审计证据就是审计工作的实质所在。审计证据是审计中的一个核心概念。获取的审计证据需要保存下来，以便证明审计工作质量的高低和审计人员完成工作的情况，审计证据的载体就是审计工作底稿。一项审计委托所形成的所有工作底稿汇总在一起就成为了审计档案。

引例：

为什么安达信需要销毁其审计工作底稿和档案？

小张是某高校会计学专业高年级学生，十分向往毕业后到国际知名会计师事务所工作。一天，他十分吃惊地读到以下新闻：

安然公司成立于1983年，原只是休斯敦的一家经营天然气管线的公司，后来，该公司开始从事电力交易业务。1999年，安然公司设立网站交易平台，成为全球第一大能源交易商，营业范围涉及天然气、电力、金属、纸浆、塑胶、光纤宽频等产业。2000年，其营业收入突破 1 000 亿美元，股票价格最高时为每股 90 美元，总市值达 700 亿美元，成为美国第 7 大企业。自 1996 年起连续 6 年被《财富》杂志评选为美国最有创意的公司，也是美国人选择最爱就职的 100 家企业之一。

2001 年 12 月 2 日，如日中天的安然忽然宣布申请破产保护，成为美国有史以来最大的破产案。贷款给安然的美国、欧洲和亚洲债权银行的损失可能超过 50 亿美元，且其股票原本一直是美国退休基金的最爱，持有安然股票的共同基金和退休基金也成了"受害者"。安然的破产严重冲击了美国的资本与金融市场，也附带引发了美国两党的政治争斗。

负责安然会计报表审计的是安达信（Arthur Andersen）会计师事务所，成立于 1913年，至 2001 年发生安然事件，已有 88 年的历史。安达信曾经是建立整个会计专业伦理标准的领航人，曾被全美大学教授公开评选为最值得推荐的会计师事务所。安达信 2001 年1—8 月的全球收入就累计达 93 亿美元，连续 8 年维持两位数的增长。

然而，安达信因未能发现安然会计报表中的不实表达而受到社会各界的指责。2001年 10 月中旬，美国 SEC 通知安然公司，其要调查有关安然的特殊目的实体（SPE）及安然CFO 涉案情形。安然公司很快将此消息通知了安达信负责为其审计的工作团队。安达信高层立即召开紧急电话会议，讨论有关 SEC 的调查，并作出结论，即要求为安然审计的工作团队整理有助于安然回答 SEC 调查的文件。然而，10 月 23 日，负责安然审计项目的安达信合伙人突然发出指令，要求安达信在休斯敦的事务所彻底销毁所有与安然有关的文件，数周后，安达信以迅捷无比的效率，毁灭了与安然有关的实体文件及电脑档案。此外，波特兰、芝加哥和伦敦三地参与安然审计的工作团队也接到指示，将其与安然有关的文件销毁殆尽。

11 月初，美国 SEC 将调阅有关安然公司审计档案的传票及美国参议院调查小组委员会传讯安达信成员的传票送达安达信，安达信此时对外承认，与安然公司审计相关的大批工作底稿与档案已经被销毁。

为避免美国政府的调查，在出现审计失败的公司进入破产程序过程中销毁审计工作底稿的举动是注册会计师行业从未有过的丑闻。注册会计师行业的专家纷纷表示，这对安达信会计师事务所将产生无法挽救的损害。果然，安达信王国在随后几个月内就宣告解体。[①]

小张十分纳闷，为什么安达信需要销毁其审计工作底稿和档案？这是些什么性质的文件呢？

10.1　审计证据

证据在词典中被解释为"用以证实某一事件或为某一事件提供支持的事物"。**审计证据是指注册会计师为了得出审计结论和形成审计意见而使用的信息。审计证据包括构成财务报表基础的会计记录所含有的信息和其他来源获取的信息。**

1）审计证据与职业判断

审计证据的获取、评价和使用都离不开职业判断。可以说，审计职业判断贯穿于审计活动的全过程。为了更好地理解审计证据的概念，我们先对审计职业判断的过程作以简单

---

① 有关安然和安达信的信息摘编自：林柄沧.新会计大战［M］.北京：中国时代经济出版社，2003；葛家澍,黄世忠.安然事件的反思［J］.会计研究，2002（2）.

的介绍。

职业判断是审计的精髓。因为在审计实践中，对会计信息的验证难以通过标准化审计程序的常规运用来实现。虽然已经存在着不少审计规则和程序，也有不少审计技术和方法可供审计人员使用，但正如加拿大审计准则委员会指出的那样："没有任何一项准则的运用能适合所有的情况，也不能取代职业判断来确定在特定环境下何者构成好的审计实务。"在一个特定环境下，该选择什么样的审计程序，运用何种审计技术和方法，依然需要运用注册会计师的职业判断。在过去的几十年中，国外有关审计职业判断的研究得到了较快的发展。国内这方面的研究目前也正在开展。

莫茨和夏拉夫将审计职业判断分为几个连续的步骤：认定需加证明的命题；评价命题，看该命题是需要具有高度或然性的证据，还是需要具有中等或然性的证据；在确定的时间和成本范围内收集证据；评价已获证据是否有效；对需要证明的命题作出判断。①另有学者认为，判断过程由信息的获取和摒弃阶段、信息传递过程及信息整合过程三步骤组成。②判断过程可以分为四个基本类型的活动：评估和判断现有信息；预测未来结果；评价与修正特定结果的概率；在备选方案中进行选择。③

从以上所述可以归纳出，运用职业判断获取审计证据的过程可以分为以下几个步骤：明确审计目标（即用审计证据证明或证否的命题）；收集与评价审计证据；选择适当的评价标准来评价证据；形成审计结论。我们基本上按照这一过程对审计证据的概念作出进一步的考察。

2）审计目标与审计证据

注册会计师进行一项审计判断时，首先需要明确对什么作出判断，即确定判断的目标是什么。如第2章所述，目前公认的审计目标是对财务报表的公允性发表审计意见，同时合理地揭示重大的错误和舞弊。与此目标相对应，财务报表审计的审计证据是指在审计工作中采用各种方法获得的，用于证实或否定被审计财务报表反映财务状况、经营成果的公允性及发表审计意见的一切资料。

公允表达目标是一个高度概括性的总体目标。不过，在具体的审计过程中，越概括性的目标命题，越不容易举证与判断，为此，需要将该目标要素化、具体化，分为一系列的具体目标（分项命题）。注册会计师就逐个具体目标收集支持或否定的证据，进而汇总、推断后形成支持或否定总体目标的结论。

（1）审计客户管理层对财务报表的认定

审计具体目标与审计客户管理层对财务报表所作的认定密切相关。

所谓认定，是指管理层在财务报表中作出的明确或隐含的表达，注册会计师将其用于考虑可能发生的不同类型的潜在错报。

国际审计实务委员会颁布的审计证据准则指出，审计师运用的认定可分为三类：与各类交易和事项相关的认定、与期末账户余额相关的认定以及与列报相关的认定④。其中，与各类交易和事项相关的认定为：发生、完整性、准确性、截止、分类；与期末账户余额

---

① 莫茨，夏拉夫.审计理论结构［M］. 文硕，贾从民，译.北京：中国商业出版社，1990.
② WILLIAM F M Jr., STEVEN M G， DOUGLAS F P.The descriptive approach to better audit judgements ［J］. Toronto：CA Magazine， 1981（Jan.）.
③ ROBERT H A.Integrating research and teaching in auditing：Fifteen cases on judgment and decision making ［J］. Sarasota：The Accounting Review， 1984（Jan.）：78-97.
④ IFAC.Handbook of international auditing， assurance， and ethics pronouncements ［P］. 2007：429-430.

相关的认定为：存在、权利和义务、完整性、计价和分摊；与列报相关的认定为：发生及权利和义务、完整性、分类和可理解性、准确性和计价。我国也采用了相同的分类。这三大类认定可归纳为：

①存在或发生，指资产负债表中所列的各项资产、负债、权益在财务报表日是否存在；利润表所列的各种收入和费用在会计期间内是否确实发生。管理层就一项报表项目作出此项认定，就意味着该报表项目中不包括那些不存在的事项或不曾发生的交易结果。可见，"存在或发生"认定主要涉及会计报表要素的夸大的差错，即高估。

②完整性，指在会计报表中应该列示的所有交易和项目是否都列入相应的报表项目中。管理层就一项报表项目作出此项认定，就意味着该报表项目中不存在本该列入而实际被遗漏或省略的项目或交易。可见，"完整性"认定主要涉及会计报表要素的缩小的差错，即低估。

③权利和义务，指在某一特定日期，各项资产是否确实属于审计客户的权利，各项负债是否确实属于审计客户的义务。管理层就一项报表项目作出此项认定，就意味着该报表项目中的资产和负债都属于该企业自身的权利和义务。"权利和义务"认定通常涉及资产的所有权和法律义务问题，但有时也涉及资产的使用权和非法律义务的负债问题。

④估价或分摊，指会计报表的各项要素是否按适当的金额列示，这一方面取决于金额本身在计算或文书处理上有无错误，即数字的加总、过账、计算等是否正确；另一方面取决于报表项目金额（含总额及净值）的列示是否遵循了公认会计原则等法规的规定，管理层对此所作出的会计政策选择、会计估计是否合理。管理层就一项报表项目作出此项认定，就意味着该报表项目的列示遵循了公认会计原则等法规的规定，其选择的会计政策和会计估计是合理的，金额数字的加总、计算是正确的。

⑤表达和披露，指会计报表上的特定组成要素是否被适当地分类、说明和披露。如果管理层不作出特别声明，即暗示性地认定会计报表上所有内容已经适当地表达，且充分地披露。

（2）具体审计目标

在会计报表审计中，注册会计师需要就报表各项目的管理层认定获取相应的审计证据，最终形成报表整体是否公允、是否存在重大错报的结论。

根据管理层认定的内容，具体审计目标可以划分为以下几种：

①报表所列示的金额是真实的，即真实性目标。这是与管理层的"存在或发生"认定相关的审计目标。

②报表所列示的金额是完整的，即完整性目标。这是与管理层的"完整性"认定相关的审计目标。

③报表所列示的金额确实属于审计客户所有，即所有权目标。这是与管理层的"权利和义务"认定相关的审计目标。

④报表所列示的金额经过正确的估价和计量，即估价目标。这是与管理层的"估价或分摊"认定相关的审计目标。

⑤报表中接近财务报表日的交易已计入适当的会计期间，即截止期目标。这是与管理层的"估价或分摊"认定相关的审计目标。

⑥报表中有关账表的数字、资料、计算、加总及钩稽关系是正确的，即机械准确性目标。这是与管理层的"估价或分摊"认定相关的审计目标。

⑦报表中恰当地反映了账户余额和相应的披露要求，即披露目标。这是与管理层的"披露与分类"认定相关的审计目标。

⑧报表中各项目的分类是恰当的，即分类目标。这是与管理层的"披露与分类"认定相关的审计目标。

⑨除了上述与各个报表项目某一项具体认定相关的审计目标外，注册会计师还需要就每一项报表项目的总体合理性进行判断，以便更好地确定与上述各项具体认定相关的审计目标的测试重点，这种目标就是总体合理性审计目标。

（3）审计证据的取得服从于具体审计目标

获取审计证据是为了证明应证事项的事实。在会计报表审计中，应证明的事实是管理层就报表所作出的各种认定，而具体审计目标指明了注册会计师需要就报表哪些方面获取相应的审计证据。

例如，在证明管理层就某一项房产确实存在为其所有的权利与义务认定时，审计目标是所有权，注册会计师需要找到能够证明该权利的证据，如房产的所有权证书等。如果该证书中列示的产权人为审计客户，则证明管理层就该房产作出的认定是成立的；如果该证书上列示的产权人为其他单位，则证明该项认定不成立。当某一证据表明管理层的一项认定不成立时，注册会计师应向管理层说明，要求其更正报表项目的相关认定。如果后者不接受更正的要求，则注册会计师需要考虑其对所作出审计结论的影响。

不同审计目标，需要不同的审计证据。总的来讲，真实性、完整性、所有权、机械准确性审计目标属于事实性命题，因此，需要客观性的审计证据；而估价、截止、披露、分类和总体合理性审计目标属于价值性命题，因此，需要更多地运用注册会计师的主观判断。

3）审计证据的分类

在审计实践活动中，审计证据的种类繁多，其功能、处理方式、取得途径、获取的方法等各有所不同。对审计证据进行合理、科学的分类，有利于有效地收集、恰当地使用和评价审计证据。

（1）按证据外在形式分类

根据审计证据外在的具体形态，可以将其划分为实物证据、书面证据、口头证据、环境证据。

①实物证据

实物证据是指通过实际观察或清点所获得的，用以确定某些实物资产是否确实存在的证据。例如，通过对库存现金、存货、固定资产等的监盘或观察，可以获知这些以实物形态存在的有形资产确实存在的最佳证据。但运用这类证据时，需要特别注意的是：首先，该类证据具有一定的局限性，即只能对"真实性"和"完整性"审计目标起到作用，而不能说明所有权等其他审计目标；其次，获取的实物证据虽能验证实物资产的数量，但无法保证其质量，不能证实资产的价值状况；最后，实物证据只对部分资产的审计适用，对应收账款、无形资产则无法获得实物证据。

②书面证据

书面证据指注册会计师所获得的各种以书面文件为形式的一类证据，包括与具体审计目标有关的各种原始凭证、会计记录（记账凭证、会计账簿、明细表）、各种会议记录、文件、合同、通知书、报告书、函件等。书面证据是审计证据中最基本和最多的组成部分，既可以来自审计客户内部，也可以来自其外部，不同形态和来源的书面证据可以对不同的具体审计目标起到作用，几乎所有的具体审计目标都需要通过该类证据来证实或证否。

③口头证据

口头证据是审计客户的职员或其他有关人员对注册会计师的提问作口头答复所形成的一类证据。该证据可以对证明多项审计目标有所帮助。但是，口头证据本身并不足以证明事情的真相，因为提供者可能存在误解、解释错误，也包含个人观点和倾向，所以，可信程度较低，只能起到提供线索，配合其他证据的收集、分析、评价的作用。在获取口头审计证据时，对各种重要证据应尽快做成记录，注明是何人、何时、在何种情况下所作的口头陈述，必要时还应获得被询问者的签名确认。

④环境证据

环境证据也称为状况证据，是指对审计客户产生影响的各种环境事实，如审计客户的有关内部控制情况、审计客户管理人员素质、各种管理条件和管理水平等，这类证据除了对证明报表总体合理性有所帮助外，其本身不能直接证明其他某一具体审计目标，但它可以提高或降低其他类型审计证据的可信程度。

上述不同类型的审计证据可以证明不同的具体审计目标（见表10-1）。

表10-1 不同审计证据类型与审计目标的关系

证据种类	审计目标								
	总体合理性	真实性	完整性	所有权	估价	截止	机械准确性	披露	分类
①实物证据		√	√		√	√			
②书面证据	√	√	√	√	√	√	√	√	√
③口头证据	√	√	√	√	√	√		√	√
④环境证据	√								

（2）按证据支持审计结论程度分类

根据获取的证据对审计结论的支持程度，可以将审计证据分为直接证据和间接证据。

①直接证据

直接证据是指与被证实项目及具体审计项目直接有关的证据。例如，通过函证的方式验证应收账款余额是否正确，所获取的证据可以直接说明报表项目中应收账款余额是否正确，该证据就属于直接证据。

②间接证据

间接证据是指与被证实项目及具体审计项目无直接关系的证据。例如，上述环境证据就是间接证据，无法直接说明某一报表项目是否正确。各种原始凭证和记账凭证也属于间接证据，因为它们无法直接说明某一报表项目是否正确。尽管间接证据不能直接说明被证实项目或具体审计目标，但是它可以减少需要获取的直接证据的数量和规模，从而降低审计成本，提高审计效率。

（3）按照证据的来源分类

按照证据的来源进行分类，就是要考虑证据是怎样产生的、产生后是由谁处理的，以及谁有权接触该证据。按此标准可以将审计证据分为审计客户内部的证据和来自审计客户外部的证据。

①内部证据

内部证据是指审计客户内部机构或职员编制和处理的证据。例如，审计客户的成本记录单、产品入库单、管理层书面声明等。一般地，因内部证据由审计客户制作、处理和保存，因此，其客观性不如外部证据，证明力也就不如外部证据。

按照证据的处理过程，可以将内部证据再进一步划分为：只在审计客户内部流转的证据，以及由审计客户产生但在审计客户外部流转并获得其他单位或个人承认的内部证据。虽然这两类内部证据都始于审计客户，也都受制于审计客户，但后者的证明力明显地强于单纯的内部证据。

②外部证据

外部证据是由审计客户以外的组织机构或人士所编制和处理的证据。例如，采购时的购置发票、函证回函等，一般具有较强的证明力。

按照证据的处理过程，同样可以将外部证据进一步划分为：源自外部机构或人士，并不经过审计客户的经营管理系统就直接被注册会计师获取的证据，以及始于外部机构或人士，然后由审计客户进行处理或保存的证据。外部机构或人士的初始参与无疑增强了外部证据的证明力，但就这两种外部证据看，后者由于经过了审计客户的系统，因此有可能被篡改、误用或误放，从而削弱了此类证据的证明力。

③亲知证据

由注册会计师为证明某个事项而自己动手编制的各种计算表、分析表或自行进行观察得到的结论，这类证据也被称为**亲知证据**。这类证据的可信程度取决于注册会计师观察误差的风险大小。在通常情况下，我们认为注册会计师具有专业胜任能力，因此，其亲知获得的证据也具有较强的可靠性。

内部证据、外部证据和亲知证据三者不仅在可靠性上有所不同，在获取成本与及时性上也存在不同，其区别见表10-2。

（4）按照证据的逻辑证明分类

根据证据所提供的逻辑证明，可将审计证据划分为正面证据和反面证据。

①正面证据

正面证据是直接证明审计客户某项陈述的证据。例如，采用询证方法，要求审计客户的债权人就审计客户报表在某一特定时点所列示的债权余额是否正确作出回函，这种回函证据就是正面证据。正面证据的可靠程度高，因此，注册会计师应主要收集正面证据。

表10-2　不同来源证据的比较

		证据的来源		
		内部证据	外部证据	亲知证据
各种来源证据的举例		审计客户的会计系统、管理层书面声明	来自第三方的证实或文件，如发票	观察、计算
证据的特点	可靠性	不太可靠	中度到高度可靠	高度可靠
	可获得性	容易获得	不太容易获得	容易获得
	及时性	可及时获得	不一定能及时获得	可及时获得
	获取成本	低	较高	高

②反面证据

反面证据是指经过合理查找后，未发现与审计客户的陈述相矛盾的证据。例如，当采用询证方法要求审计客户的债权人就审计客户报表在某一特定时点所列示的债权余额不正确时予以回函，如果未收到回函，即意味着审计客户报表的该项认定是正确的，这就从反面来证明了此项认定。当然，反面证据的可靠程度低于正面证据，因为可能存在着其他原因使注册会计师未发现与审计客户陈述相矛盾的证据，但是反面证据对实现具体审计目标中的完整性目标有重要意义，且获取这类证据的成本有时会低于证明同一命题的正面证据。

（5）按照证据的证明力分类

注册会计师决定是否需要对现有的证据进行完善或者在综合评价审计证据时，需要考虑证据的证明力的大小。按照证据的证明力可以将审计证据划分为充分证明力、部分证明力和无证明力三种类型。

①充分证明力

假如某一证据无须其他佐证证据就足以支持审计结论，那么可以说该证据具有充分证明力。有充分证明力的证据必须是客观、充足而有力的。例如，监盘获得的实物证据就对证明实物资产的数量具有充分证明力。

②部分证明力

假如某一证据需要附有其他佐证证据才足以支持审计结论，那么该证据具有部分证明力。大多数审计证据属于这种类型，例如，询问获得的证据还需要经过验证或测试予以证实。对大量的经过审计客户经营管理系统的产生、处理和保存等一系列操作过程的内部证据或外部证据，注册会计师需要测试其中是否存在有效控制，进而决定是否采用该类证据。

③无证明力

某些证据尽管有助于引导注册会计师获取更可靠的消息，但其本身没有证明力。例如，管理层就其认定作出的声明，在没有得到证实前，因其内在的固有局限性而几乎不具有任何证明力。不过，尽管这类证据具有局限性，但是由于管理层对所要审计的经营活动和报表相当了解，因此，这类证据也不失为良好的辅助证据。

4）审计证据的获取方法

在执行审计过程中，审计证据必须经过两道检验过程：一是收集和获取审计证据的过程；二是对证据的理解以及对证据的接受或放弃过程，即审计证据的评价过程。虽然在实际工作中，这是一个连续的判断过程，但是为了讲解的需要，我们将其分为获取与评价两个方面来阐述。

有些审计学者指出，与法庭审判相比，在审计关系和审计工作中，既无决策立案与否的警官，也没有提供证据的起诉人和辩护律师，更无确定证据可接受性并作出判断的法官。注册会计师身兼数职，他既要司警官之职，决定收集证据的必要性并收集证据，还要充当法官，鉴定哪些证据可以接受，哪些证据应排斥在外，并最终得出审计结论。[①]可以说，在具体审计目标的指引下，获取适当的审计证据是审计过程中的重要一环。

与司法程序中获取证据应遵循一定的程序与规章一样，审计人员获取审计证据时也应遵循职业准则。一般而言，注册会计师获取审计程序一般有如下方法：

（1）检查

检查是指对书面文件可靠程度的审阅与复核。以此方法获得的证据的证明力取决于证据的来源及其性质，大量的书面证据是以此方法获得的。该方法又可以进一步划分为：

①核对法，即采用把两种以上书面资料相互对照取证的方法，检查其内容的一致性。常用的有原始凭证和记账凭证核对、明细账和记账凭证核对、明细账和总账核对、账簿和报表核对等，若核对发现不符或存在疑问，审计人员还需要及时查找原因。

②审阅法，是对审计客户书面资料（包括原始凭证、会计账簿、会计报表）的真实性、合法性进行检查。

③复核法，指注册会计师重复验算有关资料数据的计算过程。在检查原始凭证、会计账簿、会计报表时，都需要对其中涉及的计算过程进行复核。

（2）监盘

监盘实际上就是检查有形资产，也就是指注册会计师现场监督审计客户对各种实物资产及现金、有价证券等的盘点，并进行适当的抽查过程。鉴于管理层编制报表的责任和审计责任的不同，组织审计客户的盘点、保证其账簿记录与实物资产相符合是管理层的责任。注册会计师采用该方法的目的是确定审计客户实物形态的资产是否真实存在并且与账面数量相等。以此方法可以获得实物证据，其局限性在于不能保证审计客户对资产拥有所有权，不能对资产价值和完整性提供审计证据。

（3）观察

观察是指注册会计师实地观察审计客户的经营场所、实物资产和有关业务活动及内部控制的执行情况等以获取证据的方法。例如，可以观察审计客户有关职员清点存货或执行某项控制程序的过程，以观察其是否留下了审计线索。采用观察的方法可以获得实物证据或环境证据。观察提供的审计证据仅限于观察发生的时点，并且可能影响相关人员对从事活动或执行程序的真实情况的了解。

（4）查询及函证

查询是指注册会计师向审计客户内外有关人员了解信息的方法，查询可以采用书面或者口头形式，注册会计师可以通过查询方法获知以前不知道的信息，或者验证某项已经知晓的信息。知情人员对询问的答复可能为注册会计师提供尚未获悉的信息或佐证证据，也可能提供与已获悉信息存在重大差异的信息，注册会计师可以根据询问结果考虑修改审计

---

① 赫伯特.管理业绩审计［M］. 张国祥，等，译.1988//李若山.审计学［M］. 沈阳：辽宁人民出版社，1994：148.

程序或追加审计程序。询问通常不足以发现认定层次存在的重大错报，也不足以测试内部控制运行的有效性，注册会计师还应当实施其他审计程序，以获取充分、适当的审计证据。

函证是指注册会计师为印证审计客户会计记录所载事项而向第三方发函询证的一种方法。例如，可以向审计客户的债权人函证应收账款余额。函证的回函应直接送达注册会计师。

以查询和函证的方法可以获得书面证据或者口头证据。

（5）重新计算或执行

重新计算是指注册会计师对审计客户的文件、凭单及会计记录中的数据所进行的独立验算或另行计算，目的是验证数学计算的精确程度。在会计报表审计中，注册会计师往往需要大量地运用数学计算技术来获取必要的审计证据。以计算方法获取的是书面证据。

重新执行是指注册会计师以人工方式或使用计算机辅助审计技术对被审计单位内部控制组成部分的程序或控制重新独立执行。

（6）分析程序

如同前面章节的介绍，分析程序近年来已经成为获取审计证据的重要方法。该方法在报表审计的几个阶段中都会运用到。采用分析性复核方法既可以获取环境证据，也可以获取书面证据。

在审计实务中，究竟应采用哪些审计程序与方法收集审计证据，需要针对被审计单位财务数据及其他相关信息的生成和储存方式的具体情况进行分析。事实上，在收集某一特定审计目标所需要的审计证据时，往往是几种方法相互结合使用，注册会计师应当提请被审计单位保存某些信息以供查阅，或在信息可获得时执行审计程序。

值得注意的是，在大数据和人工智能等技术不断发展的今天，很多审计证据的获取，不再是以手工方式进行的。比如，某些数据的检查、核对是由智能化的审计软件来完成的；比如某些盘点已经不再由审计人员亲临现场，而是通过对货物附带芯片的扫描获知实物数量；函证等方法也可能因为区块链技术的发展而变得不再那么重要。可以说，获取审计证据作为发表审计意见基础的工作一直存在着，但是获取审计证据的具体方法则发生了巨大变化。

5）评价和使用审计证据应考虑的因素

审计所获取的证据是一种客观事实，但是，审计证据的评价过程中包含着重要的价值衡量，是一种主观评价，注册会计师必须明确证据的证明力大小、哪些与被审计项目相关、是否真实、是否充分有效等。具体来说，审计证据的评价就是要确立审计证据的属性特征，并以此来评价和选择审计证据。

（1）审计证据评价中对审计证据特性的考虑

与法庭诉讼一开始就需要提出不可辩驳的硬证据（即具有强制性）不同，审计一开始并不需要提供能够证明报表是否精确的"硬证据"，而是在审计过程中，逐渐获得具有说服力的证据，这些证据应能在总体上使注册会计师就报表是否公允反映得出审计结论。因此，审计证据在性质上更具说服力而非强制性。

审计证据最根本的特性是证据的说服力，即证据能够证明或驳斥命题的能力，然而，这种特性表述是非常抽象和模糊的，不具有实践的可操作性。因此，必须有一些具有可操作性特征的规定来帮助注册会计师对审计证据进行判断。美国 AICPA 将审计证据描述为"应充分适当地评价会计报表认定"，并进一步用可靠性和相关性来定义适当性。充分适当的审计证据更具有说服力。英国 APC 将相关和可靠的证据视为得出审计结论的充分条件。国际审计准则也指出，在运用和评价审计证据时，充分性和适当性是相互关联的。

①适当性

审计证据的适当性，是对审计证据质量的衡量，即审计证据在支持审计意见所依据的结论方面具有的相关性和可靠性。审计证据的质量影响审计结论的形成和审计意见的提出，进而决定了审计工作的成败。作出合理的审计判断，首先就要求有高质量的审计证据。审计证据的适当性包括两方面的内容：一是审计证据的相关性，也就是审计证据应该和审计目标相关，应与具体的被审计事项相关；二是审计证据的可靠性，也就是审计证据应为客观事实的真实反映，不能是臆断、猜测、估计或虚构的主观产物。判断审计证据是否适当，就是认定所收集的审计证据是否与审计目标相关联并是否如实反映客观事实。

A.相关性

相关性是指审计证据必须与审计目标等应证事项或项目相关联，存在着内在的逻辑关系。在执行审计过程中，注册会计师可以获取各种各样的审计证据，有些是与需要验证的审计目标相关的，有些则与审计目标不相关。取得不相关的审计证据，既浪费了不必要的审计费用和时间，又可能使注册会计师误入迷途，作出不恰当的审计判断。学者的研究也表明，不相关的信息会减弱相关信息对注册会计师判断的影响。①

在确定审计证据的相关性时，注册会计师应当考虑：特定的审计程序可能只为某些认定提供相关的审计证据，而与其他认定无关；同一项认定可以获取不同来源或不同性质的审计证据；与某项认定相关的审计证据并不能替代与其他认定相关的审计证据。

B.可靠性

审计证据的可靠性或可信性，是指它的可判断性，因为审计证据的可信赖程度是注册会计师对应证事项进行判断的基础。审计证据的可靠性表明了审计证据具有对应证事项的证明能力，因此，这种能力也被称为证据力。注册会计师获取一定数量的相关审计证据后，审计证据的可靠性大小就成为能否作出合理的审计判断、出具审计报告的关键。判断审计证据的证据力的强弱是审计的一项重要工作，也是考验注册会计师判断能力的重要环节。下列因素影响着审计证据的证据力的强弱：

a.疏远度。疏远度有两层含义：一是指时间上的疏远度，即证据离经济交易发生的时间越近，越具有可靠性；二是指证据与经济交易在空间上的疏远度，证据的证据力随着空间上疏远度的增加而下降。例如，对验证会计报表余额而言，账簿、记账凭证、原始凭证的疏远度逐步增加，其对报表余额的证明力也在下降。再如，因为发现正确的事项比发现错误的事项在空间上更与被验证事项接近，因此，正面证据的可靠程度高于反面证据。

b.来源。证据的不同来源影响着其可靠性。一般而言，从被审计单位外部独立来源获取的审计证据比从其他来源获取的审计证据更可靠；相关控制有效时内部生成的审计证据比控制薄弱时内部生成的审计证据更可靠；直接获取的审计证据比间接获取或推论得出的审计证据更可靠；以文件记录形式（包括纸质、电子或其他介质）存在的审计证据比口头形式的审计证据更可靠；从原件获取的审计证据比从复印、传真或通过拍摄、数字化或其他方式转化成电子形式的文件获取的审计证据更可靠。通常情况下，注册会计师以函证方式直接从被询证者获取的审计证据，比被审计单位内部生成的审计证据更可靠。通过函证等方式从独立来源获取的相互印证的信息，可以提高注册会计师从会计记录或管理层书面声明中获取的审计证据的保证水平。证据的可靠性与审计客户对证据的支配力呈反向变动关系，而与证据提供人的独立性呈同向变动关系。提供者越独立，其提供证据的可靠程度越高。

c.客观程度。一般来说，证据的主观性越低、客观性越强，其可靠程度越高；反之，则可靠程度越低。由于口头证据带有更多的主观性，因此，其可靠程度低于书面证据。同理，应收账款函证、存货实地盘点等证据的可靠程度高于应收账款坏账损失的估计、存货报废损失估计等含有较多主观判断的证据。

d.证据提供者的素质。证据的可靠程度即证据力与证据提供者的素质呈同向变化。有时，尽管证据提供者独立程度高，证据本身也比较客观，但若证据提供者不具备应证事项的相关知识，则获取的证据的可靠程度也值得怀疑。因此，在审计实务工作中，注册会计师往往向有关专家如律师、质量专家等专业人士咨询，以获取适当的审计证据。

e.相互印证。由具有不同潜在动机的群体控制的证据比单一来源的证据更可靠，当不同类型的审计证据组合在一起支持某项命题时，审计证据的说服力就增强。这种相互不一致的不同证据所代表的证据也称为重叠证据。重叠证据的可靠程度高于单个证据。

f.风险水平。审计过程中的风险要素，即固有风险、控制风险和检查风险与审计证据的可靠程度呈反向变化。因此，在审计客户内部控制健全、有效的情况下，审计风险水平就相对较低，审计证据的可靠性和证据力就会相应得到提高。

需要说明的是，上述规律只能说明一般情况，事实上存在着与此相悖的情况。注册会计师在评价审计证据时，应尽量选出更为可靠的审计证据，以支持审计结论。

②充分性

与法律上的证据不同，注册会计师并不需要检查所有可以得到的证据，只需测试某些数据样本就能够获取相当数量的证据，只要这些证据的数量足以使其作出恰当的审计结论即可，这种足够数量的特性就是充分性。

审计证据的充分性，是对审计证据数量的衡量。注册会计师需要获取的审计证据的数量受其对重大错报风险评估的影响，并受审计证据质量的影响。判断审计证据是否充分，就是在考虑审计风险、审计项目重要程度、注册会计师自身经验、审计证据成本等因素的前提下，认定审计证据的数量能否足以证明并支持审计结论和审计意见。注册会计师必须收集足够的证据以减少审计风险，但同时又需要节约审计时间和审计成本。

一般地，影响注册会计师对证据充分性判断的因素有：

A.应证事项或项目对会计报表的影响程度。审计证据的数量与应证事项或项目对会计报表的影响程度呈同向变化，影响程度大的应证事项或项目所需要的证据数量就多。

B.审计证据的证据力。在某些情况下，审计证据的数量与证据力呈反向变化，即个别证据的证据力强，则为形成该应证事项的审计结论所需要的审计证据数量就可以少些。

C.审计风险因素，包括固有风险、控制风险和检查风险。审计风险越大，需要的审计证据数量就越多。

D.注册会计师的经验。注册会计师的经验越丰富,其得出审计结论所需要的审计证据数量就越少。

E.审计过程中的发现。在审计过程中,注册会计师对充分性的考虑并不是一成不变的,而是随着审计工作的进展,注册会计师可能会调整其对充分性的估计。如在审计过程中发现有舞弊的迹象,就可能需要更多的审计证据,即证据的充分性提高了。

③适当性与充分性的关系

在得出恰当审计结论所需要的审计证据的说服力水平一定的前提下,审计证据的适当性和充分性这两个特性之间存在着此消彼长的关系,即如果获取的审计证据适当性强,则需要的证据充分性可以小一些,反之则需要更为充分的证据。在审计活动中,注册会计师通常不会考虑追求极具有充分性或极具有适当性的审计证据,因为单纯追求某一特性都会损害另一特性。在平衡这两个特性的审计证据时,注册会计师通常需要考虑下面所讨论的经济性。

(2)审计证据评价中对经济性的考虑

经济性就是审计证据的效用与其收集、评价的成本之间的对比关系。从理论上讲,为了得出准确的审计结论,注册会计师应获取充分的审计证据,但是从审计实践来看,注册会计师不得不考虑审计成本和审计收费水平的高低,因此,注册会计师为了追求效率和效益,常把需要足够数量审计证据的范围降低到最低限度,即不一定要选取最有力的审计证据,可收集质量稍逊而获取成本相对较低的其他证据——只要它仍能满足应证审计事项的要求。同时,考虑经济性也可以将审计成本更多地放在重要项目上,忽略相对不重要的审计项目。当然,这种成本节约不能影响审计结论的准确性,因此,审计准则规定,不能因追求获取证据的经济性而省略重要的审计程序。

为了能够节约审计成本,在审计中引进了重要性这一概念,即在决定获取审计证据数量时,考虑被审计项目的特点,允许存在一定程度的差错。重要性概念在实际运用中是相当难以操作的,因为重要性是相对于报表使用者而言的。对注册会计师来说,他既不知道报表的使用者是谁,也难以知晓后者要作何种决策。因此,注册会计师对重要性的判断具有相当高的主观性。

应证项目或事项自身的重要性也是影响审计证据收集与评价十分关键的因素。一般来说,对于重要的应证项目或事项,一般确定较低的重要性水平,获取更加有力的证据,而对于不重要的项目,可适当放宽重要性水平,只要获取有说服力的证据即可。值得注意的是,重要性水平对证据的影响不仅是数量上的,更多的是质量上的,即较低的重要性水平要求获取更具有强制力的审计证据。可见,重要性水平的评估实际上既要保证审计结论有助于报表使用者的相关决策正确,又要保证审计能以较低成本及时提供审计结论。

在审计计划中,我们介绍了国际上为注册会计师评价重要性水平提出的经验指南。但是,学者的研究表明,面对千变万化的企业经营状况,这些指南仍是不够的。有些事务所通过事先指定相关标准来确定重要性水平,但这种做法的问题是,对一个具体的审计委托项目而言,其重要性水平的确定缺乏合理的依据。可以说,注册会计师在评估重要性水平时,更多地只能依靠对每个审计客户环境的审视以及积累的经验与技能。这样看来,重要性水平的判断实际上具有极大的任意性,因此,在具体审计实践中,对审计证据充分性的判断只能是理论上的指导,而难以有明确的数量标准。

（3）审计证据评价中的职业判断

在评价审计证据时，无论是考虑审计证据的特性还是其经济性，都离不开注册会计师的职业判断。影响注册会计师作出审计证据是否充分、适当、正确的职业判断的因素主要有：

①审计准则。审计准则为获取审计证据的数量和质量提出了统一要求，阐明了审计工作应达到的目标及相应的审计技术。注册会计师若偏离审计准则，必须有充足的理由。

②职业界的竞争。职业界的竞争推动了审计技术的发展，使注册会计师有动力寻求以更少的成本完成审计工作的方法，但是，也造成了一些从业人员在判断审计风险损失可以承受的情况下，为节约成本而省略某些审计程序，使审计结论的准确性受到影响。

③法律诉讼和职业管理。尽管职业界认为近年来出现的诉讼爆炸有着"深口袋"的原因，但不可否认的是，法律诉讼和职业管理（如同业互查、行业处罚等）在相当程度上促使注册会计师不能只考虑成本而忽视审计质量。可以说，法律诉讼和职业管理是对职业界单纯追求降低审计成本的一种修正。

④审计客户的具体情况。审计客户的具体情况直接决定着审计风险水平，进而对注册会计师判断审计证据的充分性和适当性有着极大的影响。如果审计客户内部控制健全且有效运行，那么对证据的职业判断将比较容易作出，而当审计客户财务状况不佳、业务交易和公司组织结构复杂、管理层的可信赖程度值得怀疑时，对审计证据的职业判断难度将明显地增强。

总之，注册会计师在评价审计证据时，需要在审计风险水平、成本及充分性和适当性之间寻求均衡，而这一过程离不开审计职业判断。

10.2　审计工作底稿和审计档案

在审计过程中，注册会计师需要对审计证据的计划、收集、分析、评价和运用一系列过程进行详细的记录，形成审计工作底稿，作为审计结论的依据。完成一项审计委托所形成的所有工作底稿就构成了该审计项目的审计档案。

1）审计工作底稿

审计工作底稿是指注册会计师对制订的审计计划、实施的审计程序、获取的相关证据，以及得出的审计结论作出的记录。实际上是审计全过程的反映，是审计证据的书面载体，包含了注册会计师在执行审计业务过程中形成的全部审计工作记录和获取的资料。它反映了审计的思路与审计轨迹，其全部内容是注册会计师形成审计结论、发表审计意见的直接依据。

（1）编制审计工作底稿的目的

编制审计工作底稿的目的有几个方面：

①提供充分、适当的记录，作为出具审计报告的基础。提供证据，证明注册会计师已按照审计准则和相关法律法规的规定计划和执行了审计工作。审计工作底稿将审计的全过程记录下来，包括审计证据的获取和分析、评价及综合，进而形成对每一项验证的审计具体目标直至报表审计项目的审计结论，最终汇总这些审计结论，就可以得到对报表整体的

审计意见。记录审计过程，以期最终得出审计结论，是编制审计工作底稿最主要的目的。当针对审计意见的恰当性出现纠纷或诉讼时，审计工作底稿可以证明注册会计师工作是否履行职业标准，是否尽到应有的职业谨慎。

②作为考评审计工作组成员专业能力和工作业绩的重要依据。一项审计委托需要多名审计小组成员合作完成，每个人员所做的工作通过其编制的工作底稿记录下来，因此，审核工作底稿就可以考察编制者的工作能力、完成的工作量，进而决定每个人员的工作业绩。

③作为事务所进行质量控制的依据。一般地说，在现场按照审计计划收集审计证据的往往是较低层次的助理人员，注册会计师通过复核前者编制的审计工作底稿，就可以查实审计计划是否得到执行，助理人员是否得到指定人员的有效监督和指导，工作质量是否达到既定标准，从而将审计质量监督和控制落到实处。

④可以为未来的审计业务提供参考备查。由于审计客户更换注册会计师对更换双方来讲都会增加一些成本，因此，大多数委托人在次年依然会委托原来的会计师事务所。审计工作底稿中对审计客户的历史情况、重要文件的记录，以及资产负债表余额的审计结果，都可以成为注册会计师再次接受委托后编制审计计划、编制审计工作底稿的有用参考。

（2）审计工作底稿的分类

按照不同的标准，审计工作底稿可以进行不同的分类：

①按照工作底稿的形式，可以划分为计算表格、流程图、核对清单、书面文件笔录。但是，在审计实践活动中，很少按照此种方法进行分类，因为针对每一具体审计目标获取审计证据的方法不同，就可能形成不同形式的审计工作底稿，按此方法分类，不利于得出每一审计应证项目的结论。

②按照工作底稿的性质和作用，可以划分为综合类、业务类和备查类工作底稿。在审计实践活动中，这是最主要采用的分类方法。

综合类工作底稿通常包括注册会计师在审计计划阶段和报告阶段为规划、控制和总结整个审计工作并发表审计意见所形成的审计工作底稿。其具体内容有：审计业务约定书、审计计划、审计总结、未审计和已审计报表、审计差异调整表、试算平衡表、审计报告、管理建议书、审计客户管理层书面声明以及注册会计师对整个审计过程进行组织管理的所有其他记录和资料。对一些特殊事项审计，如或有损失、期后事项、持续经营能力等所形成的审计工作底稿，因其性质的特殊性及与已审计报表和附注的关系密切，通常也归入综合类工作底稿。

业务类工作底稿通常是指注册会计师在审计实施阶段为执行具体审计程序所形成的审计工作底稿。其主要包括注册会计师对某一审计应证项目所进行的各种测试的记录和资料，这些记录的完整性、合理性与真实性对审计工作质量及审计报告的恰当性有直接影响。

备查类工作底稿是指注册会计师在审计过程中形成的，对审计工作仅具有备查作用的审计工作底稿。其主要包括审计客户的营业执照，合营合同，协议，章程，组织结构图，董事会、股东会会议纪要，重要的经济合同，相关内部控制制度及其研究评价记录，历年审计报告等资料的复印件或摘录。通常这类底稿由审计客户或第三方提供或代为编制，但对注册会计师理解审计客户的经营活动、控制环境有着重要的作用。

（3）审计工作底稿的基本内容与编制要求

①审计工作底稿的基本内容

注册会计师编制的审计工作底稿通常应包括以下基本内容：

a.审计客户名称。

b.审计应证项目名称、具体审计程序及实施对象的名称。

c.审计时点或期间，指资产负债表的报告时点或利润表项目的报告期间。

d.审计过程记录。注册会计师的审计轨迹和专业判断过程都应记录在内，包括审计中遇到的重大事项和得出的结论，以及在得出结论时作出的重大职业判断。

e.审计标志及其说明。审计标志是注册会计师为表达审计含义、提高工作效率而采用的符号，在一项审计委托中，所采用的审计标志应当统一。

f.审计结论，即注册会计师对某一审计应证事项所作出的专业判断。

g.索引号以及页次。为了查找和阅读方便，将同一性质或反映同一应证事项的审计工作底稿分别归类，并标明特定的编号，即索引号；同一索引号下的不同工作底稿再按顺序编号。

h.编制者姓名及编制日期以及复核者姓名及复核日期。这表明了不同审计的工作成果，也便于进行责任和质量的鉴定。

i.其他应说明事项。

②审计工作底稿的编制要求

编制审计工作底稿时，需要注意以下事项：

a.记录在审计工作底稿上的各类资料的来源要真实可靠，内容应完整。所谓真实是要求审计记录所依据的资料已通过一定的审计程序验证其可靠性，且记录过程是对审计客户有关情况的客观描述，注册会计师自己的计算过程也是准确无误的。所谓完整是要求将审计的全过程记录下来，记录的结果应能反映审计的轨迹。

b.从成本与效益角度考虑，工作底稿应着重反映对审计结论有重大影响的内容。

c.按照审计程序对审计项目实施审计后，注册会计师应对审计项目明确表达其最终的专业判断意见。

d.为了辨明不同人员的审计责任，以及方便后续的复核检查，编制工作底稿时应要素齐全、格式规范、标志一致、记录清晰。

（4）审计工作底稿的复核与保密

按照质量控制中有关分级复核的要求，审计项目的现场负责人应对所有审计工作底稿进行详细复核，在此基础上进行审计总结。在审计总结阶段，需要完成以下工作：编制审计差异调整表、判断重要性水平、编写重大事项请示报告、编制试算平衡表、与审计客户沟通、取得管理层书面声明、编写审计小结等。这些工作所形成的文档是重要的综合性审计工作底稿。更高层次的复核是在现场负责人复核的基础上进行的，后者的复核通常不必复核全部工作底稿，而是有选择地进行复核。一般地说，与低风险区域有关的工作底稿只需要浏览，而与高风险区域有关的工作底稿则需要仔细地阅读。

复核者需要留下书面的复核轨迹，其复核重点一般为：所引用的有关资料是否翔实可靠；所获取的审计证据是否充分适当；审计判断是否有理有据；审计结论是否恰当。本书第13章将对审计工作的复核问题作出更深一步的讨论。

尽管审计工作底稿所记录的大部分内容都是来自审计客户的经营活动信息，但是，这其中存在着注册会计师的专业判断，是后者对其执行的审计工作所作的完整记录，因此，审计工作底稿应当归属为注册会计师所有。但是，审计工作底稿毕竟涉及审计客户的经营活动，有其经营的部分机密信息，一旦泄露出去会对审计客户的经营活动造成伤害，也相应地损害了事务所和注册会计师的利益和声誉。因此，审计职业道德准则中规定了保密原则，要求除法律法规要求的情形外，注册会计师应当对审计工作底稿保密，维护审计客户和委托人的合法利益。本书第4章中对此已经作出了介绍，这里就不再赘述。

2）审计档案

审计档案是指一个或多个文件夹或其他存储介质，以实物或电子形式存储构成某项具体业务的审计工作底稿的记录。

注册会计师应当在审计报告日后及时将审计工作底稿归整为审计档案，并完成归整最终审计档案过程中的事务性工作。审计工作底稿的归档期限为审计报告日后六十日内。如果注册会计师未能完成审计业务，审计工作底稿的归档期限为审计业务终止后的六十日内。在完成最终审计档案的归整工作后，注册会计师不应在规定的保存期限届满前删除或废弃任何性质的审计工作底稿。会计师事务所应当自审计报告日起，对审计工作底稿至少保存十年。如果注册会计师未能完成审计业务，会计师事务所应当自审计业务终止日起，对审计工作底稿至少保存十年。

（1）审计档案的分类

审计档案按其使用期限的长短和作用大小可以分为永久性档案和年度工作档案。

①永久性档案。归入永久性档案的资料往往是对审计客户背景进行客观描述的资料。这些资料的内容具有相对稳定性，在以后的审计年度中也具有使用价值。永久性档案一般由综合类和备查类工作底稿组成。

②年度工作档案。归入年度工作档案的资料往往是与当年年度报表项目直接相关的审计资料和证据，其内容随着会计年度变化而经常发生变化，只能对当期或下期的审计工作起到参考作用。年度工作档案一般由当期审计的业务类工作底稿组成。

（2）审计档案的基本结构

审计档案的基本结构取决于审计委托事项。通常，审计档案应包括以下三个部分：一是审计客户的未审计情况，包括审计客户的内部控制情况、有关会计账项的未审计发生额和期末余额；二是审计过程的记录，包括注册会计师实施的审计测试性质、审计测试项目、抽取的样本和检查的重要凭证、审计标志及说明、审计调整的重分类等；三是审计结论，包括注册会计师对审计客户内部控制研究与评价的结果、有关会计账项的审定发生额和审定期末余额。

如果审计委托是对年度报表进行审计，则形成的审计档案应包括的审计工作底稿主要有以下内容：与审计客户设立有关的法律性资料；与审计客户组织机构及管理层人员结构有关的资料；重要法律文件、合同、协议和会议记录的摘录副本；审计客户相关内部控制制度的研究与评价记录；审计业务约定书；审计客户的未审计会计报表及审计差异调整表；审计计划；实施具体审计程序的记录和资料；与审计客户、其他注册会计师、专家、有关人员的会谈记录、往来函件；审计客户书面声明；审计报告、管理建议书底稿副本；审计委托事项完成后的工作总结等。

本章小结

会计报表审计过程就是运用职业判断获取审计证据，并以此形成审计意见的过程。为了验证不同的具体审计目标，首先，需要获取不同的审计证据。在审计实践活动中，审计证据的种类繁多，其功能、处理方式、取得途径、获取的方法等各有不同。其次，需要确立审计证据的属性特征，主要是审计证据的充分性和适当性，并以此来评价和选择审计证据。从理论上讲，为了得出准确的审计结论，注册会计师应获取充分、适当的审计证据，但从实践角度看，注册会计师在获取审计证据时也不得不考虑审计成本和审计收费水平。审计工作底稿实际上是审计证据的书面载体，包含了注册会计师在执行审计业务过程中形成的全部审计工作记录和获取的资料。完成一项审计委托后所形成的审计工作底稿经过分类整理、汇集归档后，就形成了审计档案。

主要概念和观念

□　主要概念

审计证据　实物证据　书面证据　口头证据　环境证据　直接证据　间接证据　内部证据　外部证据　亲知证据　正面证据　反面证据　检查　监盘　观察　查询和函证　重新计算　审计工作底稿　审计档案

□　主要观念

管理层对会计报表的认定　具体审计目标与会计报表认定的关系　审计证据与证明力　审计证据与获取方法之间的关系　评价和运用审计证据应考虑的因素　审计工作底稿的内容与编制

基本训练

□　知识题

10.1　阅读理解

1）根据被审计单位管理层就会计报表作出的认定，会计报表审计中的具体审计目标是什么？

2）根据审计证据的外在形式，可将审计证据划分为哪些类型？

3）获取审计证据的方法有哪些？

4）评价和使用审计证据时应考虑哪些因素？

5）审计工作底稿可以划分为几类？

6）什么是审计档案？按审计档案的保管期限可将其划分为哪些类型？

10.2　知识应用

1）选择题

（1）下列审计证据中，证明力最差的是（　　）。

A.被审计单位的仓库进仓单

B.被审计单位外部第三方直接寄给审计人员的凭证

C.被审计单位的销售发票

D.审计人员自己进行的计算

（2）会计师事务所接受委托对被审计单位进行审计所形成的审计工作底稿，其所有权归属于（　　）。

A.被审计单位   B.委托人

C.事务所   D.负责审计的注册会计师

（3）下面有关审计证据的表述中，正确的是（   ）。

A.注册会计师获取的环境证据一般不属于基本证据

B.注册会计师运用观察、检查、查询、函证、重新计算或执行、分析性复核等方法均可获取书面证据

C.注册会计师自行获得的审计证据通常比被审计单位提供的证据可靠

D.注册会计师运用观察、查询、函证、监盘、重新计算或执行、检查和分析性复核等方法均可获得与内部控制有关的审计证据

（4）下列属于基本证据的是（   ）。

A.实物证据   B.口头证据

C.环境证据   D.会计记账凭证

（5）被审计项目的总体规模大小与所需的审计证据数量之间（   ）。

A.没有影响   B.呈同方向变化

C.呈反方向变化   D.呈不固定方向变化

（6）在（   ）时，注册会计师可以向外界提供或透露被审计单位的机密信息。

A.被审计单位书面同意   B.注册会计师认为这样对被审计单位有利

C.注册会计师认为这样对社会公众有利 D.被审计单位不再委托注册会计师审计

（7）下列属于环境证据的是（   ）。

A.被审计单位有关内控情况   B.被审计单位管理人员素质

C.被审计单位各种管理条件和管理水平 D.被审计单位管理层出具的书面声明

（8）可以采用（   ）方法获取审计实物证据。

A.函证   B.计算   C.观察   D.盘点

（9）运用分析性复核可以获取（   ）类型的审计证据。

A.书面证据   B.实物证据   C.口头证据   D.环境证据

（10）若要得出恰当的审计结论，则获取的审计证据应具有（   ）。

A.充分性   B.适当性   C.有效性   D.经济性

（11）若注册会计师无法取得充分且适当的审计证据，可视情况发表（   ）的审计报告。

A.无保留意见   B.保留意见   C.拒绝表示意见   D.否定意见

（12）注册会计师编制审计工作底稿的目的是（   ）。

A.协助注册会计师进行审计   B.帮助注册会计师编制审计报告

C.支持会计报表的公允性   D.提供已实施审计工作的证据

2）判断题

（1）口头证据本身并不足以证明事情的真相，只能起到提供线索的作用。   （   ）

（2）对于重要的审计项目，注册会计师不应以审计成本的高低或获取审计证据的难易程度作为减少必要审计程序的理由。   （   ）

（3）不同来源或不同性质的审计证据相互印证时，审计证据较具可靠性。   （   ）

（4）注册会计师不应考虑获取审计证据的成本效益，而需要选取最有力的审计证据。

（ ）

（5）审计工作底稿可以证明注册会计师是否遵循了公认审计准则，从而解脱或减轻注册会计师的审计责任。 （ ）

（6）审计工作底稿是编制审计报告的依据，审计证据是审计报告的基础，所以，审计工作底稿就是审计证据的组合。 （ ）

（7）审计客户的业务操作规程应当归入永久性审计档案。 （ ）

（8）审计证据可靠性越高，证明力越强，对审计意见的影响也越大。 （ ）

□ 技能题

操作练习

1）注册会计师监督盘点产成品，其中包括价格昂贵、结构复杂的电子产品。请分析该监盘获取的证据有哪些局限性。

2）请比较下列审计证据的证明力，并将它们按证明力大小排序：

（1）注册会计师独立计算的数据；

（2）销货发票存根联；

（3）被审计单位经理提供的"一切负债均已入账"的书面声明；

（4）与银行对账单同时取回的已付支票的转账通知；

（5）直接寄给注册会计师的应收账款询证回函。

□ 能力题

10.1 案例分析

1）请你学习完本章内容后，帮助解答本章引例中的疑问。

2）小张是一家会计师事务所的项目经理。在对A公司的审计过程中，A公司一位未分管财务工作的副总经理进入审计人员工作的办公室，并翻看了部分审计工作底稿。鉴于礼貌和职权，小张没有制止该副总经理的行为。事后，该副总经理因与总经理之间存在矛盾而利用其看到的审计工作底稿的内容片段，指责总经理存在严重的工作失误，最终导致其被卷入此事件。事务所不得不花费大量的时间解决该问题。请你从对该事件的分析中谈谈注册会计师的保密责任。

10.2 网上调研

审计证据的充分性与审计成本之间存在着矛盾，请通过对实际工作者的调查，谈谈你认为该如何处理二者之间的矛盾。

□ 拓展阅读内容

10.1 美国证监会于2012年12月3日，对"四大"会计师事务所的中国子公司提起了行政诉讼，指控这些会计师事务所拒绝向美国证监会提交中国客户的审计底稿和相关工作文件。被列为被告的是"四大"的德勤、安永华明、毕马威华振、普华永道中天，以及一家名为立信大华的会计师事务所。与之相关的事实是，在过去两年中，数十家在美国上市的中国公司因爆出财务欺诈丑闻，被禁止交易或者勒令退市。美国证监会指称，这些会计师事务所违反了《证券法》和《萨班斯-奥克斯利法》（第106条款）的规定，即具有审计在美上市公司资格的会计师事务所，都必须接受美国监管方面的各种审查，包括出示审计工作底稿。2012年5月9日，德勤的上海子公司因为拒绝交出客户东南融通（PK：LGFTY）的审计底稿，遭到了美国证监会提起的刑事诉讼，这也是美国证监会首次针对境外的会计师事务所发出的行政诉讼。上海德勤以违反中国政府的"国家机密"为理由，拒绝了美国证监会的要求。美国证监会也曾尝试从美国德勤索要涉案的工作底稿，但美国德勤以没有参与涉案公司的审计工作为由，拒不提供任何材料。

10.2　据华尔街日报和路透社2016年8月5日报道，在美国上市的阿里巴巴和百度及其外部审计师（分别为：普华永道香港和安永北京）正准备接受美国上市公司会计监管委员会（PCAOB）的检查。据知情人士透露，预计PCAOB未来几个月将调取审计机构对阿里巴巴和百度账目的审计工作底稿。

第 *11* 章

内部控制与测试（上）

学习目标

通过本章的学习，你应该能够达到：

知识目标：了解内部控制的含义；了解内部控制与审计的关系；了解内部控制的基本方式；了解和评价内部控制的基本内容。

技能目标：能根据具体环境设计相应的内部控制措施。

能力目标：分析具体环境中内部控制的漏洞。

现代审计是建立在对审计客户内部控制信赖程度之上的抽样审计。审计客户有责任建立健全内部控制，及时有效地防止、发现重要的错报、漏报，以及达成其他控制目标。内部控制不能完成上述目的的可能性就是控制风险，它将影响财务报表审计的实质性测试的性质、时间和范围。

引例：

内部控制与"亚细亚"的倒闭有什么关系？

小王是某高等院校会计专业的学生，他在阅读课外信息时看到如下报道：

郑州"亚细亚"是我国最早的股份制商业企业，开业于1989年5月，它以灵活的机制、"顾客至上"的服务理念和出奇制胜的公关营销术迅速发展壮大。开业仅7个月就实现销售额9 000万元，1990年达1.86亿元，实现税利1 315万元，一年就跨入全国50家大型商场行列。到1995年，其销售额一直呈增长趋势，1995年达4.8亿元。从1993年起，郑亚集团以参股的形式投资10多亿元，先后建立了多家"亚细亚"连锁店、参股公司，以及另一个新商场——"仟村百货"。但进入20世纪90年代中后期，各地的"亚细亚"连锁企业纷纷关门。1998年8月15日，郑州"亚细亚"关门！郑亚集团总负债已达6.15亿元，资产负债率为168%。

事后调查发现，郑州"亚细亚"存在下列问题：1992年，郑州"亚细亚"总经理成立一家新公司，并自任法人代表和总经理。郑亚集团公司董事会决定，委托这家新公司管理和经营郑亚集团股份公司并按照销售额的1%提取管理费。总经理从此离开了郑州，基本上在外地遥控实施对郑亚集团和商场的管理。"亚细亚"集团的注册日期是1993年10月，但直到1995年6月才最后确立。在持续将近两年的时间里，集团公司一直处在不断演变的动态之中，没有按章程规范化运作，董事会从未召集董事们就重大决策进行过决议，凡事都由总经理一人拍板。另一大股东自1995年起因股权纠纷问题未解决而不再参加董事会。

由于拓展速度飞快，其建设面临人员不足等现象，公司便紧急招人，并按照人员五官端正、口齿清楚的程度，以及是否有公关技能任命到不同层次的管理岗位中。

因为总经理坐镇外地，一边经营郑亚集团，一边经营自己的公司，自"亚细亚"开业以来，没有进行过一次全面彻底的审计，在偶尔的局部的内部审计中曾发现资金被转移的事，后来不了了之。郑亚集团从上到下对集团的性质、状况、资产分布情况均不清楚，由于总部就存在着产权不明晰的问题，各地的参股公司和"仟村百货"与郑州"亚细亚"的关系，连郑亚集团后来几任董事长也说不清。其经营过程中屡屡发生问题，如为了降低购货成本而设的"货物配送中心"发出的货比市场上的零售价都贵；某大商场开业不久楼顶预制板就掉了下来；两家新开仟村百货商场，仅设计费就高达400万元；某地"亚细亚"商场贷款2 000万元，一位股东高某打电话就要走60万元，调拨到异地给他的一位好朋友做房地产生意，其朋友亏损后，以两栋楼房抵给高某，该商场一分钱也没得到；一家购物广场6部电梯多支出的180万元不知被谁白白拿走；某商场经理与电讯部的员工勾结，购进600万元的电讯器材，不放在商场，却私自存在一家个体户的小零售店中，3年以后取货，只拿回来60万元的货物，才1/10等。该报道最终总结到："正是因为郑州'亚细亚'的内部控制环节出现了问题，才造成了该公司的陨落。"

小王纳闷，什么是内部控制，它跟郑州"亚细亚"的倒闭有什么关系？

11.1　内部控制

内部控制属于企业内部管理制度，并不是天然的与财务报表审计联系在一起，只是随着内部控制与财务审计的发展，审计职业界认识到，借助于评价审计客户的内部控制可以减少审计检查的样本量，财务审计技术和内部控制的联系才密切起来。

1）内部控制的发展及其含义

内部控制的历史源远流长，人类社会自产生管理活动以来就产生了内部控制及内部控制思想。控制是企业经营管理不可或缺的一个环节。随着企业经营规模的不断扩大，经营环境的日趋复杂，企业间竞争日趋激烈，其生产经营活动也日益复杂，企业对内部管理及控制的要求也越来越高。在此背景下，理论界和各专业团体也加强了对内部控制的研究。

（1）内部控制思想的历史演进

归纳起来，内部控制理论的发展大致可以区分为内部牵制、内部控制制度、内部控制结构与内部控制整体框架等不同阶段。

内部牵制思想是以账目间的相互核对为主要内容，并实施岗位分离，在早期被认为是确保所有账目正确无误的一种理想控制方法。

1949年，美国注册会计师协会（AICPA）下属的CAP首次超越了内部牵制思想，提出了内部控制制度概念，并在1958年和1972年两度对该概念进行进一步的完善。此观点认为，内部控制应该分为内部会计控制和内部管理控制（也称内部业务控制）两个部分，前者在于保护资产，检查会计数据的准确性和可靠性；后者在于提高经营效率，促使有关人员遵守既定的管理方针。

西方学术界在对内部会计控制和内部管理控制进行研究时，逐步发现这两者是不可分割、相互联系的，因此，在20世纪80年代提出了内部控制结构的概念，认为企业的内部控制结构包括为合理保证企业特定目标的实现而建立的各种政策和程序，并且明确地将内部控制分为控制环境、会计制度和控制程序三个方面。从对内部控制的"制度二分法"发展为"结构分析法"是内部控制发展史上的一次重大变革，但由于该概念的提出仅仅依靠AICPA，并没有得到广泛的认可并达成共识，因而也无法很好地指导实践。

20世纪90年代，由美国注册会计师协会（AICPA）、国际内部审计师协会（IIA）、财务经理协会（FEI）、美国会计学会（AAA）、管理会计学会（IMA）共同参与组成一个专门委员会（Committee of Sponsoring Organizations of the Treadway Commission，COSO委员会），其目的在于帮助企业及其他组织的管理层，使他们更好地进行业务控制，整合不同的内部控制关键点，提出内部控制整体框架思想。随着时间推移，COSO几度发布报告，对内部控制的具体内容也多次修订。

（2）COSO委员会的内部控制观

COSO委员会提出，内部控制是由企业董事会、管理层和其他员工实施的，为经营活动的效率效果、财务报表的可靠性、相关法令法规的遵循性等目标的达成提供合理保证的过程。[①]

①内部控制的组成

其构成要素应该来源于管理层经营企业的方式，并与管理过程相结合，具体包括：

a.控制环境。任何企业的核心都是企业中的人及其活动。人的活动在环境中进行，人的品性包括操守、价值观和能力等，它们既是构成环境的重要因素之一，又与环境相互影响、相互作用。环境因素是推动企业发展的动力，是其他控制要素的基础。

b.风险评估。企业必须制定目标，该目标必须与生产、销售、行销、财务等作业相结合。为此，企业必须设立可辨认、分析和管理相关风险的机制，以了解自身所面临的风

---

① 内部控制是近来发展比较快的概念之一。COSO委员会2004年9月发布的《公司风险管理框架》认为，企业风险管理包括内部控制并且全面取代内部控制，从而确立了内部控制向企业风险管理发展的合理性。《企业风险管理框架》中所指出的八要素为：内部环境、目标设定、事件识别、评估风险、应对风险、控制活动、信息与沟通和监督。2014年COSO委员会发布新的框架，最显著的变化是在旧框架的基础上，提炼出内部控制五要素的17项原则和81个要点（Points of focus）。2017年COSO委员会更新了《企业风险管理框架》，最明显的变化是去风险化，不再一味地强调风险视角下的企业治理和管理要素，而是直接将风险要素嵌入到企业治理和管理，变成贯穿于企业战略、价值提升和绩效之中。

险，并适时加以处理。

c.控制活动。企业必须制定控制的政策和程序，并予以执行，以帮助管理层保证"为保证其控制目标的实现，其用以辨认并用以处理风险所必须采取的行动已有效落实"。

d.信息与沟通。围绕在控制活动周边的是信息与沟通系统。这些系统使企业内部的员工能够取得他们在执行、管理和控制企业经营过程中所需要的信息，并交换这些信息。

e.监控。整个内部控制的过程必须得到恰当的监督，通过监督活动在必要时对其加以修正。

②内部控制的目标

COSO委员会同时指出，企业所设定的目标是一个企业努力的方向，内部控制组成要素则是为实现或达到该目标所必需的条件，两者之间存在着直接的关系。因此，企业建立内部控制的目标可以表述为：

a.保证信息的可靠性和完整性；

b.保证遵循政策、计划、程序、法律和法规；

c.保护资产的安全；

d.提高经营的经济性和有效性；

e.保证完成所制定的经营或项目的任务和目标。

内部控制的每一个组成要素都适用于所有的目标类别，每一个组成要素也与每一个目标有关。但是，内部控制也存在着固有的局限性，它会受到成本效益原则的制约，会因为执行人员的疏忽大意或者相互勾结而失效，也可能因为经营环境和业务性质的改变而失效。

2）内部控制与现代审计的关系

建立并确保内部控制有效实施的责任属于企业管理层，注册会计师之所以需要研究和评价审计客户的内部控制是出于以下考虑：

（1）内部控制可以减少财务报表的错报、漏报和审计风险

财务报表审计的目标是对报表的公允表达及不存在重大舞弊表示审计意见，这与内部控制的目标有所重合。如果审计客户已经建立和有效执行了内部控制，则可以在经济业务处理及会计记录与报表加工过程中防止和发现各种潜在的错报、舞弊等行为，从而排除或减少财务报表出现重大差错或舞弊的可能性，降低审计结论出现差错的风险程度。

（2）内部控制影响审计检查的范围和时间

从理论上看，如果审计中获得的审计证据越客观，质量越高，检查证据越可以相应地减少；同理，如果资料证据不真实、不完整，就必须增加核查证据，才能得出正确的审计结论。由于内部控制具有防错查弊的功能，审计客户的内部控制越有效，会计记录和相关财务报表资料越可信，可依赖和利用程度就越高，也就越可能减少审计核查证据的数量，从而缩小审计范围，节省审计时间和费用。

（3）内部控制扩展了现代审计对象和业务范围

确立内部控制的可信赖程度，就需要把内部控制纳入审计的检查对象中。尽管注册会计师对建立和健全内部控制没有直接的责任，但通过检查可能发现内部控制中存在的缺点和薄弱环节，提请管理层注意或采取措施加以改进，消除产生业务弊端和数据差错的隐

患，这就扩大了审计对象和业务范围。

（4）注册会计师关注内部控制的角度与管理层不同

建立健全有效的内部控制是企业管理层的责任，而注册会计师的职责是利用这些控制的效果为其财务报表审计提供帮助。因二者的责任角度不同，因此，对内部控制的关注角度也有所不同。

①注册会计师根据重要性原则发表审计意见，他可以容忍非实质性的差错，而管理层需要详细而准确的信息进行决策。

②在控制范围上，管理层对内部控制的考虑要比注册会计师更宽。从管理角度看，所有内部控制都是其关注的范围，但并非所有的内部控制都与审计有关。通常与审计相关的控制是那些与保护财务报表的可靠性相关的控制，其他的内部控制对执行审计程序所使用数据的可靠性产生影响时，也被认为是与审计相关的控制，如生产统计因素经常会被注册会计师在分析性复核程序中使用，与此相关的内部控制也被认为是与审计相关的控制。用于维护企业资产安全的内部控制，当它影响到财务报表的可靠性时，就与审计有关，如限制对存货的接触的内部控制就与审计有关，而用于限制对存货的滥用的内部控制，因为它并不对财务报表的可靠性产生实质性的影响，从而与审计无关。

③在内部控制的设计和运转上，注册会计师考虑的要比管理层更多。从审计观点出发，设计的好坏会直接影响日后产生的控制效果，而设计精良的内部控制制度，在运转时也会有意无意地被更改。在审计实务中，不论被审计单位的规模大小，注册会计师都应当对相关的内部控制进行充分的了解，在此基础上对被审计单位的控制风险作出评价，确定后续的实质性程序的性质、时间和范围。

此外，对内部控制的了解、测试和评价只是确定后续审计程序的基础，并不能作为审计工作的全部。即便内部控制良好的单位，注册会计师在测试后认为其控制风险较小，也只能是减少实质性程序的工作量，而不能完全省略。

④注册会计师应注意到内部控制的不唯一性和固有局限性。内部控制制度的方式和手段是多种多样的，且各有其特点和控制目标。内部控制是各种控制手段和方式的组合，不同的组合可以达到相同的目的，即内部控制不具有唯一性。健全的内部控制并不恪守于形式，而着重于最终能否满足总体目标。

内部控制制度也存在无法克服的局限性，如因执行人的疏忽大意、精力分散、判断失误以及对控制指令的误解而造成的人为失误；受成本效益原则的限制，内部控制大多是针对日常大量的经济业务的，而对个别、偶然发生的业务建立的控制较弱；内部控制可能因为有关人员的相互勾结、串通舞弊而失效；内部控制是针对过去的交易而制定的，无法准确地预测到未来，可能因经营环境或业务性质的改变而削弱；内部控制可能因为执行人员滥用职权而形同虚设。所以，不存在完美无缺的内部控制，内部控制只能提供合理保证。

3）内部控制的基本方式

具体来说，企业内部控制的方式主要有以下几方面，这些方面主要表现为控制活动，但其效果的好坏直接受制于其他内部控制要素：

（1）不相容职务分离和组织机构设置

这是企业进行计划、协调和控制经营活动而必须建立的整体框架及职责分工的框架体系。它具体又分为两个方面：

①不相容职务分离

不相容职务是指若干个如由一个人担任既可能发生错误和弊端行为，又有可能掩盖其错误和弊端行为的职务。不相容职务分离的核心是"内部牵制"，它使得一个人或一个部门的工作必须与其他部门或人员相一致或联系，并受到不断的检查。也就是说，一项经济业务至少不能由一个人从头到尾地进行处理。每类经济业务循环必须经过不同部门并保证业务循环中有关部门之间相互检查核对。

一般应分离的不相容职务主要有：

a.授权进行某项经济业务的职务与执行该项业务的职务要分离；

b.执行某项经济业务的职务与审核该项经济业务的职务要分离；

c.执行某项经济业务的职务与记录该项业务的职务要分离；

d.保管某项财产的职务与记录该项财产的职务要分离；

e.保管财产与清查财产的职务要分离；

f.会计工作中，总账、明细账、日记账登记业务要分离等。

②组织机构设置

在企业组织机构设置中，应考虑自动检查与纠正的功能，其要求是：

a.每类经济业务循环必须经过不同部门，并保证业务循环中有关部门之间相互检查。经过这样的检查，能随时发现各类错误和舞弊的情况。

b.在每类经济业务检查中，检查者不应该受被查者领导，以保证检查的问题引起重视，并及时得到纠正。

现在对多数企业来讲，主要是公司法人治理结构的问题，即股东大会、董事会、监事会和经理层的职责安排问题。

（2）授权批准控制

为了防止经济资源的浪费或流失，保障经济活动效率，企业中所有经济业务必须经过授权才能进行。授权批准控制按其形式可分为：

①一般授权

一般授权主要是对日常业务活动的授权。这类授权规定，通常以管理部门的文件规定经济业务中一般性交易办理的条件、范围和对该交易的责任关系，如企业对各职能部门权限范围和职责的规定属于一般授权。该层次的授权过大，风险不易控制；过小则降低效率。

②特殊授权

对于对外投资、资产处置、资金调度及诸如资产重组、收购兼并、担保抵押、财务承诺、关联交易等重要经济业务事项的决策权，以及超过一般授权限制的常规交易，都需要特殊授权，这种授权只涉及特定经济业务处理的具体条件及有关具体人员，且应保持在较高管理层手中。

（3）文件记录控制

①管理文件控制

这是指以书面形式明确企业各级部门、各级管理人员的任务、职权和责任，以及企业所有的方针和程序，以便企业有关人员全面了解管理制度的文件。这些文件有组织图、岗位说明、系统流程图。

②会计记录控制

会计记录控制主要有：a.凭证编号（或预先编号）进行完整性控制；b.通过复式记账核定会计记录正确无误；c.控制账户与明细账户核对，验证会计信息的正确性；d.正确记录总账；e.对每一笔经济业务建立控制数额；f.规定在经济业务记录的截止期采取一些例行程序来保证所有经济业务都在适当的会计期间内予以处理。

（4）实物保护控制

资产保护是内部控制所要达到的重要目标。实物控制措施主要有：

①限制接触财产

严格控制对重要实物资产的接触，只有经过授权批准的人员才可接触这类资产。通常纳入严格限制接触的资产有现金，其他易变现资产如股票、债券等有价证券，存货，支票等重要的票据，个人的印章等。

②定期盘点清查

定期盘点和账实核对不应由担任保管或担任记录事务的人员单独进行。企业可以采用全面清查，也可以局部清查。从控制效果上看，采用永续盘存制记录下的盘点比采用定期盘存制下的盘点效果更好。企业内部控制应当明确处理盘点差异的权限，以及相应人员的责任。

③记录保护

记录保护，即严格限制接近会计记录与业务记录的人员，对重要的数据资料应当备份。

④保险

通过充分地投保来减少财产受损失的程度和机会。广义的资产保护控制，涉及实物的采购、保管、发货及销售等各个环节。

（5）职工素质控制

从某种意义上讲，企业内部控制的成效取决于职工素质的合格程度。职工素质控制即采用一定的方法和手段对职工的思想品德、业务技能和工作能力进行控制，保证各级人员具有与其所负责工作相适应的素质。职工素质控制措施主要包括：①规范的招聘程序；②明确的作业标准；③合理的培训计划；④适当的考核奖惩制度；⑤重要岗位的工作轮换及强制休假制度。

（6）计划预算控制

预算控制由预算编制、预算执行、预算考核等构成。预算控制的内容可以涵盖单位生产经营活动的全过程，如筹资、融资、采购、生产、销售、投资、管理等多方面。在编制计划预算时应注意：①刚性与弹性、安全与效率的协调；②在实际中，无论预算编制是采用自上而下或是自下而上方式，其最终的决策权都落在内部管理的最高层，由该管理层进行决策、指挥和协调；③有预算就必须有考核，需要分析实际与预算存在差异的原因。

（7）风险控制

企业内部控制中应该设立适当的控制机制对可能遇到的经营风险和财务风险进行有效的控制。一套完整的风险控制机制应包括：①风险识别；②风险控制；③风险审计监督；④风险挽救等多层次的控制系统，分别从事前、事中、事后全方位对风险进行控制。

（8）业绩报告控制

业绩报告又称责任报告，是企业内部报告的一种。业绩报告与业绩考核是联系在一起的。如何进行行业业绩的评价和考核是企业管理的重点。内部控制也要为此服务。对于生产工人的评价可以从生产量或劳动时间上来衡量，但究竟应当按什么指标来衡量管理者的业绩，目前还没有形成统一的看法，不同的企业采用的指标也不尽相同。一般认为，科学衡量管理业绩的办法应该是既重视财务业绩的计量，也重视非财务业绩的计量，应包括一系列反映企业前景的指标。一般提出的指标体系包括：财务指标、增长指标、经营指标、顾客指标、创新指标。

（9）内部审计监督控制

内部审计是对各职能部门的财务活动及管理活动进行评价与监督，是内部控制的一个重要组成部分。内部审计若有效，则必须满足3个条件：

①内部审计由一个和原业务活动、记录、保管相独立的人员来执行；

②不管采用全部复核还是抽样复核，复核工作都须经常进行；

③错误和例外须迅速地传达给有关人员以便更正，重复犯错或重大错报及所有不当行为必须向适当管理层报告。

11.2 对内部控制的了解与评价

当存在下列情形之一时，注册会计师应当设计和实施控制测试，针对相关控制运行的有效性，获取充分、适当的审计证据；①在评估认定层次重大错报风险时，预期控制的运行是有效的（即在确定实质性程序的性质、时间和范围时，注册会计师拟信赖控制运行的有效性）；②仅实施实质性程序不足以提供认定层次充分、适当的审计证据。

1）初步了解内部控制

注册会计师对内部控制的了解应当涵盖内部控制的5个组成要素，其中包含了很多具体控制措施。注册会计师主要关注的是与防止和发现财务报表中的重大错报有关的政策和措施。

（1）控制环境

企业的控制环境塑造着这个企业的文化，对员工的控制意识产生重大的影响。这一要素是内部控制的基础。有效控制的关键是管理层对控制的态度。最高管理层如果认为控制是重要的，则企业内的其他人员就会感觉到这一点，才能够自觉地遵守各项控制制度。反之，如果管理层对内部控制并不重视，那么，企业内的其他人员就会知道控制不过是一种形式，设计再好的控制制度也不会起到应有的作用。

会对控制环境产生影响的因素包括：管理层的道德品行和价值观，管理哲学和经营的风格，企业的组织结构，人力资源政策和实务等。注册会计师应当充分调查、了解这些相关的因素，并利用这些信息来评价管理层对内部控制的态度和意识。

（2）风险评估

企业的经营面临着多种风险，风险评估是处理这些风险的基础，与财务报告相关的风险评估就是管理层如何识别和分析与编制财务报表相关的风险。例如，对于电子行业的企业而言，由于技术更新迅速，企业的存货经常会面临价值下跌的风险，因此，管理层如何应对这种风险以避免出现高估存货价值的风险就很重要。

注册会计师应对此进行调查，以了解管理层如何看待影响财务报告目标的因素，如何估计这些因素的重要性和可能性，并如何进行处理。通过观察与了解，注册会计师需要对管理层控制与防范风险的能力作出评价。

（3）会计信息和沟通制度

任何企业总是存在着某种形式的信息处理和交流机制，这些制度也是企业正常运行不可或缺的部分。企业的会计信息和沟通制度直接与审计相关，会计信息系统所产生的财务报告正是审计的直接对象。注册会计师应当了解企业所从事的主要交易和事项的种类，并了解这些交易和事项的流程及其处理方法。通常可以将企业所从事的交易和事项划分为几个主要的业务循环进行识别。例如，对于制造业企业来说，可以划分为如下几种主要的业务循环：

①收入（销售）循环，包括从顾客处收取订单、批准信用额度、发货、销售发票的填写、收入和应收账款的记录、现金收款的处理和记录等相关的程序和政策。

②支出循环，包括存货、其他资产和服务的采购，处理采购订单，货物采购的验收，应付供应商货款的记录，付款审批，现金支出及其记录等相关的程序和政策。

③生产循环，包括原材料的贮存、原材料的生产投入、生产成本的分配、销售商品的生产成本的会计处理等相关的程序和政策。

④薪资循环，包括雇佣员工、考勤、计算工资总额、计算个人所得税、发放工资等相关的程序和政策。

⑤融资循环，包括涉及银行贷款的交易的审批、执行和记录，租赁，应付债券和权益性股票等相关的程序和政策。

⑥投资循环，包括涉及固定资产和证券投资的审批、执行和记录等相关的程序和政策。

对于不同的行业而言，其业务循环类别不会完全一样，如对于商业企业，就没有生产循环，注册会计师应当根据每一个客户所在的行业和具体情况正确划分业务循环，了解其相应的会计制度和沟通制度。

（4）控制活动

控制活动是帮助管理人员确保指令能够被有效执行的程序和政策。常见的控制活动包括资产控制、复核、职责分工、业务和活动授权等。

每一类控制活动通常包括两个要素：政策和程序。政策规定应当如何做，程序则是执行政策，使政策产生预期的效果。对内部控制的其他要素进行调查、了解的同时，注册会计师通常都会获得一些关于控制活动的认知。因此，是否专门分配时间对控制活动进行了解取决于客户的具体情况及注册会计师对此的专业判断。

（5）监督

监督是管理层对内部控制的质量和效果进行的评价，以确定各项控制是否按照预期的设计在运行，是否应该进行修正以适应新的变化。监督可以确保内部控制能够持续、有效地运作。

进行监督的方式主要有两种：持续监督和个别评估。持续监督实际是内生于企业持续的经营活动中的，企业构建的内部控制通常就包括对其本身的持续监督。例如，顾客已经支付了支票，则表明客户已经验证了账单资料是正确的，这就是一种隐含于日常内部控制中的持续监督。它是一种即时的监督活动，个别评估则是一种事后的监督。因此，持续监督比个别评估更为有效。注册会计师应当对被审计单位的监督活动进行了解，并评价企业如何通过这些活动来对内部控制进行调整，以应对变化的环境。

2）内部控制相关信息的来源

注册会计师获取关于被审计单位内部控制相关信息的来源主要有以下几个：

（1）询问审计客户的相关人员

可以向审计客户的相关管理人员、内部控制具体的执行人员询问他们对内部控制的认识，对内部控制执行效果的看法，以获得相关内控信息。在调查时，通常需要向不同层次的人员进行调查，同时也可以向他们询问对内部控制的理解，以确保内部控制得到很好的理解。

（2）查阅相关的内部控制文件和记录

一般企业的内部控制都会有正式的书面文件，如制度规定、岗位职责说明等，注册会计师可以通过查阅这些书面文件来了解企业内部控制的建设情况。此外，各种内部控制的执行都会留下大量的凭证和记录，通过对这些凭证和记录的审阅，可以了解内部控制是否得到正确的实施。

（3）观察控制活动和经营活动的实施情况

注册会计师还应当对企业的经营活动及相关的控制活动的实际运行情况进行实地观察，以了解内部控制是否确实得到认真的执行，防止内部控制形式化。

（4）以前年度的审计工作底稿

如果以前年度曾经审计过同一客户，则可以调阅以前年度的工作底稿，针对以前年度内部控制的薄弱点以及本年度可能发生变化的内部控制进行重点调查。

（5）被审计单位的内部审计报告

内部控制信息的另外一个很好的来源就是被审计单位的内部审计师所出具的内部审计报告。内部审计的一个重要的职能就是对企业内部控制的适当性、合法性和有效性进行审查和评价，并对可能存在的问题提出修正的意见和建议。因此，在可能的情况下，如果能取得被审计单位内部审计师所出具的内部审计报告，可以更好地了解其内部控制。

上述几种来源是注册会计师获取客户内部控制相关信息的重要渠道，注册会计师通过这几种渠道收集相关的信息和证据，形成对审计客户内部控制的总体印象，以便初步评价控制风险。

3）对内部控制情况的记录

注册会计师在对审计客户内部控制进行调查、了解的同时，应当将所了解的情况记录在工作底稿中。记录时，可以采用内部控制调查表、流程图和文字说明法等方式。

（1）内部控制调查表

内部控制调查表是针对企业内部控制与保证会计记录的正确性和可靠性，以及与保证资产完整性有密切关系的事项所设计的调查表，既可以由审计客户有关人员填写，也可以由注册会计师在调查的基础上自行填写。

内部控制调查表（见表11-1）中所列的问题一般应包括各个业务循环相关内部控制的关键点。通常调查表中的问题都要求给予"是"或"否"的回答，如果回答"否"，就表明内部控制可能存在着缺陷。

表11-1　　　　　　　　　　　　　内部控制调查表——存货

客户：　　　　　　　　　　　被调查人：　　　　　　　　　　日期：

调查问题	回答			是否存在缺陷		备　注
	是	否	不适用	轻微	严重	
①购进货物是否都存放于仓储部门？						
②购入存货入库前是否都经过必要的验收？						
③存货的申请领料、审批、保管、发货、记账职务是否分离？						
④是否所有存货均设有永续盘存记录？						
⑤永续盘存记录是否至少每年实地盘点核对一次？账面与实存之间的差异是否及时追查并处理？						
⑥盘点前是否有书面计划？盘点后是否将盘点表等妥善保管？						
⑦盘盈、盘亏、报废、毁损、滞销的存货是否及时报告？						
⑧仓储部门是否凭领料单发货？						
⑨残废料的处理是否需经批准？						
⑩存货计价方法、费用的归集和分配方法以及成本计算方法前后期是否一致？						
⑪存货流转和成本计算的原始凭证是否完整？						
⑫是否按规定的成本核算流程和账务处理流程进行核算和账务处理？						

存在的问题与总体评价：

审计人＿＿＿＿＿＿＿＿＿日期＿＿＿＿＿＿＿＿＿

注册会计师可以按照不同行业事先设计好一定的调查表模板，其中针对不同行业内部控制常见的薄弱点设计问题。在应用时，可以根据每个企业的具体情况对模板调查表进行修正，以便更好地反映审计客户的情况，更有效地揭示其可能存在的问题。

内部控制调查表的优点是应用简便，可以较快地形成对审计客户内部控制的初步印象。它的缺点是只能对客户的个别方面进行调查，无法提供制度的整体概况。此外，内部控制调查表往往不适用于某些审计客户，特别是小型的客户。

（2）内部控制流程图

内部控制流程图是运用符号和图形来反映被审计客户的业务凭证及其在组织内部有序流动过程的图表。流程图的优点在于：编制清楚的流程图可以清晰、直观地了解客户内部控制地运行，充分反映出职责分工，从而帮助注册会计师识别内部控制中的不足之处。

图 11-1 列示了一些常见的流程图符号。

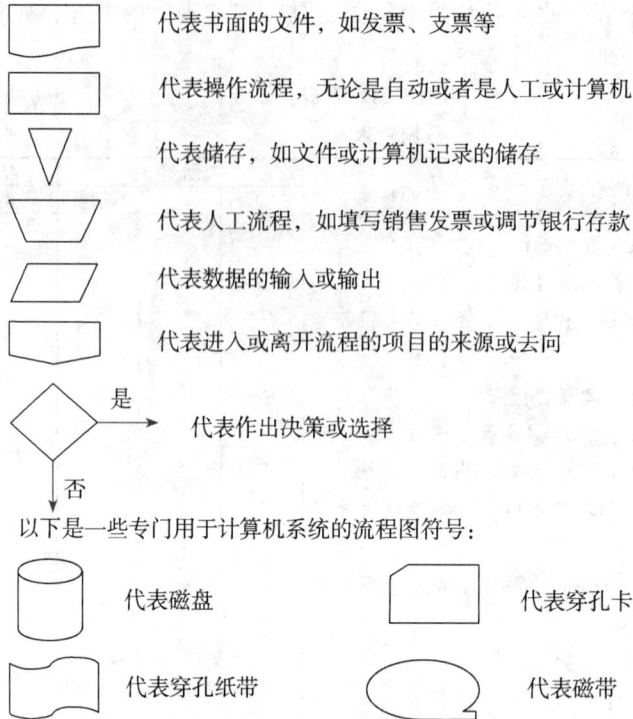

　　代表书面的文件，如发票、支票等

　　代表操作流程，无论是自动或者是人工或计算机

　　代表储存，如文件或计算机记录的储存

　　代表人工流程，如填写销售发票或调节银行存款

　　代表数据的输入或输出

　　代表进入或离开流程的项目的来源或去向

　是

　　代表作出决策或选择

　否

以下是一些专门用于计算机系统的流程图符号：

　　代表磁盘　　　　　　　　　代表穿孔卡片

　　代表穿孔纸带　　　　　　　代表磁带

图 11-1　一些常见的流程图符号

在用流程图描述审计客户的内部控制时，注册会计师要特别注意各个经营环节之间的相互关系，依据事项发生的逻辑顺序来描述。一般在绘制流程图时，以一个业务环节为单元，采用二维流程图，不仅考虑时间顺序，还要考虑凭证在各部门之间的传递过程或空间。图 11-2 就是关于销售循环的流程图。

（3）文字说明法

文字说明法是用文字叙述的方式对客户的内部控制进行描述。在说明中应当描述每一类业务循环的流程，分清每一位职员的职责分工，每个流程生成的凭证、文件和记录等。表 11-2 就是文字说明法的举例。

文字说明法的优点在于可以对内部控制作出比较深入和具体的描述，弥补了调查表只能作出简单肯定或否定回答的不足。但它也同样存在着缺点，即对于内部控制的细节很难用语言完全描述出来。因此，文字说明法比较适用于小型、业务流程较为简单的企业。

（4）穿行测试

在借助不同的方法对审计客户的内部控制进行描述后，我们还无法断定所描述信息是否客观、准确，因此，需要进行穿行测试。**穿行测试**也称为全程测试、了解性测试，是指在每一类交易循环中，选择一笔或若干笔业务进行测试，以验证工作底稿中描述的内部控制信息的客观性和准确性。

被审计单位：DY公司	财务报表日：2017年12月31日	索引号：CT-4
审计项目：销售循环	编制人及编制日期：	复核人及复核日期：

图 11-2 销售循环流程图

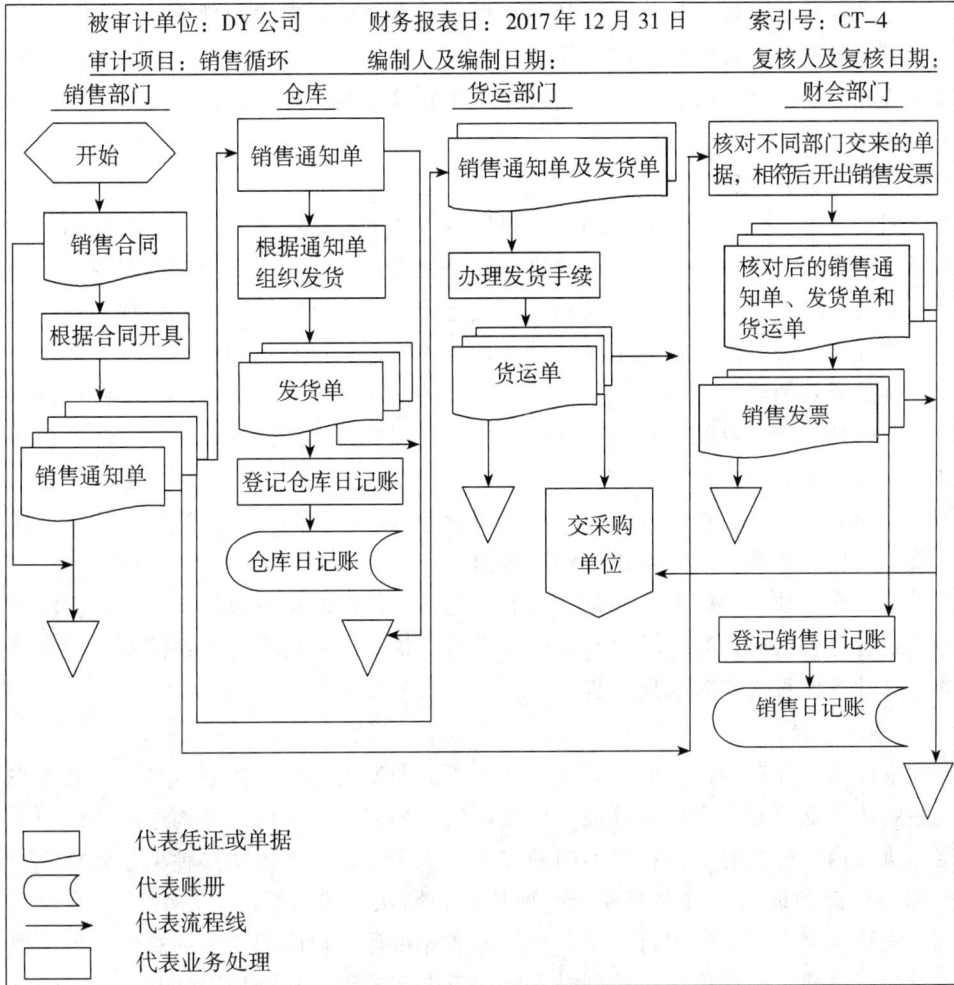

表 11-2 文字说明法描述内部控制

被审计单位：DY公司	财务报表日：2017年12月31日	索引号：CT-4
审计项目：投资循环	编制人及编制日期：	复核人及复核日期：

公司投资部对投资项目的可行性进行前期的调查与研究，其调查研究报告交公司最高管理层。100万元以下的投资决策由公司总经理办公会议批准并形成书面文件，100万元（含100万元）以上的投资决策由公司董事会批准并形成董事会决议。

投资项目的执行由投资部负责。投资部应按国家规定办理相关的投资法定手续，并将拟形成的法律文件送公司法律顾问审核，审核后的法律文书由公司法人代表或其授权人签字后生效。法律文书的副本送公司行政办公室备案。

投资过程中的款项支付由财务部负责。财务部接到法人代表及其授权人签字的投资拨款通知书后，按照法律文件规定的拨款方式和时间，由财务部负责人、出纳及公司负责人共同会签支票后拨付款项，并将银行单据送会计处形成相关的会计记录。

投资部门需要每半年对投资项目的运行情况进行审核，如发现异常，应及时向公司总经理及董事会汇报。每年年末，投资部门需要及时获取被投资单位审核后的会计报表，并送财务部门一份。财务部门据投资比例及该会计报表进行相应的投资收益或亏损的确认或备忘记录。

穿行测试的目的是证实注册会计师在工作底稿中对审计客户内部控制的描述是否准确完整，而不是证实内部控制是否有效执行。穿行测试的方法是针对每一类业务循环抽取一笔或数笔业务进行测试追查，以验证是否与工作底稿中的描述一致，若不一致，应修改工作底稿中的描述。

4）对内部控制的初步评价

在识别和了解审计客户内部控制后，根据执行的审计程序及获取的审计证据，注册会计师需要评价内部控制设计的合理性并确定其是否得到执行。注册会计师对内部控制的评价结论可能是：（1）所设计的内部控制单独或连同其他控制能够防止或发现并纠正重大错报，并得到执行。（2）内部控制本身的设计是合理的，但没有得到执行。（3）内部控制本身的设计就是无效的或缺乏必要的控制。注册会计师在对内部控制进行初步评价及风险评估后，确定内部控制本身的设计是否合理；内部控制是否得到执行；是否更多地信赖内部控制并拟实施控制测试。

如果注册会计师认为被审计单位内部控制设计合理并得到执行，能够有效防止或发现并纠正重大错报，那么，通常可以信赖这些控制，减少拟实施的实质性程序。

如果注册会计师认为内部控制是无效的，包括内部控制本身设计不合理，不能实现控制目标，或者尽管内部控制设计合理，但没有得到执行。注册会计师不需要测试内部控制运行的有效性，而直接实施实质性程序。

本章小结

现代审计离不开对内部控制的评价。随着历史的发展，内部控制本身的含义也在不断地变化拓展。内部控制分为控制环境、风险评估、控制活动、信息与沟通以及监控，在具体制定和执行内部控制时又存在着不同的方法。注册会计师需要从多种渠道收集客户内部控制的相关信息和证据，对内部控制的评估则分别从上述要素和方法着手，采取调查表法、流程图法和文字说明法进行记录，最终形成对审计客户内部控制的总体印象，以便初步地评价控制风险。在评价内部控制时需要注意内部控制存在着局限性和不唯一性。

主要概念和观念

□　主要概念

内部控制　不相容职务　一般授权　特殊授权　穿行测试

□　主要观念

内部控制与现代审计的关系　内部控制的局限性与不唯一性　不相容职务分离　内部审计有效的前提条件　内部控制的记录方法

基本训练

□　知识题

11.1　阅读理解

1）什么是内部控制，企业建立内部控制的目的是什么？

2）内部控制的构成要素有哪些？

3）内部控制与现代审计的关系如何？

4）内部控制的基本方式有哪些？

5）什么是穿行测试？其目的是什么？

6）对内部控制初步评价的结果如何影响注册会计师随后的审计测试活动？

11.2　知识应用

1）选择题

（1）内部控制的局限性表现为（　　）。

A.内部控制是针对过去的大量交易而设立的，它可能因环境改变而控制力下降，无法自动地针对未来作出防范

B.内部控制制度可能因为员工的串通舞弊而形同虚设

C.内部控制制度也可能因为执行人员的粗心大意而失效

D.设计良好的内部控制并不等于得到有效的执行

（2）实物保护控制的措施包括（　　）。

A.限制接触财产　　　B.定期盘点清查　　　C.记录保护　　　　　D.保险

（3）如被审计单位内部控制在所审计会计期间发生显著变动，注册会计师应当考虑（　　）。

A.分别进行控制测试　　　　　　　　B.分别进行实质性程序

C.直接进行实质性程序　　　　　　　D.在审计报告中以适当方式进行披露

（4）属于固定资产内部控制的薄弱点是（　　）。

A.购买设备的付款支票未经会计主管签章

B.设备通常在所估计使用寿命即将结束时才重置

C.所有设备的购买均由使用设备的部门自行办理

D.出售已提尽折旧的设备时，将所得价款贷记"营业外收入"科目

（5）为了证实审计工作底稿中对企业存货内部控制的描述是否正确与完整，注册会计师可通过（　　）加以验证。

A.简易抽查　　　　　　　　　　　　B.控制测试

C.现场观察存货的流动与控制　　　　D.询问内部控制相关人员

（6）下列哪一项最不可能是建立内部控制结构的目的（　　）。

A.检查会计数据的真实性和可靠性　　B.防止管理部门舞弊

C.贯彻既定的方针与政策　　　　　　D.保护资产和记录的安全

（7）对于未留下书面线索的控制措施的审查可采用（　　）。

A.审查记录、凭证和报告　　　　　　B.观察控制措施的执行情况

C.询问有关人员　　　　　　　　　　D.追查相应的内部控制手册

（8）注册会计师在评价内部控制为低水平时，应在工作底稿记录的内容包括（　　）。

A.评价依据　　　　　　　　　　　　B.评价结论

C.评价依据与结论　　　　　　　　　D.分析性复核程序运用过程及结果

（9）被审计单位内部控制的固有限制，主要表现在（　　）。

A.滥用职权，逾越控制，使控制失效　　B.串通舞弊使控制失效

C.考虑成本效益原则　　　　　　　　D.控制一般针对常规交易而定

2）判断题

（1）不相容职务分离的核心是"内部牵制"，它使得一个人或一个部门的工作必须与其他部门或人员一致或联系，并受到不断的检查。　　　　　　　　　　　　（　　）

（2）评价一个企业的内部控制是否健全，并不应恪守于形式，而应着重于其最终能否满足总体审计目标。　　　　　　　　　　　　　　　　　　　　　　　　　　（　　）

□　技能题

操作练习

1）ABC公司向你就下列问题进行咨询，该公司有甲、乙、丙三位员工必须承担下列工作：（1）记录并保管总账；（2）记录并保管应付账款明细账；（3）记录并保管应收账款明细账；（4）记录货币资金日记账；（5）保管填写支票；（6）发出销货退回及折让的贷项通知单；（7）编制银行存款余额调节表；（8）保管并送存现金收入。假设这三个人的能力都不成问题，且需要他们做上面列出的工作，请问，该如何分配才能达到内部控制的要求？

2）某学院拟采购一批电脑放在实验室作为学生练习用具使用。院长要求学院实验室的人员提出需要电脑的标准配置要求，让资产科的人员公开招标。为了心中有底，院长从实验室主任那里得知，大概这种配置的电脑需要5 000元。招标结果为一家报价4 800元的公司中标。电脑由实验室验收安装后不久，有学生反映这批电脑质量不好。这其中如果存在问题，谁可能舞弊？

3）小张经营着一家小型企业，因为人手不足，难以进行适当的职责分工，他想知道该如何来弥补控制上的不足？

□　能力题

11.1　案例分析

请你学习完本章内容后，运用COSO报告的内部控制要素观点分析郑州"亚细亚"存在哪些内部控制的漏洞。

11.2　网上调研

请你在网上寻找COSO委员会2004年9月发布的《公司风险管理框架》《中国注册会计师独立审计具体准则第9号——内部控制与审计风险》以及该准则修订征求意见稿、2001年6月由财政部发布的《内部会计控制规范——基本规范》《公开发行证券的公司信息披露内容与格式准则第1号——招股说明书》《公开发行证券的公司信息披露内容与格式准则第2号——年度报告的内容与格式》，比较这些文献中关于内部控制与风险的不同定义，进一步理解内部控制概念的发展。

11.3　单元实践

请走访你周围的小型餐饮店或小型的社区店，询问其业务的收款和进货环节的内部控制，运用本章介绍的内部控制描述方法将你获知的信息记录下来，并分析其中存在的控制弱点。

□　拓展阅读内容

11.1　法国第二大银行兴业银行2008年1月24日披露，由于旗下一名交易员私下越权投资金融衍生品，该行因此蒙受了49亿欧元（约合71.6亿美元）的巨额亏损。在本案中，该交易员被指控采用侵入数据信息系统、滥用信用、伪造及使用虚假文书等手段，实施立体作案。为确保虚假操作不被发现，他利用多年来处理和控制市场交易的经验，连续屏蔽了法国兴业银行对交易操作进行的检验和监控。

11.2　代斌.贵糖股份存货内控失败案例分析［J］.经贸实践，2015（9）.

11.3　韩小芳.内部控制审计否定意见案例研究——基于安泰集团的分析［J］.财会月刊，2017（28）.

11.4　Thor工业公司的下属公司因岗位职责划分不清，会计主管利用职责之便侵吞40万美元的公款。

资料来源：库利南，怀特.美国证监会审计案例精选［M］.宋建波，等，译.北京：中国人民大学出版社，2005.

第 *12* 章

内部控制与测试（下）

学习目标

通过本章的学习，你应该能够达到：

知识目标：了解控制测试的类型与基本思路；了解属性抽样的基本方法；了解固定样本量抽样方法的程序。

技能目标：能够运用属性抽样原理进行抽样。

能力目标：运用抽样技术原理设计相关会计循环的控制测试程序。

对内部控制的审查分为三个步骤，除上一章所介绍的了解与描述内部控制外，第二个步骤就是控制测试，在此基础上运用充分的专业判断，对审计客户的内部控制作出总体评价。内部控制的评价结果将会对后续的实质性程序产生影响。控制测试过程中所使用的抽样方法，称为属性抽样。我们将在本章对此作出进一步说明。

引例：

这样抽查错在哪里？

小李是某高等院校会计系毕业生，他目前正在一家会计师事务所进行实习。负责 A 项目的注册会计师已经制订了相应的具体审计计划。他所负责执行的是对存货的盘点。被审计单位的记录表明，截至盘点日，该公司有 20 000 项不同种类的存货，每一类存货有 30~750 件，每一件存货的价值从 20 元到 1 500 元不等。在具体审计计划中，注册会计师估计存货差错率不超过 5%，要求的可靠程度为 95%，精确度为 ±3%。小李根据具体审计计划的要求开始了抽样盘点工作。他首先查表得出样本量为 200 项，然后从仓库北端开始抽取样本，他选出存货数目超过或等于 100 件的存货项目作为样本进行了盘点。盘点结果发现，有 40 个项目的存货盘点数量和账面记录数量相差 1 件以上。于是，按照他在学校所学的抽样方法，他在审计工作底稿中得出以下结论：以95%的可靠程度，该公司存货总体记录的数量差错在970件至1 030件之间。但随后，注册会计师在现场复核他的工作底稿时，指出他在上述审计工作中存在技术上的错误。小李十分委屈，不知道自己究竟错在哪里？

12.1　控制测试与进一步审计程序

注册会计师应当针对评估的认定层次重大错报风险，设计和实施进一步审计程序，包括审计程序的性质、时间和范围。在设计拟实施的进一步审计程序时，注册会计师应当：（1）考虑各类交易、账户余额和披露的认定层次重大错报风险评估结果的形成原因；（2）评估的风险越高，就越需要获取更有说服力的审计证据。

如果注册会计师在风险评估时预期内部控制运行有效，随后拟实施的进一步审计程序就必须包括控制测试，且实质性程序自然会受之前控制测试结果的影响。如仅通过实质性程序无法应对重大错报风险，注册会计师必须通过实施控制测试，才可能有效应对评估出的某一认定的重大错报风险；如果注册会计师的风险评估程序未能识别出与认定相关的任何控制，或注册会计师认为控制测试很可能不符合成本效益原则，则注册会计师可能认为仅实施实质性程序就是适当的。

1）控制测试的目的

控制测试，是指为评价内部控制在防止或发现并纠正认定层次的重大错报方面的运行有效性而设计的审计程序。

在设计和实施控制测试时，注册会计师应当：

（1）将询问与其他审计程序结合使用，以获取有关控制运行有效性的审计证据。

（2）确定拟测试的控制是否依赖其他控制（间接控制）。如果依赖其他控制，确定是否有必要获取支持这些间接控制有效运行的审计证据。

注册会计师获取的有关控制运行有效性的证据应当包括：

（1）控制在所审计期间的相关时点是如何运行的；

（2）控制是否得到一贯执行；

（3）控制由谁或以何种方式执行。

2）设计控制测试的思路

审计人员对每一项计划用于降低估计的控制风险水平的控制点，都必须设计一项或多项控制点测试手续来验证其有效性。不同被审计项目中所采用的内部控制不同，其运行效果也不相同，因此，审计人员需要针对该项目的特点设计控制测试程序，主要是决定测试的具体手续、选取多少样本规模、选取什么样的样本项目及测试的时间安排。图12-1说明了设计控制测试时应遵循的思路。

3）控制测试的基本类型

控制测试有交易测试和机能测试两种：

（1）交易测试

交易测试就是对客户生产经营过程中的各类业务流程，沿着它们的处理过程，采用顺查或逆查的方法，检查这些业务处理过程中各个控制环节是否都按照规定的程序办理，内部控制是否发挥作用。

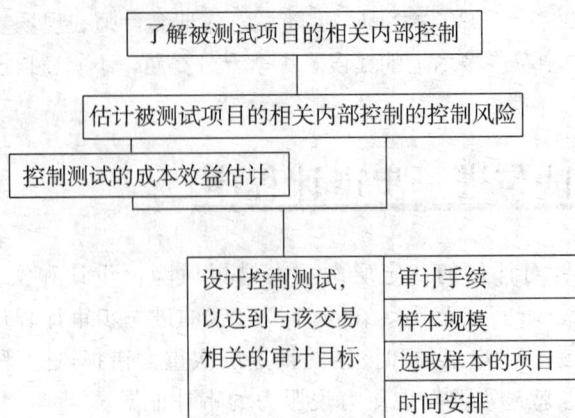

```
┌─────────────────────────────────┐
│  了解被测试项目的相关内部控制      │
└─────────────────────────────────┘
          │
┌─────────────────────────────────────┐
│  估计被测试项目的相关内部控制的控制风险 │
└─────────────────────────────────────┘
          │
┌─────────────────────────┐
│  控制测试的成本效益估计    │
└─────────────────────────┘
          │
          ├──────────────────┬──────────────┐
┌──────────────┐  ┌──────────┐
│  设计控制测试，│  │  审计手续  │
│  以达到与该交易│  ├──────────┤
│  相关的审计目标│  │  样本规模  │
│              │  ├──────────┤
│              │  │选取样本的项目│
│              │  ├──────────┤
│              │  │  时间安排  │
└──────────────┘  └──────────┘
```

图12-1　控制测试设计思路

交易测试是一种纵向的控制测试。例如，在进行应付账款交易测试时，先抽取一笔或若干笔业务，然后根据购货的程序进行系统的审查。从请购单的审核开始，到购货合同的签订、存货验收入库、购货凭证的编制、应付账款凭证的编制、应付账款的支付等各个环节逐个进行审查，看各个环节应有的控制措施是否实施并发挥了作用。

（2）机能测试

机能测试是指为了查明客户内部控制制度所采取的控制措施的有效程度所进行的测试。它的目的是测试某项控制措施在整个审计期间是否一贯、有效地得到执行。

机能测试通常针对某个控制环节选择若干时期的同类业务进行审查，以查明这一控制环节的控制措施在不同时期是否都有效实施。机能测试是一种横向的控制测试。例如，在购入存货时，对请购单是否都经过适当审批这一控制点进行审查时，就应当从审计期间的所有请购单中抽取一定的样本进行审查，看是否有必要的审批手续。

4）控制测试的方法

在抽取了一定的样本后，注册会计师应当采用适当的方法进行测试。常用的控制测试方法有检查证据法、实验测试法、实地观察法。

（1）检查证据法

很多内部控制在执行之后都会留下一些证据或线索，如存货请购审批后，请购单上会有请购人和审批人的签字；费用报销支出应当有正式发票和报销人的签名等。**检查证据法**就是指注册会计师在抽取出来的账表、凭证等书面资料上，对照内部控制的要求，验证是否存在一定的控制措施实施后留下的证据，以判断有关控制措施是否得到有效贯彻执行的一种方法。

（2）实验测试法

而有一些与控制相关的活动虽然也会留下一些相关的凭证和记录，但是其内容并不足以满足注册会计师评价控制措施是否有效执行的目的。例如，在存货管理中，要求企业的职员应当定期对存货进行盘点，但是在盘点表上看不出相关人员是否真的进行了盘点。在这种情况下，注册会计师可以抽取某一类存货实地重复盘点这一程序，对照验证盘点表上的数量是否正确，以判断盘点这一控制措施是否确实得到执行。

实验测试法就是指注册会计师抽取某项控制系统的几笔业务，采用被审计单位规定的业务处理程序从头到尾重做一遍，以验证有关控制措施是否得到贯彻执行的一种方法。

（3）实地观察法

有一些控制措施则可能并没有留下一定的痕迹，如职责分工是由不同的人员分别负责一些不同的工作，而这种分工在业务流程执行之后的凭证或记录上并不一定可以看出来，因此，针对这种情况，注册会计师可以采取实地观察的方法对相关控制措施进行审查。

实地观察法就是指注册会计师到被测试项目的工作现场实地观察有关人员的工作情况，以检查验证有关的控制措施是否得到贯彻执行的一种方法。

这三种测试方法各有不同的侧重点，注册会计师应当根据实际情况进行分析，选择恰当的方法进行测试。

5）控制测试的要求

作为进一步审计程序的类型之一，控制测试并非在任何情况下都需要实施。当存在下列情形之一时，注册会计师应当设计和实施控制测试，针对相关控制运行的有效性，获取充分、适当的审计证据：（1）在评估认定层次重大错报风险时，预期控制的运行是有效的（即在确定实质性程序的性质、时间和范围时，注册会计师拟信赖控制运行的有效性）；（2）仅实施实质性程序不足以提供认定层次充分、适当的审计证据。

在评价相关控制运行的有效性时，注册会计师应当评价通过实质性程序发现的错报是否表明控制未得到有效运行。但通过实质性程序未发现错报，并不能证明与所测试认定相关的控制是有效的。

如果发现拟信赖的控制出现偏差，注册会计师应当进行专门询问以了解这些偏差及其潜在后果，并确定：

（1）已实施的控制测试是否为信赖这些控制提供了适当的基础；

（2）是否有必要实施追加的控制测试；

（3）是否需要针对潜在的错报风险实施实质性程序。

6）管理建议书

在完成对客户内部控制的调查和评价之后，如果注册会计师发现客户的内部控制存在着某些薄弱的地方或者是其他可以进一步改进经营管理的机会，注册会计师应当向客户管理层提交一份相关的报告，一般以"管理建议书"的形式提交。

在管理建议书中，注册会计师应当提示客户审计中发现的内部控制所存在的缺陷及其改进的建议。但是注册会计师应当同时表明，注册会计师的工作主要是对客户的财务报告发表审计意见，这些建议并非对客户的内部控制发表的鉴证意见，并不具有公证性，建议书仅供管理层内部参考使用。我们将在第16章进一步对此进行介绍。

12.2　属性抽样

在第6章里，我们介绍了统计抽样在审计工作中的运用。在控制测试过程中，通常所采用的统计抽样方法是属性抽样。

1) 属性抽样

所谓**属性**是指某一控制程序及其执行效果的标志，这一标志可以是质量的，也可以是数量的。例如，费用报销时，相关人员的签字就是一种属性。而审计实务中的**属性抽样**就是针对被审查内部控制的相关属性从相关总体中抽取一定数量的样本进行分析、评价，来推断总体中差错或舞弊发生的频率。

属性抽样是应用于控制测试的一种抽样方法。它是在既定的精确度和可信水平下，通过抽样技术对少量的样本进行分析，从而以最小的成本来推断被审查内部控制是否有效地发挥了其应有的作用。属性抽样的应用可以大幅度地提高审计效率，减少审计成本，是控制测试中重要的技术方法。

2) 属性抽样中的基本概念

（1）属性和偏差

在属性抽样中，属性无疑是最基础的概念，正如前文所述，属性是某一控制程序及其执行效果的标志。对某一具体审计对象而言，可能会具有不止一个标志。例如，对销售业务入账审核的内部控制是，会计人员应当对销售发票与发货清单上的数量、价格进行核对，核对无误后应签名。在这一个过程中，可能的属性标志可以是工作人员的签名，可以是销售发票上的数量与发货清单上的数量是否一致，也可以是价格是否一致等。当某一审计对象的属性有多个标志存在时，注册会计师应当根据审计目的进行判断哪一个标志对于所审查内部控制是最为关键的，并加以选择。

与属性相关的另一个概念就是偏差。所谓偏差，是指内部控制未被执行或执行不力的现象，也称例外。在进行控制测试时，注册会计师应当事先确定偏差事件，它通常与注册会计师选定的属性标志相关。

（2）可容忍偏差

在统计抽样中，总是存在着抽样风险。因此，根据抽样样本的分析对审计对象总体情况进行推断，总会存在着一定的偏差。我们在第6章中介绍了可容忍偏差的概念，在控制测试中，将此概念称为可容忍偏差。在控制测试阶段，可容忍偏差是注册会计师在不改变对内部控制的可信赖程度的基础上，认为可以达到审计目标且可以接受的偏差发生的波动率。

虽然可容忍偏差的波动可能是正反两个方向的，但是对审计工作而言，我们只关注它的反方向的波动。例如，样本的差错率为5%，而事先注册会计师所确定的可容忍偏差率为3%，总体的差错率在2%到8%的区间变动，对于审计目标而言，总体的差错率低对审计推断的结论并没有影响，总体的差错率高于8%才会对推断结论产生实质性的影响。因而，在审计实务中，通常只有可容忍偏差的上限。在确定可容忍偏差时，注册会计师应当根据所审查属性的重要性作出决定。当属性比较重要时，可容忍偏差上限应当低一些；当属性不太重要时，可容忍偏差的上限可以适当放宽。

（3）预期偏差率

预期偏差率是注册会计师预期在样本中发现的差错比率，它是注册会计师事先根据以前年度的经验及客户经营情况的变化，结合考虑各个项目的特点、重要性等各种因素确定的。预期偏差率也会对样本的容量产生影响，当预期的偏差率较大时，应抽取的样本量就比较多；反之，当预期偏差率较小时，应抽取的样本量就比较少。

3）属性抽样的基本方法

属性抽样主要有固定样本量抽样、发现抽样和连续性抽样三种基本方法。

（1）固定样本量抽样

固定样本量抽样是一种应用最为广泛的抽样方法，通常用于估计审计对象总体中某种偏差发生的比例，其作出的结论一般是"有×%的可信赖程度说明××占总体的×%~×%"。

我们将在后面对这种属性抽样方法的一般过程进行详细的说明。

（2）发现抽样

发现抽样实际上是一种修正后的属性抽样方法，是在既定的可信赖程度下，当总体的偏差率大于既定的可容忍偏差率时，至少可以发现一个重大差错的抽样方法。

发现抽样的一个重要的目的是查找重大的差错事项。当差错事项的性质严重时，如舞弊或欺诈，任何的偏差率都是不可容忍的。当发现抽样的过程中发现了重大差错事项时，注册会计师应当停止进行抽样程序，对总体进行认真、详细的审查。如果在发现抽样中没有发现任何重大的差错事项，则注册会计师可以在既定的可信赖程度下得出结论，认为重大的偏差事项发生的概率不大于可容忍偏差率。

当注册会计师怀疑可能存在重大差错事项，如舞弊或欺诈事件时，可以采用发现抽样方法。注册会计师需事先确定可信赖程度和可容忍偏差率，应抽取的样本量可以通过查找适当的控制测试统计样本容量表确定，在确定样本量时，应假定总体的偏差率为0。

虽然发现抽样主要用于发现发生率较低的事项，但是对于总体中存在比率极低的差错事项（如低于0.1%）也无法以一个合理的样本量保证可以发现这些差错。不过对于0.3%至1%比率的偏差率，仍然可以以较高的可信赖程度保证发现差错事项。

（3）连续性抽样

另外一种在实务上也经常使用的抽样方法是**连续性抽样**，也叫停-走抽样。在连续性抽样时，样本的抽取分为几个阶段。注册会计师首先对一个规模较小的样本进行审查，然后根据初次审查的结果，判断控制风险是相当于计划水平，还是高于计划水平，如果初次审查的结果无法得出结论，则注册会计师将抽取另外的样本并进行再次审查，直到得出结论。

连续性抽样的主要优点是：相比较固定样本量抽样而言，总体的偏差率很低时，可以以较低的样本容量得出结论。其缺点则是：总体的偏差率较高时，样本容量会较大，而且分阶段连续抽取样本程序的效率较低。

4）样本容量的确定

属性抽样是统计抽样在审计实务中的应用，它充分利用了统计科学中利用少数样本来推断总体情况的原理，节约了审计成本，提高了审计效率，起到了事半功倍的作用。因此，在属性抽样中，样本的选取数量十分重要。样本太少，则样本的分析结果对总体起不到有力的证明作用；样本太多，则会浪费审计资源，增加成本，而且使得抽样审计的优势不复存在。在属性抽样中，样本容量主要取决于三个因素，即预期偏差率、可容忍偏差和可信赖程度。当采用统计抽样方法时，应抽取的样本容量的决定方法主要有以下两种：

（1）使用统计样本容量表

在确定了预期偏差率、可容忍偏差率和可信赖程度三个因素之后，注册会计师可以根据这三个因素的取值查找统计样本容量表（见表 12-1），确定应抽取的样本量。

表 12-1　　　　　　　　　95%的可信赖程度下控制测试样本容量表

预期总体偏差率（%）	可容忍偏差率										
	2%	3%	4%	5%	6%	7%	8%	9%	10%	15%	20%
0.00	149（0）	99（0）	74（0）	59（0）	49（0）	42（0）	36（0）	32（0）	29（0）	19（0）	14（0）
0.25	236（1）	157（1）	117（1）	93（1）	78（1）	66（1）	58（1）	51（1）	46（1）	30（1）	22（1）
0.50	*	157（1）	117（1）	93（1）	78（1）	66（1）	58（1）	51（1）	46（1）	30（1）	22（1）
0.75	*	208（2）	117（1）	93（1）	78（1）	66（1）	58（1）	51（1）	46（1）	30（1）	22（1）
1.00	*	*	156（2）	93（1）	78（1）	66（1）	58（1）	51（1）	46（1）	30（1）	22（1）
1.25	*	*	156（2）	124（2）	78（1）	66（1）	58（1）	51（1）	46（1）	30（1）	22（1）
1.50	*	*	192（3）	124（2）	103（2）	66（1）	58（1）	51（1）	46（1）	30（1）	22（1）
1.75	*	*	227（4）	153（3）	103（2）	88（2）	77（2）	51（1）	46（1）	30（1）	22（1）
2.00	*	*	*	181（4）	127（3）	88（2）	77（2）	68（2）	46（1）	30（1）	22（1）
2.25	*	*	*	208（5）	127（3）	88（2）	77（2）	68（2）	61（2）	30（1）	22（1）
2.50	*	*	*	*	150（4）	109（3）	77（2）	68（2）	61（2）	30（1）	22（1）
2.75	*	*	*	*	173（5）	109（3）	95（3）	68（2）	61（2）	30（1）	22（1）
3.00	*	*	*	*	195（6）	129（4）	95（3）	84（3）	61（2）	30（1）	22（1）
3.25	*	*	*	*	*	148（5）	112（4）	84（3）	61（2）	30（1）	22（1）
3.50	*	*	*	*	*	167（6）	112（4）	84（3）	76（3）	40（2）	22（1）
3.75	*	*	*	*	*	185（7）	129（5）	100（4）	76（3）	40（2）	22（1）
4.00	*	*	*	*	*	*	146（6）	100（4）	89（4）	40（2）	22（1）
5.00	*	*	*	*	*	*	*	158（8）	116（6）	40（2）	30（2）
6.00	*	*	*	*	*	*	*	*	179（11）	50（3）	30（2）
7.00	*	*	*	*	*	*	*	*	*	68（5）	37（3）

资料来源　AICPA.审计实务公告：审计抽样［S］. 1999.

　　注册会计师确定了预期的总体偏差率和可容忍偏差率之后，在表 12-1 中查找出相应的应抽取的样本量。例如，注册会计师预期的总体偏差率为 2%，设定的可容忍偏差率为 10%，查表 12-1，表中对应位置的项目为"46（1）"，其中，46 表示应抽取的样本量为 46 个，其后括号中的数字是所抽取的样本中出现错误数量的上限，表中数字为"1"，即表明在抽取的 46 个样本中，不应有超过 1 个的错误出现。如果在抽取的样本中，发现了超过 1 个以上的错误，则表明注册会计师对客户的内部控制的信赖程度估计过高。

　　样本容量的这种确定方法主要应用于固定样本量抽样方法。

　　（2）样本容量的公式确定

　　在发现抽样的情况下，在确定了可信赖程度和偏差率后，样本容量的确定可以按照以下公式来计算：

　　　　样本容量=可信性系数÷预期偏差率

　　例如，注册会计师认为客户的某一项目中可能存在重大的差错，要对相关的资料进行审查。假定审计对象总体可能存在 2%的重大差错项目，注册会计师所确定的可信赖程度为 95%，则应抽取的样本数量为：

样本容量=3÷0.02=150

即注册会计师应当抽取150个样本，如果在对样本审查完之后，注册会计师没有发现重大差错项目，则可以得出审计结论：以95%的把握确信在审计对象总体中没有存在重大的差错行为。

其中可信赖程度与可信性系数的关系见表12-2。

表12-2　　　　　　　　　可信赖程度与可信性系数的关系表

可信赖程度（%）	可信性系数
90	2.3
95	3.0
96	3.2
97	3.4
98	3.7
99	4.3
99+	5.4

资料来源　AICPA.注册会计师进行统计抽样的方法.

（3）连续性抽样的样本容量确定

在连续性抽样时，在决定第一次的样本容量时，通常借助于初始样本容量表。表12-3是偏差率为0时的初始样本容量表样表。

表12-3　　　　　　　　　偏差率为0时的初始样本容量表样表

可容忍偏差数	可信赖程度		
	90%	95%	97.5%
1	240	300	370
2	120	150	185
3	80	100	124
4	60	75	93
5	48	60	74
6	40	50	62
7	35	43	53
8	30	38	47
9	27	34	42
10	24	30	37

在对初次抽取的样本进行审查后，应根据审查结果来判断是否继续抽样。如果没有发现错误，即可终止抽样。如果在初始样本中发现了1个或1个以上的错误，则应扩大样本规模继续审查。在判断时，应当先计算样本预计偏差率最大值。

样本预计偏差率最大值=与偏差次数相对应的可信性系数÷样本容量

其中，与偏差次数相对应的可信性系数可通过查阅相应的可信性系数表（见表12-4）

来确定。

表12-4　　　　　　　　　　　　可信性系数表（局部）

偏差次数	可信赖程度		
	10%	5%	2.5%
0	2.4	3.0	3.7
1	3.9	4.8	5.6
2	5.4	6.3	7.3
3	6.7	7.8	8.8
4	8.0	9.2	10.3
5	9.3	10.6	11.7
6	10.6	11.9	13.1
7	11.8	13.2	14.5
8	13.0	14.5	15.8
9	14.3	16.0	17.1
10	15.5	17.0	18.4
11	16.7	18.3	19.7
12	18.0	19.5	21.0
13	19.0	21.0	22.3
14	20.0	22.0	23.5

当计算出来的样本预计偏差率最大值大于预期的偏差率时，则应继续进行抽样。在决定继续抽样的样本容量时，应先计算两个指标：总样本容量和附加样本容量。其中：

总样本容量=与偏差次数相对应的可信性系数÷可容忍偏差数

附加样本容量=总样本容量-前次抽取的样本容量

对附加样本容量进行审查之后，再次计算样本预计偏差率最大值，并与预期偏差率对比，以决定是否继续抽样。但是应当注意的是，当样本容量不断扩大，已经抽取的样本容量达到了3倍的初始样本容量时，就应当考虑是否放弃控制测试，代之以详细的实质性程序。

12.3　固定样本量抽样方法

固定样本量抽样是一种应用最为广泛的抽样方法，其基本操作过程包括以下步骤，注册会计师应当把下列步骤中的主要事项记录在工作底稿中，作为推断总体结论的基础。

1）确定测试目的

对内部控制进行测试的目的是检验内部控制的设计和运行是否有效，注册会计师依据测试结果来确定对客户内部控制的信赖程度。因此，属性抽样的目的是对一个特定控制措施是否有效执行的测试。

2）定义属性和偏差条件

注册会计师应当了解所审查的控制措施的特征及执行后所遗留下的各种痕迹，并选择能够充分反映这些控制措施是否有效的特征，作为属性抽样的处理对象。当所抽取的样本不具有这些属性时，即表明出现了偏差。

注册会计师应当事先对属性和偏差条件作出定义，否则在对样本进行分析时，就无法作出合理评价。例如，内部控制要求发货由信用部门批准赊销，那么定义属性为"被授权的信用部门人员批准赊销"，若这项控制是要求××控制，那么属性是"由××批准赊销"。确定属性必须十分谨慎，因为它们是以后确定控制偏差数目的依据。以下情况一般被视为偏差：丢失凭证、未找到被选取的样本项目、没有表示已执行控制的签名、相关凭证和记录的细节差异、未授权的价格、审计人员重新执行控制所发现的计算错误等。

3）定义审计对象总体

注册会计师应当根据所审查的控制措施及事先定义的属性来确定用于抽取样本的审计对象总体。一般地说，在属性抽样中，总体是指被测试的某一类交易。在确定审计对象总体时，应确保所有与所审查控制措施相关的项目被抽样的概率是一样的，即保证总体中每个项目都有机会被抽中。

在审计中，总体的确定需要考虑审计目标，并考虑总体内在的同质性。例如，当测试的目标是"购货记录的完整性"时，应收集所有已批准购买的凭单记录为测试的总体，而不能以购货登记簿的借方发生额为总体。如果一项控制本身有分层，如1 000元以下的购买由部门经理负责批准，1 001~5 000元的购买由副总经理批准，5 001元以上的购买需要得到总经理批准。那么，在确定总体时，应根据批准人的不同将购置活动分为三个总体分别进行测试。如果在年度中，审计客户更改了内部控制措施，注册会计师决定对改变前后的内部控制都给予信赖，那么应当分别以改变前后的交易为测试总体。在属性抽样中，只需要对总体规模合理估计，而不需要知道总体的确切规模数字，因为总体规模对样本容量的影响很小，甚至无影响。

4）确定可信赖程度和可容忍偏差率

注册会计师应当根据对内部控制的初步了解和评价及对客户其他整体情况的了解，运用职业判断来确定可信赖程度和可容忍偏差率。在属性抽样中，这两个因素起到了很重要的作用。

（1）可信赖程度

可信赖程度也就是1减去依赖过度风险水平，审计前必须明确设定可信赖程度，该设定与审计效果有关，即与审计结论的准确性及与此相关的法律责任有关。不同的事务所对此采取不同的做法：

①对所有的控制测试设定相同的依赖过度风险水平；

②根据计划控制风险水平改变依赖过度风险水平。

由于控制测试对实质性测试的性质、时间和范围具有很大影响，因此，注册会计师通常不应当把可信赖程度确定在较高的水平。

要求达到的计划控制风险水平、依赖过度风险及审计样本量之间的关系见表12-5。

表12-5　　　　要求达到的计划控制风险水平、依赖过度风险及审计样本量关系表

要求达到的计划控制风险水平	要求达到的依赖过度风险	审计样本量
低	5	多
中	10	中
高	15	少

（2）可容忍偏差率

这是指注册会计师在既定的计划控制风险水平下，对某项控制所愿意接受的最大偏差率。在确定可容忍偏差率时，注册会计师应考虑：

①每个偏差与正被测试的会计记录的关系。发生控制偏差会加大会计记录出现错误的风险，但并不一定增加会计记录中的数字金额。如果某一凭单没有经过批准，这是一个控制偏差，但该凭单仍可能代表该记录是有效的交易。

②每个偏差与相关内部控制的关系。在内部控制中，一些控制措施之间存在着相关性，即对某项控制措施而言，其他控制措施可对其起到补偿性或辅助性作用。当存在相关控制时，这项控制的偏差可认为是不重要的。

③在确定可容忍偏差率时，注册会计师应当根据对控制风险的计划评估水平来决定。

三者之间的关系见表12-6。

表12-6　　　　控制风险的计划评估水平、可容忍偏差率及样本量的关系

控制风险的计划评估水平	可容忍偏差率	样本量
低	2%~7%	多
中	6%~12%	中
较高	11%~20%	少
高	不进行测试	—

5）估计预期总体偏差率

预期总体偏差率代表了注册会计师预期从总体抽取的样本中发现的偏差数量，它也会对样本容量产生影响。注册会计师可以运用下列方法来估计每项控制的预期总体偏差率：

①参考以前年度的抽样结果，并结合对客户本次被审计期间的一些变化进行修正；

②根据本年度对某项控制的初步判断进行估计；

③通过先审查50个项目左右的初步样本找出其偏差率，根据所获得的其他相关情况，对此偏差率进行调整，作为预期总体偏差率。

当预期总体偏差率等于或者大于可容忍偏差率时，注册会计师就不能指望获得能够支持较低的控制风险估计水平的证据，也没必要执行控制测试了。

6）确定样本容量

在属性抽样中，对样本容量产生主要影响的三个因素就是上面所提及的可信赖程度、可容忍偏差率和预期总体偏差率，除此之外还有总体规模。它们对样本容量的影响见表

12-7。

表 12-7   各种因素对样本容量的影响

注册会计师的要求或总体特征 影响因素	因素变动情况	对样本容量的影响
可信赖程度	增加	减少
可容忍偏差率	增加	减少
预期总体偏差率	增加	增加
总体规模	增加	增加（如果总体规模小）

审计对象总体只有在规模较小的情况下才会对样本容量产生一定影响。AICPA 在《审计抽样指南》中举例说明，在依赖过度风险为 5%、可容忍偏差率为 5%、预期总体偏差率为 1% 的情况下，总体规模和样本容量的关系见表 12-8。

表 12-8   在既定条件下总体规模与样本容量关系表

总体规模	样本容量
100	64
500	87
1 000	90
2 000	92
5 000	93
10 000	93

也就是说，总体规模超过 5 000 个样本单位后，其对样本容量已经没有影响了，此时，也称这样的总体是无穷大。

对大多数审计活动而言，样本容量太大，是不符合成本效益原则的。在量化了每个影响样本容量的因素后，可使用样本容量表（见表 12-9、表 12-10），客观地确定样本容量。

表 12-9   5% 的过度信赖风险下的样本容量表

预期总体偏差率（%）	可容忍偏差率（%）								
	2	3	4	5	6	7	8	9	10
0.0	149	99	74	59	49	42	36	32	29
0.5	*	157	117	93	78	66	58	51	46
1.0	*	*	156	93	78	66	58	51	46
1.5	*	*	192	124	103	66	58	51	46
2.0	*	*	*	181	127	88	77	68	46
2.5	*	*	*	150	109	77	68	61	
3.0	*	*	*	*	195	129	95	84	61
3.5	*	*	*	*	167	112	84	76	
4.0	*	*	*	*	*	146	100	89	

表 12-10　　　　　　　　　　10% 的过度信赖风险下的样本容量表

预期总体偏差率（%）	可容忍偏差率（%）								
	2	3	4	5	6	7	8	9	10
0.0	114	76	57	45	38	32	28	25	22
0.5	194	129	96	77	64	55	48	42	38
1.0	*	176	96	77	64	55	48	42	38
1.5	*	*	132	105	64	55	48	42	38
2.0	*	*	198	132	88	75	48	42	38
2.5	*	*	*	158	110	75	65	58	38
3.0	*	*	*	*	132	94	65	58	52
3.5	*	*	*	*	194	113	82	73	52
4.0	*	*	*	*	*	149	98	73	65

7）抽取并审查样本

在确定了样本容量之后，注册会计师应着手开始样本的抽取工作。在抽取样本时，应采用随机抽样方法。我们在第 6 章已经介绍了样本的统计随机抽取方法。

在实际抽样过程中可能抽取到相同的项目作为样本。如果第二次抽取同一项目，认可其是一个样本，则属于重复抽样，若不认可其是一个样本，再重新抽取，则属于不重复抽样。注册会计师一般采用不重复抽样方法，因为重复抽取同一项目进行审查，不能获取新的信息，不符合成本效益原则。在实务中，注册会计师选取的样本容量往往比上述判断后决定的样本容量多一点，以代替所选取样本中可能无效、未使用或不适用的项目。在抽取了样本之后，注册会计师应当按照事先所定义的属性和偏差，对所抽取的样本逐一进行审查。

8）对抽样结果进行评价

审查完抽取的样本后，注册会计师应当对审查结果进行分析和评价。

首先，如果在所抽取的样本中发现了偏差，注册会计师应当对偏差的数量及其性质进行分析。

其次，计算样本的偏差率。如果在抽取的样本中没有发现重大的偏差项目，且偏差率低于预期的偏差率，则注册会计师可以按照事先确定的可信赖程度保证总体的偏差率不超过预期的偏差率。如果样本的偏差率高于预期的偏差率，则说明注册会计师对内部控制既定的可信赖程度过高，此时应调低对于这一内部控制的信赖程度，并相应修正其他的审计程序，如扩大计划的实质性测试范围等。

在对样本审查结果进行数量分析的同时，还必须注意对偏差事项的性质作出分析。分析偏差产生的原因，是有意造成的还是偶然疏忽所致，是系统性的偏差还是随机性的偏差。如果在样本中发现的偏差的性质严重，如有欺诈或舞弊的现象存在，则不论偏差率的高低，注册会计师都应当采取其他的审计程序，对这些偏差进行详细的审查，以发现其真实的原因。

■ 本章小结

控制测试是注册会计师在进行会计报表审计过程中，有效节约审计成本的一种测试方法。根据测试的方法和目的，控制测试可以分为交易测试和机能测试，并通过检查证据、实验测试、实地观察等方法实施。控制测试的关键是定义属性，并针对属性开展固定样本量抽样、发现抽样和连续性抽样。固定样本量抽样是一种应用最为广泛的抽样方法，其基本操作过程包括：确定测试目标、定义属性和偏差条件、定义审计对象总体、确定可信赖程度和可容忍偏差率、估计预期总体偏差率、确定样本容量、抽取并审查样本、对抽样结果进行评价。

■ 主要概念和观念

□ 主要概念

控制测试　交易测试　机能测试　检查证据法　实验测试法　实地观察法　属性　属性抽样　固定样本量抽样　发现抽样　连续性抽样

□ 主要观念

控制测试思路　影响样本量的确定因素　固定样本量抽样步骤

■ 基本训练

□ 知识题

12.1　阅读理解

1）什么是控制测试？其目的何在？

2）设计控制测试时应遵循什么思路？

3）控制测试的基本类型与方法有哪些？

4）对内部控制测试的评价结果如何影响注册会计师下一步的审计程序？

5）什么是属性抽样？属性抽样有哪些基本方法？

6）如何确定属性抽样的样本容量？

7）固定样本量抽样的基本步骤如何？

12.2　知识应用

1）选择题

（1）如果可接受的检查风险水平降低，那么为保证达到该要求应当（　　）。

A.增加证实测试量　　　　　　　　　　B.减少证实测试量

C.增加控制测试量　　　　　　　　　　D.减少控制测试量

（2）注册会计师发现内部控制结构存在缺陷时，可以提高或扩大（　　）。

A.检查风险的水平　　　　　　　　　　B.控制测试的范围

C.对审计风险的初步估计　　　　　　　D.分析程序的范围

（3）注册会计师在了解被审计单位内部控制活动时，应当注意实质重于形式原则，因为（　　）。

A.控制程序的运行是有效的，却可能没有记录

B.管理部门建立了适当的控制程序，却没有强调遵循这些程序

C.控制程序可能是不适当的，注册会计师预期无法对此加以信赖

D.管理层执行了成本超过其收益的控制程序

（4）当难以对内部控制的有效性作出评估时，注册会计师应当（　　　）。

A.评估控制风险水平为低水平　　　　B.评估控制风险水平为高水平

C.扩大控制测试的范围　　　　　　　D.扩大实质性程序的范围

（5）注册会计师认为被审计单位管理层某些或全部认定的控制风险处于高水平的情况有（　　　）。

A.被审计单位会计和内部控制系统无效　B.难于对内部控制的有效性作出评价

C.注册会计师拟进行控制测试　　　　D.注册会计师不拟进行控制测试

（6）在控制测试中可能使用的审计程序有（　　　）。

A.询问　　　　　　B.观察　　　　　　C.检查

D.验算　　　　　　E.分析

（7）在评价内部控制时，注册会计师的主要工作是决定（　　　）。

A.舞弊发生的可能性　　　　　　　　B.符合规定的政策、制度和程序

C.会计处理过程的可靠性　　　　　　D.调整、修订审计方案与程序

（8）注册会计师在控制测试时，运用统计抽样程序对控制风险评估，却得出不正确的结论，即评估的控制风险比实际的低。对此最可能的解释是（　　　）。

A.样本和总体的偏差率都超过了可容忍偏差率

B.样本和总体的偏差率都低于可容忍偏差率

C.样本的偏差率低于可容忍偏差率，但总体的偏差率超过可容忍偏差率

D.样本的偏差率超过可容忍偏差率，但总体的偏差率低于可容忍偏差率

（9）预期样本的偏差率为7%时，并规定审计抽样风险的许可范围是±2%，则注册会计师在进行属性抽样时，通常认为可允许的总体偏差率是（　　　）。

A.5%　　　　　　　B.7%　　　　　　　C.9%　　　　　　　D.5%~9%

（10）注册会计师计划从购货订单中选择20个样本来测试被审计单位的相关内部控制。在选出的20个样本中的1个样本订单找不到，也无法用替代程序测试该订单的正确性，注册会计师应当（　　　）。

A.选择另一个订单代替失踪的订单样本

B.认定该内部控制无效并考虑后续的实质性测试能否依赖该内部控制

C.在评估样本时，将失踪的订单视为一项偏差

D.重新选择新的20个样本

2）判断题

（1）从审计有效性的角度看，控制测试应尽可能地安排在期中的后期执行，并进一步获取期中至期末的相关证据。　　　　　　　　　　　　　　　　　　　　（　　　）

（2）注册会计师如果拟信赖内部控制，应实施控制测试程序，以评估控制风险。初步评估的控制风险越低，就应获取越多的关于内部控制设计合理和运行有效的证据。

（　　　）

（3）为了更好地实现审计总目标，注册会计师只应对那些有助于防止或发现财务报表认定产生重大错报的控制执行测试。　　　　　　　　　　　　　　　　　（　　　）

（4）在属性抽样中发现控制偏差，意味着会计记录发生错误的风险增加。（　　　）

□ 技能题

操作练习

1)在一次属性抽样中,如果可容忍的偏差率是7%,预期的总体偏差率是5%,而样本风险允许限度是2%,则被测试的50个文件中发现有3个偏差。那么,注册会计师会得出什么审计结论?

2)田野公司本年度中由王三负责开出3个月的销售发票,小李负责开出9个月的销售发票。注册会计师拟利用属性抽样测试其中有关的书写、计算错误,但因缺乏内部控制,开票制度完全靠开票人的才干,每月开票数量大致相当。问:

(1)注册会计师分别以王、李为独立审计总体是否适当?为什么?

(2)假设对王、李两人使用同样的抽样风险、预计偏差率、精确度可信水平及可容忍偏差率的情况下,王的总体中拟抽样200张发票,李的总体中应抽取多少样本?

□ 能力题

12.1 案例分析

1)假定某寺庙对功德箱的捐赠处理如下:

每天接待组长在法事结束后,在寺庙办公室内清点功德箱内捐赠,在记录本上写明收款金额,将金额放入保险箱内。第二天早上,负责财务的人员打开保险箱,重新点数后与记录本核对,取出12 000元为零用开支,其余送存银行。请思考:从内部控制角度看,该程序有无不足之处,应如何改正?

2)请你学习完本章内容后,帮助回答篇头案例中小李的疑惑。

12.2 网上调研

有媒体称:我国目前会计师事务所基本上都未开展内部控制测试,请你通过网上调研,查明此判断是否属实,并分析其中的原因。

12.3 单元实践

请你结合本章内容介绍与财务会计处理的内容,设计销售和收款循环、采购业务循环的控制测试程序。

□ 拓展阅读内容

12.1 IBM出版的《Audit Encounters Electronic Data Processing》《In-line Electronic Processing and Audit Trail》等文献,给出了在新的电子数据环境下的审计规则和组织方法,介绍了许多新的概念、术语和审计技术等。1968年,美国注册会计师协会出版《会计审计与计算机》一书。20世纪60年代一些国际金融企业设立了电子数据处理及安全办公室,美国国防部海军审计局引进了通用的审计软件包。在初期,信息系统审计是作为传统审计业务的一部分,在审计师对由计算机系统处理的数据的质量进行判断时提供技术支持,主要关注对被审计单位电子数据的取得、分析、计算等数据处理业务,还称不上信息系统审计。从财务报表审计的角度来看,这一阶段的主要业务内容是对交易金额和账户、报表余额进行检查,属于审计程序中的实质性测试环节。此时,它只是传统财务审计业务的一种辅助工具,对客户的电子化会计数据进行处理和分析,为财务报表审计人员提供服务。随着计算机技术应用范围的不断扩展,计算机对被审计单位各个业务环节的影响越来越大,计算机审计所关注的内容也从单纯的对电子的处理,延伸到对计算机系统的可靠性、安全性进行了解和评价。在制度基础审计的模式下,计算机审计的业务内容已经扩展到了控制测试领域。风险基础的审计模式的采用以及信息技术在被审计单位的各个领域的广泛应用，信息系统的安全性、可靠性与其所服务的组织所面临的各种风险的联系越来越紧密，并且直接或间接地影响到财务报表的真实性、公允性。在这种情况下，对被审计单位风险的评估必须将计算机信息系统纳入考虑范围。发展到这一阶段，计算机审计的业务范围已经覆盖了一项审计业务的全过程。

12.2　会记.人工智能与审计：来自安永的观点［EB/OL］. 中国会计视野，2016-12-24.

12.3　黄琛琛.人工智能对审计工作的影响研究［J］. 会计师，2017（9）.

第13章

财务报表的实质性程序（上）

学习目标

通过本章的学习，你应该能够达到：

知识目标：了解实质性程序的基本方法；了解实质性程序与控制测试的关系；了解细节测试方法在实质性程序中的具体运用；了解变量抽样的基本方法。

技能目标：能根据具体环境设计相应的实质性程序并抽取适当的样本。

能力目标：分析具体环境中的实质性程序存在的问题。

实质性程序的主要目的是证明财务报表各项目及各账户表达是否适当、账户余额列示的正确性和有效性，以及报表披露的充分性。实质性程序是审计人员表示审计意见的直接依据。本章先对实质性程序的种类、时间选择和范围等作出介绍，使读者全面了解实质性程序，下一章将对报表余额测试的主要方法作出介绍。

引例：

实质性程序究竟是什么意思？

小张是某高校会计专业学生，他利用寒假时间到某一会计师事务所进行实习。他跟着王注册会计师到了一家生产玻璃的制造公司进行年度报表的审计。王注册会计师他们已经在审计年度结束前进行了预审，并进行了控制测试。根据控制测试的结果，以及对该公司会计报表的分析，王注册会计师认为在实质性程序中销售收入项目应当是审计的重点。王注册会计师首先说明了实质性程序的工作内容，并指导小张以销售收入明细账中的会计分录为抽样总体，按照抽样计划抽取样本量要求的销售会计分录，找到分录后所附的销售发票原始凭证，接着寻找相对应的产品出库单、发运单据，并比较这些单据之间的品名规格、数量金额、入账时间等是否一致。当小张完成上述工作并做好工作底稿后，王注册会计师又让小张以当年销售产品的出库单为抽样总体，按照另一抽样计划抽取样本，并寻找与此出库单相对应的销售发票，进而追查相关的会计分录。小张十分纳闷，实质性程序究竟是什么意思？让他做的两个工作不就是颠倒个顺序，还不是一回事吗？为什么王注册会计师要他反过来又做一遍呢？

13.1 实质性程序

1）实质性程序的含义

实质性程序是指注册会计师针对评估的重大错报风险实施的直接用以发现认定层次重大错报的审计程序。注册会计师应当针对评估的重大错报风险设计和实施实质性程序，以发现认定层次的重大错报。

注册会计师实施的实质性程序应当包括下列与财务报表编制完成阶段相关的审计程序：将财务报表与其所依据的会计记录相核对；检查财务报表编制过程中作出的重大会计分录和其他会计调整。

由于注册会计师对重大错报风险的评估是一种判断，可能无法充分识别所有的重大错报风险，并且由于内部控制存在固有局限性，无论评估的重大错报风险结果如何，注册会计师都应当针对所有重大的各类交易、账户余额、列报实施实质性程序。

（1）实质性程序工作的组织

无论注册会计师认为审计客户的内部控制如何有效，对于实质性程序都不能加以省略。长期以来，注册会计师对财务报告的审计，往往采取按照报表项目进行人员分工的办法，如一部分人员负责资产类账户，另一部分人员负责负债和所有者权益类账户，而第三部分人员负责利润表项目。这种分工方式对于熟悉财务报表的人员来讲分工十分清楚，利于对中小企业的审计。但其缺点是在企业组织越来越庞大、结构越来越复杂的情况下，这种审核方式容易使审核者只见树木不见森林，且存在重复劳动，不利于提高工作效率和节约审计成本。目前国际大型会计师事务所大多都采取按交易循环分工的策略。一般而言，企业的经营活动可以划分为下列循环：销售和收款循环、采购和支出循环、生产或服务循环、投资和筹资循环。我国不少会计师事务所在财务报表审计中也同样按照循环进行分工。

（2）实质性程序的目标

具体而言，实质性程序的目标主要有以下几个方面：

①测试账户余额是否正确，即是否反映了真实的交易、事项，没有虚构的交易、事项；

②账户余额是否完整，是否包括所有相关的数据而没有遗漏；

③账户余额所表示的项目是否属于客户所有；

④账户余额的计算是否正确；

⑤账户余额中所包括的项目是否得到正确的计量；

⑥账户中的项目是否得到准确的分类；

⑦与账户相关的项目是否被正确划分会计期间。

2）实质性程序的类型

实质性程序包括对各类交易、账户余额、列报的细节测试以及实质性分析程序。

细节测试是对各类交易、账户余额、列报的具体细节进行测试，目的在于直接识别财务报表认定是否存在错报。

实质性分析程序从技术特征上仍是分析程序，主要是通过研究数据间关系评价信息，即用以识别各类交易、账户余额、列报及相关认定是否存在错报。

3）实质性程序的常见技术方法

注册会计师应当运用职业判断，选择适当的方法进行实质性程序。在选择技术方法时，应当考虑所选择的技术方法在实现具体审计目标时的作用，确保这些技术方法能够获取有证明力的证据。在实质性程序中，经常运用的一些技术方法包括：检查；观察与盘点；询问与函证；计算等。在第10章中，我们已经对获取审计证据的方法作出了简单介绍。在下一章中，我们将更详细地说明盘点和函证审计方法的运用。

4）控制测试与实质性程序的联系

实质性程序的时间选择与控制测试的时间选择有共同点，也有很大差异。共同点在于，两类程序都面临着对期中审计证据和对以前审计获取的审计证据的考虑。两者的差异在于：（1）在控制测试中，期中实施控制测试并获取期中关于控制运行有效性审计证据的做法更具有一种"常态"；而由于实质性程序的目的在于更直接地发现重大错报，在期中实施实质性程序时更需要考虑其成本效益的权衡。（2）在本期控制测试中拟信赖以前年度审计获取的有关控制运行有效性的审计证据，已经受到了很大的限制；而对于以前年度审计中通过实质性程序获取的审计证据，则采取了更加慎重的态度和更加严格的限制。

13.2 细节测试法在实质性程序中的应用

细节测试法有两种基本类型：交易测试和账户余额测试。

1）交易测试

交易测试是指运用各种审计方法，对某一些账户涉及的交易或事项的过程及会计处理的过程进行审查，对被审查的交易是否发生、完整性及相关的估价进行确认。在这种测试中，主要是关注账户中的发生数及会对账户余额产生影响的交易的准确性和真实性。如果账户中的发生数是正确的，交易也能够得到正确的处理，那么显然账户的期末余额也会是准确、真实的。交易测试的审计成本比分析性复核程序高，但比报表余额的实质性程序低。

（1）交易测试与双重目的测试

在控制测试中也要对交易进行测试。与实质性程序中的交易测试相比较，两者在样本的选择和抽取过程，以及具体测试方法实际上相差无几，两者都是运用查询和验算的方法，对一些主要的业务交易过程进行测试。只是在测试的目标上有所不同，侧重点也有所不同。控制测试对交易的测试是为了审查相关的控制措施是否得到执行，以及执行的效果如何，它关注的是交易的控制措施；实质性程序中的交易测试则是为了审查这些交易是否得到了准确、真实的处理，相应的账户余额是否准确，它所关注的则是交易所产生的数额。由于两者在很多方面存在着相似之处，因而，在实务中，通常可以将两者结合起来一起进行，即在对交易进行测试的时候，同时关注与交易相关的控制点和交易对账户的影响，同时获取控制测试和实质性程序的证据。这种测试称为**双重目的测试**。例如，对购买存货的相关单据进行抽查，就可以对单据上的数据与账户中的数额进行核对，获得账户交易实质性程序的证据，同时还可以审查相关单据是否经过审批，由此得到相关的控制是否有效执行的证据。

（2）交易测试的目标

通常采用交易测试的目标在于获取关于某一类交易的发生、完整性和计价是否准确的证据。

①交易的发生

交易的发生即测试会计系统中记录的某些交易是否确实发生。例如，对某一些销售业务的追查，通过对应收账款明细账所记录的客户进行函证，以确认相应的销售收入和应收账款确实存在。

②交易的完整性

交易的完整性即审查是否所有应当记录的交易都已经被记录下来。在对交易的完整性进行审查时，应当检查一些基础性的凭证，再进一步追查是否有相应的会计记录。例如，可以从仓库的发货记录开始追查，看是否每一次发货都有相应的销售记录及相应的货款收取或应收账款的记录，以确定是否所有的发货都已经得到记录。

③交易的计价

交易的计价即对交易所涉及的计量和确认的准确性进行测试。例如，核对销售清单与销售发票上货物的单价，以确定销售收入的记录是否正确。

（3）交易测试的基本思路

交易业务的实质性程序的基本流程（如图13-1所示）是：首先，确定交易业务流程的四大环节，即交易发生、原始单据、日记账和明细账、总账。其次，编制交易流程图。再次，确认交易流程中可能发生的错误。最后，确认账户测试的时间和范围。

（4）交易测试的应用

通常交易测试应用于大型企业时，更能提高审计效率，取得明显的效果。因为通常大型企业交易种类较多、数量较大，会计资料的数量也相应较多，而且大型企业的会计系统通常都经过精心的设计，产生的会计数据相对较为可靠。因此，采用交易测试对同一类型的交易进行抽样测试，以推断出同类型交易的处理是否正确，能够更好地节约审计资源，提高审计效率。对于小型企业，在审计实务中更强调采用对账户余额的直接测试。

交易测试通常用于一些交易数量与账户余额大小的关系不大的交易类别。例如，利润表中的收入和费用类账户。收入和费用类账户在每个会计期间都是从零开始，而且这些账户的交易通常具有一定的相似性。例如，销售和购买的会计分录通常涉及现金和信用销售及购买。这些交易的相似性使得采用交易测试法对这些账户进行测试可以更有效率。类似的一些资产负债表账户，这些账户的交易数量与余额大小的联系相对较小，对这些账户的实质性程序采用交易测试可以更有效率。

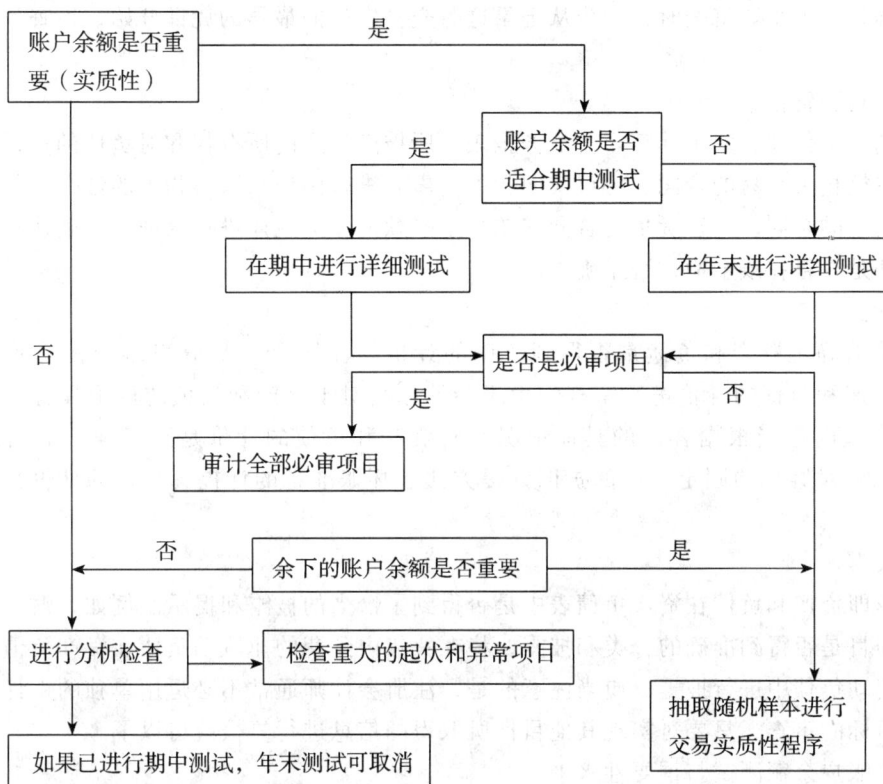

图 13-1　交易业务实质性程序流程图

2）账户余额测试

账户余额测试是直接对财务报表中各个组成项目的期末余额的准确性进行测试。虽然前面所讲的交易测试也可以提供一些账户余额完整、准确的证据，但是对于一些重要的账户，注册会计师仍然有必要进行账户余额的直接测试。

账户余额测试通常主要用于资产负债表账户，但是也可以用于验证利润表账户，因为对许多资产负债表账户的测试通常也会涉及相关的利润表项目。例如，在对应收账款进行测试时，通常就会涉及主营业务收入等损益类账户。

（1）账户余额测试的目标

运用账户余额测试的目标主要是获取相关账户的存在、完整性、权利和责任、计价和相关的披露是否准确的审计证据。

①存在

存在即对财务报告中某一账户的余额是否存在的认定。在这类认定中，注册会计师主要关注相关余额是否存在高估的可能。例如，对财务报表中现金账户余额的审查通常包括对库存现金的监盘、对银行存款余额的调节等审查程序。

②完整性

同样地，对账户余额完整性的测试是为了确定所审查账户的余额是否包括所有应记录的项目，并且不存在未被披露的资产和负债。注册会计师应当特别关注期末的一些交易，看这些时间段内所发生的交易是否被正确划分会计期间，属于被审计期间的交易事项是否都被正确记录下来。审查时，应当从记录这些交易发生的最早的凭证开始，追查到最后的账户余额。

③权利和责任

权利和责任即确定审计客户对财务报表中所披露资产的所有权和对负债的责任。这可以通过审核相关交易的合同、协议或向相关当事人进行函证来取得相关的证据。如审阅固定资产购建的合同、销售货物的合同或向往来账款的相关主体进行函证，以确认相应的权利和责任是否存在或金额是否正确。

④计价

计价即确定资产和负债是否得到正确的计价。注册会计师应当结合相关的会计原则，对资产和负债的计价进行审查。由于会计原则对于资产和负债的计价具有一定的灵活性，审核时应当根据客户的具体情况，对资产和负债的计价是否正确、恰当进行审查。例如，对客户的固定资产的折旧计提方法、坏账准备的计提、存货的计价方法等进行审查。

⑤披露

披露即资产和负债在资产负债表中是否得到了恰当的披露和揭示。例如，财务报表中的各个项目是否得到准确的分类和披露，将在一年内到期的非流动负债在资产负债表中是否列入流动负债中进行披露。应当注意的是，注册会计师通常不必运用单独的审计程序进行这类目标的审查，只要对实现其他目标所取得的信息进行复核就可以了。

（2）账户余额测试与重要性水平

如第9章介绍的，在审计计划阶段，注册会计师应当确定重要性水平。重要性水平有数量和质量两个方面。在进行账户余额测试之前，应当将所确定的重要性水平分配至各个账户，也可以单独确定各个账户的重要性水平。在确定各个账户的重要性水平时，应当考虑以下因素：第一，各个账户的性质及发生错报或漏报的可能性大小；第二，各个账户重要性水平与会计报表层次的重要性水平的关系；第三，对各个账户进行审计的成本。对于较为重要的账户，其重要性水平应当确定得较低，对于较不容易发生错报或漏报的账户，则可以将其重要性水平定得较高，以节省审计成本。

注册会计师在完成初步审计后，应当将账户余额测试中所发现的错报或漏报进行汇总，如果汇总后的结果超过了设定的重要性水平，应当考虑扩大实质性程序的范围或要求客户调整财务报表，以降低审计风险。如果在采取了这些措施之后，错报和漏报的金额仍然超过了重要性水平，则注册会计师应当考虑发表保留意见甚至否定意见的审计报告。

（3）账户余额测试的应用

对于大型企业的审计，注册会计师可以通过交易测试来缩小或减少账户余额测试的范围和工作量，但是对于重要的账户不能完全省略账户余额测试这一步骤。对小型企业，则可以考虑侧重于账户余额测试。

账户余额测试主要应用于资产负债类账户及相关的损益类账户。在注册会计师审计的长期发展过程中，注册会计师认识到如果投资者、债权人或其他报表使用者发现审计后财务报表中对所有者权益及经营成果作出了严重高估，那么他们通常会起诉注册会计师并获得赔偿，因未能查出低估所有者权益而起诉注册会计师的案件极少发生。务实的注册会师在审计过程中就十分关注所有者权益和经营成果的高估。众所周知，大部分管理部门几乎一直受到要求增加经营成果的压力（增加经营成果也必然增加了所有者权益），而夸大经营成果通常总伴随着高估资产或低估负债。因此，在通常情况下，注册会计师审查资产类账户，主要是为了防止资产高估。因为只有高估资产才能人为地"改善"企业财务状况与经营成果。就负债而言，则只有通过低估债务，才能达到上述目的。值得强调的是，注册会计师必须避免走极端，即过多地注意所有者权益及经营成果的高估，而忽视其低估。如果低估数值超过了重要性标准，那么，这样的财务报表同样会误导报表信息使用者的决策。损益类账户与资产负债类账户有一定的关联性。例如，在对长期借款进行验证时，就会涉及长期借款的利息费用。许多损益类账户都可以与相关的资产负债类账户一起进行验证。但是当审计客户的内部控制相对薄弱时，注册会计师应当考虑对损益类账户进行直接、单独的测试。

3）交易测试与账户余额测试的联系

交易测试主要是对一些主要的交易类别进行测试，它所隐含的一个意思是，当对这一类交易的测试结果表明，这一类交易得到了正确的处理，那么由这一类交易汇总而得到的账户的期末余额也应当是正确的。而且交易测试经常与控制测试一起进行，即所谓的双重目的测试，它对于减少账户余额测试的审计范围和工作量都有着积极的作用。对于比较不重要的账户，交易测试所获取的证据也可以支持得出正确的审计结论。但是对于重要的账户，账户余额测试不能省略，仍然必须进行。

交易测试对于大型企业的审计更有意义，对于降低审计成本、提高审计效率的效果更加明显。对于小型企业，一般更加强调账户余额测试。

13.3　统计抽样方法在实质性程序中的应用

在实质性程序中，通常所采用的统计抽样方法是变量抽样。

1）变量抽样

变量抽样的目的是对审计对象总体某一变量特征的具体金额进行预测。它以抽取的样本的某一数值作为自变量，据以计算总体的对应指标值。

变量抽样是进行实质性程序时所运用的一种重要的统计抽样方法，它以样本的数量特征对总体对应的数量特征进行推断。它通常用于以下几个方面：（1）检验应收账款和应付账款的金额；（2）检验存货的实际库存数与盘点数的差异；（3）检验工资费用；（4）估计应收账款中不能收回的金额；（5）估计某账户的错误金额等。

2）变量抽样的基本概念

（1）正态分布

在审计实务中通常认为实质性程序的对象，即财务报表中各个账户的数值方面（发生额或余额）的分布为正态分布。正态分布具有两个主要的特征：一个是分布对称，即总体中的所有项目以平均值为中心，平均分布于平均值的两侧；另一个特征是集中于平均值，即越靠近平均值附近的区域，所分布的项目数量越多。从分布函数的图形来看，正态分布呈钟形，如图13-2所示。

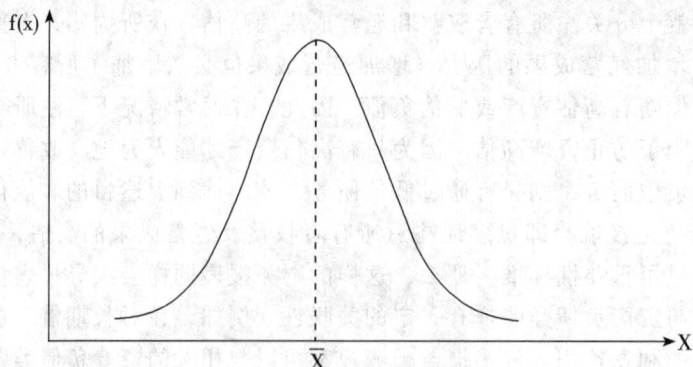

图13-2　正态分布曲线图

注：f（x）——项目数值发生的次数；

X——个别项目的数值；

X̄——总体平均值。

正态分布是变量抽样方法的基础，运用变量抽样对审计对象总体进行推断正是以正态分布的相关概念及指标之间的关系来计算的。

（2）标准差

标准差是反映个别项目与平均值的离散程度的一个统计指标。它的计算公式如下：

$$\delta = \sqrt{\frac{\sum\limits_{i=1}^{n}(x_i - \bar{x})^2}{n}}$$

式中：δ——标准差；

x_i——各个项目的取值；

$\bar{x}$——所有项目的平均值；

n——项目数量。

在实务中，由于总体的标准差无法取得，通常采用样本的标准差来作为总体的标准差。

（3）抽样风险

实质性程序抽样可能出现的审计抽样风险是误拒风险和误受风险。在审计中，注册会计师更关心误受风险水平，因为该风险直接影响到审计意见的恰当性。

3）变量抽样的基本方法

变量抽样的基本方法有单位平均估计抽样、差额估计抽样和比率估计抽样三种。

（1）单位平均估计抽样

单位平均估计抽样是根据预期的标准差和一定的可信赖水平，用样本平均值去推断总体的平均值和总值的方法。

在使用单位平均估计抽样时，应当事先设定一个计划抽样误差，当实际的抽样误差大于计划误差时，注册会计师应该考虑增加样本量，以减少抽样误差。实际抽样误差的计算公式如下：

$$P_1 = U_r \cdot \frac{\delta_1}{\sqrt{n_1}} \cdot N \cdot \sqrt{1 - \frac{n_1}{N}}$$

式中：P_1——实际抽样误差；

δ_1——样本的标准差；

n_1——实际样本量。

当抽取出的样本的实际抽样误差小于计划的抽样误差时，则注册会计师可以以事先确定的可信赖程度接受这一抽样结果，并以样本的平均值为基础，对总体的相关数量值进行推断。例如，当对应收账款进行测试时，总体为1 000个应收账款明细账户。注册会计师可事先确定的抽样误差为50 000元，抽取了50个样本，实际抽样误差为42 000元，小于计划误差，则这一抽样结果可以接受。所抽取的样本平均值为3 100元，则注册会计师可以以样本的平均值为基础，对总体进行推断，总体的推断值为3 100 000元（3 100×1 000）。如果客户的应收账款账面值处于（3 100 000±42 000）元区间，则注册会计师可以认为应收账款的余额中没有重大的误差。

（2）差额估计抽样

所谓差额，是指样本的审定值与账面值的差额。**差额估计抽样**就是以样本审定值与账面值的平均差额值为基础，对总体的相关数量值进行推断的一种方法。

在运用这种方法时，首先计算出样本的平均差额，然后以这一平均差额乘以总体的项目数，即为总体的实际审定值与账面值的差额。平均差额的计算公式如下：

$$样本的平均差额 = \frac{样本的审定值与账面值的差额}{样本量}$$

总体估计差额计算公式如下：

$$总体估计差额 = 样本的平均差额 \times 总体项目数$$

（3）比率估计抽样

所谓比率，是指样本的审定值与其账面值的比率。**比率估计抽样**是以这一比率为基础，对总体的相关数量值进行推断的一种方法。运用这一方法时，首先计算出样本的审定值与账面值的比率，计算公式如下：

$$比率 = \frac{样本审定值之和}{样本账面值之和}$$

计算出样本的审定值后，可以对总体的审定值进行推断，计算公式如下：

$$估计的总体实际价值 = 总体账面值 \times 比率$$

差额估计抽样和比率估计抽样也被合称为辅助估计抽样模型。这两种方法的一个共同点是，以一个辅助变量为基础，对受审变量的数量值进行推断。这里的辅助变量是指受审变量的账面值。这个辅助变量与受审变量之间存在着高度的相关性。运用这两种方法时，样本量的确定与单位平均估计抽样法基本相同。这两种方法的应用前提条件如下：

①审计总体中的每个项目都有账面记录值；

②审计总体中账面总的记录值等于总体中各个项目账面记录值之和；

③审计总体中的每个项目都可以审查得出审定值；

④审定值与账面值之间经常存在差额。

当审定值与账面值的差额与各项目账面值的比例关系明显时，比较适合采用比率估计抽样方法；当差额与各个项目账面值的大小没有太大的相关性时，则可以采用差额估计抽样方法。

4）样本量的确定

（1）单位平均估计抽样方法下样本量的确定

在单位平均估计抽样方法下，样本量的确定可以根据以下公式来计算：

$$n' = \left(\frac{U_r \cdot \delta \cdot N}{P_a} \right)^2, \quad n = \frac{n'}{1 + \frac{n'}{N}}$$

式中：U_r——可信性系数；

  δ——估计的总体标准差；

  N——总体项目数量；

  P_a——计划的抽样误差；

  n'——重复抽样的样本量；

  n——不重复抽样的样本量。

U_r可以根据注册会计师事先确定的可信赖程度通过查找可信赖程度与可信性系数关系表来确定。如前面已经介绍的，估计的总体标准差可以通过预先抽取一个小规模的样本，计算这一个样本的标准差来近似替代总体标准差。

（2）差额估计抽样和比率估计抽样方法下样本量的确定

在运用差额估计抽样和比率估计抽样方法时，样本量的确定可以根据以下公式来计算：

$$n = \left(\frac{Z \cdot \delta}{P} \right)^2$$

式中：Z——概率度，可以根据事先确定的可信赖程度，查找概率度与可信赖程度关系表来确定，表13-1即列示了概率度与可信赖程度的关系；

  δ——总体标准差，可以用预先抽取的样本的标准差来替代；

  P——平均精确度，以计划的抽样误差数除以样本量。

表 13-1 概率度与可信赖程度关系表

概率度（Z）	可信赖程度（%）
1.00	68.27
1.65	90.00
1.96	95.00
2.00	95.45
3.00	99.73

5）累计概率比例抽样技术（PPS）

在实质性程序中，确定了应抽取的样本量后，应当采用一定的样本抽取方法，属性抽样中所使用的样本抽取法都可以使用，如分层抽样、纯随机抽样、系统抽样等。但是在变量抽样中，采用分层抽样较多。这是因为实质性程序是对财务报表中的各个账户余额进行的直接测试，而各个账户及其明细账户的数值在分布上呈正态分布，在这种情况下采用分层抽样方法，可以使抽取的样本更具代表性。此外，在实质性程序中，还可以采用累计概率比例抽样技术（PPS）。本章主要介绍这种抽样技术。

（1）累计概率比例抽样技术的含义

纯随机抽样、分层抽样和系统抽样等样本抽取方法，强调的是总体中的每一个项目被抽取的概率是相同的，以保证样本的代表性和随机性，因此，这些抽样技术也被称为项目等概率抽样法。

与此相反，**累计概率比例抽样法**则是以数值比例为抽样的依据，这种抽样方法的总体是以单位数值为项目单位，它使单位数值被抽取的概率相同。例如，一个金额为1 000元的项目余额和10个余额为100元的项目，在累计概率比例抽样方法下都被视为1 000个项目单位，即前面金额为1 000元的项目不被视为一个项目，后面的10个余额为100元的项目，每个项目则被视为100个项目单位。因此，这种抽样方法也被称作"元单位抽样法（DUS）"。

在这种抽样方法下，每个项目被抽取的概率实际上与该项目的数额及总体累计总额之比成比例。一旦某个项目中所包含的"元"被抽中，则这一项目就成为抽样样本中的一个单位。

（2）累计概率比例抽样法的运用

在具体运用时，累计概率比例抽样法有两种样本抽取的具体方法，分别介绍如下：

①PPS样本抽取方法一

a.先计算受审变量账面值的总和，并依次计算账面值的N个累计余额。例如，在对应收账款进行审计时，假设应收账款的总账余额为500 000元，其中共有1 000个明细账户，在采用累计概率比例抽样法时，账面值的N个累计余额的计算见表13-2。

表13-2　　　　　　　　　　　　**应收账款及其累计余额表**　　　　　　　　　　　单位：元

账户编号	余额	累计余额
1	200	200
2	310	510
3	5 200	5 710
⋮	⋮	⋮
1 000	3 210	500 000

b.根据已经确定的样本容量n，从1~受审变量总额之间随机选出n个随机数。

c.从编制完成的累计余额表中选择累计余额最为接近随机数的项目作为样本项目。

②PPS样本抽取方法二

a.先计算受审变量账面值的总和，并依次计算账面值的N个累计余额，累计余额表的编制同样见表13-2。

b.根据确定的样本容量n，计算抽样间隔K，即以受审变量的总和除以样本量。

c.从1~K之间，选择一个随机数，记为q，把累计余额含有q的项目抽取出来作为第一个样本项目，把累计余额含有（q+K）的项目抽取出来作为第二个样本项目，其余的依此类推，即可以抽取出n个样本。

6）变量抽样的基本步骤

前面对变量抽样的一些基本概念和方法作了介绍，最后我们将简单描述一下变量抽样的基本步骤。

（1）界定审计总体的范围及相关的资料

根据所审查的项目的性质和特点，将与被审查项目相关的资料，如相关的凭证、单据、文件和账簿等界定清楚。例如，当对应收账款余额进行审查时，则相关的一些销售合同、凭证、发货单等资料都是相关的资料。

（2）选择适当的变量抽样技术

变量抽样常用的技术方法在前面已经介绍过了，即单位平均估计抽样、差额估计抽样和比率估计抽样。这三种方法分别具有不同特点。当总体的标准差较大时，单位平均估计抽样要求有较大的样本容量，而差额估计抽样和比率估计抽样的标准差在一般情况下则较小，所需的样本容量相对也较小。但是差额估计抽样和比率估计抽样也具有一定的局限性，如果审计客户的内部控制的设计及运行效果良好，当审计总体的误差率很低甚至不存在误差时，标准差会很小，由此计算的样本容量会很小，这必然会造成样本的代表性不足的问题。

（3）确定样本容量

（4）抽取样本

（5）对抽取的样本进行审查

对于抽取出来的样本可以采用不同的方法进行审查，如采用核对、复算、实地观察和函证等方法，验证样本的准确性，并确定所抽取样本的审定值。

（6）计算样本标准差并评价样本结果

在审查样本之后，应计算样本的标准差，并与计算样本容量时所使用的标准差进行比较，如果样本的标准差不大于预计的总体标准差，说明样本容量应符合抽样要求。如果样本标准差大于预计的总体标准差，则说明样本容量不足，应当考虑扩大审计程序的种类及范围，对抽取出来的样本重新审查。如果仍然无法得到满意的效果，则可以用样本的标准差代替预计的总体标准差，重新计算样本容量，追加抽取样本，再重新进行抽样、审查和评价。

（7）用样本指标推断总体指标

在第六个步骤得到了满意的结果之后，可以以样本的指标为基础，根据不同的变量抽样方法对总体的指标进行推断。

本章小结

控制测试的结果直接影响着实质性程序的性质、时间和范围。实质性程序围绕着账户余额的正确、完整、所有权、计算、估价、分类、会计期间的归属这些目标展开，主要采用分析程序和详细测试方法，详细测试又可分为交易测试和账户余额测试。交易测试和控制测试可以结合在一起实施。实质性程序运用变量抽样的方法，其基本步骤可分为界定审计总体的范围及相关的资料、选择适当的变量抽样技术、确定样本容量、抽取样本、对抽取的样本进行审查、计算样本标准差并评价样本结果、用样本指标推断总体指标。

主要概念和观念

□ 主要概念

交易测试　双重目的测试　账户余额测试　变量抽样　单位平均估计抽样　差额估计抽样　比率估计抽样　累计概率比例抽样法

□　主要观念

控制测试与实质性程序的关系　　交易测试的基本思路　　账户余额测试与重要性水平　　交易测试与账户余额测试的关系　　差额估计抽样与比率估计抽样的联系　　变量抽样基本步骤

基本训练

□　知识题

13.1　阅读理解

1）什么是实质性程序？进行实质性程序的目的何在？

2）实质性程序的基本方法与常见技术方法有哪些？

3）控制测试与实质性程序关系如何？

4）控制测试与实质性程序都需要对交易进行测试，这之间有何异同？

5）交易实质性程序的基本程序如何？

6）账户余额测试的目标有哪些？

7）什么是变量抽样？其有哪些基本方法？

8）什么是累计概率比例抽样？

13.2　知识应用

1）选择题

（1）在下列各项中，与审计人员设计样本时所确定的样本量存在反向变动关系的有（　　　）。

A.抽样风险　　　　B.可信赖程度　　　　C.可容忍误差　　　　D.预期总体误差

（2）审计人员在运用统计抽样方法验证应付账款余额时，有下列数据：应付账款余额共由4 100个明细账户组成，账面价值为5 000 000元；审计人员抽取200个明细账户为样本，其账面价值为250 000元，审定后的价值为300 000元，则审计人员运用比率估计抽样法推算的审定后应付账款价值为（　　　）元。

A.6 150 000　　　　B.6 000 000　　　　C.5 125 000　　　　D.5 050 000

（3）在（　　　）的情况下，运用比率估计抽样法来估计账户金额是不适当的。

A.可以知道账户账面价值总额及相应的所有明细账户账面价值的金额

B.无法获知每个样本项目的账面价值

C.审计后的价值和账面价值之间存在着明显的不同

D.审计后的价值和账面价值之间近似地存在比例关系

（4）（　　　）类型实质性程序的成本最高。

A.交易业务的测试　　B.报表余额的测试　　C.内部控制测试　　D.分析性复核

（5）当可接受的检查风险水平较低时，应以（　　　）测试为主。

A.分析性复核　　　　B.交易业务　　　　C.报表余额　　　　D.三种测试同时运用

（6）如果对报表余额的抽样测试得出的结论是该被审计总体不可以接受，则注册会计师可以采取的对策是（　　　）。

A.执行扩展审计程序　　　　　　　　B.扩大审计抽样样本量

C.要求被审计单位调整账面价值　　　　D.发表保留审计意见

（7）可容忍误差与样本量呈（　　　）变化。

A.同向　　　　　　　B.反向　　　　　　　C.不固定　　　　　　　D.二者之间没有联系

2）判断题

（1）审计人员的主要目的是独立估计某一类交易或某个账户余额的价值，那么PPS可能是最具有成本效益的方法。（　　　）

（2）如果实质性程序结果表明，控制风险水平高于控制风险的初步评估水平，可能意味着根据对控制风险初步评估结论而设计的实质性程序不能将检查风险降低至可接受的水平。（　　　）

（3）审计抽样只适用于针对内部控制的控制测试，而在实质性程序中不适用。（　　　）

（4）如果样本抽取得越多，则样本代表总体的可能性也越大，即抽样风险越低。（　　　）

（5）对可信赖程度要求越高，即意味着可接受的风险水平越低，则需选取的样本量相应越大。（　　　）

（6）预期总体误差与样本量呈反方向变化。（　　　）

（7）分析误差时不仅要看其误差的数量，还要考虑误差的性质及其对财务报表的影响。（　　　）

（8）当预期总体误差额小于可容忍误差额时，就没有必要执行实质性程序。（　　　）

（9）可容忍误差额与样本量呈反向变化。（　　　）

□　技能题

操作练习

1）请分析判断下列哪些事项可用抽样技术？为什么？

（1）函证应收账款；（2）观察存货实地盘点；（3）向被审计单位的保险公司函证相关保险资料；（4）测试应收账款账龄分析表的编制是否正确；（5）审核修理费发票；（6）盘点有价证券；（7）验证银行调节表的编制是否正确；（8）验证折旧率是否合理；（9）审核新增固定资产发票。

2）丹凤银行有2 500笔未还清的贷款，账面价值为18 525 000元，担任此项目审计的注册会计师选择了250笔贷款为样本进行了检查，抽出样本的账面价值为1 867 500元，审查后发现这些样本贷款的价值为1 805 000元，请分别用差额估计抽样法与比率估计抽样法进行抽样。

□　能力题

13.1　案例分析

1）请学习完本章内容后，帮助回答引例中小张的疑惑。

2）张注册会计师在审核西南公司2001年12月31日年度终了日的财务报表时，采取了函证应收账款的审计程序。其设定处理回函时"误差"的意思（除在途项目以外）即应收账款总账和（或）明细账户12月31日余额中有误述的情况。12月31日，约有欠款金额在5万元至200万元之间的明细账户30 000户，平均每户约40万元。根据随机基础，张注册会计师选取样本500户。各账户经过函证或运用其他程序审计后，助理人员将审核时所发现的例外、笔录记录在工作底稿中并送请张注册会计师核阅。

请帮助张注册会计师对助理人员工作底稿内所列项目（见表13-3）加以分析，说明是否应视作偏差，并按照错误的明细账户数计算样本所揭示的误差率。

表13-3 审计工作底稿（部分）

所选样本项目编号	例外性质
002	顾客声称于12月29日付讫。稽查后发现收款支票于12月30日收到，但该日收现笔数极多，未及时处理；于1月1日方存入银行，并记为收入
086	顾客所购产品因质量不佳，于12月中旬退回被审计单位。1月2日，客户服务部签发贷项通知单，并于1月底送交被审计单位会计处入账
121	1月1日，顾客将欠款全部交给甲分销处，审查后发现甲分销处将所有1月1日的收款一律作为12月31日收入处理
157	函证由顾客的破产管理人退回，管理人声称顾客已无力支付。但被审计单位的信用部经理坚持认为最后可能会收回一部分款项
212	顾客回函声称于12月15日前付清欠款。审查后发现本明细账户的借款实际上为另一顾客所欠，由于看错数字，误将99046账号欠款过入99064账号所致
294	顾客声称于12月29日汇款付账。审查后发现实际是1月2日收到并入账
302	顾客拒付分期付款计划下购买的商品所产生的滞延罚款。被审计单位的销售政策一贯不拟强制收取，被审计单位计划于次年1月冲销该预提的罚款
336	顾客声称欠款已于12月25日付讫。审查后发现于12月29日收到，但因未附收款通知书，致使被审计单位无法辨别而不得不贷记暂记户
426	顾客认为账户欠款的余额应为129万元，而不是139万元。审计后发现是明细账户在加总时发生的错误
487	顾客声称早于数月前已将产品退回。审查后发现退回产品的贷项通知单未签发

13.2 网上调研

请你阅读目前互联网上关于风险导向审计争议的帖子，分析风险概念与抽样样本量之间的关系，从而更进一步理解有关风险导向审计模式的争议。

13.3 单元实践

请你走访你生活圈附近的会计师事务所，询问他们所采用的实质性程序抽样方法，并基于你的调查数据，写出一份分析报告。

□　拓展阅读内容

13.1　中国证监会行政处罚决定。

13.2　行业监管信息。

13.3　揭开数据真相：从小白到数据分析达人。

第 *14* 章

财务报表的实质性 程序（下）

学习目标

通过本章的学习，你应该能够达到：

知识目标：了解函证的基本形式；了解函证技术运用过程及局限性；了解存货盘点方法；了解盘点和监盘程序无效的原因。

技能目标：能根据具体环境设计相应的实质性程序并抽取适当的样本。

能力目标：分析具体环境中的实质性程序存在的问题。

1938年的麦克斯·罗宾斯药材公司案后，函证和监督盘点成为审计过程中最值得重视的基本审计程序。我国独立审计准则也要求审计中需要执行这两个程序，并专门发布了"函证"和"存货监盘"两个具体审计准则。为此，我们特别对这两个实质性程序方法辟专节加以论述。

引例：

ZZZZ Best如何骗过审计人员？

ZZZZ Best公司位于加州南部的San Fernando河谷，1982年秋开始经营，起先只是一家小型的、提供上门清洗地毯服务的公司。其创办人Barry Minkow创业时年仅16岁，他经营该公司没多久，就意识到清洗地毯是没有很高技术要求，谁都可以进入的行业，根本无法达到其致富目的。因此，他希望能够寻找到一条新的致富途径。

Barry Minkow利用他结识的一位保险理赔精算师来为自己获取资金服务。他答应每周向精算师支付100美元，条件是如果有银行或其他相关利益人打电话给他时，他需要在电话中确认Minkow的确承接了一些保险复原工程合约。Minkow解释，这么做是为了节省询证保险公司需要花费的很多时间和精力。

　　利用上述关系，Minkow 开始编制虚假的保险复原业务。为了配合造假行为，他还成立了州际评估服务公司和保险财产管理公司。为了获取更大利益，Minkow 决定将 ZZZZ Best 公司变成上市公司。这使得 ZZZZ Best 公司的净利润从 1984 年的不到 20 万美元一跃上升到 1987 年的 500 万美元，1987 年的营业收入更是达到 5 000 万美元，公司股票总市值超过 2 亿美元。

　　在准备上市的过程中，ZZZZ Best 公司聘请个人开业的会计师 George Greenspan 审计截至 1986 年 4 月 30 日的年度财务报表。Greenspan 通过各种分析程序得出结论，ZZZZ Best 公司的主要财务比率与产业平均水平相当。他没有亲自赴保险复原合约施工现场，而是通过复核保险复原合约，并函证 Tom Padgett 后，就确认了保险复原工程的存在。

　　为了增强公司财务报表的可信度，Minkow 聘请了当时“八大”之一的 Ernst & Whinney 执行下一年度的财务报表审计以及审阅该公司截至 1986 年 7 月 31 日的 3 个月的财务报表等业务。Ernst & Whinney 的人员仔细检查了近 90% 利润来源的保险复原业务合约，并坚持亲自视察几个最大的合约工地。

　　为了应付注册会计师，Minkow 花费 200 万美元在加州南部 SanDiego 中心承租了一整栋大楼，并另花 200 万美元雇用了一批假扮在现场工作的维修工作人员，为了“演出”逼真，Minkow 的手下在现场显著位置钉上牌子说明 ZZZZ Best 公司是大楼复原业务的承包商，并买通大楼的安全人员在注册会计师到达时，表示其已经获悉他们是为了此项目而来。这样，在工地观察现场的注册会计师并未发现任何破绽。

　　就在 Ernst & Whinney 准备发表审计意见前，有人向新闻媒体举报 Minkow 曾经有过诈骗丑闻。Ernst & Whinney 也接到匿名电话称，其一客户存在集体舞弊，要求 Ernst & Whinney 支付 25 000 美元获取情报。Ernst & Whinney 拒绝了匿名举报人的要求，但也警觉到 ZZZZ Best 存在着诚信问题，于是在 1987 年 6 月 2 日向 ZZZZ Best 正式提出终止接受委托。[①]

14.1　函证审计方法的运用

　　函证是注册会计师和相关第三方之间直接通过信函进行“对话”。这是确定已入账交易或记录真实性的最重要的报表余额实质性程序。通过函证程序，注册会计师可以从外部直接取得有关账户明细记录所反映的内容存在以及会计记录真实、正确的证据，还可以揭示虚构的、有争议的或无法收回的应收账款或其他记录。

1）函证的基本形式

　　函证就是指注册会计师通过向审计客户以外的第三方发出信函，对某些事项进行询问，或者是对某些账户金额进行确认的审计方法。这种方法可以获得来自审计客户以外的审计证据，被认为是比较客观的证据。函证的基本形式有两种，分别为：

---

① 案例部分资料参考：林柄沧.如何避免审计失败 [M]. 北京：中国时代经济出版社，2003.

（1）肯定式函证

肯定式函证又称积极式函证（见表14-1）。它要求被函证的有关方面不论有关函证余额正确与否、事项是否存在，都需直接回函给注册会计师，对函证事项和金额予以说明。

表14-1 　　　　　　　　　　　　　**肯定式询证函**
企业询证函

编号：

_____（公司）：

本公司聘请××会计师（审计师）事务所正在对本公司××年度财务报表进行审计，按照中国注册会计师独立审计准则的要求，应当询证本公司与贵公司的往来账项等事项。下列数据出自本公司账簿记录，如与贵公司记录相符，请在本函下端"信息证明无误"处签章证明；如有不符，请在"信息不符"处列明不符金额。回函请直接寄至××会计师（审计）事务所。

通信地址：

邮编：　　　　　　　　电话：　　　　　　　　传真：

1.本公司与贵公司的往来账项列示如下：

截止日期	贵公司欠	欠贵公司	备注

2.其他事项

本函仅为复核账目之用，并非催款结算。若款项在上述日期之后已经付清，仍请及时函复为盼。

（公司签章）　　　　　　　　（日期）

结论：1.信息证明无误

（签章）　　　　　　　　（日期）

2.信息不符，请列明不符的详细情况

（签章）　　　　　　　　（日期）

（2）否定式函证

否定式函证亦称消极式函证（见表14-2）。它要求被函证的有关方面只有在函证账户金额不相符或者函证事项不存在的情况下才回函给注册会计师，没有收到回函即意味着余额正确，函证事项得到有关方面的认可。

表14-2 　　　　　　　　　　　　　**否定式询证函**
企业询证函

上海××公司：

本公司聘请××会计师事务所正在对本公司××年度财务报表进行审计，按照中国注册会计师独立审计准则的要求，应当询证本公司与贵公司的往来账项等事项。敬请查对下列账单金额，如果与贵公司的会计记录不符，请将不符事实直接告知本公司聘请的注册会计师。

贵公司截至20××年12月31日结欠我公司账款共计____元。

地址_____邮编_____电话_____

传真_____（本函仅为询证之用，并非催收款项）

致

礼！

××公司财务部（盖章）

20××年×月×日

由此看来肯定式函证得到的证据更可靠，在未收到有关方面回函时，注册会计师还可采取进一步措施和方法加以证实。在使用否定式函证时，由于存在函件邮寄过程中遗失或债务人疏忽没有答复以及不愿意答复的可能，注册会计师会误以为账户余额正确，已被债务人认可。因此，否定式函证所获得证据的可靠程度相对较低，但它明显的优势在于花费较少，成本比肯定式函证低廉。在多数情况下，肯定式和否定式函证并不相互排斥，可以结合使用。函证形式的选择取决于注册会计师对具体情况的分析。

2）函证方法的运用

对于多项报表项目的审计，都可以运用函证。

（1）银行存款的函证

货币资金中最主要、金额比例最大的部分是银行存款。通过函证不仅可以了解审计客户银行存款的存在，而且可以了解其银行借款数额，以及是否存在未登记入账的银行存款或银行借款等情况。审计时应向审计客户本年内所有开户银行（含外埠存款、银行汇票存款、银行本票存款、信用证保证金存款等）发函，包括审计客户已结清为零的银行账户、已直接取得银行对账单的银行账户，因为可能存在审计客户银行存款日记账账户已结清，但仍有银行存款、借款或其他负债存在，或者是审计客户利用不同银行套转资金来掩饰资金短缺或舞弊的情况。

（2）应收账款的函证

在证实应收账款时，除了审计客户的内部凭证，如销售发票、出库单等，还应通过函证获取更有证明力的外部证据。尽管函证程序花费比较多的时间和精力，但只要有可能，注册会计师还是必须执行该程序。特别是对应收账款的函证，否则在签署审计意见时，他有责任为其所表示的意见说明理由。对应收账款函证时，一般对余额较大的、拖欠时间较长的账户或出现异常余额、有争议余额的账户，应使用肯定式函证。当认为审计客户相关内部控制有效，有大量余额较小的账户，以及注册会计师有理由相信债务人会认真对待函证，发出的函件数量应较多，函证的覆盖面较广，可采用否定式函证。

函证应收账款的程序基本上可以适用于函证应收票据。

（3）在外保管的存货等的函证

有时，企业并不是自己保管存货，如存放于公用仓库、寄销或送往外单位加工的货物等。注册会计师应通过审阅合同、信函、记录、函证等方式对这部分货物的所有权予以证实。如果此类存货在存货总额中所占的比例较大或者回函不能令人满意，应考虑采用替代程序，如审核有关证明文件，了解、评价保管单位的控制程序，可能的话，要对存放在外货物的实地盘点进行观察。

（4）投资项目的函证

在有些情况下，审计客户委托某些专门机构代为保管其拥有的投资证券，如由金融机构保管或托管，质押给债权人或被法院执行保全等。注册会计师应向这些保管机构发出函证，核对审计客户投资明细表或账面反映的投资是否和保管人的实存情况相符合。函证的内容除了金额外，还有证券种类、发行者名称、证券所有者名称、证券号码、摘要、数量等信息。为了保证函证程序的有效性，必须使用肯定式函证。

在验证非证券类投资的存在、完整性和所有权时，也可以运用函证的审计技术，向被投资方发函询证相关信息。

（5）应付账款的函证

函证应付账款不像函证应收账款那样属于强制性程序，这是因为：审核负债的最大目的是发现业已存在但未曾入账的债务。一般地说，函证已经入账的负债，并不能证明是否存在未曾列入账目的债务。此外，验证应付账款时，审计客户有卖方发票、将账单等具有强证明力的外来证据，通过函证的方法再获取外部证据的必要性就降低了。而且，财务报表日已经入账的多数负债在下年度完成审计时已告付讫。期后付款行为进一步证实了已入账债务的可靠性。基于上述原因，应付账款的函证审计程序远不及应收账款的函证重要。

但是，为了确定应付账款明细表中是否漏记了供货商或是否存在交易、余额错报的账户，注册会计师还是应经常实施函证程序。函证对象应选择期末余额较大的账户、交易频繁的账户、零余额账户、有代表性的账户及异常交易账户、关联企业与资产担保负债的债权人。与应收账款函证对象的选择最大的不同是，应付账款函证更侧重对年内有大额购货交易的应付款项明细账户进行函证，而不论其在财务报表日有无余额。

（6）其他非流动负债的函证

和函证应付账款审计程序相似，函证借款的债权人并不是必要的审计程序。一般地说，函证借款债权人往往结合银行存款函证一起进行。函证的对象应选择数额大、借款期限长的项目。应该注意的是，长期借款一旦形成，在其偿还期内，除了按规定计提利息外，一般不会发生其他经济业务。如在上一审计年度已对相关长期借款进行了审查，本年度该项目的审计程序可大大简化，审计侧重点应放在各项长期借款本年内发生的变动上。

审计客户若是发行债券，并委托信托人办理，且金额数量较大，可抽查其中一部分直接向受托人函证。函证的内容包括：债券种类、到期日、利率、已付利息期间、已赎回债券、已偿付债券、财务报表日尚未偿还债券余额等。函证也应当采用肯定式函证。

（7）在外流通股票的函证

目前，公司股票的发行和转让一般都是委托证券交易所和金融机构进行，由证券交易所和金融机构对发行在外的股票份数进行登记和控制。注册会计师应向这些机构函证财务报表日已发行流通在外的股票数量，并与股本账面数额进行核对。

（8）特殊审计事项的函证

除了具体的报表项目审计中需要运用函证程序外，在对特殊事项进行审计时，也需要运用函证程序，如审计期后事项、或有事项、债务重组、非货币性资产交换涉及的重要资产或债务，需要函证审计客户律师或相关中介机构。通过向后者了解审计客户的上述事项，来证实期后事项的影响、或有事项是否存在及其影响，以及获取关于企业分立或合并的律师声明书。审计客户的持续经营能力时，也需要向审计客户的法律顾问和律师函证有关诉讼、索赔情况，如重大的法律纠纷和巨额索赔的兑付，以及管理层对有关诉讼、索赔结果及财务影响的评价是否合理。

如审计中需要利用其他注册会计师的工作，也可以采用函证方法获取相关信息。

3）函证样本量确定

一般而言，对银行存款是按户头全面函证；对保管在外的存货、发行债券、股票及购买有价证券等投资，根据审计判断决定需要函证的样本量，如果可能也采用详细函证；对于特殊事项的函证则是建立在判断基础上的详细函证；对于债权和债务的函证，一般不需要对所有的应收账款、应付账款明细账发函询证。到底应选择多少账户以及对哪些账户进行函证，就涉及样本量和对象问题，也关系到所取得的证据是否具有代表性和可靠性，能否支持注册会计师对应收账款、应付账款总体作出有效推断的问题。

在确定样本量时，通常应考虑如下几方面因素：全部应收账款、应付账款占资产总额的比重；相关内部控制的有效性；明细账户的数量；以前年度函证的结果；所采用的函证类型等。

采用抽样方法时，既可以采用统计抽样也可以采用非统计抽样。选取样本时，可先采用分层抽样方法，将审计总体各项目分别按金额大小、账龄长短分层：将金额较大、账龄较长的项目层作为函证重点，应详查；对金额较小、账龄较短的项目，可以用随机数表或系统选择法，选择部分样本项目进行函证。如果采用非统计抽样，通常选择的函证对象是欠款金额特别大、长期拖欠不还的、有争议的账户，以及期末金额为零、有贷方余额或年终时大量发生赊销的账户等。

为了保证函证的有效性，选择账户的计划事先不宜透露给审计客户有关职员，防止后者阻止函证或串通债务人蒙蔽注册会计师。当审计客户管理人员提出某些账户不宜或无法函证时，注册会计师应分析其理由是否充分、账户余额是否重要，以及是否可能采用其他替代程序。如果理由充分合理，替代程序得出的结论令人满意，管理层的这种要求不应认为是对审计范围的限制。

4）函证过程的控制、记录及局限性

函证技术看似很简单，但是，多起审计失败案件都说明，该方法在运用过程中很容易出现问题：

（1）函证过程的控制

选定函证对象后，注册会计师应对函证的过程加以控制，提高证据的可靠性，具体细节包括：

①确认函证对象的地址正确。

②函证应连同写明注册会计师地址并贴足邮资的回函空白信封一并寄出，以使被函证对象方便回答，提高回函率，并保证复函直接寄至注册会计师。

③函证可以审计客户的名义或注册会计师的名义签发，但必须由注册会计师亲自邮寄，以免审计客户有关职员篡改数据。

④应调查邮寄退回无法投递的函证，并在获得正确地址后由注册会计师重新投寄。大多数情况下信函退回可能表明被函证方地址因搬迁而变更或写错地址，但也有可能是有关经办人做假账，虚构根本不存在的债务人名称和单位地址。即便是确实存在的应收账款，退回信函也暗示着该账款收回的可能性很小。

⑤发出并收回函证信后，注册会计师应编制函证汇总表，注明被函证的对象、账面金额、函证签发日期、收到回函日期及函证方式等。

（2）函证的记录

注册会计师在完成函证程序后，应对函证结果进行分析，在工作底稿上说明每种形式的函证发出数和收到的答复数。对肯定式函证应进一步说明函证的账户金额比例、没有答复和回函认可金额的比例；对否定式函证应说明回函中表示有争议的金额比例。通过这些汇总比较的数据，注册会计师能够评价执行这些审计程序所取得的证据是否充分可靠。

（3）函证程序的局限性

发函询证是必要和有效的审计方法，它能帮助注册会计师证实相关账户期末余额是否存在、是否真实正确，比业务测试更能有效地发现不实的账户、有争议的余额和无法收回的账款等。同时，函证证据主要来源于外部独立的第三方，因此，取得的证据更可靠。但同时，读者也应清醒地意识到函证不可能发现所有存在的问题。

①由于不是对所有明细账户都发函询证，某些具有错误余额的账户或许不曾列作函证项目。

②某些账户余额可能存在错误，但被函证方却忽视或不愿意作出答复，尤其是在债权被低估的情况下。

③询证虽然可以发现不实的账户，但如果账户原本遗漏，自然也就不可能被列作函证项目。

④应收账款的证实并非意味着这些债务人的欠款就能按期全部收回。

⑤在函证时，注册会计师很难判断被函证对象是否独立于审计客户，如果不独立，其函证信息的可靠程度就大打折扣。

因此，函证仅是提供有效证据的一种程序，而不是得出结论的唯一根据，还需要通过其他程序进一步收集审计证据。

14.2 监盘审计方法的运用

企业在经营过程中，需要运用多种实物资产或是具有实物形态的有价证券。对这些账户审查的最有效手段是进行监督盘点（监盘）。最能体现该审计方法的是对存货项目的审计。

1）审计存货项目运用盘点方法的重要性

在麦克森·罗宾斯公司案件之后，注册会计师在盘点时应该到场，通过适当的观察、实物测试和询问，取得证明存货确实存在的有效审计证据的监盘审计程序，和应收账款函证审计程序一样，成为财务报表审计中必不可少的审计程序。但是，二者之间还存在着差别：对应收账款而言，即使不能函证，还有一些有效的替代审计程序可以验证应收账款余额，如检查原始交易凭证。在存货审计项目上则没有令人满意的监盘程序的替代程序，也就是说，只检查会计记录不能获取验证存货余额充分有效的审计证据。因此，即使存货项目的业务测试表明该循环的控制较好，实地监督盘点依然是必须执行的一项独立控制与审计活动。

2）盘点过程中的会计责任和审计责任

有效的存货盘点必须在事前设计周密的盘点计划，制定出详细的盘点程序。制订盘点计划是审计客户的责任，但由于注册会计师要监督存货盘点过程，因而，最好能够事先了解审计客户制订的盘点计划，向其说明注册会计师参与盘点过程的目的和要求，并利用注册会计师的经验使该计划更为完善。

（1）审计客户的盘点计划与指示

审计客户根据企业经营活动的特点和管理的需要，编制盘点计划，并根据盘点计划以书面指示方式通知所有参与盘点的人员。一般情况下，盘点指示由审计客户草拟，需要说明盘点的具体时间、操作过程及要求、进度安排及负责人员等事项。注册会计师审阅盘点指示的目的是判断盘点指示的适当性，并提出改进建议。在判断时，注册会计师应考虑存货的性质、重要性及现有的内部控制。如果审计客户准备采用统计抽样技术来估计存货数量，注册会计师应确信这种抽样计划在当时的情况下具有可以认可的统计正确性。

（2）注册会计师的监盘计划

实施监盘审计程序，就是要求注册会计师现场监督审计客户存货的盘点，并进行适当的抽查，目的是获取有关期末存货数量和状态的充分适当的审计证据。根据审计客户盘点计划，注册会计师要制订相应的监督存货盘点计划，并向参与监盘的注册会计师发出书面指示。

为编制存货监盘计划，注册会计师应事先了解存货的内容、性质、各存货项目的重要程度及存放场所，如果需要，应考虑实地察看金额较大或性质特殊的存货的存放场所，以及是否需要利用专家的工作或其他注册会计师的工作。此外，还应了解存货会计系统及其他相关内部控制，并评估相关的固有风险、控制风险和检查风险及重要性。

监盘计划中最主要的是确定监盘样本量和项目选取。监盘重点应是观察审计客户的盘点程序而不是选取具体的测试项目，因此，样本量不能以监盘项目的数量来确定，而是按耗时多少来决定。决定测试存货所费时间多少的最重要因素是有关实地盘点、永续记录的可靠性，存货的总金额及种类，不同的重要存货的位置及数量，以及以前年度发现的误差性质和程度等。具体监盘项目的选取也十分重要。对有代表性的重要项目和典型存货项目样本应仔细地监盘；对可能过时或损坏的项目要仔细查询，并与管理人员认真讨论为何有些重要项目不在盘点之列。监盘计划的内容包括盘点日期、所需时间、抽样范围、记入工作底稿的资料等具体工作要求。注册会计师的监盘计划并不提供给审计客户使用，目的是使注册会计师明确自己的职责和要求，以便在盘点时有效地开展工作。

3）观察存货的实地盘点

组织和实施存货盘点是审计客户管理部门的责任，注册会计师的责任是观察盘存过程是否严格遵守盘点计划。

（1）观察盘点时的注意事项

观察时，注册会计师绝非一名简单的旁观者，而应该：

①注意审计客户职员对执行盘点计划的认真程度。

②检查所有商品是否都已贴上标签，同时注意是否有重复贴标签的物品。

③是否配备了必要的度量衡具，盘点时是否对这些度量衡具的准确性作过测试。

④观察存货标签编号和汇总表是否经过充分核对。

⑤进行抽查清点测试并同汇总表数量核对。

⑥警惕空箱空地（空间）、货物用坚固方法包装，以虚报实、夸大存货数量。

⑦寄销、寄存存货是否纳入盘点范围，是否抽查一些密封货物的数量。

审计客户在清点前，一般都在货物上贴挂控制存货盘点的已编号标签，防止存货漏盘或重复盘点，并用来登记盘点结果。注册会计师在盘点标签尚未取下之前，应根据观察到的情况、具体存货的性质、控制状况及特定控制环境的条件，进行适当的抽点。比较抽点结果与盘点单记录时，不仅要核对数量，还应核对存货的编号、品种、规格及产品品质等。抽点在产品时，需关注完工程度的记录是否适当。抽点时如发现差异，除应督促审计客户更正外，还应扩大抽点范围；如果发现差错过大，则应要求审计客户重新盘点。

（2）注册会计师在执行抽盘审计程序时应注意的问题

对某些项目，注册会计师还应执行抽盘审计程序，并注意：

①抽盘的重点应置于高价值的项目。

②如果不是每一个地点均列入审核范围，不要事先或太早告知客户前往的地点；如果采用循环盘点的方式，不要轻易让客户熟悉选样的模式。

③对于重大或不寻常的盘点差异，或客户嘱咐其盘点人员记录的事务所核查人员抽点的项目，或客户的盘点人员对查核程序过度关心的，均应提高专业警觉性。

④如果现场负责人未亲临盘点现场，应预留电话，以便助理人员遇有重大问题时可以联络。审核前应预先召开会议，提示重点，以便于帮助缺乏经验的助理人员，使他们能注意潜在的问题。

（3）对存货质量和性能的关注

在观察存货盘点过程中，注册会计师要对存货的质量或性能状况加以必要审查，确定存货是否适合销售、使用和耗用，是否存在陈旧、滞销或损坏商品。例如，有些存货保管不善往往造成废损；有些存货长期堆放，灰尘密布，很可能过期失效。对存货明细账上极少变动的存货项目，要注意查明是否已属于退废项目。若存货为精密技术产品，如某石油公司有各种等级的汽油和汽车用油，某珠宝店有各种重量的钻石和各种宝石手表等，注册会计师应请求有关专家协助，只要注册会计师信任专家资历及其独立性，就可以借助专家的工作来对这些特殊存货的性能与价值进行鉴定。

（4）盘点过程的记录

参与盘点的所有注册会计师都应编制工作底稿，说明抽点范围、值得注意的缺陷，并对这次存货盘点是否按照审计客户盘点指示进行表示意见。盘点工作结束后，审计项目现场负责人应编制盘点备忘录，说明监督存货盘点的范围、盘点程序、抽点数量占存货的比例、盘点中的重大问题及处理方法、盘点结果等情况，并连同审计客户的盘点计划或指令、盘点表、问卷调查资料及取得的其他资料一起整理成审计工作底稿。

4）存货盘点和监盘程序无效的原因分析

注册会计师可以通过要求企业进行存货盘点，并在进行监盘时切实进行审核，对存货数量可能存在虚假的情况进行防范。但是，企业存货的复杂性对注册会计师的存货盘点观察有着直接影响。许多已经公开的存货欺诈的报道说明运用监盘程序是需要十分小心的。在实际工作中，由于注册会计师对盘点的观察做法不当，而可能无法发现存货不实。其原因可能包括：

（1）进行存货监盘者是一些刚步出校门的新手，其经验明显不足，且不能在检查存货数量的同时对质量进行关注。

（2）每年负责监盘工作的人都无法保证连续性，其对审计客户存货管理制度和方法不熟悉，使审计客户有可能通过更换以前年度资料来蒙骗注册会计师。

（3）项目负责人或高级注册会计师很少过问审计客户的盘存计划和组织工作，很少亲赴现场观察存货盘点，使现场监盘人员即使发现疑点也没人可以咨询，无从与审计客户较高级别的人员进行沟通。

（4）注册会计师过分相信被审计企业，他们只抽取了审计客户已经盘点过的一小部分存货进行核查，或者只直接抽盘了很小一部分，就确认了全部存货盘存结果。

（5）注册会计师允许审计客户人员跟随在旁边并记录查核的抽点项目，使后者在事后有机会对未抽点项目作假。

（6）注册会计师发现一种显示可能作弊的情况，迫使审计客户不得不更正，但未警觉到这其中可能有更普遍的其他蓄意舞弊存在。

(7) 注册会计师预先告知审计客户，他们要去观察存货盘点的地点，使企业得以就未观察地点之存货作不实调整。

5) 监盘程序在其他项目审计中的运用

除了审计存货项目需要运用监盘程序外，其他一些有形资产的审计也要运用该方法。

(1) 库存现金的审计

库存现金通常包括由审计客户出纳保管作为零星支用的现款以及已收到尚未存入银行的现款。为了证实资产负债表上所列示的现金余额确实存在，注册会计师应当对库存现金实施突击清点程序。盘点库存现金应当注意以下几个问题：

①为了使盘点能发现更多可能存在的控制漏洞，盘点库存现金宜采取突击性检查方式，时间应避开现金收支高峰期，一般安排在营业日的起讫时间。

②盘点范围应包括审计客户各部门经管的现金及尚未及时入账的现金收付款凭证。存放于不同地点的库存现金应同时进行盘点，或在注册会计师监督下封存不同地点的保险柜后，再逐一清点，防止出纳或主管人员转移这些资产来掩饰现金短缺。

③盘点时由出纳负责清点现金，并与根据库存现金日记账加计累计数额后结出的现金金额核对，若有差异应查明原因，作出记录或调整。注册会计师和审计客户会计主管人员负责监督盘点过程。

④盘点必须分币种、面值列示盘点金额，盘点时若有冲抵库存现金的借条、未提现的支票、未作报销的原始凭证，应在"库存现金盘点表"中注明或作出必要的调整。

⑤盘点结束时注册会计师应根据盘点结果编制"库存现金盘点表"，反映库存现金盘点数、实存数、账面结存额及账实差额。

⑥如果盘点库存现金日是在财务报表日后，应根据财务报表日至实际盘点日之间的现金收支凭证，调节至财务报表日的库存现金实存额并与该日的库存现金账面结存额比较，确定溢缺差额。

(2) 固定资产的审计

查验固定资产是否存在的范围取决于审计客户内部控制的强弱、固定资产项目的重要性及注册会计师的经验判断。一般地说，查验固定资产的实际存在主要是实地检查被审计年度内增加的主要资产项目，并不一定要全面盘查所有固定资产。在初次审计情况下，注册会计师若对前任注册会计师的工作表示放心，只需对以前年度的固定资产抽检并检查被审计年度的主要增加项目；若对前任注册会计师的工作不满意或无前任注册会计师的有关审计资料，注册会计师需要实施全面盘点或其他类似程序。在检查过程中，如果发现任何可疑问题，都应深入调查或扩大检查范围直至全面盘查。注册会计师还应当注意观察固定资产的保养和使用状况、运行是否正常，以确定固定资产折旧与相关减值准备的计提是否充分。而目前，审计长期资产减值准备计提的充分性需要较强的专业判断能力，相当多的审计失败都与此项目有关。

(3) 盘点证券类投资

一般地说，证券类投资具有相当强的变现能力，因此，其盘点往往与现金和票据一起进行。如果这些资产存放在不同地点，也应尽可能地同时盘点，或全部封存后逐一盘点。注册会计师在监盘投资证券时，企业有关管理及保管人员应在场，盘点时需记录证券的种类、号码、所有者名称、证券摘要、数量、面值、发行者名称等信息，盘点结束要填制盘点清单，并将盘点结果与相关明细账信息核对。如果注册会计师是在财务报表日后进行该监盘活动的，则需要将盘点结果调整到财务报表日。

本章小结

函证和监盘是财务报表审计中最为基础的两项测试手段。函证就是以信函方式向第三方求证，而监盘是审计人员亲自到现场观察和点数，其所取得的审计证据被认为是"硬证据"，也被认为是成本最高的证据。传统意义上认为，如果一项报表审计业务未执行这两项审计测试程序，那么这样的审计工作是不完整的。不过，在运用这两种审计测试方法时，需要运用专业判断，否则都容易造成审计失败。

主要概念和观念

□ 主要概念

肯定式函证 否定式函证

□ 主要观念

函证程序的运用范围 影响函证样本量的因素 函证过程的控制 函证方法的局限性
盘点过程中的会计审计责任 监盘程序的运用范围 导致监盘程序无效的原因

基本训练

□ 知识题

14.1 阅读理解

1）什么是审计的函证方法？该方法的基本形式有哪些？

2）函证方法可运用于哪些报表项目的审计？

3）如何确定函证的样本量？

4）如何对函证过程进行控制与记录？

5）函证方法有哪些局限性？

6）注册会计师观察盘点时应该注意哪些事项？

7）监盘审计程序可运用于哪些报表项目的审计？

14.2 知识应用

1）选择题

（1）影响函证样本量选择的因素有（   ）。

A.函证对象总体占资产总额的比重   B.函证对象内部控制的有效性

C.函证对象明细账户的数量   D.所采用的函证类型

（2）在审查应收票据时，发现有些商业承兑的应收票据已经转让，应（   ）。

A.函证出票人   B.函证票据的持有人

C.A、B均可   D.无需函证，只要复算相关的利息

（3）确定是否对各银行存款余额进行函证，主要取决于（   ）。

A.是否已取得银行对账单   B.是否已取得所有已付支票存根

C.各银行存款余额的大小   D.本期是否发生了银行存款收付款业务

（4）（   ）不属于银行存款函证的内容。

A.客户的银行贷款的余额   B.本期银行存款增减净额

C.客户的或有负债   D.客户欠银行的承兑汇款

（5）如果注册会计师在一次财务报表年度审计中未能观察存货盘点，也未能直接向债务人函证应收账款，但他实施了替代程序并获得满意的结果，在该公司的审计报告中，他可以签发（   ）。

A.无保留意见   B.带说明段的无保留意见

C.保留意见   D.无法表示意见

E.否定意见

（6）某被审计单位的财务负责人担任其证券业务的会计记录工作，他不宜再（   ）。

A.参与证券的买卖   B.参与证券的保管

C.参与证券的定期盘点   D.兼任证券买卖的负责人

（7）在下列审计程序中，属于证实银行存款存在的重要程序有（   ）。

A.盘点库存现金   B.审查银行存款余额调节表

C.函证银行存款余额   D.审查银行存款收支截止的正确性

2）判断题

（1）监盘可以获得证明存货存在的实物证据，但不能说明被清点存货的所有权。

（   ）

（2）取得审计证据方法之一的监盘是指注册会计师现场监督被审计单位的库存现金、有价证券、存货、固定资产、在建工程等实物资产实地盘点。（   ）

（3）同存货盘点一样，注册会计师应于每次执行审计业务时，对被审计单位的固定资产进行监盘。（   ）

（4）函证获得的审计证据一定是具有强证明力的。（   ）

☐ 技能题

操作练习

请探讨分析下列应收账款函证的回函情况，指出可能存在的问题和应采取的对策：

（1）函证信件无法投递而被退回；

（2）肯定式函证没有答复；

（3）对方回函称款项已经支付；

（4）对方回函称已经将货物退回，但被审计单位没有收到该退回货物的记录；

（5）回函对应收款项的金额有异议。

☐ 能力题

14.1   案例分析

1）请你学习完本章的内容后，分析本章引例中为什么注册会计师没能发现报表中存在的舞弊问题。

2）A会计师事务所于12月15日接受B公司的委托，对其年度会计报表进行审计。B公司总经理说，B公司已经于11月30日对存货进行了全面盘点，但因历年负责对B公司进行报表审计的C会计师事务所中的王注册会计师退休不再从业，因而，11月30日的盘点未经过注册会计师现场观察。王的退休也是B公司变更委托事务所的主要原因。B公司总经理说，目前产品的交货期临近，不同意停工再度进行盘点，但11月30日的盘点所有资料可以提交给A事务所进行复核。A事务所仔细研究了存货的相关内部控制，认为B公司的内控还是比较健全有效的。审计人员详细检查了B公司的盘点资料，并于12月31日抽点了约占存货数量10%的项目，抽点项目经过追查永续盘存记录，未发现重大差异。B公司12月31日的总资产900万元中存货达到400万元。假定在B公司会计报表中，其他项目的审计均未发现重大差异，请问，A会计师事务所能否签发无保留意见的审计报告？为什么？

14.2 网上调研

有人认为，当前美国会计舞弊丑闻频发，而审计屡屡失效的原因之一是美国注册会计师过于强调分析程序，而忽视了详细测试所致。请你利用网络资源了解美国所发生的一些重大会计舞弊丑闻，并从中分析上述论断是否正确。

14.3 单元实践

请你走访一些会计师事务所，观察其实质性程序的过程，并请调查库存现金盘点和存货盘点有哪些主要区别。

□ 拓展阅读内容

14.1 美国上市公司近十年的典型财务舞弊案例。

14.2 中国证监会行政处罚决定。

14.3 行业监管信息。

14.4 普华永道被G外高桥索赔2亿元。

14.5 方正证券发布旗下民族证券2014年报被中准事务所出具保留意见，称一笔20.5亿元存款未获得银行询证函。

第 *15* 章
审计业务完成与复核

学习目标

通过本章的学习，你应该能够达到：

知识目标：了解如何对或有事项进行审计；了解如何对期后事项和持续经营假设进行评估；了解管理层书面声明的性质和基本内容；了解审计复核工作的基本内容。

技能目标：能根据具体环境设计相应的完成与复核过程的审计。

能力目标：分析具体环境中的审计业务完成和复核过程存在的问题。

通过评估内部控制的有效性、实质性程序等具体工作，注册会计师对客户的交易记录及会计处理的完整性和准确性进行了确认。完成上述具体的审计工作后，注册会计师应在企业整体基础上进行审计业务完成和复核。

引例：

为什么需要多次复核？

小张和小李是某高等院校会计专业学生，他们利用寒假到一家会计师事务所实习。作为助理人员，他们在项目负责人王青的带领下到 A 公司实施财务报表的现场审计。A 公司是这家会计师事务所的新客户，属于仪器仪表制造企业。审计过程中，小张负责应收账款项目，该项目账面余额为 200 万元，其明细账户涉及政府机构、全国性商业网点和一些制造性企业。小张最近读过一篇关于仪器仪表制造企业过去 10 年坏账损失的文章，文中认为该行业 10 年来的坏账损失比例平均为 4.5%。如果按此标准，A 公司坏账准备应为 90 000 元，但该公司目前账面的坏账准备为 25 000 元。小张将上述判断过程记录在工作底稿中，然后对应收账款进行进一步研究，比如，编制应收账款清单、账龄分析表、发出函证等。王青在复核小张编制的工作底稿时，就此问题与 A 公司财务主管进行了探讨，A 公司认为完全按照此行业标准来计提坏账是不合适的，最终，王青与 A 公司财务主管达成一致，坏账备抵账户的金额应当由 25 000 元提升到 40 000 元。小李负责的项目是验证存货的金额。她听存货仓管员说，产成品存货有无法出售的商品。小李抽查了部分存货，比较了库存量和最近销售量，抽查的结果未发现异常。由于存货具有较强的技术性，无法凭观察判断其可销售性。她就无法出售产成品一事询问了 A 公司的财务主管，后者认为不存在上述问题。小李将上述听闻与财务主管的看法都记入了审计工作底稿，并建议下次审核时需要特别注意存货中这些产成品是否仍在仓库中。王青在审核该工作底稿时，详细询问了产成品的可销售性，并约请仓管员探讨此事。仓管员否认曾说过存在无法销售的产成品。于是，王青和 A 公司财务主管商讨此事后，在复核工作底稿中记录："该公司存货价值公允且可出售。"但同时他也在备注中记录："无法销售产成品问题经审核尚无实据，下次审核应加以注意。"他们完成现场工作后，将审计工作底稿及审计意见提交给部门经理和事务所合伙人进行二级和三级复核。后来，小张和小李得知事务所高级管理人员认为他们的工作底稿记录存在很多问题，王青的一级复核工作不合格。他们感到很纳闷，因为他们记得审计课本中说，审计工作底稿是审计工作过程完整的记录。他们已经把审计工作完全记录了，还存在什么问题？此外，他们的工作底稿已经有了王青的复核，为什么还需要部门经理和合伙人的复核，这不是重复劳动吗？

15.1　对或有事项的审计

或有事项是指过去的交易或事项形成的一种状况，其结果须通过未来不确定事项的发生或不发生予以证实。按照或有事项对企业的影响，可将其分为或有负债和或有资产。企业出于稳健性原则，一般情况下不对或有资产进行披露，除非或有资产很可能给企业带来经济利益。而对或有负债，则考虑其对企业的影响，分别采取记录账册、报表披露等方法予以揭示。

1）或有负债和或有义务

或有负债和或有义务的存在，对注册会计师评价报告期的财务状况及报表使用者评价经营业绩都会产生重要影响。因此，为了对公司财务事项进行真实和公允的表达，财务报表必须充分披露或有负债和或有义务，对财务报表发表审计意见时，注册会计师有义务弄清被审计单位或有负债和或有义务方面的情况。

（1）或有负债

或有负债是指过去发生的交易或事项形成的潜在义务，其存在须通过对未来不确定事项的发生或不发生予以证实，或过去的交易或事项形成的、金额不能可靠确定或不是很可能导致经济利益流出的现时义务。

注册会计师在审计过程中常见的或有负债有：

①未决诉讼或未决仲裁。未决诉讼或未决仲裁案件是法庭或仲裁机构尚未作出最后判决或仲裁的案件，审计客户可能由于败诉而承担赔偿责任，因而构成了审计客户的一项或有义务。

②税务纠纷。因税务纠纷而产生的或有事项主要有：审计客户与税务部门对于应税额

和纳税额等方面存在分歧意见，尚未最后处理完毕；税务部门决定追加税款但尚未最后定案，或审计客户不同意追加而尚未缴纳税款。

③产品质量保证。产品质量保证是企业对已售出商品或已提供劳务的保证。审计客户有可能由于产品质量问题而承担维修、调换甚至赔偿的责任，因而构成了审计客户的一项或有负债。

④附追索权的商业票据贴现。审计客户以未到期的商业票据向银行贴现，如果贴现的票据将来到期时债务人因故不能付款，审计客户作为票据的背书人往往负有代为偿付的责任。

⑤为他人债务担保。审计客户对他人债务的担保同样负有连带责任。

（2）或有义务

或有义务，常表现为财务承诺，其重要特征是：不论利润或整个经济状况发生何等变化，企业均保证在将来某一时间履行一系列无法变更的协议条款。尽管对未来事项的财务承诺不是或有事项，但是重大财务承诺隐藏着潜在的风险，可能会导致大量经济利益流出企业，从而对企业财务状况有重大影响。

或有义务主要与合同的执行有关，比如，在存在以下情况时，企业就会被认为存在或有义务：

①与管理人员或技术骨干之间签订的奖金计划和利润分享计划；

②与他方签订协议，在未来某一特定的日期以固定的价格购买主要原材料和存货；

③与他方签订协议，在未来特定的日期以一定的价格租赁或购买固定资产，或者出售商品。

2）或有事项的审计程序

注册会计师对或有事项进行审计所要达到的审计目标一般包括：确定或有事项是否存在和完整；确定或有事项的确认和计量是否符合企业会计准则的规定；确定或有事项的列报是否恰当。

注册会计师应当对或有事项实施必要的审计程序。需要特别指出的是，由于或有事项本质上属于不确定事项，相应地，其重大错报风险较高，需要注册会计师予以充分关注。尤其要关注财务报表反映的或有事项的完整性。尽管或有事项的审计方法没有特殊的地方，但是，在其他项目审计过程中，应给予或有事项充分的关注和谨慎的职业判断，以降低审计风险。常用的审计程序有：

（1）了解被审计单位与识别或有事项有关的内部控制

（2）询问审计客户管理层

向审计客户管理层询问关于未记录或有事项发生的可能，以及对或有事项处理的方针政策和工作程序，并索取未决法律案件的清单。在询问中，注册会计师应具体询问应反映的或有事项种类。显然，询问管理层并不能发现其有意不披露的现存的或有事项，但是，如果是管理层忽略的某一事项或者未完全理解有作会计反映的必要时，这种询问就能起到很有效的作用。

（3）查阅相关文件

查阅当期及以前期间的税收结算报告；查阅外勤工作完成日止的董事会、股东大会和其他重要会议的会议纪要；查阅借款合同、租赁合同、其他重要合同和保证、背书等事项的备忘录。从上述文件中发现被审计期间可能存在的或有事项。

（4）函证审计客户的法律顾问或律师

通过函证，通常可以得到两类法律事项的资料：财务报表日业已存在的，以及财务报表日至复函日期间存在的或有事项的确认证据；其他或有事项。如果存在或有负债，注册会计师应当取得审计客户法律顾问或律师关于或有损失金额的专业判断。当然，由于审计客户律师一般都偏向审计客户，在评估损失可能性、判断潜在数额时往往丧失不偏不倚观察事物的能力，注册会计师需要从自己的律师那里获得对潜在损失的独立评估结论，而不能仅仅依靠审计客户的管理层或其律师。如果审计客户法律顾问或律师由于种种原因拒绝出具证明，或者隐瞒信息，或者存在不接受注册会计师要求审计客户更改叙述的情况，注册会计师一般应认为审计范围受到限制，不能出具无保留意见的审计报告。

（5）复核现存的审计工作底稿

本程序的目的是寻找任何可以说明潜在或有事项的资料。例如，分析被审计期间所发生的法律和其他专业服务费用；从法律顾问那里获取其服务发票副本和有关说明，看其是否足以说明或有负债，特别是诉讼或未决税款估价等方面的问题。

（6）获取管理层书面声明

管理层书面声明中包括保证其已按照会计准则和有关会计制度等规定对其全部或有事项做了正确披露。我们将在15.4中详细介绍。

（7）确定或有事项在资产负债表上的反映和披露是恰当的

当或有负债符合会计准则要求同时具备的条件时，就应确认为"预计负债"，在资产负债表上单独地列示，与所确认负债有关的费用或支出在扣除确认的补偿金额后在利润表中予以反映。同时，在报表附注中披露相关事宜。但对未决诉讼、仲裁形成的或有负债的披露信息，预期会对审计客户造成重大不利影响，则只需披露该未决诉讼、仲裁的形成原因。当或有资产很可能为审计客户带来未来经济利益时，应在报表附注中披露其形成的原因；如果能够预计其产生的财务影响，还应对此作相应披露。

15.2　对期后事项的审计

期后事项是指财务报表日至审计报告日之间发生的事项，以及注册会计师在审计报告日后知悉的事实。注册会计师负责对客户的财务报表是否真实公允地表达了财务报表日的财务状况和业绩发表审计意见，而期后事项的存在可能影响财务报表使用者对财务报表日的财务状况和经营业绩的评估，因此，当发生期后事项时，注册会计师有义务考虑这些事项的影响，并采取一些特殊的审计程序来确保他已经了解了这些事项。

1）期后事项的分类

期后事项一般可以分为两类：

（1）对财务报表日已经存在的情况提供证据的事项

这类事项为审计客户管理层确定财务报表日账户余额提供信息，也为注册会计师核实这些余额提供补充证据，如果这类期后事项的金额重大，应提请审计客户对本期财务报表及相关账户余额进行调整，以尽可能准确地反映财务报表日企业的财务状况和经营业绩。以下是几个关于这方面的例子：

①财务报表日审计客户可能无法收回的大额应收账款，因财务报表日后债务人突然破产而无法收回。在这种情况下，债务人财务状况显然已恶化，注册会计师应考虑提请审计客户增加应收账款减值准备数额，调整财务报表有关项目。

②在财务报表日以前或财务报表日，审计客户根据合同规定所销售的商品已经发出，当时认为该项商品与所有权相关的风险和报酬已经转移，货款能够收回，根据收入确认原则确认了收入并结转了相关成本，即在财务报表日审计客户确认为已经实现销售，并在财务报表上反映，但在财务报表日后至财务报告批准报出日之间所取得的审计证据证明该批已确认为销售的商品已经退回，如果金额较大，注册会计师应考虑提请审计客户调整财务报表有关项目的数额。

③审计客户由于某种原因被起诉，法院于财务报表日后判决审计客户应赔偿损失，因这一负债实际在财务报表日之前已存在，且赔偿数额很大，注册会计师应考虑提请审计客户增加资产负债表有关负债项目的金额，并加以说明。

④审计客户财务报表日后不久有大批产成品经验收不合格。这种情况表示审计客户财务报表日在产品存货中有相当数量的不合格品，应予以扣除。

⑤财务报表日后进一步确定了财务报表日前购入资产的成本或售出资产的收入。例如，被审计单位在财务报表日前购入一项固定资产，并投入使用。由于购入时尚未确定准确的购买价款，故先以估计的价格考虑其达到预定可使用状态前所发生的可归属于该项固定资产的运输费、装卸费、安装费等因素暂估入账，并按规定计提固定资产折旧。如果在财务报表日后商定了购买价款，取得了采购发票，被审计单位就应据此调整固定资产原价。

利用期后事项审计以确认审计客户财务报表所列金额时，应对财务报表日已存在的事项和财务报表日后出现的事项严加区分，不能混淆。

（2）对财务报表日后发生的情况提供证据的事项

这类事项因不影响财务报表日财务状况，所以，不需要调整审计客户的本期财务报表。但这类事项可能导致报表使用者的误解，因此，应在财务报表中以附注的形式予以披露。

审计客户在财务报表日后发生的，需要在财务报表上披露而非调整的事项主要有：审计客户合并；应付债券的提前兑付；由于政府禁止继续销售某种产品所造成的存货市价下跌；需要为新的养老保险金计划在近期支付大笔现金；偶然性的大笔损失等。这些事项如不加以反映，往往会导致对审计客户财务报表的误解，所以，应在财务报表的附注中加以披露。

2）期后事项的审计

应当说明，期后事项审查只限于确定其是否影响财务报表的公允和可信性，而并非对期后事项专门进行审计。审定财务报表的时间起讫界限仍然是财务报表日，但为了降低审计风险，使已审计报表更加接近公允性，注册会计师有必要将责任延伸至签发审计报告日。报表审计和期后事项审计的关系如图15-1所示。

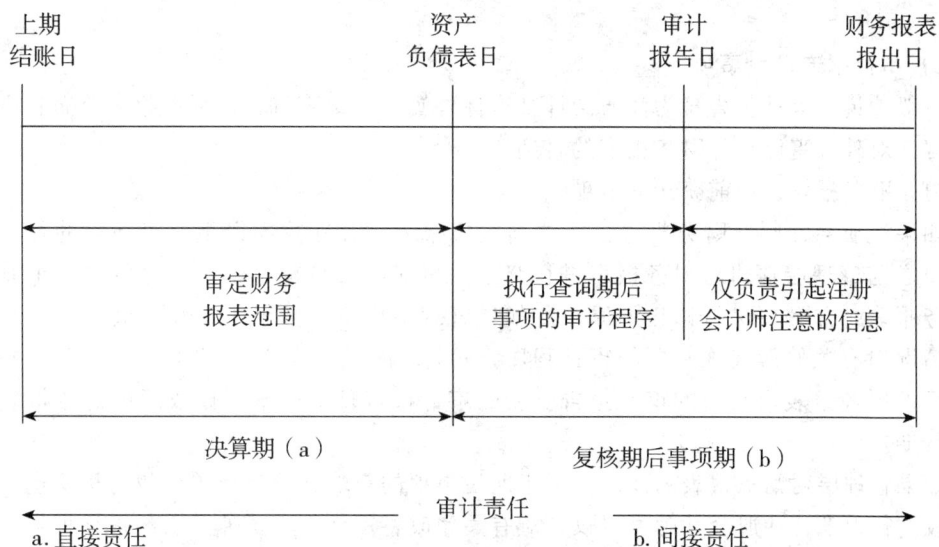

图15-1　报表审计和期后事项审计的关系

（1）常用审计程序

注册会计师对期后事项进行审计时，使用的审计程序包括：

①考虑管理层所建立的确保期后事项得以确认的相关程序的有效性；

②查阅财务报表日后的有关董事会、管理层会议、执行委员会的文件，特别关注那些在会议中讨论过但仍未发生的细节；

③复核相关的会计记录，查阅审计客户最近的财务信息，如中期财务报表、预算、现金流量预测和其他管理层报告；

④询问管理层哪些是可能影响财务报表的期后事项，是否可能发生。

在对管理层进行询问时，注册会计师应特别关注以下问题：对尚在进行中的有关项目进行客观判断，如未决诉讼等；是否发生新的义务、借款或保证；是否有出售资产的行为或计划出售资产；是否发行或计划发行股票或债券，达成或计划达成兼并或清算的协议；资产是否因火灾或水灾等遭受破坏；是否进行了不常见的会计调整；是否发生或可能发生相关事件，导致财务报表中使用的会计政策不当。

（2）对期后事项的处理

若期后事项导致企业应修改原财务报表，但审计客户予以拒绝时，注册会计师应根据须作出修改事项对财务报表的影响程度，重新考虑应出具审计报告的意见类型。

①若审计客户的个别重要财务报表项目的编制不符合会计准则和其他有关财务会计法规的规定，审计客户不愿进行调整，注册会计师应指出这些调整对审计客户财务报表可能产生的影响，并据其影响程度发表保留意见或否定意见审计报告。

②若已审计财务报表须作调整而审计客户予以拒绝，并且这一未调整事项对财务报表的反映的影响程度超过一定范围，以致财务报表的反映无法被注册会计师所接受，审计客户的财务报表已经失去价值，注册会计师只能发表否定意见审计报告。

③若注册会计师认定期后事项证实报表中存在重大错报，且审计客户同意修改，注册会计师可对审计客户所采取的措施是否适当实施检查，以合理确信财务报表使用者知悉修

改情况。

3) 审计报告日后事项

一般地说，审计报告日为注册会计师审计外勤工作结束日，而财务报表公布日则是指审计客户对外披露已审计财务报表的日期。

（1）财务报表公布前获知的事项

如果注册会计师在财务报表公布之前发现报表中存在重大错报，最适宜的补救办法就是要求与管理层探讨对财务报表进行修正的可能性，被审计单位最好发布一个修正过的财务报表，并解释进行修正的原因。如果管理层修改财务报表，注册会计师应当根据具体情况对有关修改实施必要的审计程序；审计程序应延伸至新的审计报告日，并针对修改后的财务报表出具新的审计报告。新的审计报告日不应早于修改后的财务报表被批准的日期。

如果管理层对财务报表的修改仅限于期后事项的影响，被审计单位权力机构也仅对有关修改进行批准，注册会计师可以仅针对有关修改将审计程序延伸至新的审计报告日。在这种情况下，注册会计师应当选用下列处理方式之一：第一，修改审计报告，针对财务报表修改部分增加补充报告日期，从而表明注册会计师对期后事项实施的审计程序仅限于财务报表相关附注所述的修改；第二，出具新的或经修改的审计报告，在强调事项段或其他事项段中增加说明，表明注册会计师对期后事项实施的审计程序仅限于财务报表相关附注所述的修改。

如果注册会计师认为管理层应当修改财务报表而管理层没有修改，注册会计师应酌情考虑审计意见类型，并采取适当措施。

（2）财务报表公布后获知的事项

在财务报表报出后，注册会计师没有义务针对财务报表实施任何审计程序。在财务报表报出后，如果知悉了某事实，且若在审计报告日知悉该事实可能导致修改审计报告，注册会计师应当：第一，与管理层和治理层讨论该事项；第二，确定财务报表是否需要修改；第三，如果需要修改，询问管理层将如何在财务报表中处理该事项。

如果管理层修改了财务报表，注册会计师应当：根据具体情况对有关修改实施必要的审计程序；复核管理层采取的措施能否确保所有收到原财务报表和审计报告的人士了解这一情况；针对修改后的财务报表出具新的审计报告，新的审计报告日不应早于修改后的财务报表被批准的日期。

注册会计师应当在新的或经修改的审计报告中增加强调事项段或其他事项段，提醒财务报表使用者关注财务报表附注中有关修改原财务报表的详细原因和注册会计师提供的原审计报告。

如果管理层没有采取必要措施确保所有收到原财务报表的人士了解这一情况，也没有在注册会计师认为需要修改的情况下修改财务报表，注册会计师应当通知管理层和治理层（除非治理层全部成员参与管理被审计单位）其将设法防止使用者在未来信赖该审计报告。

如果注册会计师已经通知管理层或治理层，而管理层或治理层没有采取必要措施，注册会计师应当采取适当措施，以设法防止使用者在未来信赖该审计报告。

15.3　对持续经营假设的评估

一般目的财务报表是运用持续经营假设编制的。在持续经营假设下，财务报表是基于被审计单位持续经营并在可预见的将来继续经营下去的假设编制的。适当运用持续经营假设，意味着被审计单位对其资产和负债的记录是建立在正常经营过程中能够变现资产、清偿债务的基础上的。若这一假设不存在，则被审计单位资产和负债的确认金额会发生显著变化。为了对财务报表是否真实和公允表达发表审计意见，注册会计师应谨慎考虑持续经营假设失效的可能性。

1）对持续经营假设的评估应贯穿于审计全过程

对企业持续经营假设的评估是一个持续进行的审计步骤（见表 15-1）。

表 15-1　　　　　　　　　　　　　对持续经营假设的评估步骤

评估步骤		审计阶段
在对企业经营情况的了解、相关风险因素的评价及与董事讨论的基础上，对企业持续经营进行预评估		计划
执行特定程序，关注客户的持续经营状况　　　　　执行其他常规审计程序 决定是否需要与银行部门进行确认或参加会议		风险评估
考虑对持续经营预评估的结果，必要时做出修改 决定并记录持续经营的程度 决定从客户董事会处获取书面声明的必要性 评价对客户持续经营状况披露的必要性和充足程度		风险应对
发表适当的审计意见，必要时在审计报告中披露与持续经营相关的不确定性		报告

（1）风险评估阶段对持续经营假设的评估

在了解被审计单位及其环境时，注册会计师应当考虑是否存在可能导致对被审计单位持续经营能力产生重大疑虑的事项或情况，并确定管理层是否已对被审计单位持续经营能力作出初步评估。

如果管理层已对持续经营能力作出初步评估，注册会计师应当与管理层进行讨论，并确定管理层是否已识别出某一项或多项汇总起来可能导致对被审计单位持续经营能力产生重大疑虑的事项或情况。如果管理层已识别出这些事项或情况，注册会计师应当与其讨论应对计划。如果管理层未对持续经营能力作出初步评估，注册会计师应当与管理层讨论拟运用持续经营假设的基础，询问管理层是否存在某一项或多项汇总起来可能导致对被审计单位持续经营能力产生重大疑虑的事项或情况。

（2）评估管理层对持续经营能力作出的评估

注册会计师应当评价管理层对被审计单位持续经营能力作出的评估。在评价管理层对被审计单位持续经营能力作出的评估时，注册会计师的评价期间应当与管理层按照适用的会计准则和相关会计制度或法律法规的规定作出评估的涵盖期间相同。在评价管理层作出的评估时，注册会计师应当考虑管理层作出的评估是否已包括注册会计师的审计过程中注意到的所有相关信息。

注册会计师应当询问管理层是否知悉超出评估期间的、可能导致对持续经营能力产生重大疑虑的事项或情况。

2）识别出事项或情况时实施追加的审计程序

如果识别出可能导致对持续经营能力产生重大疑虑的事项或情况，注册会计师应当通过实施追加的审计程序，包括考虑缓解因素，获取充分、适当的审计证据，以确定是否存在重大不确定性。

这些程序应当包括：

（1）如果管理层尚未对被审计单位持续经营能力作出评估，提请其进行评估；

（2）评价管理层与持续经营评估相关的未来应对计划，这些计划的结果是否可能改善目前的状况，以及管理层的计划对于具体情况是否可行；

（3）如果被审计单位已编制现金流量预测，且对预测的分析是评价管理层未来应对计划时所考虑的事项或情况的未来结果的一个重要因素，评价用于编制预测的基础数据的可靠性，并确定预测所基于的假设是否具有充分的支持；

（4）考虑自管理层作出评估后是否存在其他可获得的事实或信息；

（5）要求管理层和治理层（如适用）提供有关未来应对计划及其可行性的书面声明。

3）运用持续经营假设是适当的但存在重大不确定性

如果认为运用持续经营假设适合具体情况，但存在重大不确定性，注册会计师应当确定：

（1）财务报表是否已充分描述可能导致对持续经营能力产生重大疑虑的主要事项或情况，以及管理层针对这些事项或情况的应对计划；

（2）财务报表是否已清楚披露可能导致对持续经营能力产生重大疑虑的事项或情况存在重大不确定性，并由此导致被审计单位可能无法在正常的经营过程中变现资产和清偿债务。

4）管理层不愿作出评估或延长评估期间

如果管理层不愿按照注册会计师的要求作出评估或延长评估期间，注册会计师应当考虑这一情况对审计报告的影响。

15.4　审计客户管理层书面声明

在审计的完成和复核阶段，注册会计师应要求客户出具管理层书面声明，这是指管理层向注册会计师提供的书面陈述，用以确认某些事项或支持其他审计证据。该书面声明是注册会计师在财务报表审计中需要获取的必要信息，也是审计证据。

1）管理层书面声明的作用

管理层书面声明有两个方面的作用：

一是向管理层获取其认为自身已履行编制财务报表和向注册会计师提供完整信息的责任的书面声明，是引起客户管理层的注意，财务报表真实公允表达的责任在于管理层，而非注册会计师。

二是将询问结果用正式书面形式表达，使审计程序规范化。例如，审查存货时，注册会计师会提出很多问题，如计价方式和销售方式等，书面声明对这些问题的回答作出记录。如果不能从管理层处获取客户书面声明应被视为审计范围受到限制，注册会计师不能签发无保留意见的审计报告。

书面声明是一种非独立来源证据，注册会计师不能将其当作可靠证据，并不能使注册会计师免于对所报告的项目收集足够的证据。管理层书面声明是对其他审计程序的补充，但不能取代其他审计程序。

如果对管理层的胜任能力、诚信、道德价值观或勤勉尽责存在疑虑，或者对管理层在这些方面的承诺或贯彻执行存在疑虑，注册会计师应当确定这些疑虑对书面或口头声明和审计证据总体的可靠性可能产生的影响。

2）管理层书面声明的内容

以下是某注册会计师从客户那里获得的管理层书面声明（见表15-2）。

表15-2　　　　　　　　　　　　　　　　**管理层书面声明**

致：××会计师事务所

鉴于你们对我公司截至××××年××月××日的财务报表进行审计，以对该财务报表是否按照会计准则公允反映了我公司的财务状况、经营成果和现金流量等情况发表审计意见，现就我们所能了解和知道的情况向你们作出以下说明和确认，这些说明和确认已经得到我公司董事会和管理层的认可。

1.董事会清楚地知晓根据公司法、会计法等法律的规定编制的财务报表，真实公允地反映企业的财务状况、经营成果和现金流量。公司的所有交易均反映在公司的财务记录之中，所有用以本次审计的会计记录均按照会计准则的要求编制。我方还提供所有的其他相关信息，包括管理层和股东大会材料。

2.确认：

在内部控制中起重要作用的管理者或职员无舞弊行为；其他能对财务报表的资料起重要作用的职员无舞弊行为；主管部门没有通报公司在财务报告实务中有重大的不合规行为或有不足的情况。

3.我们没有对资产和负债的账面金额和分类施加重大影响的打算和计划。

4.下列事项已经在财务报表中作了适当的记录和披露：

关联方交易和相应的应收账款或应付账款，包括销售、采购、贷款、转拨、租赁安排和担保；

股票回购选择或协议，或股票的选择、担保、转换和其他要求而保留的股票；

与有关金融机构签订的赔偿性余额协议，其他有关现金余额协议，或其他有关现金余额的限制协议或信用额度协议。

5.不存在：

其结果应在财务报表中披露或作为或有损失的违法或可能违法违规事项；

其他根据或有事项会计准则，应计和应披露的重要债务或或有损失。

6. 对过剩或过时的存货作了备抵，以使账面价值达到它们估计的可变现净值。

7. 已对履行销售合同中或不能履行销售合同的可能的重大损失作了备抵。

8. 对由于材料采购的数量超过要求或价格超过市价而不履行承诺导致的重大损失作了备抵。

9. 我们遵守了所有将会对财务报表产生重大影响的合同协议条款。

10. 没有发生须在资产负债表上调整或披露的期后事项。

公司总经理：××

财务总监：××

××××年××月××日

15.5　审计工作的复核

为了达到审计目标，在审计证据收集和分析阶段结束以后，会计师事务所的合伙人、项目负责人、质量控制经理要分别对审计工作底稿进行复核，运用分析程序评价审计工作结果，确定审计报告意见类型。

1）评价审计结果

审计报告是基于充分、适当的审计证据产生的，在编制审计报告前，注册会计师必须对所获取的审计证据加以全面、综合的评估。

（1）重新评价重要性和审计风险

在评价审计证据充分、适当时，主要的判断标准是预先确定的重要性水平和审计风险，如在审计过程中，根据实际情况对重要性水平和审计风险进行修正，判断依据就是修正后的标准。重要性水平和审计风险确定得适当与否，直接关系到审计效率和效果，因此，完成审计外勤工作时，要对其进行最终的评价，根据评价结果决定是否追加审计程序或确定要求被审计单位调整的事项。

首先，汇总可能的审计差异，审计差异内容按是否需要调整账户记录可分为核算错误和重分类错误。核算错误是因企业对经济业务进行了不正确的会计核算而引起的错误；重分类错误是因企业未按企业会计准则列报财务报表而引起的错误。例如，企业在应付票据及应付账款项目中反映的预付账款、在应收票据及应收账款项目中反映的预收账款等。

其次，确定报表项目可能的审计误差汇总数对财务报表层次重要性和其他与这些错报有关的财务报表总额（如流动资产）的影响程度，根据这个影响程度重新评价重要性水平。财务报表层次重要性水平是指审计计划阶段确定的重要性水平或经修正后的重要性水平。

最后，注册会计师应当根据实质性程序的结果和其他审计证据，对审计风险进行最终评估，并检查其是否与审计风险的初步评估结论相一致。如果存在不一致，应当考虑是否追加相应的审计程序，或者提请审计客户作必要调整，以便使重大错报风险被降低到一个可接受的水平。否则，注册会计师应慎重考虑该审计风险对审计报告的影响。

（2）评价审计证据的适当性、充分性

注册会计师在完成审计外勤工作后，必须判断是否收集了充分、适当的审计证据来支持对财务报表表述是否按照会计准则和制度来发表审计意见，特别是确定在整个审计过程中，是否在现有环境条件下对所有重要领域进行了充分测试，是否已达到了各项审计目标，是否对审计过程中发现的问题领域给予了足够的重视。例如，当在销售交易循环发现错误时，计划阶段确定的应收账款审计程序可能已不充分，需要修订、追加必要的审计程序或要求审计客户调整。注册会计师认为他没有能够获得充分、适当证据，不足以对审计客户财务报表的合规性、公允性作出结论时，注册会计师有两种选择：要么追加必要的审计程序，要么出具保留意见或无法表示意见的审计报告。多数情况下，注册会计师会选择前者，因为审计客户不愿意接受因为注册会计师没有取得充分、适当证据而出具的非无保留意见的审计报告。

为便于检查和分析，注册会计师可以编制"审计业务执行情况核对清单"，列示出重要的审计程序，与实际工作对照评估，不仅可以检查审计证据的充分性、适当性，还可以对那些常容易被忽视的审计方面起到提醒作用。负责全面复核审计工作底稿的项目负责人填列并核对该清单，完成后由高级注册会计师再加以复核。不同行业、不同性质的审计客户适用不同的核对清单。

2）完成质量控制复核

会计师事务所应当建立完善的审计工作底稿分级复核制度。对审计工作底稿的复核可分为两个层次：项目组内部复核和独立的项目质量控制复核。

（1）项目组内部复核

项目组内部复核又分为两个层次：审计项目经理的现场复核和项目合伙人的复核。

审计项目经理对工作底稿的复核属于第一级复核。该级复核通常在审计现场完成，以便及时发现和解决问题，争取审计工作的主动。

项目合伙人对审计工作底稿实施复核是项目组内部最高级别的复核。该复核既是对审计项目经理复核的再监督，也是对重要审计事项的把关。

（2）独立的项目质量控制复核

项目质量控制复核是指在出具报告前，对项目组作出的重大判断和在准备报告时形成的结论作出客观评价的过程。按照事务所质量控制的要求，应对包括上市公司财务报表审计在内的特定业务实施项目质量控制复核，并在出具报告前完成。

项目复核可以通过填列业务执行复核工作核对表的方式来进行。复核工作核对表不仅可对那些容易被忽视的审计工作起到提醒的作用，还有利于检查审计证据的充分性和适当性。很多会计师事务所都备有详细的复核工作核对表。

（3）复核过程中的考虑

相关人员在对工作底稿复核的过程中，应考虑以下方面的问题：

①每一审计循环及整个审计均已经获取合适、充足的审计证据，审计意见建立在上述审计证据的基础之上；

②所有的审计工作均已得到合适的执行、记录和复核；

③与任何特别的审计目标相关的结论与执行相关审计程序所得到的结果相一致；

④审计过程中发现的所有问题和困难已得到解决；

⑤财务报表中提供的信息符合法律的要求，所采用的会计政策符合会计准则并进行了正确的披露，符合企业的具体情况并遵循了一贯性原则；

⑥财务报表整体包含的认定与注册会计师对企业经营的了解相一致，符合审计程序的结论，其披露方式是合理的。

国际上通常要求各级复核工作均必须采取书面形式，即复核者将其阅读工作底稿后的疑问和要求以书面形式记录下来，要求下一级进行处理，如补充查找审计证据。复核者所提问题的数量及性质取决于审计项目的复杂程度、审计风险的高低、工作底稿的质量、复核层次等因素。一般而言，复核者的提问数量随着复核层次的提高而减少，问题的性质更偏向重大、复杂及高审计风险事项。

■ 本章小结

有些审计项目不属于某一具体的循环或报表科目，但对注册会计师评价报告期的财务状况及报表使用者评价经营业绩都会产生重要影响，因此，在完成审计的阶段需要对这些项目进行特别考虑。这些项目一般包括：所有的或有负债和或有义务、期后事项、影响持续经营假设的事项等。这些项目不一定能从会计报表中寻找到线索，但是可以从被审计单位的重要文书或外部第三方寻找到线索，因此，对这部分的审计尤其需要职业谨慎和专业判断能力。为了提醒客户管理层对其财务报表真实公允表达负有的责任，也为了让客户管理层意识到一些重要事项，如或有事项在财务报表揭示中的重要性，注册会计师需要被审计单位管理层提供书面声明。在编制审计报告前，注册会计师必须对所获取的审计证据加以全面、综合的评估，并进行相应的复核。复核工作底稿的主要目的是保证报表审计工作已经完成并充分记录在案。完善的质量控制一般要求项目组内部复核和独立的项目质量控制复核。

■ 主要概念和观念

□ 主要概念

或有负债　或有义务　期后事项　管理层书面声明　项目质量控制复核

□ 主要观念

报表审计与期后事项审计关系　持续经营假设评估与审计意见类型　管理层书面声明的作用与内容　审计复核过程中的考虑

■ 基本训练

□ 知识题

15.1　阅读理解

1）什么是或有负债和或有义务？常见的或有负债和或有义务有哪些？

2）常见的或有事项的审计程序如何？

3）什么是期后事项？期后事项可分为几类？

4）报表审计与期后事项审计之间的关系如何？

5）根据期后事项对财务报表的影响程度，注册会计师可作怎样的处理？

6）对持续经营假设的评估如何贯穿于审计的全过程？

7）什么是管理层书面声明？它有什么作用？通常包括哪些内容？

8）项目质量控制复核包括哪些内容？

15.2　知识应用

1）选择题

（1）注册会计师如对（　　　）获知的期后事项实施了追加审计程序，可以签署双重日期的审计报告。

A.财务报表日至审计报告日　　　　　　B.财务报表日至财务报表批准日

C.审计报告日至财务报表批准日　　　　D.审计报告日至财务报表公布日

（2）审计师黄文审查甲公司 2017 年度的财务报表，并于 2018 年 3 月 20 日签发了无保留意见的审计报告。但是在 2018 年 4 月 1 日，黄文突然发现一笔业务对甲公司 2017 年度财务报表有重大影响。如果黄文能在出具审计报告前的审查过程中知悉此笔业务，他必定对其作全面的调查。那么，此时黄文应（　　　）。

A.不采取任何行动，因为审计师不对审计报告日之后的事负责

B.与甲公司管理部门取得联系，得到他们的协助，对该笔业务进行调查

C.要求甲公司在财务报表或公司公告中增加附注，揭示该业务对财务报表的可能影响

D.与所有依赖财务报表的使用者取得联系，告知其财务报表存在重要错误

（3）下列内容中最不可能包括在管理层书面声明中的是（　　　）。

A.说明需要调整财务报表的期后事项

B.说明有无违约行为及违约行为对财务报表的影响

C.说明对雇员违法行为负有责任

D.说明已提供了所有财务报表和相关信息

（4）下列期后事项最不可能导致对财务报表的调整的是（　　　）。

A.按低于账面价值出售未使用的设备

B.客户的某应收账款大户宣告破产

C.诉讼案判决的结果与客户记录的或有负债出入很大

D.持有准备出售有价证券市价下跌

（5）"过去认为是真实的，将来仍然认为是真实的"的审计假设是（　　　）在审计中的延伸。

A.会计主体假设　　　　　　　　　　　B.会计分期假设

C.持续经营假设　　　　　　　　　　　D.货币计量且币值稳定假设

（6）在财务报表日后发生（　　　）事项时，审计人员应建议被审计单位对此类事项调整有关的估计金额。

A.已证实资产发生了减损　　　　　　　B.销售退回

C.所持有的证券市价严重下跌　　　　　D.发行债券、股票

（7）或有事项具有（　　　）的基本特征。

A.或有事项是过去的交易或事项形成的一种状况

B.或有事项具有不确定性

C.或有事项的结果只能由未来发生的事项确定

D.影响或有事项结果的不确定性因素不能由企业控制

（8）管理者书面声明通常由（　　　）准备。

A.被审计单位高级管理人员　　　　　　B.被审计单位的审计委员会

C.负责审计的注册会计师　　　　　　D.被审计单位的律师

2）判断题

（1）客户于2018年1月23日购买了另一个企业，这一期后事项应调整2017年的会计报表，因为这一购买业务在2017年12月就开始筹划。　　　　　　　　　（　　）

（2）只有合理确信其他充分、适当的审计证据并不存在时，审计人员才需要就对会计报表具有重大影响的事项向被审计单位管理层获取书面声明。　　　　　　（　　）

（3）注册会计师不应以管理层书面声明替代能够预期获取的其他审计证据。　（　　）

（4）或有负债很可能发生，则应确认为预计负债，在财务报表附注中单独披露。

（　　）

□　技能题

操作练习

请分析后完成下列表格（见表15-3）：

表15-3　　　　　　　　　　　　审计报告类型判断表

注册会计师发现的问题	应出具的审计报告意见类型
被审计上市公司已经适当地披露了持续经营方面存在的重大不确定性	
被审计上市公司未恰当地披露持续经营方面存在的重大不确定性	
被审计上市公司再使用持续经营假设编制报表已经不合理，但该公司仍按此假设编制报表	
注册会计师无法确定使用持续经营假设编制报表是否适当	

□　能力题

15.1　案例分析

1）请你学习完本章内容后，帮助回答本章引例中的疑惑。

2）假设你要对某审计项目的全部工作底稿进行复核，你发现：工作底稿全部以表格形式编制，缺乏文字性的叙述；审计计划所要求进行的所有审计测试都已执行；所有的测试项目都已记录，所进行的每一个测试都正确地用审计标志予以标明，审计标志的含义在底稿中注明；审计人员认为有异议的事项一律在底稿中画上红线来标明；底稿正确地列示了名称、日期、交叉索引号和有关人员的签章。请分析说明：你对完善上述审计工作底稿有何建议。

3）注册会计师在审计或有负债时，向被审计单位的常年律师发出函证。针对律师的回函情况，注册会计师作出如下判断，请问：你是否同意注册会计师的判断，为什么？

（1）针对被审计单位尚未了结的涉及巨额责任的被控案件，律师回函认为公司完全有能力胜诉。但注册会计师也了解到该律师担任被审计单位常年法律顾问已近8年，其律师费的85%来自被审计单位（注册会计师认为该律师完全答复函证，可完全信赖）。

（2）审计人员与被审计单位的法律顾问口头讨论被审计单位所涉及的诉讼案，取得法律顾问就有关争议事项所表示的口头意见。注册会计师将该意见汇总，记入审计工作底稿后，认为没有必要再索取书面意见为据。

15.2　网上调研

小张在网上阅览有关财经新闻时发现：20×4年年初，各家上市公司纷纷披露了20×3年度财务报表。其中一个现象引起了他的困惑：20×4年伊始，积重难返的某证券公司被由中国证监会、当地市政府会同人民银行、公安部成立的接管领导小组联合接管，而众多投资于该证券公司或请其代理委托理财的上市公司不得不对可能遭受的损失进行估计，而这种估计却五花八门，如一家汽车制造公司披露的年报显示，20×3 年度公司对投资该证券公司计提长期投资减值准备的比例为 100%，一家道路建设的公司计提比例则为 20%，而另一家股份公司则选择了 15% 的计提比例。为什么针对同一家公司，各方计提了不同的减值比例？如何看待这个问题呢？

15.3 单元实践

请你设计一份调查表，询问被调查的会计师事务所是否都具有项目质量控制复核，或者是仅具有二级或一级复核？复核制度的完备性与事务所人员规模、业务量大小、事务所的结构是否具有相关性？

□ 拓展阅读内容

15.1 亡羊补牢，天香会计师勿忘期后责任。

资料来源：马贤明，郑朝晖.点睛财务舞弊〔M〕. 大连：大连出版社，2006.

15.2 中国注册会计师协会.中国注册会计师继续教育审计案例〔M〕. 北京：中国财政经济出版社，2013.

第 *16* 章

审计报告

学习目标

通过本章的学习，你应该能够达到：

知识目标：了解审计报告的作用、种类、基本内容和格式；了解不同类型审计报告的基本特征与适用条件。

技能目标：能根据具体环境分析审计报告中存在的问题。

能力目标：分析具体环境中应该出具什么类型的审计报告。

审计报告是注册会计师对财务报表执行审计后的结果报告。注册会计师应在评价已有审计证据的基础上，对财务报表形成审计意见，并通过书面报告的形式清楚地表达。换言之，审计报告是审计工作的最终"产品"，也是注册会计师与财务报表使用者的沟通工具。在整个审计过程中，出具审计报告是最后一步。

引例：

无法表示意见是否就是弃权呢？

小李参加工作不久，就利用少量工作节余买卖股票。一日，他所购买的股票突然停牌，他慌忙询问原因，原来是该公司被注册会计师出具了如下审计报告：

我们接受委托，审计了贵公司的财务报表，包括20×1年12月31日的资产负债表，20×1年度的利润表、股东权益变动表和现金流量表以及财务报表附注。

一、管理层对财务报表的责任

按照企业会计准则和《××会计制度》的规定编制财务报表是贵公司管理层的责任。这种责任包括：（1）设计、实施和维护与财务报表编制相关的内部控制，以使财务报表不存在由于舞弊或错误而导致的重大错报；（2）选择和运用恰当的会计政策；（3）作出合理的会计估计。

二、注册会计师的责任

我们的责任是在实施审计工作的基础上对财务报表发表审计意见。我们按照中国注册会计师审计准则的规定执行了审计工作。中国注册会计师审计准则要求我们遵守职业道德规范，计划和实施审计工作以对财务报表是否不存在重大错报获取合理保证。

审计工作涉及实施审计程序，以获取有关财务报表金额和披露的审计证据。选择的审计程序取决于注册会计师的判断，包括对由于舞弊或错误导致的财务报表重大错报风险的评估。在进行风险评估时，我们考虑与财务报表编制相关的内部控制，以设计恰当的审计程序，但目的并非对内部控制的有效性发表意见。审计工作还包括评价管理层选用会计政策的恰当性和作出会计估计的合理性，以及评价财务报表的总体列报。

三、导致无法表示意见的事项

由于国内电视机市场在本年度……

根据我们的审查，贵公司截至 20×1 年 12 月 31 日……

由于前段所述事项涉及金额巨大及贵公司……

四、审计意见

由于上述审计范围受到限制可能产生的影响非常重大和广泛，我们无法对贵公司财务报表发表意见。

小李十分纳闷，公司聘请注册会计师审计，而注册会计师却说无法发表审计意见，这算怎么回事？这是否就类似于我们常见的弃权呢？这样的公司股票还能否持有呢？

16.1 沟通关键审计事项

审计报告，是指注册会计师根据审计准则的规定，在执行审计工作的基础上，对财务报表发表审计意见的书面文件。在出具审计报告前，注册会计师与被审计单位沟通关键审计事项，旨在通过提高已执行审计工作的透明度增加审计报告的沟通价值。沟通关键审计事项能够为财务报表预期使用者提供额外的信息，以帮助其了解注册会计师根据职业判断认为对本期财务报表审计最为重要的事项。

1）确定哪些为关键审计事项

关键审计事项，是指注册会计师根据职业判断认为对本期财务报表审计最为重要的事项。关键审计事项从注册会计师与治理层沟通过的事项中选取。在确定时，注册会计师应当考虑下列方面：评估的重大错报风险较高的领域或识别出的特别风险；与财务报表中涉及重大管理层判断（包括被认为具有高度不确定性的会计估计）的领域相关的重大审计判断；当期重大交易或事项对审计的影响。

注册会计师应当从根据上述规定确定的、在执行审计工作时重点关注过的事项中，确定哪些事项对当期财务报表审计最为重要，从而构成关键审计事项。

2）沟通关键审计事项

注册会计师应当在审计报告中单设一部分，以"关键审计事项"为标题，并在该部分使用恰当的子标题逐项描述关键审计事项。关键审计事项部分的引言应当同时说明下列事项：关键审计事项是注册会计师根据职业判断，认为对当期财务报表审计最为重要的事项；关键审计事项的处理是以对财务报表整体进行审计为背景的，注册会计师对财务报表整体形成审计意见，而不对关键审计事项单独发表意见。在审计报告的关键审计事项部分逐项描述关键审计事项时，注册会计师应当分别索引至财务报表的相关披露并说明下列内容：该事项被认定为审计中最为重要的事项之一，因而被确定为关键审计事项的原因；该事项在审计中是如何应对的。

如果某些事项导致注册会计师应当发表非无保留意见，或者导致对被审计单位持续经营能力产生重大疑虑的事项或情况存在重大不确定性，注册会计师不得在审计报告的关键审计事项部分沟通该事项。注册会计师应当按照适用的审计准则的规定报告这些事项，并在关键审计事项部分提及形成保留（否定）意见的基础部分或与持续经营有关的重大不确定性部分。

16.2 出具审计报告

1）形成审计意见

注册会计师应当就财务报表是否在所有重大方面按照适用的财务报告编制基础编制并实现公允反映形成审计意见。为了形成审计意见，针对财务报表整体是否不存在由于舞弊或错误导致的重大错报，注册会计师确定是否已就此获取合理保证，并得出结论。

在得出结论时，注册会计师应当考虑下列方面是否已获取充分、适当的审计证据：未更正错报单独或汇总起来是否构成重大错报；评价财务报表是否在所有重大方面按照适用的财务报告编制基础编制，比如，财务报表是否充分披露了选择和运用的重要会计政策，选择和运用的会计政策是否符合适用的财务报告编制基础，并适合被审计单位的具体情况，管理层作出的会计估计是否合理，财务报表列报的信息是否具有相关性、可靠性、可比性和可理解性，财务报表是否作出充分披露，使预期使用者能够理解重大交易和事项对财务报表所传递信息的影响等。

注册会计师作出的评价还应当包括财务报表是否实现公允反映，注册会计师应当考虑下列方面：财务报表的整体列报、结构和内容是否合理；财务报表（包括相关附注）是否公允地反映了相关交易和事项；财务报表是否恰当提及或说明适用的财务报告编制基础。

2）审计意见的类型

审计意见的类型包括无保留审计意见和非无保留审计意见。如果认为财务报表在所有重大方面按照适用的财务报告编制基础编制并实现公允反映，注册会计师应当发表无保留意见。如果注册会计师发现根据获取的审计证据，得出财务报表整体存在重大错报的结论，或无法获取充分、适当的审计证据，不能得出财务报表整体不存在重大错报的结论，注册会计师应当在审计报告中发表非无保留意见。

3）审计报告的格式

审计报告应当采用书面形式，应当包括下列要素：标题；收件人；审计意见；形成审计意见的基础；管理层对财务报表的责任；注册会计师对财务报表审计的责任；按照相关法律法规的要求报告的事项（如适用）；注册会计师的签名和盖章；会计师事务所的名称、地址和盖章；报告日期。在某些情况下，注册会计师还应当在审计报告中对与持续经营相关的重大不确定性、关键审计事项、被审计单位年度报告中包含的除财务报表和审计报告之外的其他信息进行报告。

（1）标题

审计报告的标题应当统一规范为"审计报告"。

（2）收件人

审计报告应当按照审计业务约定书的要求载明收件人。

（3）审计意见

审计报告的第一部分应当包含审计意见，并以"审计意见"作为标题。审计意见还应当包括下列方面：指出被审计单位的名称；说明财务报表已经审计；指出构成整套财务报表的每一财务报表的名称；提及财务报表附注，包括重大会计政策和会计估计；指明构成整套财务报表的每一财务报表的日期或涵盖的期间。如果对财务报表发表无保留意见，除非法律法规另有规定，审计意见应当使用"我们认为，后附的财务报表在所有重大方面按照［适用的财务报告编制基础（如企业会计准则等）］编制，公允反映了［……］"的措辞。

（4）形成审计意见的基础

该部分应当紧接在审计意见部分之后，并包括下列方面：说明注册会计师按照审计准则的规定执行了审计工作；提及审计报告中用于描述审计准则规定的注册会计师责任的部分；声明注册会计师按照与审计相关的职业道德要求独立于被审计单位，并按照这些要求履行了职业道德方面的其他责任；说明注册会计师是否相信获取的审计证据是充分、适当的，为发表审计意见提供了基础。

（5）管理层对财务报表的责任

该部分应当说明管理层负责下列方面：

①按照适用的财务报告编制基础编制财务报表，使其实现公允反映，并设计、执行和维护必要的内部控制，以使财务报表不存在由于舞弊或错误导致的重大错报。

②评估被审计单位的持续经营能力和使用持续经营假设是否恰当，并披露与持续经营相关的事项（如适用）。对该评估责任的说明应当包括描述在何种情况下使用持续经营假设是适当的。

（6）注册会计师对财务报表审计的责任

①说明注册会计师的目标是对财务报表整体是否不存在由于舞弊或错误导致的重大错报获取合理保证，并出具包含审计意见的审计报告；说明合理保证是高水平的保证，但并不能保证按照审计准则执行审计程序在某一重大错报存在时总能发现；说明错报可能由于舞弊或错报导致的。

②说明在按照审计准则执行审计工作的过程中，注册会计师运用职业判断，并保持职业怀疑；通过说明注册会计师的责任，对审计工作进行描述。这些责任包括：

A.识别和评估由于舞弊或错误导致的财务报表重大错报风险，对这些风险有针对性地设计和实施审计程序，获取充分、适当的审计证据，作为发表审计意见的基础。由于舞弊可能涉及串通、伪造、故意遗漏、虚假陈述或凌驾于内部控制之上，未能发现由于舞弊导致的重大错报的风险高于未能发现由于错误导致的重大错报的风险。

B.了解与审计相关的内部控制，以设计恰当的审计程序，但目的并非对内部控制的有效性发表意见。当注册会计师有责任在财务报表审计的同时对内部控制的有效性发表意见时，应当略去上述"目的并非对内部控制的有效性发表意见"的表述。

C.评价管理层选用会计政策的恰当性和作出会计估计及相关披露的合理性。

D.对管理层使用持续经营假设的恰当性得出结论。同时，基于所获取的审计证据，对是否存在与特定事项或情况相关的重大不确定性，从而可能导致对被审计单位的持续经营能力产生重大疑虑得出结论。如果注册会计师得出结论认为存在重大不确定性，审计准则要求注册会计师在审计报告中提请报表使用者注意财务报表中的相关披露；如果披露不充分，注册会计师应当发表非无保留意见。注册会计师的结论基于审计报告日可获取的信息。然而，未来的事项或情况可能导致被审计单位不能持续经营。

E.评价财务报表的总体列报、结构和内容（包括披露），并评价财务报表是否公允反映相关交易和事项。

（7）按照相关要求，履行其他报告责任

该部分包括注册会计师在集团审计业务中的责任。注册会计师与治理层就计划的审计范围、时间安排和重大审计发现等进行沟通，包括沟通注册会计师在审计中识别的值得关注的内部控制缺陷等需履行的其他报告责任。

（8）注册会计师的签名和盖章

项目合伙人的姓名应当包含在对上市实体整套通用目的财务报表出具的审计报告中，并且由注册会计师签名和盖章。

（9）会计师事务所的名称、地址和盖章

审计报告应当载明会计师事务所的名称和地址，并加盖会计师事务所公章。

（10）报告日期

审计报告日不应早于注册会计师获取充分、适当的审计证据，并在此基础上对财务报表形成审计意见的日期。在确定审计报告日时，注册会计师应当确信已获取下列两方面的审计证据：构成整套财务报表的所有报表（包括相关附注）已编制完成；被审计单位的董事会、管理层或类似机构已经认可其对财务报表负责。

4）与财务报表一同列报的补充信息

如果被审计单位将适用的财务报告编制基础没有要求的补充信息与已审计财务报表一同列报，注册会计师应当根据职业判断，评价补充信息是否由于其性质和列报方式而构成财务报表的必要组成部分。如果补充信息构成财务报表的必要组成部分，应当将其涵盖在审计意见中。

5）标准审计报告的参考格式

审计报告

ABC股份有限公司全体股东：

一、对财务报表审计的报告

（一）审计意见

我们审计了ABC股份有限公司（以下简称公司）财务报表，包括20×1年12月31日的资产负债表，20×1年度的利润表、现金流量表、股东权益变动表以及财务报表附注。

我们认为，后附的财务报表在所有重大方面按照企业会计准则的规定编制，公允反映了公司20×1年12月31日的财务状况以及20×1年度的经营成果和现金流量。

（二）形成审计意见的基础

我们按照中国注册会计师审计准则的规定执行了审计工作。审计报告的"注册会计师对财务报表审计的责任"部分进一步阐述了我们在这些准则下的责任。按照中国注册会计师职业道德守则，我们独立于公司，并履行了职业道德方面的其他责任。我们相信，我们获取的审计证据是充分的、适当的，为发表审计意见提供了基础。

（三）关键审计事项

关键审计事项是根据我们的职业判断，认为对本期财务报表审计最为重要的事项。这些事项是在对财务报表整体进行审计并形成意见的背景下进行处理的，我们不对这些事项提供单独的意见。

（四）管理层和治理层对财务报表的责任

管理层负责按照适用的财务报告编制基础的规定编制财务报表，使其实现公允反映，并设计、执行和维护必要的内部控制，以使财务报表不存在由于舞弊或错误导致的重大错报。

在编制财务报表时，管理层负责评估被审计单位的持续经营能力，并披露与持续经营相关的事项（如适用），并运用持续经营假设，除非计划清算公司、停止营运或别无其他现实的选择。治理层负责监督公司的财务报告过程。

（五）注册会计师对财务报表审计的责任

我们的目标是对财务报表整体是否不存在由于舞弊或错误导致的重大错报获取合理保证，并出具包含审计意见的审计报告。合理保证是高水平的保证，但并不能保证按照审计准则执行的审计在某一重大错报存在时总能发现。错报可能由舞弊或错误所导致，如果合理预期错报单独或汇总起来可能影响财务报表使用者依据财务报表作出的经济决策，则错报是重大的。

在按照审计准则执行审计的过程中，我们运用了职业判断，保持了职业怀疑。我们同时：

（1）识别和评估由于舞弊或错误导致的财务报表重大错报风险，设计和实施审计程序以应对这些风险，并获取充分、适当的审计证据，作为发表审计意见的基础。由于舞弊可能涉及串通、伪造、故意遗漏、虚假陈述或凌驾于内部控制之上，未能发现由于舞弊导致的重大错报的风险高于未能发现由于错误导致的重大错报的风险。

（2）了解与审计相关的内部控制，以设计恰当的审计程序，但目的并非对内部控制的有效性发表意见。

（3）评价管理层选用会计政策的恰当性和作出会计估计及相关披露的合理性。

（4）对管理层使用持续经营假设的恰当性得出结论。同时，根据获取的审计证据，就可能导致对公司持续经营能力产生重大疑虑的事项或情况是否存在重大不确定性得出结论。如果我们得出结论认为存在重大不确定性，审计准则要求我们在审计报告中提请报告使用者注意财务报表中的相关披露；如果披露不充分，我们应当发表非无保留意见。我们的结论基于截至审计报告日可获得的信息。然而，未来的事项或情况可能导致公司不能持续经营。

（5）评价财务报表的总体列报、结构和内容（包括披露），并评价财务报表是否公允反映交易和事项。

我们与治理层就计划的审计范围、时间安排和重大审计发现（包括我们在审计中识别的值得关注的内部控制缺陷）等事项进行沟通。

我们还就遵守关于独立性的相关职业道德要求向治理层提供声明，并就可能被合理认为影响我们独立性的所有关系和其他事项，以及相关的防范措施（如适用）与治理层进行沟通。

从与治理层沟通的事项中，我们确定哪些事项对当期财务报表审计最为重要，因而构成关键审计事项。我们在审计报告中描述这些事项，除非法律法规不允许公开披露这些事项，或在极其罕见的情形下，如果合理预期在审计报告中沟通某事项造成的负面后果超过产生的公众利益方面的益处，我们确定不应在审计报告中沟通该事项。

二、按照相关法律法规的要求报告的事项

［本部分的格式和内容，取决于法律法规对其他报告责任的性质的规定。法律法规规范的事项（其他报告责任）应当在本部分处理，除非那些其他报告责任与审计准则所要求的报告责任涉及相同的主题。如果涉及相同的主题，其他报告责任可以在审计准则所要求的同一报告要素部分中列示。当其他报告责任和审计准则规定的报告责任涉及同一主题，并且审计报告中的措辞能够将其他报告责任与审计准则规定的责任予以清楚地区分（如差异存在）时，允许将两者合并列示（即包含在对财务报表审计的报告部分中，并使用适当的副标题）。］

××会计师事务所	中国注册会计师：×××（项目合伙人）
（盖章）	（签名并盖章）
	中国注册会计师：×××
	（签名并盖章）
中国××市	20×2年××月××日

16.3　非无保留审计意见

非无保留审计意见，是指对财务报表发表保留意见、否定意见或无法表示意见。注册会计师确定恰当的非无保留意见类型，取决于下列事项：导致非无保留意见的事项的性质，是财务报表存在重大错报，还是在无法获取充分、适当的审计证据的情况下，财务报表可能存在重大错报；注册会计师就导致非无保留意见的事项对财务报表产生或可能产生影响的广泛性作出的判断。

1）确定非无保留意见的类型

当存在下列情形之一时，注册会计师应当在审计报告中发表非无保留意见：根据获取的审计证据，得出财务报表整体存在重大错报的结论；或无法获取充分、适当的审计证据，不能得出财务报表整体不存在重大错报的结论。

当存在下列情形之一时，注册会计师应当发表保留意见：在获取充分、适当的审计证据后，注册会计师认为错报单独或汇总起来对财务报表影响重大，但不具有广泛性；或注册会计师无法获取充分、适当的审计证据以作为形成审计意见的基础，但认为未发现的错报（如存在）对财务报表可能产生的影响重大，但不具有广泛性。

在获取充分、适当的审计证据后，如果认为错报单独或汇总起来对财务报表的影响重大且具有广泛性，注册会计师应当发表否定意见。

如果无法获取充分、适当的审计证据以作为形成审计意见的基础，但认为未发现的错报（如存在）对财务报表可能产生的影响重大且具有广泛性，注册会计师应当发表无法表示意见。

在承接审计业务后，如果注意到管理层对审计范围施加了限制，且认为这些限制可能导致对财务报表发表保留意见或无法表示意见，注册会计师应当要求管理层消除这些限制。

如果无法获取充分、适当的审计证据，注册会计师应当通过下列方式确定其影响：如果未发现的错报（如存在）可能对财务报表产生的影响重大，但不具有广泛性，注册会计师应当发表保留意见；以及如果未发现的错报（如存在）可能对财务报表产生的影响重大且具有广泛性，以至于发表保留意见不足以反映情况的严重性，注册会计师应当在可行时解除业务约定（除非法律法规禁止）；如果在出具审计报告之前解除业务约定被禁止或不可行，应当发表无法表示意见。

2）非无保留意见审计报告的格式和内容

如果对财务报表发表非无保留意见，注册会计师应当将审计报告中"形成审计意见的基础"这一标题修改为恰当的标题，如"形成保留意见的基础"、"形成否定意见的基础"或"形成无法表示意见的基础"，并在该部分包含对导致发表非无保留意见的事项的描述。

如果财务报表中存在与具体金额（包括财务报表附注中的定量披露）相关的重大错报，注册会计师应当在形成审计意见的基础部分说明并量化该错报的财务影响。如果财务报表中存在与叙述性披露相关的重大错报，注册会计师应当在形成审计意见的基础部分解释该错报错在何处。

如果因无法获取充分、适当的审计证据而导致发表非无保留意见，注册会计师应当在形成审计意见的基础部分说明无法获取审计证据的原因。

当由于财务报表存在重大错报而发表保留意见时，注册会计师应当根据适用的财务报告编制基础在审计意见部分说明：注册会计师认为，除形成保留意见的基础部分所述事项产生的影响外，财务报表在所有重大方面按照适用的财务报告编制基础编制，并实现公允反映。当由于无法获取充分、适当的审计证据而导致发表保留意见时，注册会计师应当在审计意见部分使用"除……可能产生的影响外"等措辞。

当发表否定意见时，注册会计师应当根据适用的财务报告编制基础在审计意见部分说明：注册会计师认为，由于形成否定意见的基础部分所述事项的重要性，财务报表没有在所有重大方面按照适用的财务报告编制基础编制，未能实现公允反映。

当由于无法获取充分、适当的审计证据而发表无法表示意见时，注册会计师应当：说明注册会计师不对后附的财务报表发表审计意见；说明由于形成无法表示意见的基础部分所述事项的重要性，注册会计师无法获取充分、适当的审计证据以作为对财务报表发表审计意见的基础；修改财务报表已经审计的说明，改为注册会计师接受委托审计财务报表。

3）非无保留意见审计报告的参考格式

审计报告

ABC股份有限公司全体股东：

一、对财务报表审计的报告

（一）保留意见

我们审计了ABC股份有限公司（以下简称公司）财务报表，包括20×1年12月31日的资产负债表，20×1年度的利润表、现金流量表、股东权益变动表以及财务报表附注。

我们认为，除"形成保留意见的基础"部分所述事项产生的影响外，后附的财务报表在所有重大方面按照企业会计准则的规定编制，公允反映了公司20×1年12月31日的财务状况以及20×1年度的经营成果和现金流量。

（二）形成保留意见的基础

公司于20×1年12月31日资产负债表中反映的应收账款为×元，应收账款中部分账龄已超过3年，公司管理层对这些应收账款未计提坏账准备，这不符合企业会计准则的规定。如果计提坏账准备，公司20×1年度利润表中资产减值损失将增加×元，20×1年12月31日资产负债表中应收账款净额将减少×元，相应使所得税、净利润和股东权益将分别减少×元、×元和×元。

我们按照中国注册会计师审计准则的规定执行了审计工作。审计报告的"注册会计师对财务报表审计的责任"部分进一步阐述了我们在这些准则下的责任。按照中国注册会计师职业道德守则，我们独立于公司，并履行了职业道德方面的其他责任。我们相信，我们获取的审计证据是充分、适当的，为发表保留意见提供了基础。

［"（三）关键审计事项"至"（五）注册会计师对财务报表审计的责任"参见标准审计报告相关段落表述。］

二、按照相关法律法规的要求报告的事项

［参见标准审计报告相关段落表述。］

<table>
<tr><td>××会计师事务所</td><td>中国注册会计师：×××（项目合伙人）</td></tr>
<tr><td>（盖章）</td><td>（签名并盖章）</td></tr>
<tr><td></td><td>中国注册会计师：×××</td></tr>
<tr><td></td><td>（签名并盖章）</td></tr>
<tr><td>中国××市</td><td>20×2年××月××日</td></tr>
</table>

16.4 强调事项段和其他事项段

强调事项段，是指审计报告中含有的一个段落，该段落提及已在财务报表中恰当列报或披露的事项，根据注册会计师的职业判断，该事项对财务报表使用者理解财务报表至关重要。其他事项段，是指审计报告中含有的一个段落，该段落提及未在财务报表中列报或披露的事项，根据注册会计师的职业判断，该事项与财务报表使用者理解审计工作、注册会计师的责任或审计报告相关。注册会计师在对财务报表形成审计意见后，如果根据职业判断认为有必要在审计报告中增加强调事项段或其他事项段，通过明确提供补充信息的方式，提醒财务报表使用者关注且加深理解财务报表或审计报告的重要事项。

1）审计报告中的强调事项段

如果认为有必要提醒财务报表使用者关注已在财务报表中列报或披露，且根据职业判断认为对财务报表使用者理解财务报表至关重要的事项，同时该事项不会导致注册会计师发表非无保留意见，且该事项未被确定为将要在审计报告中沟通的关键审计事项，则注册会计师应当在审计报告中增加强调事项段。

如果在审计报告中包含强调事项段，注册会计师应当将强调事项段作为单独的一部分置于审计报告中，并使用包含"强调事项"这一术语的适当标题；明确提及被强调事项以及相关披露的位置，以便能够在财务报表中找到对该事项的详细描述，并且指出审计意见没有因该强调事项而改变。

2）审计报告中的其他事项段

如果认为有必要沟通虽然未在财务报表中列报或披露，但根据职业判断认为与财务报表使用者理解审计工作、注册会计师的责任或审计报告相关的事项，同时该事项未被确定为将要在审计报告中沟通的关键审计事项时，注册会计师应当在审计报告中增加其他事项段，并且将该段落作为单独的一部分，使用"其他事项"标题。

3）审计报告的参考格式

包含关键审计事项部分、强调事项段及其他事项段的审计报告的参考格式如下：

审计报告

ABC股份有限公司全体股东：

一、对财务报表审计的报告

［"（一）审计意见"至"（二）形成审计意见的基础"参见标准审计报告相关段落表述。］

（三）强调事项

我们提醒财务报表使用者注意财务报表附注×，该附注描述了自然灾害对公司的资产造成的影响。本段内容不影响已发表的审计意见。

（四）其他事项

20×1年12月31日的资产负债表，20×1年度的利润表、现金流量表、股东权益变动表以及财务报表附注由其他会计师事务所审计，并于20×1年3月31日发表了无保留意见。

［"（五）管理层和治理层对财务报表的责任"至"（六）注册会计师对财务报表审计的责任"参见标准审计报告相关段落表述。］

二、按照相关法律法规的要求报告的事项

［参见标准审计报告相关段落表述。］

××会计师事务所	中国注册会计师：×××（项目合伙人）
（盖章）	（签名并盖章）
	中国注册会计师：×××
	（签名并盖章）
中国××市	20×2年××月××日

■ **本章小结**

审计工作的最终成果就是审计报告，这是注册会计师与被审计单位外部报表使用者之间进行信息沟通的方式，是具有法定证明效力的文书。根据审计所遇到的状况，审计人员可以发表无保留意见、保留意见、无法表示意见和否定意见。不同意见类型审计报告向报表使用者传递着不同的信息，引发决策者作出与之相应的决策，因此，需要有各自严格的适用条件。关于审计工作相当多的争论都是围绕着审计意见类型是否恰当而展开的。

■ **主要概念和观念**

□ **主要概念**

审计报告　强调事项段　其他事项段

□ **主要观念**

审计报告作用　管理层对财务报表的责任与注册会计师的责任　出具无保留意见审计报告的条件　出具保留意见审计报告的条件　出具否定意见审计报告的条件　出具无法表示意见审计报告的条件　出具带强调事项段无保留意见审计报告的条件　否定意见与保留意见审计报告的区别　无法表示意见和保留意见审计报告的区别　无法表示意见和否定意见审计报告的区别　出具非无保留意见审计报告应考虑的因素

■ **基本训练**

□ **知识题**

16.1　阅读理解

1）什么是审计报告？它有什么作用？

2）审计报告有哪些种类？其中，标准审计报告的内容和格式如何？

3）什么是无保留审计意见？出具无保留审计意见审计报告应满足什么条件？

4）什么情况下可出具增加强调事项段或其他事项段的审计报告？

5）什么是保留意见？什么情况下应出具这种意见类型的审计报告？

6）什么是否定意见？什么情况下应出具这种意见类型的审计报告？

7）什么是无法表示意见？什么情况下应出具这种意见类型的审计报告？

16.2　知识应用

1）选择题

（1）注册会计师如果不能就持续经营假设的合理性获取必要的审计证据，则应发表（　　）的审计报告。

A.无保留意见　　　　B.保留意见　　　　C.无法表示意见　　　　D.否定意见

（2）如果被审计单位会计报表就其整体而言是公允的，但因审计范围受到重要的局部限制，注册会计师无法按照独立审计准则的要求取得应有的审计证据，应发表（　　）的审计报告。

A.无保留意见　　　　B.保留意见　　　　C.无法表示意见　　　　D.否定意见

（3）如果注册会计师认为被审计单位在可预见的将来无法持续经营，继续运用持续经营假设编制会计报表，将对会计报表使用人产生严重误导，应发表（　　）的审计报告。

A.无保留意见　　　　　B.保留意见　　　　　C.否定意见　　　　　D.无法表示意见

（4）在（　　）情况下应出具保留意见的审计报告。

A.因审计范围受到局部限制，无法按照独立审计准则的要求获取应有的审计证据

B.个别重要会计处理方法的选用不符合一贯性原则

C.个别重要财务会计事项的处理或个别重要报表项目的编制不符合《企业会计准则》及国家其他有关财务会计法规的规定，被审计单位拒绝进行调整

D.个别重要财务会计事项的处理或个别重要报表项目的编制不符合《企业会计准则》及国家其他有关财务会计法规的规定，被审计单位已经进行了调整

（5）我国注册会计师独立审计准则要求，在（　　）情况下必须出具无法表示意见的审计报告。

A.存在不能解决的重大的不确定事项

B.审计的范围受到严重限制

C.审计人员不独立

D.审计人员对被审计单位会计处理的妥当性没有把握

（6）在审计人员的报告中，在（　　）地方表明了审计风险的存在。

A.审计人员有责任对管理层应负责的财务报表表示意见

B.财务报表在所有重要方面遵循了公认会计原则，是公允的

C.审计包括检查、测试，获取的所有证据都支持财务报表的数量和金额表达

D.审计人员合理保证财务报表中不存在重大错报

（7）意见段落为短式审计报告结束段落的审计意见报告类型有（　　）。

A.无保留意见　　　　　B.保留意见　　　　　C.无法表示意见

D.否定意见　　　　　E.增加强调事项段的无保留意见

（8）对上市公司进行年度财务报表审计时，注册会计师审计报告日期一般不应早于被审计单位（　　）的日期。

A.管理层确认或签署财务报表　　　　　B.股东大会确认或签署财务报表

C.股东大会批准年度报告　　　　　D.董事会通过利润预分配方案

2）判断题

（1）一般而言，保留意见除了在叙述不一致或不确定的内容外，还应以金额表示其对会计报表可能产生的影响。　　　　　　　　　　　　　　　　　　　（　　）

（2）一般实务中签署的报告日期是注册会计师完成外勤审计工作的日期。（　　）

（3）只要被审计单位存在着对其持续经营能力产生重大影响的情况，注册会计师就不能发表无保留审计意见的审计报告。　　　　　　　　　　　　　　　　（　　）

（4）如果实施有关实质性程序后，注册会计师仍认为与某一重要账户或交易类别的认定有关的检查风险不能降至可接受的水平，那么，他应当发表保留意见或无法表示意见的审计报告。　　　　　　　　　　　　　　　　　　　　　　　（　　）

□　技能题

操作练习

在审计过程中，如果发生以下情况，审计人员应签发何种审计意见的审计报告，并写出意见段，如果有其他事项段或强调事项段也请写出：

1）王注册会计师与A公司的会计主管及其东南子公司的会计主管是相知甚深的老朋友，对其二人的能力及人品均十分推崇。A公司对东南子公司的投资为其资产的主要部分，其投资收入占A公司总收入的半数以上。王注册会计师未派人员赴东南子公司查核，该子公司也未聘请当地注册会计师审计。A公司会计主管担保该子公司的内控不存在问题，肯定该子公司财务报表已公允表达。

2）在审计时发现被审计单位在一起诉讼案件中处于被告位置，如果败诉则需要支付高额的赔偿金，甚至需要出售设备来筹集这笔款项。这笔未决诉讼及其可能的结果已揭示在财务报表附注12中。

3）ABC公司目前经营困难，已连续3年亏损，财务报表中注册资本所剩无几。但该公司仍能如期发放员工工资，且该公司的外方母公司保证为该公司提供3年的资金支持，待3年后再决定是否关闭该公司。

□　能力题

16.1　案例分析

1）请你学习完本章的内容后，帮助解答本章引例中小李的疑惑。

2）20×6年，南国市中级人民法院受理了QY公司诉AS公司案，QY公司要求AS公司支付未付款项本金人民币3 100万元及利息损失人民币1 000万元，20×7年，南国市中级人民法院出具了民事判决书，驳回了QY公司诉讼请求。20×8年，QY公司又向南国省中级人民法院提出上诉，要求AS公司支付4 100万元本息，并提出财产保全申请，南国省中级人民法院审理并出具了民事裁定书，裁定查封、冻结AS公司持有QY公司的法人股9 200万股。截至20×8年12月31日，QY公司应收AS公司的账面余额为人民币4 100万元。20×8年度QY公司采取了新的会计政策，对账龄时间超过3年以上、预计难以收回的债权按全额计提专项坏账准备，因此，对该笔有争议款项的账面金额全额计提了坏账准备。20×9年12月，南国省中级人民法院出具判决书裁定，QY公司诉AS公司欠付资金一案胜诉。尽管AS公司业已上诉，且该案正在审理中，QY公司的账务处理上仍然认为应该冲减原先已全额计提的坏账准备，而改按10%的坏账比例计提这笔坏账。QY公司于20×9年12月采用未来适用法调整了本期损益。

请问：注册会计师是否同意QY公司的会计处理？如果QY公司不改变其会计处理，注册会计师应出具什么类型的审计报告？为什么？

16.2　网上调研

有人说，20×3年度我国上市公司审计报告的意见类型中，非标准审计报告所占比重明显下降，这表明我国上市公司经营状况的好转，注册会计师审计质量有所提高。请你通过在网络上对相关资料的查找，分析此判断是否恰当。

16.3　单元实践

请你在证券类报纸或网络上查找上市公司当年度或半年度的财务报表与相关审计报告，分析其中存在的问题和现象。

□ 拓展阅读内容

16.1 上市公司叫板德勤，这样的审计结果我们不接受。

16.2 致同研究之"新审计报告准则"系列——"新发布的12项审计准则"概览。

16.3 普华永道中天会计师事务所（特殊普通合伙）对天马股份出具无法表示意见审计报告。

16.4 欣泰电气2017年度审计报告出来了，审计机构几乎对欣泰电气所有重要科目无能为力。

16.5 中国注册会计师协会.中国注册会计师继续教育审计案例［M］.北京：中国财政经济出版社，2013.

第17章 非审计服务

学习目标

通过本章的学习，你应该能够达到：

知识目标：了解注册会计师服务的分类；了解开展非审计服务对审计服务的影响；了解我国非审计服务市场发展状况。

能力目标：分析具体环境中的非审计业务开展中存在的问题。

注册会计师的非审计服务，就是注册会计师提供的除审计服务之外的服务总称。财务报表审计在很长一段时期内曾经一直是注册会计师所提供的主要服务，但是随着社会经济和审计市场的发展，注册会计师所提供的服务品种已经不仅仅限于财务报表审计了。实际上，从注册会计师的发展历史来看，在审计服务市场发展的初期，就有注册会计师向客户提供财务报表审计以外的服务，如代理记账、税务服务等。截至2013年年底，全球"四大"所的营收约合1137亿美元，其中审计业务收入增长已陷入停滞，咨询业务收入不断增长。"四大"所的平均咨询业务收入较上一财年增长了7%[①]。随着非审计服务的发展，一些相关的问题也开始出现，如非审计服务的法律责任、非审计服务对注册会计师独立性的影响、非审计服务对审计服务的影响等。在本章，我们将对非审计服务的一些相关问题进行论述。

引例：

洁净审计是什么类型的审计？

进入21世纪后，在全球范围内，财务报表舞弊及相关审计失败的案件被频频曝光。在这些审计失败案件的背后，往往涉及注册会计师所开展的非审计服务。非审计服务之所以被社会公众所重视，是因为独立性是确保审计质量的关键所在，也是会计师事务所取信

---

① 睢海生.江苏省注册会计师行业内部能力分析 [J]. 中外企业家，2015（2）.

于社会公众的砝码。然而，独立性经常受到"逐利性"的威胁和瓦解。在《萨班斯——奥克斯利法案》颁布后，美国上市公司曝光的第一大舞弊案——南方保健一案中，为其服务的安永会计师事务所是否保持实质独立性受到各方的质疑。南方保健一直是安永伯明翰办事处的最大客户，该公司向 SEC 提交的"征集投票权声明（proxy statement）"显示，2000年和2001年，南方保健向安永支付的费用分别为368万美元和367万美元，其中，"审计相关费用"是"审计费用"的两倍多。耐人寻味的是，2000年度和2001年度的"审计相关费用"合计数497万美元中包含了260万美元的"洁净审计（pristine audit）"费用，比审计费用合计数219万美元还多41万美元。所谓"洁净审计"，是指南方保健聘请安永对其医疗场所及设施的卫生保洁情况（如卫生间、接待室是否有污迹、灰尘和垃圾等）进行一年一度的检查。卫生检查本来与报表审计毫无关系，但南方保健美其名曰"洁净审计"，并按照安永的建议将其披露为"审计相关费用"，严重误导了投资者，此举又暗示着南方保健有向安永"购买审计意见"之嫌，因为卫生保洁检查显然是一种无风险高回报的业务。安永每年只需要派20多个最初级的审计人员对南方保健1 800多个场所的卫生保洁情况进行一次突击检查，就可收取比报表审计更高的费用。接受如此慷慨的"业务馈赠"，是否有损于安永的独立性引起多方的高度关注。特别是，在 SEC 正审查安永与其审计客户仁科公司（People Soft）联合开发和推销软件是否违反独立性原则并准备给予安永半年暂停接受新客户的处罚的关头，安永将"卫生保洁检查"创造性地包装成"审计相关费用"的丑闻，更有可能给安永带来意想不到的伤害。①

17.1 非审计服务的范围

财务报表审计真正的快速发展实际上是在现代公司法出现之后，由于法律的强制性而促进了其发展。在此之后相当长的一段时期内，财务报表审计成为注册会计师执业的一个支柱。但是随着社会经济的发展，审计市场的竞争越来越趋于激烈，注册会计师不断开拓新的服务品种，以求发展；此外，审计业务风险较高，注册会计师所面临的法律责任很大，与财务报表审计相关的诉讼也越来越多。特别是上市公司的审计，注册会计师不仅仅要对客户负责，还要面对客户以外的第三方，如股东、债权人，甚至潜在的投资者。在这种背景之下，非审计服务开始得到了迅速的发展。

1）注册会计师服务的分类

按照美国注册会计师协会下属的鉴证性服务特别委员会对注册会计师执业范围的分类（如图 17-1 所示），注册会计师所提供的各种服务主要分为三大类："鉴证性服务（assurance services）"、"咨询服务（consulting services）"和其他服务（如税务服务），其关系如下：

（1）鉴证服务和鉴证性服务

鉴证服务是鉴证性服务中的一部分。鉴证服务和非鉴证服务的区别在于：第一，鉴证服务要求执业者对书面认定发表书面报告，而非鉴证服务则不一定如此要求，典型的书面

---

① 南方保健的相关信息摘编自黄世忠，叶丰滢.南方保健审计失败案例剖析［J］.中国注册会计师，2003（9）.

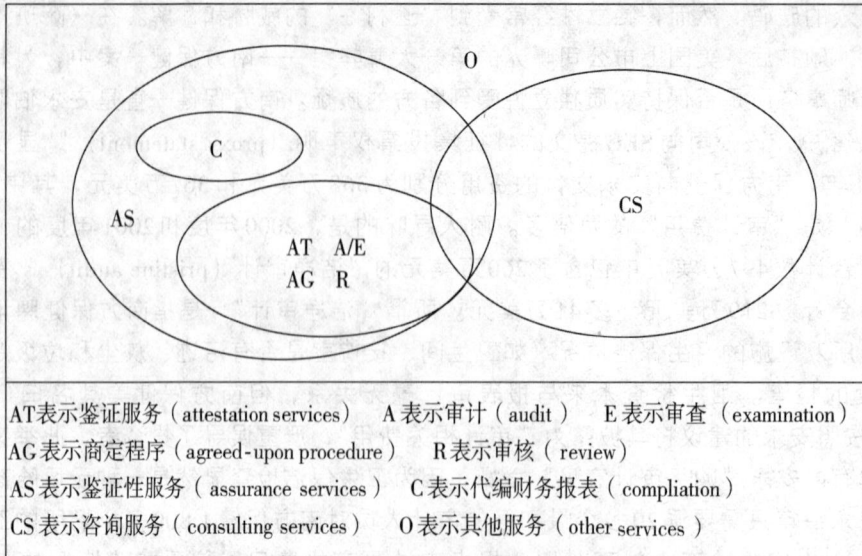

AT表示鉴证服务（attestation services）　A表示审计（audit）　E表示审查（examination）

AG表示商定程序（agreed-upon procedure）　R表示审核（review）

AS表示鉴证性服务（assurance services）　C表示代编财务报表（compilation）

CS表示咨询服务（consulting services）　O表示其他服务（other services）

图17-1　美国注册会计师协会对注册会计师服务的分类

认定如审计客户对其所承担的管理层对财务报表的责任所出具的管理层书面声明。第二，鉴证服务要求严格的执业标准和报告用语，而非鉴证服务则不一定如此要求。第三，鉴证服务只包括审计、审查、审阅和商定程序等业务品种，而非鉴证服务的空间有多大，目前尚无定论。第四，从审计、审阅、商定程序，再到鉴证服务、鉴证性服务，注册会计师的"保证程度（assurance degree）"逐渐减弱，也就是说，注册会计师所发表意见的证明效力越来越低。

（2）代编财务报表和鉴证性服务

代编财务报表虽然不对财务报表进行鉴证和发表意见，但由于其通过注册会计师按照一般公认会计原则对财务报表的要求进行编制，注册会计师在编制过程中会利用其专业知识删除一些错误，在一定程度上可提高财务报表的可靠性，因此，从这个意义上说，代编财务报表也属于鉴证性服务。

（3）鉴证性服务和咨询服务

鉴证性服务的主要目的是提高信息的质量。虽然咨询服务有时也会提高信息的质量，如帮助客户改进计算机系统有助于提高计算机生成信息的质量，但这并非咨询的主要目的。

2）鉴证性服务

按照鉴证性服务特别委员会（Special Committee on Assurance Services）制定的概念框架中"鉴证性服务（assurance services）"的定义，**鉴证性服务**是指"为决策者提供的，旨在改善信息的质量或内容的"独立的专业服务。

（1）鉴证性服务的特征

为了准确地理解鉴证性服务的含义，有必要进一步说明如下：

①信息质量与内容。鉴证性服务所涉及信息的范围，既包括财务信息，也包括非财务信息、历史信息和未来信息、分散信息和系统信息、内部信息和外部信息等。信息质量的改善，并不意味着鉴证前后的信息有何不同，只是注册会计师运用专业判断，鉴证了该信

息的可信性。可靠性和相关性是鉴证性服务的主要内容，决策过程和信息提供形式决定了信息的内容，它虽然不影响相关性和可靠性，但能够影响决策的效果。

②决策者。决策者在鉴证性服务中具有突出地位。鉴证性服务一般包括三方：注册会计师、董事会和管理层。从表面看，这与审计服务的三个利益方相似，但审计中涉及的第三方是无法控制企业运行的外部信息使用者，而鉴证性服务的决策者更多的是企业内部的决策者。

③专业服务。尽管信息技术的发展，提高了数据的运算速度和分析质量，但技术依然无法代替人的专业判断。由于目前鉴证性服务的执业标准和报告要求还没有像审计标准那样完善，因此，在鉴证性服务中，注册会计师更需要大量地运用专业判断。

④独立性。尽管鉴证性业务和审计业务有所不同，但是，AICPA依然认为，注册会计师执行鉴证性业务，也需要保持独立性，在鉴证信息的质量和内容上不存在导致重大偏见、产生不可接受风险的利益。

（2）鉴证性服务发展的原因

近年来鉴证性服务得到了快速的发展。鉴于此背景，美国AICPA在1996年成立了鉴证性服务特别委员会，专门对鉴证性服务的相关问题进行研究和规划。1997年，AICPA又成立了鉴证性服务执行委员会（ASEC），并与加拿大CICA所属的鉴证性服务发展委员会（ASDB）进行合作，双方共同制定了这一领域的技术标准和指导文件。

很多鉴证性服务与传统的财务报表审计差别很大，但是它们的发展可以说是审计职能的自然衍生。鉴证性服务发展如此之快，主要有以下几个方面的原因：

①促进这些服务产生的一个重要原因就是它们同样是由独立的第三方所作的合理保证，提高了由企业管理层提供的相关信息的可靠性，降低了企业及外部相关利益主体的信息风险。

②审计市场的激烈竞争使审计业务的边际利润不断下降，同时审计执业风险一直在增加，这促使注册会计师不断地开拓新的执业领域。有能力开展新的业务领域又能够证明事务所拥有的实力，也增加了事务所开拓审计业务的吸引力。

③注册会计师自身也具备了一定的优势。长期的财务报表审计使注册会计师对于企业的财务管理、经营管理、内部控制等都较为熟悉和了解，为提供这些鉴证性服务奠定了基础；另外，由于注册会计师在审计业务中已经培养出较高的评价技能，作为专业人士在公众面前树立了客观、公正、独立的职业形象，公众能够信赖他们所提供的专业的鉴证性服务。

3）鉴证性服务的分类

鉴证性服务是传统财务报表审计的延伸和拓展，其市场前景非常广阔、其服务种类相当丰富。

（1）鉴证性服务的种类

鉴证性服务又可细分为三类：

①与历史财务报表信息相关的鉴证服务，如财务报表审计（audit）、财务报表审核（review）等；

②与历史财务报表信息无关的鉴证服务，如对内部控制的审查、对预计财务信息的审查等；

③其他的鉴证性服务，如注册会计师可能根据客户的要求，将与某些决策相关的信息以有利于决策的形式或内容进行整理。

其中，①和②又可合称为"鉴证服务（attestation services）"，即：执业者接受委托，对由另一方服务的书面认定的可靠性签发书面结论的一种专业服务。它们的共同特点在于注册会计师需要就服务对象出具一份审查、审核或商定程序的报告，它们的目的在于提高被审计信息的可靠性。财务报表审计即属于上面所说的第①类鉴证性服务中的一种。

（2）鉴证服务的合约执行方式

注册会计师执行鉴证服务时，根据客户的不同要求，可能采取不同的执行方式，而通过不同的合约执行方式所出具的最终报告的鉴证水平也是不一样的。

常见的合约执行方式有审查、审核和商定程序等。

①审查（examination）

这一种合约执行方式所提供的鉴证水平与财务报表审计一样是最高的。与审计不同的是它的执行对象并非财务报表。

在进行审查时，注册会计师能够实施一切必要的程序，搜集足够充分的证据，来证明所审查的事项是否符合法定或预先设定的标准，并在报告中出具意见。

②审核（review）

与审查相比，审核所能提供的鉴证水平较低。当注册会计师受到一定的限制，无法实施必要的程序，只能实施有限的程序时，则只能提供审核服务。因此，完成服务后所出具的报告也只能对受审对象的可靠性进行有限的保证，通常报告中并不对受审对象提出确证的意见，只是说明是否有证据表明受审对象与审核标准存在不符的现象。

③商定程序（agreed-upon procedure）

商定程序所能提供的鉴证水平最低。所谓商定程序，是指注册会计师与客户或特定报告的使用者协商，决定采用哪些程序或标准来对受审对象进行检验。因此，执行商定程序后所提供的报告的使用也受到限制，只能供那些与注册会计师直接协商的客户使用。

（3）常见的一些鉴证服务

①预计财务信息的鉴证

预计财务信息主要是指财务预测和财务规划。在客户进行贷款或进行投资谈判时，可能需要这些预计的财务信息。财务预测是指客户对于未来的财务状况、经营成果和现金流量的预测，这些预测通常是在现有经营条件的基础上，结合未来可预计的变化作出的。而财务规划是指对于某些投资计划或项目的未来结果的预期，作出这些预期通常需要假设一定的前提条件。例如，客户对某项预计的固定资产投资后可能带来的收益等财务信息的估计。

在对预计财务信息进行鉴证时，注册会计师应当就客户编制这些预计财务信息所采用的程序、编制的假设条件是否合理，相关数据的推断是否准确等收集相关的证据。

②符合性鉴证服务

由注册会计师提供的符合性鉴证服务主要有两种类型：一种是对客户是否遵守某些特定的法律、法规或条例、合同等进行鉴证；另一种是对客户的内部控制是否有效遵循某些特定的要求进行鉴证。

注册会计师以审查或商定程序的方式提供符合性鉴证服务，目的是对客户管理层对企业遵循某些特定要求或企业的内部控制符合特定要求的声明进行鉴证。这不属于审核业务，管理层书面声明应当明确注册会计师鉴证的性质。

这类鉴证服务较为普遍的类型是以商定程序的方式对客户是否遵循某些特定要求进行鉴证。

③企业业绩评价认证服务

所谓**企业业绩评价认证服务**，是指注册会计师接受企业的管理层或董事会的委托，对企业经营活动的效率和效果进行审查和评价的一种鉴证服务。

企业业绩评价认证既可以对组织内部某一个层次的业绩进行认证，也可以对整个组织的业绩进行认证；既可以针对组织内某一管理者的业绩进行评价，也可以针对整个管理层的总体业绩进行评价。这种鉴证服务的目的主要是：评价企业的经营业绩是否达到了预计的目标。

④电子商务鉴证服务——网誉认证（webtrust）服务

随着社会经济和计算机网络技术的发展，电子商务在社会生活中的地位越来越重要。互联网以快捷、低成本的优势在全球范围内得到了迅速的发展。但是伴随着电子商务的高速发展，它的安全性和合法性也受到了越来越多的关注。网络上的信息是否可靠，通过网络进行交易是否会造成交易双方信息的泄密为人们所质疑。在这种背景下，网誉认证服务应运而生。

网誉认证服务就是由专业人士对某一网站或网络进行审查，就其在信息安全、经营信誉、可靠性、保密性等方面发表意见。AICPA 和 CICA 专门针对这类服务制定了相关的网誉认证原则和标准。对于符合要求的电子商务网站，允许其将专门的网誉认证标志以超级链接方式放置在其网页上。网誉认证服务对于提高电子商务网站的信誉、促进电子商务的发展起到了积极的作用。

⑤系统认证（systrust）服务

信息技术的快速发展对企业的生产经营方式产生了巨大的影响，很多信息技术系统被应用于产品和服务的生产过程，有的甚至直接用于与顾客或供应商进行互动。对于这些系统而言，其可靠性和安全性十分重要，一旦出现差错，可能导致重大的损失。**系统认证服务**就是对信息系统的可靠性和安全性进行认证的一种鉴证服务。

系统认证的四个基本原则是：

a.有用性（availability），即所审查的系统在经营中确实起到作用；

b.安全性（security），安全性是指系统受到必要的保护，不会受到未经授权的侵犯；

c.完整性（integrity），系统的运行完整、准确、及时，并得到恰当的授权；

d.可维护性（maintainability），在必要的时候，系统能够及时进行更新，以维持系统的有用性、安全性和完整性。

鉴证人员通过对这四个基本原则的审查，对系统的可靠性进行评价。系统认证的主要目的是向企业的管理者、客户、商业伙伴就企业的信息系统的可靠性提供合理的保证，增强他们对被认证的信息系统的信赖。

（4）其他鉴证服务

除了上述鉴证服务以外的其他鉴证服务，实际上很多是刚刚出现的一些新生事物，它们还没有具备一定的普遍性，因而，对于这些服务尚未形成一些标准和规范，是一些正在发展中的服务，例如，"养老服务认证（elder care）"。所谓养老服务认证，是指注册会计师接受某些老年人的亲属或相关利益人的委托，对老年人所接受的服务是否符合一定标准、达到一定要求进行认证。受审查的服务可以是关于财务的，如老人的信托投资或养老金、保险的计算，也可以是非财务的，如对于老人的护理工作等。

4）咨询服务（consulting services）

咨询服务是非审计服务的另外一个重要的类型。**咨询服务**通过诊断、制订战略计划、设计、构建、整合、操作或实施解决方案提供价值。咨询服务以公正和客观为基础，利用相关的知识充当着专家和顾问的角色。

（1）咨询服务的发展简介

现代咨询服务的发端出现于19世纪末20世纪初的美国，当时的咨询服务主要是帮助制造业提高生产能力和效率。被称为"现代管理之父"的弗雷德里克·泰勒也是早期的咨询服务的开创者之一。以他为代表的"效率"顾问工程师将其科学管理理论运用于企业之中，他们不仅从事改善企业管理的研究活动，而且深入企业生产组织领域，为企业提供有效的咨询服务，赢得了客户的信赖，从而很快被社会所接受和承认。而注册会计师进入咨询行业，最早可以追溯到1920年。当时，有一些大的会计公司就设立了相关部门协助客户对企业的生产经营过程进行分析，对企业的组织结构、各部门之间的职责和关系、生产流程等进行调查，并提出一些优化的建议。这些都标志着注册会计师进入咨询服务领域的开始。

第二次世界大战之后，注册会计师更多地投入到咨询服务领域的发展中。正如美国学者J. D. Edward指出的："在20世纪50年代，抵达顶峰的注册会计师业务的重大发展是管理咨询业务领域的兴旺。"1953年，美国注册会计师协会成立了管理咨询委员会（Committee on Management Service），对这一新兴的服务领域进行研究和规范。

进入20世纪70年代，会计公司在咨询服务领域的发展加快，市场份额不断扩大，同时也推动了这一领域的发展。有资料显示，1968年美国咨询服务收入排名前10位的公司中，会计公司只有两家；从收入数额上看，这两家会计公司的咨询服务收入在前10位总的收入中只占了16.88%。而到了1995年，这一排名中的会计公司已经有6家，安达信占据了第1名的位置；与此同时，这6家会计公司的咨询服务收入占前10位总收入的53.84%。2013年，普华永道在完成与博斯咨询（Booz）的合并之后，成为仅次于德勤咨询（DC）、麦肯锡（McKinsey）、波士顿咨询集团（BCG）之后全球最大的战略咨询公司之一。

（2）咨询服务的种类

咨询服务的种类繁多，涉及客户生产经营的各个方面，并且随着经济、技术环境的发展，从业人员也不断地开拓着新的服务领域。咨询服务可以分为以下几种主要的类型：

①咨询（consultations）

这种服务是指注册会计师根据客户提出的某项计划或目标，对客户所处的环境条件、相关的制度、技术因素、人员配备、实施流程等环节提出建议和意见，帮助客户完成计划或达到目标。例如，对客户的某项投资计划进行评价并就如何顺利完成计划目标提出相应的意见。

②顾问服务（advisory services）

这是指为客户的考虑和决策寻求解决方案、结论并提供建议，如经营评价和改进研究、会计制度分析、帮助制订战略计划、确定信息系统的要求等。

③实施服务（implementation services）

帮助客户具体实施某项计划，通常是一些专业性较强的计划，如兼并计划，某些计算机系统的初始化及实施等。

④交易服务（transaction services）

交易服务帮助客户与第三方进行某项具体的交易，如破产服务、价值评估等。

⑤员工和其他支持服务（staff and other support services）

员工和其他支持服务即为客户提供人力资源上的支持，可以是帮助客户招聘适当的人员，或由注册会计师直接帮助客户进行某些管理操作。

⑥产品服务（product services）

这是指向客户销售某些产品时，提供相应的支持服务，如销售某些软件产品时，进行系统安装并对客户的员工进行相关的培训等。

17.2　非审计服务对审计的影响

正如前面所说，在审计服务占据注册会计师工作的主导地位之前，实际上已经出现了很多非审计服务。但是当财务报表审计成为一项强制性的要求后，财务报表审计逐渐成为注册会计师执业的重点。随着市场竞争的激烈及开拓新的业务范围的需求，新的非审计服务种类开始迅速发展，并与财务报表审计一起成为注册会计师收入的主要来源渠道。

非审计服务与审计服务之间是什么样的联系，它对审计服务是否会产生不利的影响，一直以来为监管者、社会公众和审计从业人员所关注和争论。我们将在本节对二者之间的相互影响进行探讨。

1）非审计服务与审计服务的相互促进

现代非审计服务的产生是审计服务的自然衍生和拓展。从非审计服务的接受者——客户——来看，非审计服务的出现满足了他们的需求，原因主要有：

首先，由于社会经济的发展、全球经济一体化趋势的作用，出现了不少大型跨国企业，企业的经营规模越来越大；各种新管理方法、管理工具的应用，以及社会分工的高度专业化，使很多企业面临生产经营过程的日益复杂；种种因素的影响，使得企业的生产经营过程经常会遇到一些超出经营者知识范畴的事项。因此，由专业人士提供专业化的咨询意见和建议，受到广大企业经营者们的欢迎。

其次，随着信息技术和经济的发展，各种信息以几何级数的速度膨胀和传播。在浩如烟海的信息中，快速地获取信息或将信息向外发布成为企业经营的一个重要因素。因此，由专业的人员对某些信息进行验证并提供合理的保证，对于信息的发布方和收集方来说，都是一件好事。一方面，它可以增强信息的可靠性，提高信息的质量；另一方面，它减少了信息搜寻者的信息成本。鉴证性服务正是为了满足这类需求而出现的。

而从注册会计师所处的环境来看，提供非审计服务又是一件必然的事情：

首先，由于审计市场的竞争越来越趋于激烈，对于审计服务的监管也趋于严厉，造成了审计服务利润率的下降，同时使审计风险上升。这促使注册会计师不断寻求扩展执业的领域，而非审计服务的利润高，同时除了鉴证性服务具有一定的风险外，咨询服务的风险与审计相比小了很多。因此，大力发展非审计服务成为很多会计公司的发展策略。

其次，长期从事审计使得注册会计师对企业的生产经营过程和相关的法规较为熟悉，并且由于接触了大量的客户，可以从不同企业的实践中吸取经验和教训，可以向企业提供专业的意见和建议，帮助企业改善经营管理。这也是注册会计师提供非审计服务的一个优势。

而向客户提供非审计服务，同时也使注册会计师更加深入地了解客户的经营情况，对注册会计师在提供审计服务时降低审计风险、提高审计质量也起到了促进的作用。

2）非审计服务对审计独立性的影响

美国安然事件及以后多家公司会计舞弊事件的曝光，使审计从业人员的独立性问题再次成为公众关注的焦点。在安然事件中，负责安然公司审计工作的安达信，为人所诟病的一点就是它同时向安然公司提供了审计和咨询服务，而咨询服务的收入甚至高于审计收入，并且安然公司的许多高层管理人员（如首席财务官等）都曾经是安达信的前雇员。社会公众普遍认为，这些因素导致安达信注册会计师的独立性受到了损害。

同时向客户提供非审计服务是否会对注册会计师执行财务报表审计时的独立性产生不利的影响？其实这个问题一直是学术界和实务界争论的焦点。对于这一问题的研究始于20世纪70年代。1981年，De Angelo所作的研究表明，非审计服务与审计独立性两者之间的关系是模糊的。当注册会计师同时向客户提供审计和非审计服务时，由于在很多情况下，非审计服务的收入较高，有时甚至超过了同期的审计服务收入，造成了注册会计师对客户经济上的依赖，因此，会对注册会计师的独立性造成一定的损害。但是，另一方面，非审计服务也可能造成客户对注册会计师的依赖，从而减少了其对审计独立性的不利影响。此外，学术界其他很多的实证研究也未表明非审计服务对审计独立性存在着显著的影响。例如，美国的Lawrence Abbott等人对265家上市公司进行了实证研究，得出的结论认为同时提供审计和非审计服务有助于提升审计质量，而SEC对注册会计师提供非审计服务的限制会对审计质量产生消极影响。英国的Clive S. Lennox的研究也表明，禁止非审计服务并不能达到提高审计独立性的目的。

此外，一些权威机构的相关研究也表明非审计服务并不损害审计独立性，如美国独立审计准则委员会（ISB）（2000）和公共监督委员会（POB）（2000）的调查都分别得出结论认为，非审计服务并不影响审计独立性。

上述的众多调查、研究都表明非审计服务并未对审计独立性造成太大的影响，但是为何这一问题仍然不断受到质疑呢？正如第6章所述，独立性可以分为"实质上的独立"和"形式上的独立"两个部分。上述研究的结论，实际上论证的主要是针对实质上的独立，而较少考虑对形式上的独立的影响。

莫茨和夏拉夫在其著名的《审计理论结构》一书中，曾经论及管理咨询服务对审计独立性的影响："当注册会计师参与了管理咨询，有关的委托人就会对他们的独立性抱有重大的怀疑。"也就是说，注册会计师同时提供了非审计服务和审计服务时，即使可能在某种程度上提高审计质量，但是它对形式上的审计独立性将产生不利的影响，仍然会影响审计的正常实施。形式上的独立实际上正是保证审计报告能够充分发挥其应有的作用的前提。如果使用者对审计报告无法信赖，则审计报告的作用必将大打折扣。特别是当公司舞弊事件被揭露后，资本市场往往对此产生激烈的反应，政府的监管机构从维护市场稳定的角度考虑，也需要采取某些措施，表明其对市场的有效管理。

因此，在经历21世纪初期的会计舞弊案件频发高潮后，监管机构认为，有必要对会计公司（事务所）同时向客户提供审计和非审计服务作出一定的限制。美国2001年通过的《萨班斯—奥克斯利法案》（Sarbanes-Oxley Act）中，列举了九种被认为会影响事务所独立性的非审计业务：

（1）记账或其他与审计客户的会计记录或财务报表相关的业务；

（2）财务信息系统的设计与实施；

（3）评估业务，"公允意见书（fairness opinions）"或实物捐赠报告；

（4）精算业务；

（5）内部审计外购服务；

（6）管理职能或人力资源；

（7）经纪、投资顾问或投资银行服务；

（8）法律服务；

（9）与审计无关的专家服务。

法案限制审计师向客户同时提供审计服务及上述的非审计服务。对于上述九种服务之外的其他非审计服务，如税务服务，法案要求只有事先经过客户审计委员会的批准，注册会计师才能向客户提供该服务。

此外，也有一些国家采取了完全禁止的做法，如比利时、法国和意大利，禁止注册会计师向上市公司客户同时提供非审计服务和审计服务。

由于审计独立性归根到底是一种精神状态，外界难以进行评价，因此，同时提供两种类型的服务对审计独立性的影响不容忽视。但是也应该注意到，在上述公司会计舞弊事件中，还存在着其他影响独立性的因素，如事务所和审计客户之间的人员流动，如安然公司的高级财务管理人员为安达信的前员工；事务所长期为一家审计客户服务等。如果单纯地将注册会计师未能发现公司会计舞弊归结为开展了非审计服务，则无疑是一种简单的思维方式。此外，在解决独立性问题时，也不可能完全不考虑注册会计师行业的利益。非审计服务作为注册会计师行业的一个新兴执业领域，为其带来了丰厚的利润，同时，对传统的财务报表审计也具有一定的促进作用。因此，完全禁止注册会计师从事非审计服务，并不是最理想的措施。制定有效的独立性监管措施，应当是对这一领域进行规范的一个可取做法。

17.3　我国非审计服务市场的发展

鉴于我国注册会计师行业发展尚不充分，大多数事务所的业务过于集中在审计服务上，注册会计师的专业背景在财会专业过于单一，不利于其有效地识别公司经营过程中存在的问题，我国并没有明确出台准则禁止注册会计师从事非审计服务。

1）我国非审计服务市场的现状

与国外发达的非审计服务市场相比，我国注册会计师行业所提供的非审计服务尚处于发展的初期。非审计服务在我国注册会计师行业中的地位和收入比重都较低，注册会计师所能提供的非审计服务种类很少。

2017年度我国注册会计师行业业务收入预计超过900亿元[①]，资料显示，审计业务依然是我国会计师事务所的主要收入来源，占比约为72%；另一方面，非审计业务收入增长提速，从2010年的101亿元增长到2014年的165亿元，年均增长率约为13%，高于行业收入年均增长率（12%），表明会计师事务所在拓展业务范围、加快多元化发展方面取得了良好成效[②]。

此外，目前我国的注册会计师行业所提供的服务种类较少，主要有审计、审阅、商定程序、资产评估、咨询、税务代理、培训等。2009年，我国相关部门出台政策文件，推动注册会计师行业在巩固财务报表审计、资本验证、涉税鉴证等业务的基础上，积极向企事业单位内部控制、管理咨询、并购重组、资信调查、专项审计、业绩评价、司法鉴定、投资决策、政府购买服务等相关业务领域延伸，推动大型会计师事务所业务转变和升级；小型会计师事务所要突出服务特色，不断挖掘市场需求，深化专项领域服务，成为面向小规模企事业单位和广大农村提供优质服务的主体力量。总之，非审计服务占注册会计师行业的比重将会持续上升。

2）我国注册会计师非审计服务发展滞后的原因分析

造成我国注册会计师非审计服务发展滞后的原因，主要有以下几个方面：

①对非审计服务的需求不足。以很多事务所已经开始从事的咨询业务为例，2000年，我国整个管理咨询行业的有效需求总额约为1亿美元，而同期美国在这方面的有效需求为1 600亿美元，两者规模相差悬殊。一方面，企业对于非审计服务缺乏足够的认识，非审计服务对于企业的意义到底何在仍然受到不少人的怀疑；另一方面，我们在前文提及的许多非审计服务（如一些鉴证性服务）在我国目前还不是很适用。这些都会对非审计服务的需求产生影响。

②注册会计师行业的业务开拓能力有限。我国的注册会计师行业实际上仍处于发展的阶段，尚未进入稳定的发展期，同时，一些从业人员的专业水平和综合素质还有待提高。这些因素导致了注册会计师在开拓新的业务种类上的能力有限，并且也缺乏具有足够的市场意识、营销能力和多元化服务能力的人才。

③注册会计师协会在指导开展非审计服务方面的工作尚待加强。从行业角度看，目前尚缺乏对非审计服务的整体指导框架与理论支持，使得注册会计师只能摸索着开展非审计服务，不利于新业务的拓展。

④我国的中介领域划分过细，各种业务进入的门槛过高，如土地评估、房产评估、安全认证等，也在一定程度上阻碍了注册会计师进入这些非审计服务领域。

3）加快我国非审计服务市场的发展

尽管我国的非审计服务市场尚处于比较滞后的状态，但是应该看到，这也是一个发展前景很好的市场。我国目前正处于经济快速发展阶段，许多企业也面临着完善组织结构、改进经营管理方法、建立现代企业制度的问题。因此，对于如咨询服务等非审计服务无疑将会产生越来越大的需求。我国为引导注册会计师行业积极拓展新业务、新领域，也出台了各类鼓励措施。

---

① http://finance.sina.com.cn/roll/2018-01-08/doc-ifyqiwuw8218704.shtml.
② 中国注册会计师行业发展报告——基于会计师事务所2010—2014年度报备信息的数据分析。

促进非审计服务市场的发展，对于充分利用会计师事务所的资源，为事务所避免过于依赖单一的服务结构，规避风险，将起到有效作用。正如前面所述，审计业务在我国会计师事务所的服务范围内占了较大的比重，这就造成在进行年度财务报表审计时，事务所人手紧张，而其他时候则较为清闲，有了明显的淡旺季之分，从而造成了资源的浪费。同时，事务所的生存和发展过于依赖审计服务，经营风险较大。因而，推进非审计服务市场的发展可以在一定程度上解决上述两个问题。

如何对非审计服务市场的发展加以引导，使其进入良性循环，主要包括：一方面，如果从业人员能够提供高质量、能够起到明显效益的非审计服务，必然会引导市场需求的增加；另一方面，市场需求增加，所带来的收益又会刺激从业人员提供更好的服务，努力开拓新的业务品种。因此，应当大力推进我国非审计服务市场的发展，在这一过程中，应当充分发挥行业组织的作用，同时，加强非审计服务监管工作的研究及相关法规的制定，以避免非审计服务对审计服务质量和独立性的不利影响。同时，作为审计从业人员，也应当注意提高自身的专业水平和综合素质，在保证执业质量的同时，加强对非审计服务市场的拓展。

■ 本章小结

现代非审计服务的产生是审计服务的一个自然衍生和拓展，是非审计服务双方共同利益需求下的产物。注册会计师所提供的各种服务主要分为鉴证性服务、咨询服务和其他服务（如税务服务）。鉴证性服务是传统财务报表审计的延伸拓展，其服务种类相当丰富。不过，非审计服务对审计独立性的影响是公众关注的焦点，一直以来也是学术界和实务界争论的焦点。目前，监管机构已经偏向于禁止注册会计师向其审计客户提供某些非审计服务。我国的非审计服务市场尚处于比较滞后的状态，尚需要规范与发展。

■ 主要概念和观念

□　主要概念

鉴证性服务　鉴证服务　审查　审核　商定程序　企业业绩评价认证　网誉认证系统认证　咨询服务

□　主要观念

鉴证服务与非鉴证服务　鉴证性服务的特征　鉴证性服务种类　系统认证的基本原则咨询服务的种类　非审计服务对审计服务的促进关系　非审计服务对审计独立性的影响

■ 基本训练

□　知识题

17.1　阅读理解

1）注册会计师服务可以划分为哪几类？

2）什么是鉴证性服务？与审计服务相比，它有什么特点？可以划分为哪几类？

3）请说明常见的一些鉴证服务及执行这些服务合约的方式？

4）什么是咨询服务？可划分为哪些主要类型？

5）非审计服务与审计服务之间关系如何？

6）造成我国注册会计师非审计服务发展滞后的原因有哪些？

17.2　知识应用

1）选择题

（1）注册会计师在执行商定程序时，主要采用的审计方法有（　　）。

A.检查　　　　　　B.观察　　　　　　C.查询　　　　　　D.分析程序

E.计算　　　　　　F.监盘

（2）注册会计师在出具审阅报告时，可能出现的段落有（　　）。

A.引言段　　　　　B.范围段　　　　　C.结论段　　　　　D.说明段

（3）注册会计师在内部控制审核报告的固有限制段应说明（　　）。

A.审核的程序

B.内部控制的固有限制

C.实施的审计程序为注册会计师发表审核意见提供了合理的基础

D.根据内部控制评价结果推测未来内部控制有效性的风险

（4）提供管理咨询服务时，注册会计师应注意（　　）。

A.从数量上说明服务的结果　　　　　　B.不应从数量上概算咨询的结果

C.不应明确保证咨询的结果　　　　　　D.通过咨询提高客户的盈利或管理水平

（5）若某会计师事务所审计一家公司的财务报表，后者的董事会认为公司的存货管理方面存在较多的弱点，因此，委托该事务所提供咨询服务。若事务所提供（　　）服务，不会影响其今后对该公司审计的独立性。

A.指出由于现行购买、验收、存储、发货等作业程序所造成的存货管理问题

B.研讨和评估存货管理问题并提出相应的改进建议

C.审计解决问题进度时间表，由公司董事会指派公司专门人员按该表实施监督

D.监督购买、验收、存储和发货等作业的进行

（6）系统认证的四个基本原则是（　　）。

A.有用性　　　　　B.安全性　　　　　C.完整性　　　　　D.可维护

2）判断题

（1）注册会计师可能接受委托，提供某些特殊目的的业务的审计并出具报告，此时与审计报告一样，注册会计师应正面直接说是否遵循了相关的法规。　　　　　　（　　）

（2）鉴证服务较为普遍的类型是以商定程序的方式对客户是否遵循某些特定要求进行鉴证。　　　　　　　　　　　　　　　　　　　　　　　　　　　　　　（　　）

（3）由于预测信息是依据对未来事项的假设而编制的，因此，注册会计师不能对预测信息发表意见。　　　　　　　　　　　　　　　　　　　　　　　　　　　　（　　）

□　能力题

17.1　案例分析

1）新飞会计师事务所的合伙人李东接到老客户A公司的来信，内容如下：

李东先生：

现拟请贵所执行一项新的聘约。本公司多年来耗费大量的人力、物力、财力（这点贵所通过多年审计已经知悉）致力于环保事业，为此，本公司曾改变生产程序，改用高级油料，甚至停产部分产品。为了让社会各界及股东了解我们的这种努力，我们将在本年度对外公布的管理者报告中用相当篇幅对此加以说明。

为扩大宣传的效果和说服力，拟委托贵所研讨本公司已完成的环保措施，并以独立注册会计师的身份进行本公司各项业务的操作，以证明本公司在环保方面的成效。

为稳妥起见，欢迎贵所派专家前来调研。本公司将按照贵所拟订的收费标准支付相应的服务费。此外，本公司拟将贵所对此签发的报告和管理者年度报告一起分送各股东，附本公司所用特殊设备的照片和操作说明。上述报告中有关治理污染方面的内容将单独印发，免费供各界参阅。贵所能否接受上述聘约，敬请复函说明。

请你代李东草拟给 A 公司的复函，表明事务所对此事的态度。

2）大山公司委托注册会计师李某研究利用电子资料处理设备的可行性，并建议何种牌子的电脑最适合大山公司使用。李某为电脑专家，完成研究后所提出的各项建议均为大山公司采用，并安装配备了他所介绍的电脑及有关机器设备。问：李某接受此项管理咨询服务的邀请，日后对大山公司财务报表审计的独立性是否有影响？为什么？

17.2 网上调研

你认为在当前状况下，我国是否有必要倡导注册会计师开展非审计服务，这是否会影响注册会计师的审计服务质量？并就此问题查询网上相关探讨文献。

17.3 单元实践

请你设计一份调查表，就"如果开展非审计服务，对注册会计师自身素质和专业知识方面有哪些要求"展开调查，并基于你的调查结果写出分析报告。

□ **拓展阅读内容**

通过查阅一些知名会计师事务所网站了解他们发布的各类研究报告，从而了解咨询业务的发展变化。

17.1 德勤中国。

17.2 普华永道服务领域。

17.3 毕马威。

17.4　安永。

17.5　立信。

17.6　瑞华。

17.7　致同。

第 *18* 章

舞弊审计与揭示财务报表舞弊责任

学习目标

通过本章的学习，你应该能够达到：

知识目标：了解什么是舞弊及其分类；了解舞弊审计与财务报表审计的关系；了解注册会计师职业界对待揭示舞弊的态度的变化过程；了解揭示财务报表舞弊的审计程序和技术。

能力目标：能根据具体环境分析出存在财务报表舞弊的审计风险因素。

进入 21 世纪以来，国内外一系列公司财务信息舞弊丑闻被曝光，严重地影响了世界各国资本市场的发展，甚至是经济社会的稳定。社会公众强烈要求注册会计师承担起察觉并揭示舞弊的责任，甚至出现了专门以侦破舞弊为职责的舞弊审计师。注册会计师职业界为回应社会的期望，也相继出台了一系列的审计执业规范，以帮助从业人员了解各种舞弊防范措施，提高从业人员对舞弊的敏感度及发现舞弊的技能。

引例：

南方保健审计失败

2003 年 3 月 18 日，美国最大的医疗保健公司——南方保健——会计造假丑闻败露。该公司在 1997 年至 2002 年上半年期间，虚构了 24.69 亿美元的利润，而虚假利润相当于该期间实际利润的 247 倍。美国的审计准则早就明确提出注册会计师在财务报表审计中负有发现、报告可能导致财务报表严重失实的错误与舞弊的审计责任。注册会计师如果没有严格遵循审计准则的要求，以至于未能将导致财务报表严重失实的错误和舞弊揭露出来，便构成审计失败，应当承担相应的过失责任。以此衡量，为其财务报表进行审计，并连续多年签发"干净"审计报告的安永会计师事务所未能查出南方保健高达近 25 亿美元的利润黑洞和长期以来的虚盈实亏现象，无疑是一起典型的审计失败。

南方保健使用的最主要的造假手段是通过"契约调整（contractual adjustment）"这一收入备抵账户进行利润操纵。"契约调整"是营业收入的一个备抵账户，用于估算南方保健向病人投保的医疗保险机构开出的账单与医疗保险机构预计将实际支付的账款之间的差额，营业收入总额减去"契约调整"的借方余额，在南方保健的收益表上反映为营业收入净额。这一账户的数字需要南方保健高管人员进行估计和判断，具有很大的不确定性。南方保健的高管人员恰恰利用这一特点，通过毫无根据地贷记"契约调整"账户，虚增收入，蓄意调节利润。而为了不使虚增的收入露出破绽，南方保健又专门设立了"AP汇总"这一科目以配合收入的调整。"AP汇总"作为固定资产和无形资产的次级明细账户存在，用以记录"契约调整"对应的资产增加额。

早在安永为南方保健2001年度的财务报告签发无保留审计意见之前，就有许多迹象表明南方保健可能存在欺诈和舞弊行为。安永本应根据这些迹象保持应有的职业审慎，对南方保健管理层是否诚信、其提供的财务报表是否存在因舞弊而导致的重大错报和漏报予以充分关注。甚至在已接到雇员关于财务舞弊的举报时，安永的注册会计师仍然没有采取必要措施，以至于错失了发现南方保健大规模会计造假的机会。例如，2001年，南方保健被指控开给"老年人医疗保险计划（medicare）"的账单一直过高，具有欺诈性。虽然medicare欺诈案本身并不意味着南方保健一定存在会计舞弊，但足以使安永对南方保健管理层的诚信经营产生质疑，安永的注册会计师本应在年度审计时提高职业审慎，加大对相关科目的审查力度。2002年8月，南方保健对外发布公告，称medicare对有关理疗门诊服务付款政策的调整每年会影响公司利润达1.75亿美元。事实上，根据医疗行业的普遍情况，medicare政策的变化并不足以对南方保健的经营产生如此巨大的影响。南方保健审计小组曾收到一封电子邮件，警告南方保健可能存在会计舞弊，但审计小组在未经任何详细调查的情况下，草率地下了结论："南方保健没做错什么事。"南方保健的内部审计人员曾向安永的一位主审合伙人抱怨，作为内审人员，他们长年不被允许接触南方保健的主要账簿资料。这种缺乏内部控制的现象却没有引起安永应有的重视。与同行业的其他企业相比，南方保健通过收购迅速扩张，利润率的增长也异常迅猛，但营业收入的增长却与利润率增长不相配比。南方保健的创始人兼首席执行官在公司内外均以集权式的铁腕管理风格著称，而且，南方保健的一些董事，包括审计委员会的两名成员，也都与公司存在明显的业务关系。令人遗憾的是，长年为南方保健执行审计业务的安永注册会计师们却对上述事实熟视无睹。①

18.1 与舞弊相关的概念

侦破和发现舞弊是一门交叉学科，它涉及审计、会计、管理、法律、心理、行为学等众多学科，对从业人员提出了更高的要求。

---

① 南方保健的相关信息摘编自黄世忠，叶丰滢.南方保健审计失败案例剖析［J］.中国注册会计师，2003（9）.

1）舞弊的定义

舞弊的概念至今仍不统一，许多专家学者和职业组织都曾对舞弊下过定义：

普劳瑟描述了舞弊的要素，包括：（1）对重要事实的错误表述；（2）在明知错误的情况下作出正确的表述等。

埃利奥特和威灵海姆认为财务舞弊是管理层通过重大误导性财务报表损害投资者和债权人利益的故意欺诈行为。

国际内部审计师协会认为舞弊行为包括"一系列以故意欺骗为特征的违法违规行为"。

美国反舞弊财务报告委员会把财务报告舞弊定义为"由于故意所为或大意的遗漏，导致财务报告的重大误导"。

AICPA对违法舞弊行为的解释是"财务报表故意错报（管理层舞弊）和资产偷盗（雇员舞弊）"。

阿伦斯和李贝克认为舞弊是"在明知错误和有意欺骗情况下产生的错报"。

华莱士更进一步认为"舞弊是精心设计的骗局，通过虚构文件记录和陈述，构成财务报表舞弊"。

阿尔布莱切特认为，任何一个舞弊行为应由以下三个要素组成：（1）偷窃行为。涉及以手工、计算机或电话获取现金、存货、信息的行为。（2）隐藏行为。舞弊者背着他人从事舞弊行为。（3）转换行为。舞弊者将偷窃的资产转换为现金，用于消费支出。

美国审计准则说明对舞弊的定义是：为了得到他人的信任，故意歪曲事实真相，并且明知是违法的或者是错误的行为，舞弊者因此行为获得利益，同时对第三方因此行为造成损失。此条定义是当前民间审计领域广泛认可的权威性定义。

我国注册会计师审计准则将舞弊定义为被审计单位的管理层、治理层、员工或第三方使用欺骗手段获取不当或非法利益的故意行为。

2）舞弊的分类

美国的权威人士、专家学者及相关法律规定对舞弊进行了各种分类，归纳起来有：

（1）以从事舞弊的对象为标准分类，包括公司舞弊、职员舞弊或其他组织舞弊。

（2）以因舞弊而受到损害的对象为标准分类，包括对公司本身的舞弊，如挪用公款；对外部相关者的舞弊，如虚报财务报表。

（3）以舞弊行为表现的载体为标准分类，包括通过提交给股东或所有者的报告进行舞弊、通过盗窃资金等进行舞弊。

（4）以舞弊效果对公司的影响为标准分类，包括：①对公司不利的舞弊，这又可以分为对公司不利的内部人员舞弊，如转移现金、非法占用和偷窃；对公司不利的外部人员舞弊，如物品以次充好。②对公司有利的舞弊，如通过提前（或推迟）确认收入、推迟（或提前）确认支出等手段平滑利润；通过虚假广告等欺骗顾客、违反政府法规等。

注册会计师审计领域中所说的舞弊审计的对象，主要是针对公司内部人员所作出的前三类舞弊行为。

3）雇员舞弊和管理层舞弊

AICPA在其SAS No.53中将舞弊分为雇员舞弊和管理层舞弊两个类型。

雇员舞弊是组织内部的雇员以欺骗性的手段不正当地获取组织的钱财或其他财产的行为，主要通过虚构单据、越权、欺骗及违背员工职业道德等手段得以实现。

管理层舞弊是管理层蓄谋进行的舞弊行为，主要通过公布的误导性财务报告欺骗财务报告的使用者。

这两种舞弊的主要区别在于舞弊的目的，雇员舞弊是为了获取个人私利，而管理层舞弊则可能是为了企业获取更大的利益。

4）资产私占和舞弊性财务报告

AICPA 以 SAS No.82 取代了 SAS No.53，并使用"资产私占"和"舞弊性财务报告"的概念取代了雇员舞弊和管理层舞弊。

资产私占是指"对一个组织的资产盗用或挪用，而导致财务报表的编制不符合一般公认会计原则，这种行为包括贪污应收账款、偷窃资产或为虚构的商品或服务付款等。一般通过伪造凭证或编制错误的会计记录而实现。"

舞弊性财务报告则是为了欺骗财务信息使用者对报表中的数字或其他揭示进行有意识的错报或遗漏，包括："（1）对财务报表据以编制的会计记录或凭证文件进行操纵、伪造或更改；（2）对财务报表的交易、事项或其他重要信息错误表述或故意遗漏；（3）与数量、分类、提供方式或披露方式有关的会计原则的有意误用。"

5）舞弊审计与会计报表审计

舞弊审计是注册会计师通过收集证据或作为专家，以发现是否有舞弊行为或即将发生舞弊行为，其目的不是对财务报表发表意见。舞弊审计具有典型的顾问服务的性质。舞弊审计的目的是发现偏离预期的事件、违规的会计事项和行为结构。在舞弊审计师的头脑中最重要的是考虑：在这一制度的控制链条中，哪里是最薄弱的环节？哪些地方有可能背离常规的会计惯例？致使这一制度受损的最简单的途径是什么？高层主管部门可能超越该制度中的哪些控制环节？这一制度的总体工作环境怎样？

SAS No.82 中对财务报表审计与舞弊审计的区别列举如下：

①审计目标上的区别。财务报表审计是通过获得充分的审计证据来支持注册会计师对财务报表的观点；舞弊审计是在有充分证据表明有可能发生舞弊的情况下，判断舞弊是否存在或是否正在发生，以及谁是舞弊者。

②审计原因上的区别。财务报表审计通常是为满足财务报表使用者的要求；舞弊审计是经过具备一定职业素质的人员的充分预测后，确定舞弊已经、正在或者将要发生。

③对于管理者价值上的区别。财务报表审计是注册会计师对管理者提供给第三方的财务信息提出信用保障；舞弊审计是断定舞弊是否存在及谁是责任者。

④证据来源上的区别。财务报表审计的证据主要来源于财务报表的会计数据；舞弊审计的证据不仅来源于财务数据，还包括由内部文件审查、公共文件审查和会见当事人等内容组成的非财务数据。

⑤证据充分性上的区别。财务报表审计在大多数情况下，注册会计师依赖于有说服力而并非使人确信的证据；舞弊审计中，审计师设法保证自己所作的舞弊结论免受指责。

我国注册会计师审计准则第 1141 号明确规定了注册会计师对舞弊的责任，即注册会计师的目标是：①识别和评估由舞弊导致的财务报表重大错报风险；②通过设计和实施恰当的应对措施，针对评估的由舞弊导致的重大错报风险，获取充分、适当的审计证据；③恰当应对审计过程中识别出的舞弊或舞弊嫌疑。

18.2　注册会计师职业与舞弊审计

注册会计师审计自产生开始，就与舞弊结缘，但这并不意味着注册会计师职业与舞弊审计之间的发展是一帆风顺的，注册会计师在现代舞弊审计中的角色随着经济环境、法庭判决及职业的发展而不断变化，其过程可以概括为：

1）第一次变迁（SAS No.1→SAS No.16）

AICPA 在 1972 年发布的 SAS No.1 "审计准则和程序汇编"中明确规定：（1）揭露舞弊行为不是注册会计师的审计目的；（2）不能依赖常规的财务报表审计来确保揭露舞弊行为。看来那时是将注册会计师执行的财务报表审计和专门接受委托进行的舞弊审计严格区分的，并在准则中规定不承担对舞弊的审计责任。

在 20 世纪 70 年代以后，美国连续发生几起重大舞弊案，如产权基金公司和全国学生营销公司舞弊案等，Moss 和 Metcalf 委员会对此采取了一系列行动，包括 1977 年颁布《反外国贿赂法》等。由于公司经营道德危机引发了公众对注册会计师在财务报表审计中不承担对舞弊的审计责任的不满，加上政府监管呼声的高涨，特别是证监会的强制性干涉，AICPA 被迫作出反应，成立公众监督委员会（POB），创建同业复核制度和在"会计师事务所部"下设"证券交易委员会业务处"，并于 1977 年 1 月发布 SAS No.16 和 SAS No.17。SAS No.16 "独立审计师检查错误和舞弊的责任"取代 SAS No.1 的有关规定，明确指出注册会计师对舞弊负有审计责任。

第一次制度变迁实现了由不承认注册会计师在财务报表审计中对舞弊负有审计责任到承认的根本性立场和观念的转变，具有划时代的里程碑意义，这对整个审计职业产生深远影响。

2）第二次变迁（SAS No.16→SAS No.53）

由于 SAS No.16 措辞含糊，只一般要求计划审计以发现对报表有重大影响的错报和舞弊，并没有提供审计舞弊的详细指南，因此，运用该准则进行舞弊审计的效果并不明显，仍不能满足审计职业界和公众的要求，公司舞弊大案时有发生。

1982 年，美国估计财务报表舞弊金额超过 550 亿美元。1987 年，国会议员 Dingell 在《纽约时报》上发表声明："责成注册会计师职业界在一年内改进其工作，否则政府将正式介入。"AICPA 迅速作出反应，研究对策，在充分考虑"全国反舞弊财务报告委员会（NCFFR）"的建议后，于 1988 年 4 月发布 9 项新准则，即 SAS No.53 至 SAS No.61。其中 SAS No.53 "审计师检查和报告错误与舞弊的责任"取代 SAS No.16，明显扩大了注册会计师责任，要求所设计的审计工作应能为查出报表的重大错报与舞弊提供"合理保证"。

与 SAS No.16 相比，SAS No.53 提供了更广泛的舞弊审计指南并强调了检查舞弊时应警觉的"五大"环境特征。不过，考虑到舞弊的复杂性和审计技术本身的局限性，SAS No.53 还规定了保护条款，指出因审计局限性和舞弊复杂性，注册会计师不能担保财务报表无重大错报和舞弊，只能获取相应证据"合理保证"报表不存在因错报和舞弊等导致的重大错报，并强调更不可能绝对保证发现由"欺诈或串谋"导致的重大舞弊行为，以避免因舞弊审计责任扩大而可能给审计行业带来的灾难性影响。

第二次制度变迁实现了由从总体立场上抽象承认对舞弊负审计责任，到明确要求检查舞弊的"工作重心前移至审计计划阶段"，并"合理保证"所设计审计工作能查出重大错报和舞弊的转变。该转变适应了形势发展需要，是审计理论和实务的又一大进步，无疑对审计舞弊具有更大的指导意义。

3）第三次变迁（SAS No.53→SAS No.82）

SAS No.53尽管有上述进步，但仍无法有效缩小审计期望差距。1993年3月，POB在题为"站在公众利益的立场上（In the Public Interest）"的报告中，明确指出社会公众最关注和期望的是注册会计师能够揭露管理层舞弊并承担审计责任，而注册会计师却不能满足要求且存在较大差距。美国于1995年通过的《私人有价证券诉讼改革法案》，在标题部分明确规定了注册会计师应承担识别和揭露某些舞弊行为的责任。这促使AICPA在1997年2月颁布了SAS No.82"财务报表审计中对舞弊的关注"，以取代SAS No.53。新准则并没有扩大注册会计师揭示舞弊责任的要求，而是以更清楚的语言及更鲜明的词语来表述这一目标与责任。

SAS No.82最鲜明的特色是，在标题及全文中明确提出"舞弊（fraud）"概念，正式取代实质意义模糊的"不当行为（irregularity）"一词。在此之前，包括官方正式文稿在内的各类文献，描述不诚实的会计处理造成的会计信息失真现象极少使用"舞弊"一词，而代之以"不当的""不合规""误述""违规"等。SAS No.82详细对"舞弊"加以定义，强调了这种行为的动机、手段、性质和目的，并摒弃了SAS No.53中所作出的管理者舞弊和雇员舞弊的分类方式，指出注册会计师关注的舞弊行为包括"舞弊性财务报表（fraudulent financial statement）"和"资产侵占（misappropriation of assets）"。舞弊性财务报表是为了欺骗外部信息使用者而采取了伪造会计记录、提前确认收入或采用错误会计政策等方法；资产侵占则是为了获取舞弊者的个人私利，贪污、挪用企业资产，并通过会计信息系统掩盖其行为。此外，在SAS No.53论述职业怀疑在审计计划和执行中运用的基础上，SAS No.82进一步以突出的笔墨详细说明了贯穿于审计始终的职业怀疑。

4）第四次变迁（SAS No.82→SAS No.99）

在SAS No.82施行的5年多时间里，又不断发生一些世界著名公司特大财务欺诈及审计失败案件，令美国政府及公众极度不满，强烈要求审计行业自我检讨，切实改进审计舞弊的效果。在此恶劣环境和紧急情况下，AICPA及时认真做了大量调研和征求意见工作，对舞弊审计准则又进行第四次修订，于2002年10月发布其标题未作丝毫改动的新准则SAS No.99"财务报表审计中对舞弊的关注"，以取代SAS No.82，本次修订周期在历次中是最短的。与SAS No.82相比，SAS No.99针对切实提高审计舞弊的效果，作出了一系列富有成效的改进。不过，以美国注册舞弊检查师协会为代表的一些学者认为，即使执行SAS No.99也不可能解决注册会计师无法揭示报表舞弊的问题。他们提出，应该由美国注册舞弊检查师协会的会员参与到财务报表审计过程中，这无疑是对注册会计师行业提出的挑战。①

---

① 有兴趣跟踪与探讨这一发展变化的读者，可以参阅美国注册舞弊检查师协会的网站信息。

18.3　揭示财务报表舞弊的审计程序和技术

SAS No.99和中国注册会计师审计准则第1141号为注册会计师关注财务报表审计中的舞弊提供了指南，以下是结合准则的相关研究成果，对财务报表审计中舞弊关注程序和技术予以介绍。

1）舞弊的特征

SAS No.99首先对舞弊进行了描述，并对其特性作出介绍，进一步解释了动机（压力）、机会和合理化（态度）的"舞弊三角"理论，该理论的主要内容包括：

（1）雇员或管理层面临一定的刺激或压力，使其产生舞弊的动机。例如，当企业的稳定性和获利性受到经济状况、企业经营状况的威胁时，管理层出于完成任务或稳定股价的考虑，会欺骗他人；员工在受到升迁、个人利益等相关压力下，也会产生舞弊行为。

（2）组织内部存在着使舞弊得以发生的环境，为舞弊行为的发生创造了机会，例如，缺少控制、控制无效或管理层能够轻易逾越控制等。

（3）舞弊行为与某些人的伦理行为相吻合，他们对舞弊行为本身就抱有肯定的态度和倾向，这种性格和态度使得他们故意或乐于从事不诚实的行为。例如，舞弊者的道德、品质、价值观，会促使其主动舞弊，并能为自己的行为找到借口，使之合理化；或者舞弊者对自己的工作、待遇不满足；舞弊者收到好处，而与他人串通等情形。

"舞弊三角"理论说明了导致舞弊的三种情形，它们之间并不是缺一不可的关系，在任何一种情形下，舞弊都有可能发生。当然，如果注册会计师发现组织内同时存在以上多种情形，那么舞弊发生的可能性就会更大。

一般地，由于所处位置的独特性，管理层有能力直接或间接操纵会计记录，进而进行舞弊，因此，财务报表舞弊经常与管理层逾越内部控制或内部控制无效有关。管理层也可能指使雇员或在雇员的请求下从事舞弊活动。

2）团队讨论和职业怀疑

为增强对舞弊的感知度和敏感度，强化舞弊—风险—评价程序，准则要求审计小组成员在审计计划阶段就潜在的舞弊引发的重大错报展开讨论，在讨论会上，富有经验的团队成员应分享其经验和观点，所有成员就由于舞弊导致的财务报表中的疑点进行交流，提出实施最简洁有效审计方法的建议。

在"头脑风暴"中，讨论的问题包括：

（1）组织是否存在使管理层产生舞弊的动机或压力；

（2）组织是否为舞弊创造了机会；

（3）组织的环境是否使管理层认为舞弊是合理的；

（4）是否存在管理层超越内部控制的情形；

（5）注册会计师如何应对这些导致财务报表重大错报的可疑之处。

这种讨论不仅发生在审计计划阶段，而且贯穿于审计工作的全过程。讨论的重点包括财务报表易于发生由舞弊导致的重大错报的方式和领域，包括舞弊可能如何发生。

鉴于舞弊案件的频繁曝光和社会公众在揭露舞弊方面对注册会计师职业界形成的巨大

压力，职业界将传统的职业谨慎态度升华到了职业怀疑态度。职业怀疑态度包括质疑和对审计证据进行认真评估的精神态度。注册会计师应当在整个审计过程中保持职业怀疑，充分考虑存在由舞弊导致的重大错报的可能性，而不应受到以前对管理层、治理层正直和诚信情况形成的判断的影响。在选择客户的过程中，注册会计师对客户的诚实和正直度都应进行仔细的考察；在后续的服务中，则对这方面的变化关注较少。准则要求注册会计师对潜在的舞弊保持适当的职业怀疑的重要目的在于，使项目小组的每个成员都保持警惕，舞弊可以发生在任何一个企业和任何一个人身上，而不管任何过去的信息和证据是否显示有舞弊的可能。准则还要求，除非存在相反的理由，注册会计师可以将文件和记录作为真品。但如果在审计过程中识别出的情况使其认为文件可能是伪造的或文件中的某些条款已发生变动但未告知注册会计师，注册会计师应当作出进一步调查。当管理层或治理层对询问作出的答复相互之间或与其他信息不一致时，注册会计师应当对这种不一致加以调查。

3）获取舞弊风险的信息

为了获取更多有关舞弊风险的信息，注册会计师执行的程序包括：

（1）扩展性询问

准则鼓励注册会计师进行更深入的探究，从不同访谈对象那里获得更多的信息，以有利于判断和评估舞弊引起的重大错报风险。这种访谈的对象可以是管理层、审计委员会成员、公司财务会计人员，也可以是一般的职员。注册会计师向管理层询问其关于企业舞弊风险的观点，以及任何已知和可疑的舞弊行为。

注册会计师应当向管理层询问：①管理层对财务报表可能存在由舞弊导致的重大错报风险的评估，包括评估的性质、范围和频率等；②管理层对舞弊风险的识别和应对过程，包括管理层识别出的或注意到的特定舞弊风险，或可能存在舞弊风险的各类交易、账户余额或披露；③管理层就其对舞弊风险的识别和应对过程向治理层的通报；④管理层就其经营理念和道德观念向员工的通报。此外，注册会计师应当询问管理层和被审计单位内部的其他人员，以确定其是否知悉任何影响被审计单位的舞弊事实、舞弊嫌疑或舞弊指控。

通过向不同的对象询问相同的问题，并对其回答进行比较，注册会计师可以增进对以下问题的认识：①确认"舞弊三角"的特征；②增加对公司日记账和相关账务调整的政策、程序和控制的理解；③确认在何种环境下，管理层可能会逾越公司的内部控制；④了解有关收入确认的政策和程序；⑤了解非经常性重大交易的商业背景。

（2）考虑分析性复核的结果

要求注册会计师在审计计划阶段进行分析性复核，以发现是否存在异常的交易事件、金额、比率和趋势。在审计计划阶段，注册会计师假设存在合理的关系，通过实际记录与预期指标之间的对比发现不一般或可疑的关系。我国审计准则要求注册会计师应当评价在实施分析程序时识别出的异常或偏离预期的关系（包括与收入账户有关的关系），是否表明存在由舞弊导致的重大错报风险。例如，注册会计师可以对销售收入项目执行分析性复核程序，以发现是否存在确认虚假销售收入的行为，其做法是以实际记录的销售收入计算公司产品的产量，将计算得出的产品产量与公司实际的产能进行对比，若超过了公司的生产能力，则说明超出部分可能是虚构的销售收入。又如，通过对按月计算的销售收入或周转速度的趋势比较，可以发现趋势变动的可疑之处。

（3）考虑舞弊风险因素

舞弊行为经常是隐蔽的，因而，舞弊产生的财务报表重大错报也是难以发现的，但注册会计师可以发现一些促使舞弊产生的动机或压力、舞弊产生的机会及使舞弊行为合理化的态度，这些事件或条件就是"舞弊风险因素（red flag）"。舞弊风险因素不一定意味着必然存在着舞弊，但却意味着存在舞弊行为产生的条件。

通过获取信息，注册会计师考虑是否存在一个或多个舞弊风险因素，注册会计师运用职业判断，决定在舞弊审计中考虑哪些重要的风险因素。动机和压力促使舞弊发生，机会使舞弊成为可能，态度使舞弊行为合理化。这些因素并非在所有环境中都并存，根据企业规模、所有者结构及环境的不同，有些因素比较明显，有些因素则并不明显，因素的顺序并不能反映其重要性或发生的频率。存在舞弊风险因素并不必然表明发生了舞弊，但在舞弊发生时通常存在舞弊风险因素，因此，舞弊风险因素可能表明存在由舞弊导致的重大错报风险。

（4）确认舞弊风险

注册会计师利用收集的信息，确认由于舞弊导致的财务报表重大错报风险。注册会计师不能假设所有的舞弊风险因素都是显而易见的，也不能由于未能发现一两个舞弊风险因素就认为不存在由于舞弊导致的重大错报风险。注册会计师对舞弊风险的确认受到组织规模、复杂性和所有权结构的影响，例如，对于规模较大的企业，注册会计师经常考虑限制管理层不当行为发生的因素，如审计委员会和内部审计的有效性、存在道德行为准则等，而对小规模企业，这些因素则可能不适用或不那么重要。又如，对于跨区域经营的企业，对各区域或业务部门的风险确认与整个公司的风险确认同等重要。注册会计师还应该评价这些风险是与哪些特定的财务报表账户和交易有关，例如，由于组织重组产生的负债账户中的固有风险就较高，因为其中包含的管理层的估计因素较多，类似地，软件开发商的收入确认涉及复杂的会计原则和计量，其中的固有风险较高。

总之，在确认舞弊风险的过程中，注册会计师应充分运用职业判断，考虑舞弊风险的属性，包括：①风险的类型，即是财务报告舞弊还是资产不当处置产生的风险；②风险的重要性，即风险的重要程度是否可能导致财务报表的重大错报；③风险的可能性，导致财务报表重大错报的可能性；④风险的普遍性，潜在的风险是针对报表整体还是与个别账户或交易的认定有关。

4）主要程序

注册会计师应主要采取的程序包括：

（1）在考虑组织采取项目和控制措施的基础上评价已确认的风险

要求注册会计师考虑被审计单位的内部控制结构，以确认潜在错报的类型。作为对内部控制加强理解的组成部分，注册会计师应针对舞弊导致的重大错报，评价组织采取的项目和控制措施，这些措施包括：①针对减轻特定舞弊采取的控制措施，如对于资产被挪用采取的控制等；②为了避免、遏制和检查舞弊采取的广泛措施，如改善组织内部的文化，增强管理层和雇员的忠诚度和道德水准。注册会计师应考虑这些措施是否减轻了舞弊导致的重大错报，在考虑这些措施的运行是否有效之后，注册会计师应对已确认风险进行重新评价。

（2）对评价结果作出反应

针对在评估中发现的风险因素，注册会计师应及时作出反应，根据风险的不同，这些反应也有所不同。有的反应是针对整个审计工作的，有的是通过确认风险确定审计程序的性质、时间和范围。注册会计师对评价结果作出的反应主要体现在，在收集审计证据的过程中保持适当的职业怀疑，例如，设计和执行额外和不同的审计程序，以获取更为可靠的证据和支持各种财务报表的科目、交易类型和相关的认定；又如，对重要的事项获取管理层的解释说明或者通过第三方确认、利用外部专家等方法进行确认。注册会计师对风险的反应主要有以下三种方式：

①对风险的反应影响审计整体工作，包括：审计人员分配和监督、会计政策选择和预计采取的审计程序等。

②对风险的反应影响审计程序的性质、时间和范围。具体地说，为获取不同审计证据所采取的审计程序的性质不同，对需要审计证据支持的事项，最好能获得组织外部的独立信息，如关键客户是否存在、票据的支付方和主要交易对象等。实质性程序的时间需要不断进行修改，如注册会计师一般认为在接近报告期结束时执行实质性程序是最佳做法，但是考虑到有些收入确认方面的舞弊在报告期期中就已经开始了，注册会计师应提早执行实质性程序。

③对风险的反应应考虑到管理层无视内部控制的行为随时都可能发生。管理层处于实施舞弊的独特地位，其原因是管理层有能力通过凌驾于控制之上操纵会计记录并编制虚假财务报表，而这些控制却看似有效运行。尽管管理层凌驾于控制之上的风险水平因被审计单位而异，但所有被审计单位都存在这种风险。

审计准则要求，无论对管理层凌驾于控制之上的风险的评估结果如何，注册会计师都应当设计和实施审计程序，包括：①检查特殊分录和其他调整；②对会计估计进行复核以检查其倾向性，包括对重要的管理层判断和假设进行追溯复核；③对大笔非正常交易的业务的合理性进行评估。对于超出被审计单位正常经营过程的重大交易，或基于对被审计单位及其环境的了解以及在审计过程中获取的其他信息而显得异常的重大交易，注册会计师应当评价其商业理由（或缺乏商业理由）是否表明被审计单位从事交易的目的是对财务信息作出虚假报告或掩盖侵占资产的行为。

（3）评价审计证据

①在审计过程中评估舞弊导致的重大错报风险

现代财务报告在很大程度上依赖于管理层估计，其所作出的许多判断或假设将对资产价值、具体交易的认定（如收购、重组或处置）、重要应付负债等会计估计产生重大影响，并可能进一步牵涉以后各期的会计假设或会计估计重大调整。因此，注册会计师应该关注管理层判断或假设及其对会计估计的影响，并作为财务报告舞弊风险评估的组成部分。

注册会计师对舞弊风险的评估贯穿于整个审计过程，在外勤工作中，应确认所有支持和改变风险评估决策的因素，主要包括会计记录的不一致、明显的事项冲突或遗漏、管理层的不当行为等。

以会计记录不一致为例，交易在金额、会计期间或科目类别方面未能得到完整或及时的记录；未经授权的交易或会计记录；最近发生的会计调整，这些调整对财务结果产生重要的影响；雇员对系统的接触不符合其经授权的职责等。

明显的事项冲突或遗漏情形则可能包括：丢失的会计记录；明显被改动过的记录；会计记录与函证结果出现明显的不一致；出现大额的资产或存货的缺失；出现与组织记录保存政策不一致的电子记录丢失等。

管理层的不当行为则更应引起注意，如管理层要求注册会计师在较短的时间内解决复杂的问题；对于注册会计师质疑的问题，有意推迟提供答案；管理层不愿意增加或修改有关的披露内容，以增强财务报表的完整性和透明度等。

②评价分析性复核程序是否发现了未确认的风险

除了在审计计划阶段执行分析性复核程序以外，注册会计师还应在实质性程序或整个审计过程中反复使用分析性复核的方法，以发现未经确认的舞弊风险。管理层和雇员对有些信息很难操纵，因此，一些不经常出现或出乎意料的关系往往意味着存在重大的舞弊风险。例如，通过分析净收入与经营活动产生的现金流量之间的关系，很容易发现管理层虚构销售收入的舞弊行为；分析存货、应付账款、销售收入及销售成本等项目在前期与本期存在的重大不一致，可能发现雇员偷盗存货的舞弊行为；通过比较公司与行业中坏账的冲销比率，可能发现偷窃现金的舞弊行为等。

③对舞弊产生的错报作出反应

如果审计测试中发现错报，注册会计师应考虑这种错报是否是舞弊的标志，其结果影响着对重要性的评价，以及对评价作出的反应。

如果注册会计师确信错报是由舞弊所致，鉴于舞弊不可能是孤立发生的事项，注册会计师应当评价该项错报对审计工作其他方面的影响，特别是对管理层书面声明可靠性的影响。例如，挪用备用金并不能产生重要影响，但却说明有关人员未能尽到应尽的保管责任。反之，如果涉及较高层次的管理层，尽管金额不大，也可能意味着组织内存在较为严重的问题，如管理层的正直性可能存在问题。在这种情况下，无论该项错报是否重大，注册会计师都应当重新评价对由于舞弊导致的重大错报风险的评估结果，以及该结果对旨在应对评估的风险的审计程序的性质、时间和范围的影响。在重新考虑此前获取的审计证据的可靠性时，注册会计师还应当考虑相关的情形是否表明存在涉及员工、管理层或第三方的串通舞弊。

（4）就可能的舞弊与管理层、治理层进行交流

如果识别出舞弊或获取的信息表明可能存在舞弊，注册会计师应当及时将此类事项向适当层次的管理层通报，以便管理层告知对防止和发现舞弊事项负有主要责任的人员。如果识别出或怀疑舞弊涉及管理层、在内部控制中承担重要职责的员工以及其舞弊行为可能对财务报表产生重大影响的其他人员，除非治理层全部成员参与管理被审计单位，否则注册会计师应当及时将此类事项向治理层通报，并与其讨论为完成审计工作所必需的审计程序的性质、时间和范围。如果根据判断认为还存在与治理层职责相关的其他涉及舞弊的任何事项，注册会计师应当就此与治理层沟通。

（5）将注册会计师对舞弊的考虑进行记录

注册会计师应当记录对被审计单位及其环境的了解以及对重大错报风险的评估结果。注册会计师应当将下列内容形成审计工作底稿：①项目组内部就由于舞弊导致财务报表重大错报的可能性进行的讨论及得出的重要结论；②识别和评估的由于舞弊导致的财务报表

层次和认定层次的重大错报风险。③对评估的由于舞弊导致的财务报表层次的重大错报风险采取的总体应对措施；④审计程序与评估的由于舞弊导致的认定层次的重大错报风险之间的联系；⑤实施审计程序（包括用于应对管理层凌驾于控制之上的风险而实施的审计程序）的结果。

本章小结

注册会计师审计自产生开始就与揭示舞弊结缘。注册会计师审计领域中所说的舞弊审计责任，并不是针对舞弊进行的舞弊审计。后者是注册会计师通过收集证据或作为专家，以发现是否有舞弊行为或即将发生舞弊行为，其目的不是对财务报表发表意见，而是具有典型的顾问性质的服务。本章侧重探讨注册会计师揭示财务报表舞弊的责任，这种责任随着经济环境、法庭判决及职业的发展而不断变化，大致经历了四次变迁。目前认为，注册会计师在财务报表审计过程中应当承担揭示报表舞弊的责任。因此，注册会计师需要测试可能存在的财务报表舞弊的风险因素。根据风险的不同，注册会计师应作出不同反应，主要体现在收集审计证据时保持适当的职业怀疑，与被审计单位适当管理层进行交流并恰当地记录。

主要概念和观念

□ 主要概念

雇员舞弊　管理层舞弊　资产私占　舞弊性财务报告　舞弊审计

□ 主要观念

舞弊审计与财务报表审计的关系　"舞弊三角"理论　"头脑风暴"与职业怀疑

基本训练

□ 知识题

18.1 阅读理解

1）财务报表审计与舞弊审计有什么区别？

2）什么是雇员舞弊和管理层舞弊、资产私占和舞弊性财务报告？这两种划分方式有什么区别？

3）注册会计师对舞弊审计责任的认识经过了哪几个发展阶段？

4）当发现舞弊时，注册会计师应作出哪些反应？

18.2 知识应用

1）选择题

（1）在确认舞弊风险的过程中，注册会计师应充分运用职业判断，考虑舞弊风险的属性，包括（　　）。

A.风险的类型　　　　　　　　B.风险的重要性

C.风险的可能性　　　　　　　D.风险的普遍性

（2）以重大的非经常性交易为例，注册会计师在考虑经济背景的合理性时，应注重（　　）。

A.交易是否过于复杂

B.管理层是否与审计委员会或董事会讨论了这些交易的性质

C.管理层是否过于强调会计处理的需求而非交易的经济实质

D.交易是否涉及未合并报表的无关第三方

E.交易是否涉及事先未确认的相关主体

（3）注册会计师应向管理层询问其关于企业舞弊风险的观点，以及任何已知和可疑的舞弊行为。通常，对管理层的询问一般包括（　　　）。

A.是否了解舞弊或可疑的舞弊

B.是否了解企业舞弊风险

C.是否了解舞弊性财务报告

D.为减少、遏制和检查舞弊所建立的项目和控制措施，以及如何监督这些措施

E.是否及如何就经营行为和商业道德与其雇员进行交流

（4）下列（　　　）属于舞弊风险因素。

A.管理层的薪酬与公司的经营成果挂钩

B.独立董事无法发挥应有的作用

C.对出具审计报告的时间作出不合理的限制

D.因竞争激烈或市场饱和，主营业务毛利率持续下降

E.不良经营业绩对未来重大交易事项可能产生负面影响

2）判断题

（1）管理层舞弊表现为舞弊性财务报告，而雇员舞弊表现为资产私占。　　　　（　　）

（2）财务报表审计与舞弊审计是完全不同的两个审计分支，因此，在财务报表审计过程中，注册会计师不需要关注舞弊风险因素。　　　　（　　）

（3）注册会计师发现存在舞弊的情形，至少应当向比出现舞弊的管理层次高一级的管理层报告。　　　　（　　）

□ 能力题

18.1 案例分析

AY会计师事务所承担了南方发展公司的财务报表审计。南方发展公司以经营不动产开发为主要业务，在几个城市都拥有购物商业中心，该公司的惯例是由各中心的经理负责各商业中心的租赁事宜，因为公司董事会认为由当地人参与租赁协议的洽谈更有利于公司发展。一个月前，两个商业中心的经理在一起飞机失事中身亡，接替他们的新任经理发现原任经理有收取回扣而降低租金的行为。因此，南方发展公司聘请了另一家会计师事务所对该问题进行了审计，发现有四个商业中心都存在这一问题，在过去的5年内已使南方发展公司损失100万美元。南方发展公司于是起诉了AY会计师事务所，要求其赔偿100万美元的损失和利息。请你分析，注册会计师是否有责任发现此类舞弊？注册会计师如何为自己辩护？

18.2 网上调研

1）请你查阅国内和国外的相关资料，说明可能导致公司进行财务舞弊的风险因素有哪些。

2）某上市公司在20×8年年报中对20×7年度会计报表的重大会计差错进行了追溯调整，调整金额高达8 228万元，调整后20×7年度由盈利转为亏损。由于该公司20×6年度已经出现了巨额亏损，如果20×7年度再度亏损，则会被列入ST公司。该公司重大会计差错调整的项目涉及"漏结转成本1 300万元、少计销售费用（广告费）992万元、研发费

用未计入当期损益 600 万元、提前确认未实现的销售收入 213 万元、提前确认所得税返还收益 150 万元、未抵销存货中未实现利润 420 万元、少计其他（费用）110 万元、少提坏账准备 2 694 万元、少计存货跌价准备 1 406 万元、少计长期投资减值准备 343 万元"。该公司认为出现这种巨额调整是因为会计处理和会计估计不当，属于对会计准则理解的偏差造成，而市场上一些投资者和分析专家却认为这属于会计报表造假，虚增利润。请你分析该问题属于什么性质，注册会计师在其中应承担什么责任。

18.3　单元实践

请你用"舞弊三角"理论分析当前被曝光的一些国内外上市公司财务舞弊丑闻。

□　拓展阅读内容

18.1　让证监会告诉你上市公司财务造假套路！

18.2　浑水：好未来财务作假手段可比安然。

18.3　财务舞弊自动识别的荆棘之路。

18.4　上市公司财务造假 13 种手段及识别技能。

18.5　回顾浑水沽空报告全文：辉山乳业为啥一文不值。

第 *19* 章
信息技术与审计

学习目标

通过本章的学习，你应该能够达到：

知识目标：了解计算机环境对审计活动的影响；了解如何对计算机系统进行审计；了解计算机审计风险及其控制；了解计算机舞弊的种类、特点和预防。

能力目标：分析计算机环境中注册会计师审计所应有的特别考虑。

自从20世纪40年代电子计算机出现之后，信息技术得到了快速的发展，它极大地影响了人类社会生活的每一个方面。在现代生活中，以计算机技术、现代通讯技术和网络技术为代表的信息技术的影响无所不在。对于审计而言，信息技术在企业中的使用在很多重要方面使审计产生了变化，企业在生产经营中大量运用计算机，并开始采用专门的财务软件处理会计业务，使审计的对象由手工状态下的纸质账簿、凭证等资料变成了储存于电脑磁盘中的数据资料，这对审计手段、技术方法等方面都产生了重大的影响。此外，计算机在日常工作中的大量应用，也成了注册会计师执业的一个好工具。在这种背景下，计算机审计出现并成为了审计学科的一个重要分支。

引例：

权益基金公司审计失败与信息化技术

1973年4月，位于美国洛杉矶的权益基金公司及其三家子公司同时宣布倒闭。这家拥有几亿美元资产的公司的倒闭，使七千多位股票持有者在一夜之间变为一文不名的贫民。该公司的许多债权人也因该公司的倒闭，其债权化为乌有，并引起连锁反应，一些无法承受债权损失的小公司纷纷跟着破产。一时间，美国各大证券交易市场一片混乱，道·琼斯指数暴跌。愤怒的公众通过各家报纸发出强烈呼吁，要求政府部门严惩有关人员。

权益基金公司于20世纪50年代末60年代初成立，并于1964年开始股票上市。同年，该公司采用电子计算机来处理会计账务，成为美国几家较早的运用会计电算化的公司之一。该公司财务主管在与会计师事务所的注册会计师打交道时，发现负责审计该公司的注册会计师并不谙熟电子计算机的原理，注册会计师所采用的审计程序与方法仍然袭用那一套对付手工操作的会计系统的老办法，至此，公司主管萌发了伪造假账的念头。在与公司总经理及其他几个负责人串通后，他们将下属的人寿保险子公司作为主要对象，开始编造纯属子虚乌有的人寿保险单，然后，再将这些保险单售给其他保险公司。13年来，该公司所报的净收益共计7 500万美元，但公司资产负债表中的虚假资产累计达12 000万美元，远远高于净收益数。实际上，公司的净收益都是通过假报资产、从其他公司骗取贷款或货款而来的，自己并没真正赚得收益。

调查人员还发现：该公司伪造假账的手法并不十分高明，他们只不过在将会计数据输入电脑时，从凭证中抽取特别号码伪造人寿保险单。由于审计人员无法接触到这些假的保险单，致使他们受到长达十几年的蒙骗。调查结果一经宣布，联邦法院立即对该公司的几十名高级管理人员进行审理，最后，确定其中19人参与了非法交易，并分别判处刑罚，而负责该公司审计的注册会计师虽然属于受骗者，但也有失职的错误。

这一案件的发生，对美国的审计准则冲击极大。它表明，科学技术的迅速发展已改变了审计生存的环境，根据社会需要，随时作出审计对策是审计理论工作者的当务之急。为此，美国注册会计师协会（AICPA）本着"亡羊补牢"的精神，开始着手对审计准则予以修订。1974年12月，该协会有关部门制定了《审计准则说明第3号——检查和评价内部控制对EDP的影响》（SAS No.3），详细规定了对实行电算化会计系统的公司如何进行审核的审计行为规范。

权益基金公司的审计案例，在美国是第一起最大的关于电子计算机（信息技术）的审计案例。它在美国的影响之大，几乎使电子计算机在会计中的推广使用停滞。最后，通过人们认真的反思，采取了相应的对策，才既使电子计算机得到正确运用，又能有效地控制它不利的一面。①

19.1   计算机技术对审计的影响

在现代企业的生产经营管理中，信息技术正逐渐占据着一个不可替代的地位。从简单的文字处理到复杂的数据处理、自动化控制、计算机软硬件系统在企业中的应用充斥着生产经营的方方面面，对提高生产经营效率起到了巨大的促进作用。计算机的广泛应用对审计产生的影响主要体现在两个方面：一方面，它对审计对象产生了重大的影响，在计算机环境下，审计的对象是电算化系统及其所产生的会计信息；另一方面，计算机作为有用的工具，对于提高审计工作效率也起到了很好的促进作用，即使用计算机辅助审计。

1）计算机环境对审计对象的影响

计算机技术在企业中的应用，对审计产生直接影响的莫过于电算化系统的出现。计算

---

① 李若山.审计疑难案例解集［M］.南昌：江西科学技术出版社，1992：222-224.

机在进行大量数据处理时所具有的准确、迅速等特点，使得现代企业在面临数量庞大、复杂的数据时，可以通过会计电算化软件大幅减少手工工作强度，而且也可以提高工作的准确性。电算化软件系统与手工状态下的会计信息系统相比，其最终目的是一致的，即都是为企业提供经过加工处理的财务信息。两者的不同之处在于达成目的的手段和方法不同。

在电算化系统下，注册会计师在进行审计时所面对的对象是完全不同的。由于计算机系统自身所具有的某些特点，对审计对象产生了相应的影响。

（1）对计算机信息系统的审查

在手工状态下，注册会计师的审计是对财务报表和账簿记录的真实性、合法性进行审计。但是在电算化系统下，由于最终的会计信息是在输入原始资料后，由计算机软件系统按照程序自动进行处理输出的，因此，最终会计信息是否真实、准确，会受计算机软件系统在处理时的规范性、准确性和有效性的影响。因此，在计算机环境下进行审计时，不仅要对输入的原始资料、输出的会计资料进行审查，还需要对计算机的系统软件、应用程序和计算机数据文件等进行审计，此外，对系统的安全性和相应的安全控制也需要审查。因此，计算机审计的主要内容包括系统开发审计、内部控制制度审计、信息系统应用程序审计、信息系统数据文件审计等。

（2）对审计证据有效性的影响

在手工状态下，由于各种原始凭证、资料通常会留下一些人工的审计线索或证据，如审批人的签名等，这种审计证据或线索相对较难进行篡改。而在计算机环境下，由于会计信息及相关的资料以数据形式贮存于计算机系统中的磁性介质中，如电脑硬盘或软盘等，这些数据容易被修改、伪造或销毁，且不易留下痕迹。另外，随着 ERP（企业资源计划）系统的推广应用，企业的会计信息系统甚至可以直接从企业生产经营的其他环节读取原始资料并进行处理，这种形式下的原始资料也是以数据形式存于计算机系统中的，如果原始资料被伪造或篡改，则会造成最终输出的会计资料的错误。因此，在计算机环境下，审计证据的有效性是一个重要的问题。

（3）计算机系统安全问题对内部控制的影响

在计算机环境下，对内部控制的测试和评价与手工条件下有了很大的变化。电子数据处理技术的广泛运用对内部控制和审计提出了更高的要求。电子数据处理过程要求把数据的记录和加工集中在一些部门进行，而数据的提供来自另一些部门。这种一体化的信息系统降低了记录的独立性，使得原用于不同部门进行核对或验算比较的记录不复存在。计算机的处理还降低了交易入账前的审阅时间，使得这项控制变得极为困难。

此外，由于计算机容易受到病毒感染，会造成数据的丢失、毁坏；在网络条件下，可能受到黑客的入侵；计算机数据遭到修改但不易留下痕迹等。因此，在计算机环境下，系统的安全控制尤为重要，应考虑限制对计算机系统和数据的接近、恰当的职责分工和授权等。

2）计算机技术作为审计工具所产生的影响

计算机的应用无所不在，作为一种在现代办公条件下不可缺少的工具，它可以成为注册会计师得力的帮手。利用计算机软件进行辅助审计时，主要有利用计算机软件辅助审计抽样、利用审计软件辅助审计等。

（1）利用计算机软件辅助审计抽样

如前文提及，审计抽样包括统计抽样和非统计抽样。在统计抽样的情况下，由于样本量的确定，样本的抽取等较为复杂，手工操作效率较低，因此，可以利用计算机软件辅助审计抽样。利用计算机软件辅助审计抽样的步骤与手工条件下基本一致。对于原本在手工抽样中需要人工计算的总体容量、样本量和标准差等统计量，利用计算机可以快速、准确地计算出来。

（2）利用审计软件辅助审计

审计软件是一种应用软件。按照适用范围的大小，审计软件可以分为专用审计软件和通用审计软件两种。专用审计软件是指只适用于某些特定的领域或特定单位，或者用于完成审计过程中的某些特定项目的审计软件，如基建工程预决算审计软件、审计法规管理软件、专用于进行审计抽样的软件等。而通用审计软件则具有一定的通用性，可以适用于大部分单位和领域。通用审计软件也可能是按照行业类别分别设计的。审计软件可以从客户的会计信息系统中读取数据，并转换成审计软件可以处理的工作文件。

3）计算机审计的发展

计算机审计的发展与信息技术的发展直接相关，是随着信息技术的发展而发展起来的。它的发展经历了以下四个阶段：

（1）绕过计算机审计

绕过计算机审计是计算机审计发展初期的审计方式，即注册会计师不审查机内程序和文件，只审查输入的数据和打印输出的资料。这实际上是注册会计师对当前会计电算化系统所采用的一种手工审计方法，不涉及计算机软硬件知识。但是，这种审计方式随着实时业务处理和无纸化原始资料的出现，越来越不适应会计信息系统的发展了。这种方式对于在计算机系统内的作弊行为无法进行审查。因此，随着信息技术和会计信息系统的发展，这一种审计方式越来越显得落后。

（2）穿过计算机审计

与绕过计算机审计不同的是，**穿过计算机审计**不仅对输入和输出的会计资料进行审计，还对计算机数据处理系统进行审计，包括对系统的设计、开发是否能够达到预期目标，系统的内部控制制度是否健全、可靠，应用程序是否正确，数据文件是否安全、完整、准确等。

穿过计算机审计的一个主要内容是检验用于处理数据的应用程序是否能够准确无误地进行处理。常用的一个检验方法是模拟一组数据，输入到系统中，审查系统输出的最终结果是否准确，这种方法叫做数据测试法。另外一种方法是再处理法，即抽取审查期间的某些业务，由注册会计师手工进行处理，将手工处理的结果与系统输出的结果进行对比，看是否符合。这种方法也可以检验出系统是否能够准确、有效地进行数据处理。

（3）利用计算机审计

利用计算机审计是指利用专门开发的计算机程序对被审计单位的会计信息系统进行审计，也即前文提及的利用审计软件辅助审计。

与穿过计算机审计阶段相比较，这一阶段的计算机审计更多地利用计算机技术、使用专门的审计软件对计算机系统进行审计。

（4）网络审计

随着网络技术的成熟与发展，网络在社会经济生活中的应用日益重要，网络也不断地改变着传统的工作方式、管理方式和生活方式，同样，企业的会计信息系统也受到了很大的影响。企业的会计信息系统通过网络技术与企业的其他生产、管理系统连接，实现了信息的共享和利用。在这一背景下，网络审计开始出现。由于网络用户的增多，导致了计算机系统面临的可能的入侵机会增加，因此，相应的审计风险可能会加大。其次，在网络条件下，审计人员可以实现对会计信息系统的运行进行实时的监控，做到实时审计。在时间上做到从静态到动态的审计。另外，在网络条件下，审计人员可以通过网络，在异地进行审计，实现空间上的效率提高。

可以预见，随着网络应用的不断发展，网络审计也必将得到更多的重视和发展。

19.2　对计算机信息系统的审计

在 19.1 中，我们讨论了在计算机系统环境下，审计所受到的总体影响。其中，我们讨论了计算机审计的主要内容包括系统开发审计、内部控制制度审计、信息系统应用程序审计、信息系统数据文件审计等。在本节，我们将进一步说明计算机审计的这些主要内容。

目前企业使用的会计信息系统既有自行开发的，也有直接从专业的财务软件公司购买的商品化软件产品，因此，对计算机信息系统的审计主要是针对自行开发相关软件系统的企业而言。

1）系统开发审计

系统开发审计是指注册会计师对客户所使用的信息系统开发过程中的各项活动所作的审计。这一审计通过对系统开发的全过程及结果是否符合内部控制、相关法规政策，开发规程以及形成的文件是否符合有关标准等方面的审计，来判断其系统运行是否具有可靠性，运行结果的正确性如何，以及运行后对系统的维护是否能够保证系统的正常运行等。

这一审计的重点在于复核设计阶段应考虑的各项控制问题，并就如何强化内部控制提出意见，供系统分析、设计人员参考。由于注册会计师很难以系统开发人员的观点详细审查系统开发的每一步骤，因此，最可行的办法是针对系统开发过程的各个关键点进行审查。一般来说，系统开发阶段主要有成立系统开发小组、对现行系统进行调查和分析、可行性分析、系统总体设计、代码设计、输入输出设计、数据结构设计、处理流程设计、程序设计与测试、系统试运行、系统运行与维护等关键点。注册会计师可以针对这些关键点进行审查，以确定系统内部控制及开发过程本身的适当性。

2）内部控制制度审计

企业会计信息系统的内部控制制度主要可分为一般控制和应用控制两类。

所谓一般控制是指普遍适用于电子数据处理的控制，它为电子数据处理提供了必要的制度和安全可靠的工作环境。其控制内容包括：组织控制、系统开发控制、硬件与系统软件控制、接触控制、实体控制等。而应用控制是指为了适应各种数据处理的特殊控制要求，保证数据处理能够完整、准确地完成而建立的内部控制制度。应用控制可分为输入控制、处理控制和输出控制。

对信息系统的**内部控制制度审计**，一方面是为了检查相关的内部控制中是否存在缺陷，以便改进；另一方面也是为后续的数据文件审计确定审计重点和范围。

3）信息系统应用程序审计

应用程序是信息系统的核心。由于系统的可靠性、安全性、效率及合法合规性等在很大程度上取决于应用程序的设计，因此，对应用程序进行审计十分重要。

信息系统应用程序审计主要侧重于以下五个方面：（1）程序的正确性；（2）程序的合法性；（3）程序的功能；（4）程序的效率；（5）程序的可靠性。

对应用程序进行审计有手工和利用计算机两种方法。

手工审计是指不对计算机程序进行直接的审查，而是审查与程序相关的一些证书、文件和记录等来对应用程序进行审计。如可以审阅相关的应用程序是否已经得到相关部门的评审，并取得了相应的证书或鉴定；可以对程序的代码进行审查，以确定程序的设计是否符合预期的目的，是否能够按照设计目的正确运行；也可以审计系统生成的程序运行记录，以确定程序的运行是否正常、安全等。但是由于手工审计未能对计算机程序进行直接的审查，它所得出的可靠性比较容易受到质疑，只能在相关的资料比较齐全时，考虑采用这一方法，也可以考虑利用计算机审计作为辅助和补充。

利用计算机审计是指对应用程序直接进行审计，利用测试数据进行测试，对应用程序的准确性、可靠性和安全性等进行审查。利用计算机进行审计时，可以把客户已经处理过的业务数据进行再处理；也可以设计一些数据，通过应用程序的处理与正确的结果进行比较，看程序的处理结果是否相符。利用计算机审计对被审计的应用程序进行直接的测试，其得出的结果比手工审计更可靠。注册会计师应当尽可能采用这一审计方法对应用程序进行审计。

4）信息系统数据文件审计

在企业的会计信息系统中，输入的原始数据、处理的中间结果及处理的最后结果都是以数据文件的形式贮存于计算机系统中，企业的财务报告中的各项信息都取自这些数据文件。因此，为了确定这些数据文件的准确性、可靠性，并最终确定企业财务报告的准确性、可靠性，应当对这些数据文件进行审计。

如果说前面所述的对系统开发、内部控制制度和应用程序的审计是符合性测试的话，那么对数据文件的审计则是实质性程序。对数据文件的审计同样也可以分为不通过计算机的审计和利用计算机进行审计两种主要的方法。不通过计算机的审计主要是指对打印输出的会计信息资料进行审计，其方法和手段与手工系统下对凭证、账簿和报表的审计相同。而利用计算机进行审计主要是指对以磁性介质贮存的数据文件的审计，注册会计师可以利用专门的审计软件对客户的会计信息系统生成的数据文件进行审计。

19.3 计算机审计风险及其控制

在前面我们已介绍审计风险模型，即审计风险由固有风险、控制风险和检查风险组成。计算机的广泛应用，对审计风险也必然产生新的影响。我们将在这一节里介绍计算机对审计风险的影响。

1）计算机应用对审计风险的影响

如前所述，审计风险模型由固有风险、控制风险和检查风险等三个要素组成，下面我们分别介绍计算机的应用对这三个风险要素的影响。

（1）对固有风险的影响

固有风险是指与企业的内部控制无关，由固有及环境特点等因素导致财务报告产生重大错报的可能性。在计算机审计条件下，对审计固有风险的影响主要是由计算机系统自身的特点所导致的，是计算机系统本身所固有的，注册会计师无法进行控制。计算机审计固有风险同系统的硬件质量与软件设计水平和稳定性相关，也与被审计企业从管理人员到普通工作人员对计算机系统的认识水平相关。计算机固有风险是构成整个审计总体固有风险的一部分。具体而言，影响计算机审计固有风险的因素主要有：

①计算机硬件自身的特点，对系统的安全性、可靠性和稳定性等产生威胁。如计算机硬件容易因为外界因素，如温度、湿度、震动等的影响，而导致数据丢失、毁坏；此外，由于数据文件贮存于磁性介质上，而磁性介质容易被重新擦写或覆盖，导致数据丢失、毁坏甚至被改写；又如，计算机系统如果受到病毒的侵害，可能会造成数据的丢失、毁坏甚至整个系统的崩溃。这些硬件上的因素都可能使会计信息系统的安全性、可靠性和稳定性等受到影响。

②被审计企业的工作人员出于各种原因和动机而对计算机系统造成的侵害。如系统的设计人员由于自身技术水平不足，使得设计出来的信息系统存在着缺陷或隐患；或者系统的管理人员在维护系统时可能出现的各种技术应用错误或管理错误；此外，如接触系统的工作人员蓄意对系统或其相关的数据进行破坏或篡改等。这也是计算机审计固有风险的一个重要来源。

③计算机软件系统的特点使得对会计信息系统的审查更加困难，这也会导致计算机审计固有风险的产生。如由于系统的复杂性和脆弱性，导致系统容易受到侵入，或者由于高度自动化的系统导致系统的原始凭证的减少，使审查更加困难等。

（2）对控制风险的影响

控制风险是指某一账户或交易类别或连同其他账户、交易类别产生错报或漏报，而未能被内部控制防止、发现或纠正的可能性。在手工系统下，内部控制主要体现在对人的控制上，而在计算机系统下，包括了对人及计算机的控制，因此，计算机系统下的审计控制风险可能增加。在计算机审计条件下，控制风险的产生主要与会计信息系统的规范和相关控制制度设计的合理性、科学性和健全性有关。

影响计算机审计控制风险的因素主要有：

①计算机系统的安全控制制度设计不完善或者未能得到很好的贯彻实施。如硬件系统的接触管理制度或相应的职权分离制度、权限密码的设置等制度的设计、执行存在薄弱环节。

②会计信息系统的输入、处理环节缺少足够的控制措施，导致未经批准的业务或错误的业务可能会被输入系统，并进行处理，使最终的会计信息产生错误。

③系统没有设置必要的备份或故障恢复计划，会导致系统出现故障时数据丢失而无法找回，使审计对象消失。

④计算机系统的设立，会形成信息的处理、存储高度集中，集中程度越高，形成的控制风险就越大。

（3）对检查风险的影响

检查风险指的是注册会计师运用审计程序，而未能发现被审计事项中存在的重大错报或漏报的可能性。在计算机审计条件下，影响计算机审计检查风险的因素主要就是由于计算机审计规范不完善、注册会计师自身或者技术原因造成的影响实质性程序正确性的各种可能因素。

影响计算机审计检查风险的主要因素有：

①注册会计师自身的计算机应用能力较低，无法对系统的程序、具有较强技术特征的相关流程、控制制度等进行审查，会导致检查风险增加。

②在计算机系统下，相关的内部控制在很大程度上依赖于系统本身，因而，会导致无法对会计信息系统进行全面的检查测试。

③注册会计师所使用的审计软件在技术上落后于客户所使用的财务软件系统，如功能不完善、通用性不强等，这也会给注册会计师带来新的检查风险。

④相关的计算机审计规范缺乏或不够完善，使得注册会计师在审计中缺乏指导，所实施的审计活动不够规范，从而导致了检查风险的增加。

2）计算机审计风险的控制

在计算机审计条件下，审计的固有风险和控制风险都呈上升趋势，根据审计风险模型，当这两种风险因素增加的时候，注册会计师可接受的检查风险必然较低，因此，要求注册会计师必须扩大审计范围，获取更多的审计证据来支持最终的审计结论。

对于计算机审计的固有风险和控制风险，注册会计师所能施加的影响有限，只能进行评估，并通过有效的实质性程序来控制、降低检查风险。因此，对计算机审计风险的控制，可以分为以下几个方面：

（1）准确评估计算机审计的固有风险和控制风险

①详细了解被审计客户的情况。注册会计师应当了解客户所处的行业，所经营的业务种类，可能对客户的生产经营产生影响的外部环境因素、法律法规，企业管理层的品质等基本情况。

②了解客户所使用的会计信息系统的情况。例如，应当了解客户所使用的软件系统是自行开发还是购买商品软件、软件的开发情况、是否经过必要的评审和鉴定等，借以对计算机系统的质量作出一个判断。

③了解客户与计算机系统相关的内部控制制度。内部控制制度的设计水准与执行情况是评估固有风险和控制风险的一个重要依据。注册会计师应当了解各项相关的管理制度是否健全、严密，并且是否得到切实的执行，如是否实行必要的权限管理，是否设置适当的授权控制制度，是否有出现故障时的应急措施等。

（2）降低检查风险的措施

①加强对注册会计师计算机知识的培训，提高注册会计师利用计算机进行审计的能力，增强注册会计师防范计算机审计风险的意识。在计算机环境下，要求注册会计师必须具备一定的计算机知识，才能胜任计算机审计工作。加强对注册会计师计算机应用能力的培训是降低检查风险的关键。

②提高计算机审计技术和开发高性能的计算机审计软件。在信息技术广泛普及的背景下，利用计算机技术作为审计的辅助和工具可以提高审计工作效率，降低审计成本，同时也是应对企业普遍使用财务软件的一个措施。因此，提高计算机审计技术和开发高性能的计算机审计软件，也是降低计算机审计检查风险的一个重要应对措施。

③建立计算机审计规范，提高计算机审计质量。应当尽快制定计算机审计的相关准

则、规范，使计算机审计规范化，做到有章可循，才能促进计算机审计质量的提高，从而降低检查风险。

19.4　计算机舞弊

计算机在会计、审计中的应用在带来技术进步的同时，也给计算机审计带来了新的问题。在计算机信息系统中，审计证据更容易被篡改，更具有隐蔽性。在计算机系统下实施的舞弊行为，其审计的方法也有着很大的变化。

计算机舞弊是指以计算机及相应设备、程序和数据为对象，通过故意掩盖真相、制造假象或以其他方式欺骗他人、掠取他人财物或为其不正当目的而实施的任何不诚实、欺诈的故意行为。在审计中，这种舞弊行为更多的是指与企业会计信息系统相关的舞弊。

1）计算机舞弊的种类

按照计算机舞弊发生的环节，计算机舞弊可以分为以下几种：

（1）输入环节的舞弊

输入环节的舞弊即发生在计算机输入环节上的舞弊行为。这种舞弊行为主要是利用输入环节上可能的漏洞如权限设置不当等所实施的舞弊。这种舞弊行为主要有以下几种表现方式：通过假冒他人身份登录系统进行数据输入或修改；篡改、伪造输入的数据；故意减少应当输入的数据等。

（2）针对软件程序的舞弊

针对软件程序的舞弊即针对计算机软件所实施的舞弊行为。这一类型的舞弊行为主要是针对软件程序或者信息系统的控制制度的漏洞和缺陷所实施的舞弊。这种舞弊行为主要有以下几种表现方式：非法修改程序；非法访问保密文件；更改或删除数据文件等。

（3）输出环节的舞弊

输出环节的舞弊即发生在数据输出环节上的舞弊行为。这种舞弊行为主要是针对输出之后的数据进行的舞弊行为。这种舞弊行为主要有以下几种表现方式：将输出的文件资料、数据泄密；盗窃机密文件；将数据文件进行非法传输等。

2）计算机舞弊的特点

在计算机系统下实施的舞弊行为，通常具有以下几个特点：

（1）专业性

计算机信息系统涉及大量的专业知识，特别是系统程序软件的设计、开发、维护等工作，需要经过专业培训和学习才可能胜任。针对计算机系统所实施的舞弊行为，很多也表现出了专业性强的这一特点。尤其是前面提及的针对计算机软件所实施的舞弊行为，许多计算机舞弊分子具有相当高的计算机专业水平，采用高技术的舞弊手段进行非法的活动。例如，直接对计算机软件程序进行修改、非法侵入计算机系统、破译他人的密码等。

（2）隐蔽性

由于计算机系统下的舞弊行为很多是直接针对软件程序和数据文件等无形的信息进行

操作，在舞弊行为之后通常不会留下明显的痕迹。另外，由于网络技术发达，舞弊行为人甚至可以在异地通过非法入侵来实施其舞弊行为，使得这种舞弊行为更具隐蔽性。

（3）严重危害性

随着计算机在社会经济中的应用日益广泛，其在经济生活中的地位也日益重要，当计算机系统受到攻击，被不法分子利用，实施其舞弊行为时，造成的社会危害性相当大。这种危害性取决于计算机应用的程度、应用的范围和社会作用的大小。

3）计算机舞弊的预防

由于计算机舞弊可能带来的严重后果及其隐蔽性，应加强对计算机舞弊的预防。对计算机舞弊的预防可以采取的措施包括：

①加强对计算机系统的管理与控制，设置适当的权限分离制度，防止对计算机的不当接触。计算机系统的开发维护与系统的使用应适当独立，防止串通舞弊。

②针对计算机系统的运行过程分别制定有效的控制措施。例如，在输入环节，应加强输入数据的检查、核对，防止错误数据进入系统；保证控制日志的正确、顺利运行，控制日志记录了所有对计算机系统的接触和操作，是用于查找不当操作的主要线索。因此，应保证控制日志的安全。

③做好计算机系统的开发和维护。在系统投入运行时，应对程序文件进行认真的检查，避免非正常的程序隐含其中，造成安全隐患。在维护时，对系统的所有修改和变动，都应当有适当的授权和批准，以防止非法修改程序进行舞弊。

④加强对工作人员的培训，明确纪律要求。对有可能接触程序修改和开发的人员进行严格的职业道德教育，并在开发、维护和使用计算机系统的过程中，严格监督相关控制纪律的遵循情况。

▇　本章小结

计算机环境对审计的影响主要表现为：第一，计算机系统安全问题对内部控制产生了影响，进而影响控制测试；第二，影响到审计证据有效性；第三，审计范围需要扩大到对计算机信息系统的审查。计算机审计经过了不同发展阶段，目前看，其主要内容包括了系统开发审计、内部控制制度审计、信息系统应用程序审计、信息系统数据文件审计等。在计算机审计条件下，审计的固有风险和控制风险都呈上升趋势，根据审计风险模型，当这两种风险因素增加的时候，注册会计师可接受的检查风险必然较低，因此，要求注册会计师必须扩大审计范围，获取更多的审计证据来支持最终的审计结论。计算机环境下还需要注意计算机舞弊问题对审计的影响。

▇　主要概念和观念

□　主要概念

绕过计算机审计　穿过计算机审计　利用计算机审计　网络审计　系统开发审计内部控制制度审计　信息系统应用程序审计　计算机舞弊

□　主要观念

计算机对审计风险的影响　计算机审计风险的控制　计算机舞弊的特点及预防

基本训练

□　知识题

19.1　阅读理解

1）计算机环境对审计对象有哪些影响？

2）计算机审计的发展经过了哪几个阶段？

3）计算机应用对审计风险的影响如何？

4）如何对计算机审计风险进行控制？

5）计算机舞弊的特点如何？可分为几类？如何预防？

19.2　知识应用

1）选择题

（1）（　　）描述了手工操作系统与计算机操作系统的不同？

A.计算机操作系统基本能够消除在手工操作系统下经常出现的计算差错

B.在计算机操作系统下，发生错误或违法行为不久就会被发现

C.手工操作系统比计算机操作系统发生系统性错误的可能性通常会更大

D.出于审计目的而保留的交易痕迹在大多数计算机操作系统下都不存在

（2）你认为，计算机操作系统下的审计与手工审计相比，（　　）不会发生变化。

A.审计目标　　　　　　　　　　　　B.审计依据

C.对审计证据的要求　　　　　　　　D.内部控制测试程序

（3）计算机审计的主要内容包括（　　）。

A.系统开发审计　　　　　　　　　　B.内部控制制度审计

C.信息系统应用程序审计　　　　　　D.信息系统数据文件审计

2）判断题

（1）计算机技术的大量运用使得会计信息系统的错误更容易被发现。　　　　（　　）

（2）在计算机环境下进行审计时，不仅要对输入的原始资料、输出的会计资料进行审查，还需要对计算机的系统软件、应用程序和计算机数据文件等进行审计。　　　　（　　）

（3）模拟一组数据，输入到系统中，审查系统输出的最终结果是否准确的审计方法叫做数据测试法。　　　　（　　）

□　能力题

19.1　案例分析

1）A公司目前正考虑全面运用计算机技术，该公司向注册会计师咨询，在计算机环境下究竟哪些职务应当分离呢？

2）请你思考为了不使本章引例中的审计失败重演，对审计人员的素质需要做哪些方面的改变？

19.2　网上调研

请你查阅网络中相关文献资料，思考被审计单位若采用电算化系统，对审计人员进行财务报表审计的程序和方法有什么影响？

19.3　单元实践

A公司目前正在试运行内部网络办公。为解决办公自动化问题，小张建议：目前市场

上有不少现成的办公软件，我们不如买来直接使用。但小李反对，说这可能存在问题。请你对你周围的人员作一番调查，看直接购买和自行开发究竟各有什么利弊，并基于你的调查写出一篇分析报告。

□ 拓展阅读内容

19.1 财务机器人上市，审计淘汰危机真的来了？

19.2 德勤引入人工智能审核合同。

19.3 区块链审计服务。

第20章
审计职业的法律诉讼及其对策

学习目标

通过本章的学习，你应该能够达到：

知识目标：了解注册会计师法律责任与职业责任；了解注册会计师法律责任相关概念；了解我国注册会计师法律责任；了解注册会计师避免法律责任的措施。

技能目标：能运用课本知识分析注册会计师工作可能招致的法律责任的失误。

能力目标：分析具体环境中的审计法律责任的相关问题。

注册会计师是市场经济发展的产物，起着维护市场经济有序发展的作用。正是由于注册会计师在市场经济中的重要性，决定了其对社会负担着重大的责任，社会公众对其的期望值也很高。如果注册会计师在执业过程中未能尽到应有的职业怀疑，未遵循应有的专业标准，就会给审计服务的使用者带来重大的经济损失。在法律环境日益完善的社会中，后者必然追究注册会计师的法律责任。

引例：

ABC公司可以控告会计师事务所吗？

ABC公司委托 A 会计师事务所审查财务报表以便新股票上市。审计完成后会计师事务所出具了一份无保留意见的审计报告。公司增发的300万股新股顺利上市，每股售价4元。6个月后，公司的一桩法律诉讼案判决该公司败诉，为此要支付巨额赔偿费和诉讼费达80万元，这完全出乎公司的意料。在审计时，审计人员已了解到公司正在打这场官司。当时公司的董事长和管理层推测认为：这场官司胜券在握，只有本案的辩护律师认为获胜没有很大的把握。最后，审计人员还是勉强同意了公司的提议，不在财务报表的附注中披露这一信息。但当公司要赔偿巨款的消息传开后，该公司在证券市场上的股票价格也恰好出现下跌，跌至每股2元。购买ABC公司股票的某些投资人认为，该公司财务报表没有如实披露巨额的或有损失已构成虚伪不实的陈述及财务报表中存在着令人误解的信息，可以控告会计师事务所要求赔偿。他们得知你正在学习注册会计师法律责任的相关知识，因此向你咨询。

20.1 注册会计师的法律责任

世界各国的政治体制、发展进程等社会环境不同，造成其法律体系与内容也存在着相当大的差别。在考察各个国家注册会计师法律责任时，必须结合各国的法律体系。

1）职业责任与法律责任

如第2章所述，审计目标是与民间审计服务有关的各个利益方经过博弈后，共同认可的审计工作最终应达到的境地，注册会计师的职业责任就是使其工作达到这个标准。为了完成这种职业责任，注册会计师应当遵循审计职业组织颁发的审计准则、质量控制准则、职业道德规范及其他各种规则。注册会计师的法律责任是因为其工作失误而给他人造成损失，按照法律应当向他人及社会承担的法律义务。通常，界定注册会计师是否存在失误的衡量标准也就是上述的职业规则。

注册会计师的职业责任和法律责任关系密切。由于审计工作的特点，决定了它的审计过程只有公司管理层可以观察到，与管理层有利益冲突的公司外部利益集团只能看到审计的结果，即注册会计师表达的审计意见。注册会计师在其工作过程中是否遵循上述规则，公司外部的利益集团无法得知，他们只能依据审计意见对其投资决策的影响来进行判断，如果对其投资决策造成重大损失，那么他们就可能认定审计工作存在失误，要求注册会计师进行赔偿，即注册会计师可能要承担法律责任。

之所以是"可能"而不是"一定"，是因为存在损失事实只是法庭是否支持其诉讼请求的要件之一，此外，法庭还要考虑注册会计师是否存在失误，以及注册会计师的工作失误是否是造成外部利益集团损失的原因。法庭判断注册会计师是否存在失误的重要标准就是看注册会计师是否履行其职业责任。由于审计工作的技术性很强，且诉讼双方都谋求自身利益最大化，因此，在实际过程中，有关注册会计师法律责任的判定就成了十分复杂的问题。

2）法律责任的若干基本概念

注册会计师的工作结果可能会招致法律的行政责任、民事责任或刑事责任，或者三者都有，但最常见的是注册会计师的民事责任。在民事诉讼中，以下的法律概念是十分关键的：

（1）谁可以成为起诉注册会计师的原告

从历史及法理上看，注册会计师只对依据其专业服务和报告的服务客户和第三方承担民事责任，即这两类人都可以成为起诉注册会计师的原告。

①客户起诉注册会计师的理由

a.违反合同责任：注册会计师与客户之间存在着合约关系，即有法律效力的业务约定书。该合约条文就隐含了注册会计师应以合理技能和职业关注完成任务的责任，客户可以据此追究其违约责任。

b. 民事侵权责任：注册会计师由于发表错误审计意见（虚假陈述），造成客户或股东的损失，即注册会计师因工作过失而对原告造成民事侵权。

c. 违反保密要求：注册会计师对于在审计过程中获得的客户机密信息负有保密义务，如果注册会计师将这些信息泄露给他人（职业道德规定的例外情况除外），需要对由此产生的后果向客户负责。

②第三方起诉注册会计师的理由

第三方是指与注册会计师没有合约关系的人，即不是业务约定书签约人。注册会计师被认定需对第三方承担法律责任，是因为其专业行为存在过失，即未能在审计过程中遵循相应的职业规范，而侵犯了第三方的利益。按照未能保持应有职业关注的程度，其可分为：

a. 一般过失：指注册会计师在执业过程中缺乏“合理关注”。诉讼主要原因是未能严格按公认审计准则要求从事审计工作。

b. 重大过失：指注册会计师在执业过程中缺乏“最起码的关注”，审计过程中没有依据公认审计准则的最低要求。

c. 推定欺诈：主要指没有合理的依据就相信财务报表的表述为真实公允的，因过失特别严重而视为欺诈。注册会计师是非故意的。有时，在法院的判决中，对重大过失和推定欺诈是比较难以区分的。

d. 欺诈：注册会计师明知财务报表虚假而故意作不实证明或隐瞒重要事实，是最为严重的。

（2）起诉注册会计师的法律依据

客户、第三方起诉注册会计师需有法律依据。

在英、美等西方国家，客户和第三方可以根据普通法（习惯法或称判例法），即依据法院在以往判决中所确定的原则来进行诉讼。运用普通法受环境、地区、律师、法官的影响，各原则间有出入，运用时须注意“适用性”。某一具体案例的结果往往不能作为在其他类似案例中注册会计师所负职责的指南，因为该结果并不完全取决于特定事实，还取决于多种因素。原告也可以根据按立法程序制定和颁布的法律（即成文法）进行诉讼。在美国主要是指《证券法》和《证券交易法》，而英国主要是指《公司法》。

我国等大陆法系国家则只按照成文法进行诉讼。我国涉及注册会计师专业的成文法包括：《注册会计师法》《民法》《刑法》《公司法》《证券法》等。

（3）侵权责任诉讼成立的要素

对注册会计师侵权责任诉讼成立要有以下要素：

①因依赖审计过的财务报表及其建议而导致损失

关键是说明侵权“损失”的客观存在及大小。注册会计师对利害关系人造成的损失主要是财产损失，包括直接损失和间接损失。直接损失是造成利害关系人现有财产的减少，如证券价格下跌、资产亏损额的程度；间接损失是指利害关系人本应得到的财产因受侵害而未得到，即可得利益的减少。对于这一要素应当是：谁起诉，谁主张，即证据应由原告提供。被告的注册会计师可以举证说明原告的损失并非依赖审计过的财务报表及其建议而引起。

②经过审计的财务报表及其建议是错误的

该要素是上一要素的前提，也由原告提供证据。这一要素的含义是需要证明注册会计师的行为存在过错，过错包括故意和过失两种。但是由于原告可能无法得知审计的具体情况，因此，也可能存在着举证责任倒置的情况，即由被告的注册会计师证明自己的工作结论不存在错误。

③导致的损失与审计后的错误的财务报表及建议有因果关系

第一要素和第二要素之间存在如下的因果关系：

在推断注册会计师是否需要承担法律责任时，辨明注册会计师的工作失误与原告损失之间的联系是十分关键的。为验证这种联系，通常需要举证说明：a.财务报表及其建议是原告进行决策的依据；b.依据该财务报表及其建议进行的决策必然导致损失；c.一般这种举证责任是由原告提供的。但是有时，法院根据其他信息直接判定，而不需要原告再行举证。

一般地，判断注册会计师法律责任的思路如图20-1所示。

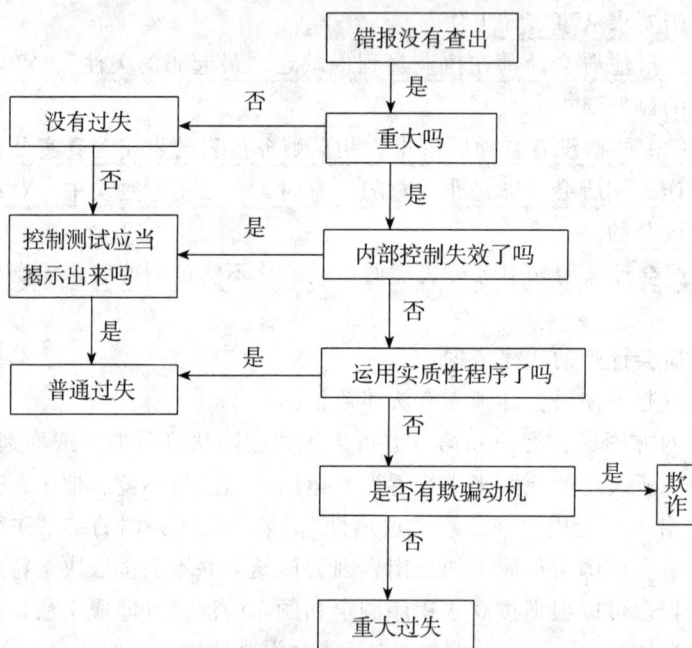

图20-1　判断注册会计师是否应承担法律责任思路图

20.2　国外注册会计师法律责任的发展和演变

鉴于注册会计师审计不是一种绝对保证，其工作后果牵涉众多利益集团，当这些后果发生偏差就会影响到那些集团的利益，因此有必要通过法律来调整注册会计师和这些集团之间的关系。

1）早期注册会计师法律责任

在早期，注册会计师审计被视为一种技艺性职业，因此，注册会计师只要做到了"合理精细"，就完成了职业责任。如果注册会计师没有根据审计惯例实施审查而表达无保留意见，根据普通法的要求，属于专业人员违约，应对审计客户负责。虽然法院的判决也提到注册会计师的过失问题，但是过失并不包括错误表述等，在解释过失的构成要件时，也偏重于维护注册会计师的利益。例如，如果客户自己存在过失，哪怕只有一些小过失，则注册会计师就不必对自己的过失负法律责任；当客户向法院起诉注册会计师犯有过失时，仅仅说明注册会计师犯有过失和自己受到损害是不够的，还必须举出足够的证据说明其受到的损害是由于注册会计师的过失造成的，这一举证要求对客户而言，无疑是十分困难的。法院即使在认定注册会计师确实犯有过失时，也只把赔偿金额限制在由于违反职责而造成的损失数额上。

当时普遍的观点是，过失理论对依赖审计报告的第三方是不适用的。因此，在1925年的克雷戈诉讼安尼昂案件、1959年的坎德勒诉讼布莱恩·克瑞斯特迈斯公司案件中，法院均否定了注册会计师对第三方负责的要求，最多只是退回已经收取的审计费用。这种过于偏袒注册会计师的法律状况，虽然从局部和短期看，对注册会计师行业发展是有利的，但是，随着诉讼注册会计师的案例增多及注册会计师胜多败少的现象出现，公众逐渐失去了对审计职业的信任。这一状况一直到美国《证券法》颁布后，才通过重新确定注册会计师的审计程序和法律责任得以缓解，审计职业的声誉也随之逐渐回升。

2）西方注册会计师法律责任

回顾西方注册会计师行业的发展史，这几乎就是一部司法诉讼的历史，甚至有人认为，是司法诉讼推动了注册会计师审计行业的发展。事实上，随着社会经济的发展、法律制度的不断完善，注册会计师的法律责任才逐渐地明确。以美国为例，注册会计师承担的法律责任如图20-2所示。

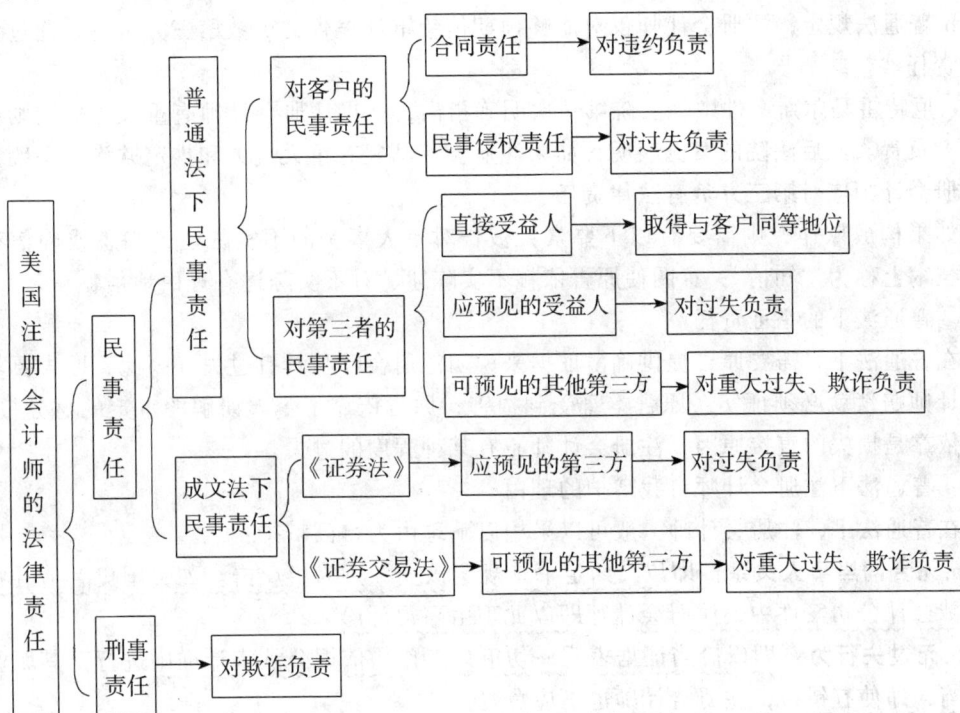

图20-2　美国注册会计师的法律责任

（1）普通法下注册会计师的法律责任

普通法是指经由法院裁决所形成的但尚未编成法典的法律原则。这些原则实际上体现了社会公众的需求，并随着这些需求的改变而改变。

①对客户的责任

在普通法下，注册会计师对客户的合同责任可能是明确的，也可能是隐含的。一般而言，隐含的责任往往构成了过失责任。只要注册会计师存在过失，不论程度如何，都要向客户承担法律责任，根据过失程度大小，决定了责任的大小。

检验过失的依据是注册会计师是否具有应有的谨慎。如果其行为保持了应有的谨慎，则意味着注册会计师的行为不存在过失。如第3章中介绍的，应有的谨慎实际代表了一个具有行业平均水平的注册会计师在某一特定情况下应采取的审计程序，以及得出的审计结论。虽然这种行业平均水平是理论上的概念，无法实际测出，但通常认为，只要注册会计师履行了行业规程的程序，就尽到了应有的职业谨慎。

②对第三方的责任

在普通法下，注册会计师可能被要求对第三方负责，这种情况通常出现在普通法的过失或欺诈案件中。这种责任慢慢地扩展到审计合同的所有第三方受益人，即从审计服务中得到主要益处的合同第三方，此后，逐渐演化成为包括注册会计师应合理预见的、依赖审计报告的所有人。

对于处在不同位置上的第三方，注册会计师承担的法律责任是不同的：

a.有些第三方由于和审计客户之间存在着合同关系，从而取得和审计客户相同的控告权。

b.普通法规定，注册会计师仅对能够预期信赖审计报告的少数第三方负有普通过失的法律责任。

c.厄特雷马尔斯案件中，法院第一次明确指出，如果注册会计师有重大过失，则应对第三方负责。此后法院的案例表明，如果注册会计师犯有重大过失和推定欺诈，一般都推定注册会计师应对第三方负有法律责任。

如果构成欺诈，则需要有以下要素：被告对重大事实的不实陈述、知悉或确信有错误，技术上称为"知情"；意图使原告依赖不实陈述、对不实陈述有理由地信赖。

③普通法下的举证责任

在普通法下，需要原告提供确凿证据来说明注册会计师具有过失，因此，原告要求注册会计师赔偿就必须证实：原告本身受到损害；原告依靠了令人误解的审定的财务报表；这种依靠是损失的直接原因；注册会计师犯有某种程度的过失。

④普通法下注册会计师自我辩护的理由

在普通法下，注册会计师一般可以采用以下理由为自己辩护：

a.**无合同当事人关系**：即以"约定书未规定该业务"为由反击。如美国奥兰治县状告毕马威会计公司案件中，注册会计师即以此理由赢得诉讼。

b.**无过失行为**：即以恰当证据表明一切审计工作均依据公认审计准则进行，其职业行为恰当，即使有错报，注册会计师也不应负责。

c.**共同过失**：即表明注册会计师的过失并非委托人受损害的直接原因，审计客户也存在着某些过失，因此，要求承担共同过失责任，从而减少或免除注册会计师的责任。

（2）成文法下注册会计师的法律责任

美国1933年的《证券法》和1934年的《证券交易法》、英国1948年的《公司法》都不同程度地规定，注册会计师对公司财务报表进行法定审计，赋予注册会计师审查与审计活动有关的记录和文件的法定权力。注册会计师的权力扩大，相应的责任也随之扩大，表现为在一系列法规中，对注册会计师的法律责任不断明确。

① 《证券法》下注册会计师的法律责任

《证券法》对美国资本市场的管理起着决定性作用。它适用于新成立的股份有限公司招股和证券上市，目的是监督所有新成立的股份有限公司在招股和证券上市时，必须充分和公允地揭示有关信息及禁止欺诈性的错误陈述。准备股票公开上市的股份公司，从筹备阶段就需要聘请注册会计师，注册会计师从参与该公司的注册登记程序开始就负有法律责任。如果该公司在其审计后提交上市的注册报告中，掩饰已存在的不实陈述或重大遗漏，审核注册报告的注册会计师就可能向任何该公司股票的购买者负法律责任。

投资者需要证明注册报告中存在不实陈述和重要遗漏，但不需要证明购买股票与虚假报告之间是否存在因果关系。注册会计师对上述新股票购买者的责任将从该公司注册报告有效日后直至发布新的12个月财务报表。

注册会计师为自身的辩护是，必须证明其工作恪守应有的谨慎，注册报告的数据是经过合理的审查，在合理审查的基础上陈述的。注册会计师如果无法证明这一点，可以努力证明原告的损失是由其他原因造成的，而不是由令人误解的财务报表引起的。

② 《证券交易法》下注册会计师的法律责任

《证券交易法》是对证券交易中所发生的各种证券交易事项进行约束的法律文件，其主要目的是促进上市的股份有限公司对其重要事实进行连续的、适当的、确切的揭示，以使潜在投资者得到真实的信息。

a.民事责任。《证券交易法》要求每一家上市公司都应向证券交易委员会提交年度报告，其中包括审计后的财务报表。《证券交易法》的反欺诈条款和保护证券的买者和卖者免遭错误和误解的报表影响的条款规定了注册会计师的民事责任。对注册会计师来讲，证券买卖者的范围较大，且无法控制，因此，他们仅仅是可预见的第三方，注册会计师对其负重大过失、欺诈责任。常见的起诉理由是虚假陈述和隐瞒重大事实。

普通法和成文法下，注册会计师民事责任具有不同的特点。在普通法下，客户和应预期第三方的权力宽于可预见第三方的权力。一般的可预见第三方必须证明注册会计师的重大过失，而客户和应预见第三方、受益人仅需要证明普通过失。在成文法下，这两者的权力没有大的区别，任何购买股票的投资者都可以起诉注册会计师。在普通法下，注册会计师的过失举证责任在原告方，而在成文法下，注册会计师有责任证明他并没有过失。

b.揭示错弊责任的法律争论。如第2章、第18章介绍的那样，注册会计师对揭示错弊应承担什么样的责任存在着争论，职业界对此的看法也在不断变化。审计职业界认为，不能依靠注册会计师发现舞弊，特别是如果舞弊并未对财务数据有重大影响时，更是如此。如果注册会计师存在过失，未能发现导致损失的舞弊，而这种损失则可能因为舞弊被发现而终止，那么，注册会计师就需要对该损失承担法律责任。在审计时，注册会计师未能尽到应有的谨慎，过失责任就成立。但是，判定注册会计师是否需要就未揭示出来的舞弊承担法律责任是由法庭作出的。法庭总是希望以审计结果与事实是否相符作为判断注册会计师法律责任的标准。对它们之间存在的矛盾，我们在下文中将进一步说明。

c.刑事责任。大多数针对注册会计师的起诉是以获取赔偿为目的的，涉及的是注册会计师的民事责任。在世界各国，注册会计师因审计业务而被追究刑事责任的情况很少见，只有在个别情况下，案情极为严重时，才会被移交司法部门追究刑事责任。多数被追究刑事责任的注册会计师是因为其存在犯罪行为。

一般而言，犯罪必须具有行为和主观意图（故意）。意图可能是事实中隐含的，因为被告方是被推测意欲达到其行为以及可能的后果。美国的《证券法》《证券交易法》和英国的《公司法》《盗窃法》，以及《防止投资舞弊法》等都对注册会计师可能承担的刑事责任作出了界定。在前几项法规中，故意是构成刑事责任的要件，而在《防止投资舞弊法》中，欺诈并不是定罪的必要条件，粗心或严重过失即构成刑事起诉的充分理由，这就将注册会计师的法律责任推向顶点。

③成文法下注册会计师自我辩护的理由

注册会计师在成文法下也可以运用多种策略为自己辩护，以下的辩护理由从前到后，其无责任的辩护充分性在逐渐地减弱，因此，如果能证明前者，自然应将前者作为辩护理由：

a.证明SEC所存的财务报表并非注册会计师所审定的财务报表的完整抄本。

b.证明被审计客户在申请证券发行日之前，注册会计师已将注意事项抄呈SEC，不应再对申请书所附财务报表负责。

c.证明审计后财务报表是公允而真实的，在审计程序上，注册会计师并无省略和失误。

d.证明原告在购买证券时误解报表。

e.证明投资者的损失并非因注册会计师的失误引起。

f.证明注册会计师已依据SEC和公认审计准则的要求进行审计。

g.证明财务报表的某些项目是依据技术专家的意见作出的，注册会计师无理由对其正确性产生怀疑。

h.证明原告提出诉讼时，已超过了诉讼时效。

20.3　我国注册会计师法律责任的现状

在我国，注册会计师行业的恢复和发展是伴随着计划经济向市场经济的转轨进程的，转轨经济的一个显著特点是用行政的力量来推动市场化。我国的注册会计师行业起初就是靠行政力量的推动发展起来的，与此相应，国家政府部门一直是注册会计师审计最主要的需求者。

1）我国注册会计师法律责任的形成

在我国注册会计师审计恢复之初的一段时间内，几乎不存在注册会计师法律责任的问题。这主要有三方面的原因：

第一，注册会计师审计的最初出现，并非企业的自愿行为，而是政府制定的各种政策法规要求企业进行注册会计师审计。注册会计师行业在社会权责结构中的地位实际上是政府监督职能的衍生，显示着强烈的准政府色彩。对于接受审计报告的具体职能部门（财政、审计、工商、税务、海关、外汇管理等）来说，企业的经营好坏与他们的自身利益没有经济上的联系，接受审计报告只因为上级主管机关的要求。正是由于审计的需求者不能有效地利用审计报告，自然也不会关心其质量，更谈不上要求赔偿的问题，因此，在20世纪80年代初到90年代初的10年间，我国一直没有出台关于对注册会计师和会计师事务所的业务进行约束的国家性法律法规。

第二，起初，我国大量的会计师事务所是挂靠在各级财政等政府部门之下的。政府部门实际上是事务所的所有者，他们提供了事务所开业的注册资本、办公场所、人员和设备，以政府机构的信用为其担保开展业务。因此，当政府作为审计需求者，要求注册会计师及会计师事务所就其服务质量问题进行赔偿时，实际上只能是"左手口袋交右手口袋"，即要求政府部门出资创办的事务所拿出赔偿金，交给受损害的政府部门，这样的赔偿起不到真正的赔偿与惩戒作用，也养成了注册会计师没有职业风险的观念。

直到1992年和1993年的深圳原野公司案、长城非法集资案及海南衡水信用证国际诈骗案发生后，"注册会计师行业只管收钱，而不用承担任何法律责任"的局面才引起了政府、立法机关和注册会计师行业自身的重视，从而推动了行业法规的建设。《中华人民共和国注册会计师法》、《中华人民共和国公司法》、《中华人民共和国刑法修正案》和《中华人民共和国证券法》，都对注册会计师和会计师事务所的法律责任作出了规定。

第三，政府运用这些法规作出的处罚规定更为注册会计师敲响了警钟。例如警告当事人及罚款、暂停业务资格等。还有多家会计师事务所受到罚款、警告、暂停资格或撤销资格等不同程度的处罚。这些处罚，更让注册会计师们切实感受到风险就在其身边。

2）我国注册会计师的法律责任

我国注册会计师的法律责任主要表现为行政责任、民事责任和刑事责任，其关系如图20-3所示。

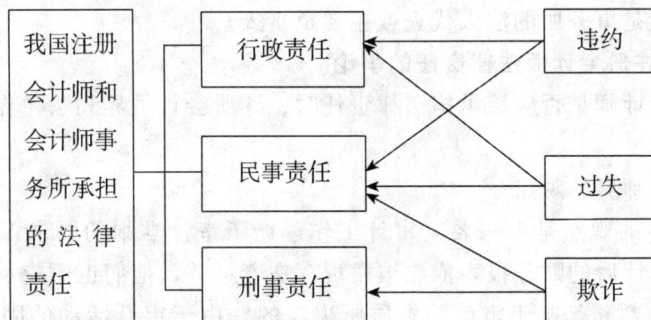

图20-3　我国注册会计师法律责任关系图

（1）我国注册会计师的行政责任

行政责任是指注册会计师或会计师事务所在提供专业服务时，因违反注册会计师行业管理的法律、法规或规章，受到行政管理部门专业处罚的一种责任。对注册会计师而言，行政责任意味着：警告、停止营业（最长期限为12个月）、吊销注册会计师资格等；对会计师事务所而言，行政责任意味着：警告、没收违法所得、罚款、停止执业（最长期限为

12个月）、撤销。

（2）我国注册会计师的民事责任

民事责任是指会计师事务所、注册会计师对由于自己违反合同或民事侵权行为所引起的法律后果依法应承担的法律责任。它主要表现为经济赔偿。民事责任主要包括：对委托人的责任，具体地说，有违约责任和民事侵权责任；对第三方的责任，主要指对银行、股东、债权人、潜在投资者等所负民事侵权责任。

最高法院的〔1996〕56号文件、〔1996〕3号文件、〔1997〕10号文件和〔1998〕13号文件都分别对注册会计师在开展服务过程中承担的民事责任作出司法解释。其中，56号文件具有划时代的意义，它开创了出具虚假验资报告的事务所对客户经营活动产生的法律后果，应当对第三方承担赔偿责任的先例。此后，全国法院几乎都直接根据56号文件或根据56号文件的精神，判决了多起涉及注册会计师验资的诉讼案件。这在职业界内外引起相当大的震动，引发了行业内外对注册会计师验资业务法律责任尤其是民事侵权责任的众多思考。

针对注册会计师的民事诉讼案件也从验资领域扩展到审计业务领域。如在琼民源虚假财务报表事件中，受到损害的股东对负责审计的会计师事务所提出了高达28亿元人民币的诉讼；成都红光虚假财务报表事件后，成都和上海两地社会投资者也起诉该公司发起人并要求注册会计师承担连带责任；亿安科技和银广夏出具虚假财务报表后，受损害的小股东也提起了集团诉讼。针对这类诉讼请求，最高法院对原告和被告的确定、诉讼方式的确定、虚假陈述的认定、因果关系的确定、归责和免责事由及赔偿范围和损失计算作出了更为明确的规定。

（3）我国注册会计师的刑事责任

刑事责任是指犯罪人因其实施犯罪行为而应当承担的最为严厉的一种处罚，即国家司法机关依照刑事法律对其犯罪行为予以追究，并给予刑事制裁所承担的法律责任。这是最为严厉的一种法律责任。所有刑事责任的承担者都有故意提供虚假信息的行为，因此，欺诈行为是会计师事务所和注册会计师承担刑事责任的前提条件。刑事责任的对象可能是注册会计师，也可能是事务所的法人代表或主要负责人。

3）我国关于注册会计师法律责任的争论

在判断注册会计师是否应该承担法律责任时，注册会计师界和法律界与公众之间是存在不同看法的。

（1）注册会计师界的观点

注册会计师界的观点是：只要其审计工作遵循了审计准则的要求，便尽到了职业责任。此时，即使审计后的财务报表依然被发现存在着舞弊，他们也不应承担法律责任。注册会计师作出这种判断是基于审计的本质所决定的。由于审计活动的固有风险，注册会计师对被审计的财务报表承担着"合理保证"的责任，并不绝对担保经过审计的财务报表中没有任何错误。对于那些与委托人串通舞弊的注册会计师，其出具的报告无疑是"虚假"的。但是，由于被审计客户舞弊手段高明，注册会计师由于审计权力的限制，无法从被审计单位之外的第三方获取有效的验证信息，或者是第三方（如银行、商检等机构）的证明也是虚假的，即使注册会计师遵循了职业准则，也未能揭示被审计事项中存在的舞弊。在这种情况下，即使注册会计师出具的审计报告是"不实"的，也不应当承担法律责任。

（2）法律界与公众的观点

然而，社会公众很难接受职业界的这种观点。在法律界与公众看来，如果说只要注册会计师的工作满足了审计准则的要求，就不能认为其工作存在过失，这种逻辑是十分荒唐的。这就等于说，审计报告的作用仅仅是在向社会公众昭示，注册会计师切实执行了审计程序，至于审计结果，其不负责任。可以想象，当公众投资者就注册会计师审计报告提出索赔，注册会计师一味地以审计准则来摆脱法律责任时，人们就会对准则的权威性产生疑问。事实上，从现行立法来看，至少在民事责任领域内，法律并没有接受注册会计师职业界的观点。在多项司法条文中，"虚假"和"不实"是没有本质区别的，都意味着注册会计师要对利害关系人承担赔偿责任。

20.4　注册会计师避免法律责任的措施

职业界为避免法律诉讼，采取了多种应对措施。这些措施可以分为两个层面：一是单个事务所的应对之策；二是整个职业界的应对举措。

1）审计职业界避免法律诉讼的对策

虽然诉讼表现为单个事务所的经济赔偿或个人责任，但是，一旦发生诉讼，将对注册会计师职业界整体声誉有所影响，如安然事件后及我国的银广夏事件后，注册会计师在社会中的声誉受到严重的损害，这不利于整个行业的发展。此外，注册会计师在某一起诉讼中败诉后，会产生扩散效应，会鼓励更多的第三方仿照该案例起诉注册会计师，法院也会以该案例为参照对注册会计师进行判决。因此，站在行业发展的角度，避免诉讼绝不是某一个事务所或注册会计师个人的事情，而是涉及整个行业发展的大事。

从目前看，审计职业界避免法律诉讼或减轻法律责任的措施主要有：

（1）开展审计理论研究，建立更为完善的审计准则

尽管法庭判决并不以审计准则为标尺，但是，面对法律纠纷愈演愈烈的现实，各国的注册会计师协会都纷纷制定或修改其审计准则，作为衡量会计师事务所审计质量是否达到要求的准绳，并给予从业者更多的指导。比如，社会公众要求注册会计师承担起揭示舞弊责任的要求，适应社会需求。

（2）开展行业内质量复核与质量检查制度，提高行业整体工作水准

为了保障审计服务质量，审计职业界建立起行业质量复核制度，通过实行强制性的同业复核来检查各事务所遵守质量控制准则的情况，同时对行为不当者给予处罚。虽然对这种制度的有效性，尤其是对超大型会计师事务所之间质量互查的有效性存在着一些不同的看法，但是，这种从事务所外部对其质量进行检查与控制的思想无疑有助于提高审计服务的质量，从而减少审计失败及诉讼的可能性。

（3）改变事务所组织形式，规避无限责任

在采取普通合伙制下，事务所合伙人之间承担无限连带责任，这在法理上有欠公平。因为任何一位合伙人在执业过程中的过错，都将导致合伙所对利害关系人承担侵权赔偿责任，如果合伙人在合伙所中的共有财产不足以赔偿时，由于每个合伙人都对合伙所的债务

负连带责任，受损害的利害关系人往往向最具有偿债能力的合伙人索赔，而不是向过错合伙人索赔，这对无过错的合伙人来说太不合理。但是，职业界又希望保持合伙。在合伙制下，合伙人只需要缴纳个人所得税，而不需要缴纳企业所得税，因此，就有了有限责任合伙组织形式。

有限责任合伙是以普通合伙为基础的一种特殊的责任安排，即排除非过错合伙人的侵权责任，只有过错合伙人对他们的职业行为导致的侵权债务承担无限责任，非过错合伙人只承担有限责任。这种安排无疑符合法理上的公平原则，但不可讳言，这同时削弱了对被侵权者的保护。

（4）促使立法从连带责任转向按份责任

审计职业界认为，针对注册会计师的诉讼频发的一个重要原因是"深口袋"原则的广泛运用。**深口袋原则**就是指诉讼的原告倾向于向最有赔偿能力的一方进行索赔，而不考虑其过错责任的大小。由于在诉讼发生时，审计客户往往已经面临着经营失败，其赔偿能力明显地不足，而注册会计师却被认为是有赔偿能力的一方。注册会计师承担责任的深口袋能够变成现实，就是因为注册会计师承担连带责任。审计界努力使司法界认识到，从过错的角度看，不应该由注册会计师承担全部的责任，而应当按照不同过错的大小承担自己份额的按份责任。

从目前看，在西方国家也只有美国的一些州采取按份责任的方式，大部分国家从连带责任改为按份责任的实践都没有成功。在我国的司法实践中，也有律师提出按注册会计师过错比例承担责任的主张，法院也曾接受过这种观点。

（5）开展职业保险

职业保险是国外的一个很重要的险种。职业保险是对会计师事务所和注册会计师提供保护的基本做法。出现问题后，通常当事人直接到保险公司索赔，从而转嫁和分散事务所经营过程中不可避免的风险，保护事务所不会因为赔偿而被迫倒闭。不过，职业保险能否生存下去，并不取决于注册会计师职业界，而是看司法界对注册会计师的法律责任定得多大。如果法律责任过大，保险公司可能无力承担巨额的赔偿，或者是事务所无力投保巨额的保费。在西方，20世纪80年代就曾要求注册会计师对无限的第三人负责，这使得从事职业保险的众多保险公司退出了这个险种。

目前，我国也开始实施注册会计师职业保险，不过，注册会计师职业界对职业保险的应保障范围、保险程度和保险费率的确定尚存在着一些不同意见。

（6）促进职业界与社会公众的交流

注册会计师职业界的研究表明，社会公众对审计应起作用的理解与注册会计师职业界行为结果及职业界自身对审计应起作用的看法之间存在着差异，这也被称为"审计期望差距"。从社会公众的角度看，他们希望注册会计师能及时通知被审计客户可能难以持续经营的有关情况，一旦获得无保留意见审计报告，他们就认为注册会计师已经对被审计客户的经营情况和财务状况作出了保证。一旦事实证明，被审计客户的经营不尽如人意，他们往往认为是注册会计师失职。在此背景下，加强职业界与社会公众的交流，教育公众理解会计责任和审计责任的不同、审计活动存在的固有局限性、审计只是对被审计财务报表公允性的合理保证等，无疑可以在一定程度上缩小审计期望差距，从而减轻诉讼的压力。

2）会计师事务所及注册会计师避免法律诉讼的对策

会计师事务所及注册会计师如何才能减轻自己的责任，尽量避免法律诉讼呢？主要对策是建立有效的质量控制体系，并切实地予以执行，保持高质量的审计服务。具体说来，主要有：

（1）接受业务委托前，谨慎地选择审计客户

防范法律诉讼的最彻底的办法是拒绝高风险的审计客户。客户经营出现了问题，通常会把签字注册会计师卷入诉讼中。当然，这并不是说注册会计师只能接受经营成功、管理良好，且在商业道德上无懈可击的客户，这在实务中很难行得通。强调谨慎地选择委托人，是要求事务所和合伙人如第 8 章所介绍的那样，仔细地辨认委托人的审计风险，只有在其能够承担的风险范围内接受审计客户。

（2）在业务约定书中明确委托双方的权利和义务

为了防止被审计客户或者是第三方对注册会计师的恶意诉讼，签订服务合同性质的业务约定书是十分必要的。在该文书中应该清楚地说明注册会计师提供服务的类型，以及双方的权利和义务。关于业务约定书的具体内容，我们已经在第 8 章作了详细的介绍，这里不再赘述。

（3）在审计过程中保持应有的职业谨慎，遵循审计规范

尽管法庭的判决并不完全以注册会计师行业制定的审计规范为标准，但是严格执行审计准则等规范无疑是避免法律诉讼的有效方式。由于目前在审计实务中，审计程序日渐标准化，因此，仅仅采取了审计准则要求的每一个步骤，并不足以保证审计工作的质量，更有甚者将执行审计准则的过程简化为单纯地打钩或打叉的过程。事实上，审计准则等规范只能是原则上的指导，在具体的审计工作中离不开职业判断。严格执行审计规范是要始终保持职业谨慎，以适当的关注在每个环节上作出谨慎的职业判断。

（4）执行审计业务时，取得客户的管理层书面声明和律师声明

注册会计师在执业过程中，应当注意自我保护。如前面的章节中所介绍的那样，获取客户出具的管理层书面声明和其律师声明就是一种自我保护。当然，这些书面声明不是客观的审计证据，注册会计师不能因此而减少审计查核的工作量，这些文书的作用更多的是心理上的。在某些国家的法庭判决中，如果是管理层或律师出具虚假的书面声明，在一定程度上可减轻或免除注册会计师的法律责任。我国的司法实践表明，注册会计师并不能因获取这些书面声明而减轻其应负的法律责任。

（5）聘请熟悉注册会计师行业特点的律师进行诉讼辩护

在国际上，会计师事务所和注册会计师往往倾向于采取庭外和解等方式解决司法诉讼。这是因为，一旦进行诉讼，往往需要花费大量的时间和精力准备相关的资料，支付高额的律师费用，并且承受媒体连篇累牍的报道给事务所声誉带来的不利影响。这些因素综合起来，使得应诉成本极为高昂。但是，回避诉讼并不能为注册会计师减轻压力，反而更激发了公众起诉注册会计师的心理，因此，积极应诉并聘请熟悉行业特点的律师进行辩护无疑是反击诉讼的有力举措，好的律师是胜诉的关键。

（6）提取职业风险准备金并进行职业保险

审计风险的特性决定了风险控制措施只能在一定程度上减轻或降低风险及其带来的损失，而不能完全消除风险及由此产生的损失，因此，注册会计师和事务所还需要在财务上

做好准备，以应对可能发生的风险损失。

提取职业风险准备金和进行职业保险都是注册会计师和事务所应对审计风险的财务措施。我国注册会计师协会要求各个事务所不得将经营获得的收益完全用于分配，而是提取一定比例的职业风险准备金，以应对可能出现的审计质量事故。目前，各地对职业责任投保的要求并不完全一致。

■ **本章小结**

注册会计师的工作结果可能会招致法律的行政责任、民事责任和刑事责任，或者三者都有。与会计师事务所签约的客户或非签约的第三方都可能起诉注册会计师。不同的法律规范适用不同的情况，都规定了注册会计师承担法律责任的要件。一些国家判定注册会计师法律责任可以依据普通法或者成文法，而我国只有成文法。由于案件的判决结果还受到其他因素的影响，因此，在判断注册会计师可能承担的法律责任时，不能单纯地以某一案件的结果为参考。注册会计师职业界为避免法律诉讼，采取了两个层面的应对措施：一是单个事务所的应对之策，另一个是整个职业界的应对举措。

■ **主要概念和观念**

□ 主要概念

一般过失　重大过失　推定欺诈　欺诈　共同过失　行政责任　民事责任　刑事责任　有限责任合伙　深口袋原则

□ 主要观念

职业责任和法律责任的关系　客户和第三方起诉注册会计师的理由　侵权责任诉讼成立的要素　判断注册会计师法律责任的思路　关于注册会计师法律责任的争论

■ **基本训练**

□ 知识题

20.1　阅读理解

1）什么是审计职业责任和法律责任？

2）客户和第三方可以分别以什么理由与依据起诉注册会计师？

3）侵权责任诉讼成立的要素有哪些？

4）判断注册会计师法律责任的思路是什么？

5）面对诉讼，注册会计师可能的自我辩护理由有哪些？

6）审计职业界、会计师事务所和注册会计师避免法律诉讼的措施主要有哪些？

20.2　知识应用

1）选择题

（1）审计人员取得有关诉讼、起诉等需要披露信息的主要渠道是（　　　）。

A.被审计单位的律师　　　　　　　　　B.法庭的记录

C.被审计单位的管理层　　　　　　　　D.独立审计人员

（2）注册会计师在审计东方股份有限公司20×2年的会计报表时，知悉该公司可能存在重大的舞弊行为，则应采取的措施是（　　　）。

A.以职业谨慎态度，劝阻该公司不得进行舞弊

B.运用专业知识判断该公司是否确实存在舞弊行为

C.与该公司的管理层讨论，并将过程详细记录在审计工作底稿中

D.向证券监管部门报告，并要求通知广大股东

（3）下列（　　）情形下，注册会计师必须负刑事责任。

A.拒绝将审计工作底稿交给委托人

B.执行审计时疏忽大意

C.故意遗漏在财务报表上必须说明的重大事实

D.故意违背和委托人之间的契约

（4）美国的历史上，第一次判定注册会计师就其重大疏忽责任而应向第三方负责的案件是（　　）。

A.The Southern Sea Corp.　　　　　　B.Mackesson & Robbins

C.Ultramares Corp. V. Touche　　　　D.Equity Funding Case

（5）股东指控注册会计师未发现一桩雇员舞弊，注册会计师进行辩护的最好理由是（　　）。

A.无合同规定的义务关系

B.聘约中未规定注册会计师对其他第三方的责任

C.与客户分担过失

D.雇员舞弊并不重要

（6）下列注册会计师可以用于辩护的理由中（　　）不适用于第三方的指控。

A.没有义务　　　　B.没有疏忽　　　　C.分担过失　　　　D.缺少因果关系

（7）注册会计师因违约、过失、欺诈给他方造成损失，可能被判负行政责任、民事责任或刑事责任。对注册会计师而言，可能遭到的行政处罚不包括（　　）。

A.警告　　　　　　　　　　　　　　B.没收违法所得与罚款

C.暂停执业　　　　　　　　　　　　D.吊销注册会计师证书

（8）鲁道夫公司想要投资哈瑞斯公司的股票，因此，聘请约翰逊会计师事务所对哈瑞斯公司的财务报表进行审计。在审计过程中，约翰逊会计师事务所未发现哈瑞斯公司的一笔数额较大的负债。鲁道夫公司如果按习惯法起诉注册会计师，至少应该能够证明（　　）。

A.约翰逊具有严重疏忽　　　　　　　B.约翰逊具有一般疏忽

C.约翰逊具有舞弊行为　　　　　　　D.约翰逊本来知晓这笔负债

（9）以你所学的知识，判断下列何者是重大的非法事件（　　）。

A.盗用资产或贪污舞弊　　　　　　　B.财务报表内主要会计数据笔误

C.误用会计原则　　　　　　　　　　D.编制财务报表时对所存事实误解

2）判断题

（1）报表使用者因信赖了令人误解的财务报表而作出错误决策，使其蒙受损失，应追究审计人员的法律责任。　　　　　　　　　　　　　　　　　　　　　　　（　　）

（2）提取职业风险准备金和进行职业保险都是注册会计师和事务所应对审计风险的财务措施。　　　　　　　　　　　　　　　　　　　　　　　　　　　　　　　（　　）

（3）注册会计师有责任查明被审计单位会计报表中存在的错误与舞弊。　　（　　）

（4）民事责任主要表现为经济赔偿，是国际上最为常见的注册会计师承担法律责任的

形式。 　　　　　　　　　　　　　　　　　　　　　　　　　　　　　　　　 （　　）

□　技能题

操作练习

1）某注册会计师最近5年一直审核A银行的财务报表，每次审计结束，注册会计师均建议改善该行消费贷款的内部控制，但银行管理者一直未按照建议改进。最近，银行发现该贷款主任伪造虚假的贷款侵吞公款，于是，银行控告注册会计师涉嫌过失。请问：注册会计师应如何为自己辩护？

2）注册会计师完成对莱曼公司的年度财务报表的审计。她知道该公司打算利用该审计报告取得贷款，但尚未明确向哪家银行贷款。审计报告签发后，莱曼公司获得A和B两家银行的贷款，同时凭此审计报告获得C公司的商业信用。后来，莱曼公司破产。若A、B、C均起诉注册会计师存在重大过失，根据普通法的要求，请问：注册会计师可能对谁负责？

□　能力题

20.1　案例分析

1）请你学习完本章内容后，帮助回答本章引例中投资者的疑问。

2）A公司是非公开上市的制衣公司，已经取得BG银行贷款25 000元。A公司希望增加贷款规模，BG银行要求A公司提供审计后财务报表的副本，否则拒绝增加贷款。A公司请注册会计师审计，并明确表示此次审计就是为了获取BG银行的贷款。注册会计师接受委托后匆匆执行了相关的审计程序，签发了无保留意见的审计报告。A公司凭此审计报告取得了BG银行新增贷款35 000元。A公司又以此审计后财务报表获得D公司的贷款15 000元。后来A公司宣告破产，无力归还上述贷款。BG银行和D公司分别起诉注册会计师及其所在事务所，要求赔偿60 000元和15 000元的贷款。问：BG银行和D公司是否能够收回其贷款？收回的金额应该有多少？理由是什么？

20.2　网上调研

1998年11月，中国证监会作出《关于成都红光实业股份有限公司严重违法违规案件的通报》，其中指出，对为红光公司出具有严重虚假内容的财务审计报告和含有严重误导性内容的盈利预测审核意见书的成都蜀都会计师事务所，没收非法所得30万元并处罚款60万元；暂停该所从事证券业务3年；认定该所为红光公司出具的审计报告上签字的注册会计师为证券市场禁入者，永久性不得从事任何证券业务。请你通过网上学习，了解什么是证券市场禁入？这种处罚对注册会计师有什么影响？自红光案件后，哪些案件所涉及的注册会计师还被认定为证券市场禁入者？

20.3　单元实践

中国证券民事赔偿第一案——红光实业案终以11名投资者获得支付款22万余元而告终，该案的审理旷日持久，且仅仅是个案，不能预示所有证券市场上的会计造假者都将落马。根据最高人民法院的"1·15"通知规定，提起虚假陈述民事诉讼有个前提，即该公司受到证监会的处罚。这种"前置程序"反映了立法机关在保护投资者利益与摆脱滥诉阴影之间权衡的结果。有投资者认为，应将虚假陈述民事诉讼进一步放开，扩大到发生重大会计差错的责任主体。其理由是，重大会计差错更正的事实几乎等于表明财务报告存在虚假陈述并且是重大的，这就大大减轻了原告的举证责任。如果将重大会计差错及更正的信息披露要求从定期报告披露改为临时公告，就较容易界定差错更正事件对股价的影响，便于计算损失金额，增加了投资者获得救济的可能性。请你对此观点进行调查分析，作出你的判断。

□ 拓展阅读内容

20.1 多家事务所遭受证券业务暂停受理。

20.2 史上最大审计诉讼案 全球最大会计师事务所或面"生死之战"。

20.3 标准水务案再起波澜，安永提出上诉。

20.4 德勤华永与SEC就终止东南融通审计工作底稿诉讼达成和解。

20.5 欣泰电器诉证监会案二审的几大看点。

综合案例

A公司是一家主要从事中西成药、生化制剂、营养及保健产品的生产和销售的上市公司，隶属于某市D区的国有企业。2×11年，经批准由几家公司以定向募集方式组建，并发行了内部职工股。2×15年，经中国证监会批准，A公司向社会公开发行4000万股普通股，发行价为7.23元，并于5月在S证券交易所上市交易。

目前，A公司正在考虑聘请Y会计师事务所对其2×20年度会计报表进行审计。你是Y事务所的注册会计师，正负责对该项目进行初步调查，决定是否承接该项业务委托。

你了解到以下事项：

1）A公司基本背景信息

（1）A公司股权变动情况：

2×15年6月，实施资本公积转增股本方案，10股转增10股；

2×17年11月，实施配股方案，10股配3股，配股价7.00元；

2×18年4月，内部职工股上市流通；

2×19年5月，实施10股送3股转增2股派7股的方案。

B有限责任公司从A公司上市以来，一直是其第四大股东。截至2×17年12月31日，B公司持有A公司股份比例为5.42%。B有限责任公司是由自然人李明和王霞组成的有限责任公司，注册资本为4.6亿元人民币，其中李明占96%，主要经营化工原料、五金、建筑材料的销售。2×18年4月13日，B有限责任公司与A公司第三大股东C纸制品厂签署股份转让协议，受让其持有的A公司法人股，并成为了A公司第二大股东。2×18年7月12日，B有限责任公司与A公司原第二大股东签订协议，受让了后者持有的全部A公司的股份，持股比例达13.20%，以微弱多数成为了A公司第一大股东。

不过，目前A公司与其股东之间的关系并不和谐：①第一大股东B有限责任公司与A公司发生借款纠纷，2×20年7月1日被A公司起诉，当地市中级人民法院根据原告诉讼保全申请，裁定冻结被告持有的A公司法人股。2×20年11月11日，当地市中级人民法院作出判决，被告支付欠原告款 5 440 万元。②A 公司现在的第三大股东 T 公司因与某银行发生借款合同纠纷，其持有的 A 公司股份于 2×19 年 9 月 11 日被省高级人民法院冻结。2×20 年 9 月 18 日，省高级人民法院裁定，其第三大股东 T 公司持有的国有股以每股 0.68 元转让给该银行，相关过户手续尚未办理。

（2）A 公司管理层变动情况。

2×18 年是 A 公司组建以来发生重大变化的一年，由国有控股转为民营控股，A 公司决策层和经营层发生重大人事变更，董事长由李明担任。2×19 年下半年，公司决策层第二次发生人事变动，继之由于中止国家股转让，控股地位由民营控股又转为国有控股。2×19 年，董事会 5 名成员中 4 位由 B 有限责任公司提名。2×20 年，B 有限责任公司提名的 4 位董事相继离开了董事会。从 2×17 年到 2×20 年的 4 年中，A 公司每年都变更了总经理。

（3）A 公司主要财务数据和财务指标（见表 1）。

表 1　　　　　　　　　　A公司主要财务数据和财务指标

项　　目	2×20年	2×19年	2×18年	2×17年
营业收入（万元）	8 049.7	5 021.7	25 209.3	14 245.4
净利润（万元）	337.3	−57 237.2	12 090.7	4 067.3
总资产（万元）	77 039.3	73 456.9	112 891.9	61 657.6
股东权益（万元）	24 439.7	23 752.7	52 819.9	51 201.2
每股收益（摊薄）（元）	0.007	−1.276	0.404	0.135
每股收益（加权）（元）	0.007	−1.480	0.404	0.158
扣除非经营性损益后的每股收益（元）	−0.023	−0.722	0.341	0.100
每股净资产（元）	0.538	0.530	1.270	1.710
调整后每股净资产（元）	0.476	0.471	1.690	1.640
净资产收益率	1.37%	−240.75%	11.45%	3.97%
净资产收益率（加权）	1.37%	−145.19%	10.56%	4.91%
每股经营活动产生的现金流量净额（元）	0.080	−0.825	0.378	−0.138

（4）A 公司上市当年股票价格一路走高，2×17 年 6 月，资本公积转增股本后，价格回落，2×18 年年底降到一个低点，2×17 年该公司股票又开始上扬，并在 2×18 年年底达到又一高峰，此后，该公司股票一直走低。

2）2×20 年度 A 公司董事会报告及重要事项节录

董事会报告节录：

管理层讨论与分析：

2×19 年 10 月，本公司控股地位由民营控股转为国有控股，新的董事会组建以来，公司在本地各级政府的支持下，努力消化亏损带来的不利影响，调整充实经营管理人员，克服行业不规范竞争等不利因素，初步扭转了被动的经营局面。

主要控股公司的经营情况及业绩：

　　Z药业有限公司，系控股子公司，本公司拥有97%股权。该公司主要从事中成药加工和销售，是国家确定的56家重点中药厂之一。其主要产品有三个国家中药保护品种，一个国家级新药。注册资本为1 300万元，2×20年，实现营业收入1 983.59万元，利润399.85万元。

　　重要事项节录：

　　(1) 重大关联交易事项。

　　①截至2×20年12月31日，本公司为第一大股东B有限责任公司提供资金54 400 000.00元。

　　②截至2×20年12月31日，本公司为第三大股东T公司提供资金16 580 448.73元。

　　③本年度公司与第二大股东D区国有资产经营公司进行资产置换。

　　(2) 重大资产置换。

　　2×20年10月16日，本公司与第二大股东当地市D区国有资产经营公司签订了《重大资产置换暨关联交易协议》，拟将本公司部分应收账款、部分其他应收款（经评估的上述两项资产价值合计20 481.68万元）与第二大股东拥有的位于当地市境内偏远深山中的林地资产及林木资产（经评估的上述两项资产价值20 502.65万元）进行置换，置换差额20.97万元，本公司以现金补付给D区国有资产经营公司。此协议及有关方案经本公司董事会会议通过。相关资料经中国证监会审核同意，2×20年12月30日，由本公司2×20年度第二次临时股东大会审议通过，相关产权过户手续已办理完毕。

　　(3) 重大担保事项。

　　A公司为控股子公司Z药业有限公司在人民币1亿元以内流动资金贷款进行担保，期限为3年。

　　(4) 重大借款事项。

　　北京F广告有限公司占用资金1.55亿元。该公司已经与本公司签署《资金借款协议》，根据协议之约定，北京F广告有限公司将在2×21年年内偿还本公司上述欠款。

　　(5) 批评情况。

　　2×20年7月2日，S证券交易所对本公司信息披露违规行为公开谴责，违规行为如下：

　　①2×19年度出售持有的SR药业有限公司的全部股权，发生2 670.35万元的净亏损，本公司对该重大事项信息披露存在重大遗漏。

　　②2×19年向北京F广告有限公司提供资金1.9亿元，本公司对该重大事项没有及时履行信息披露义务。

　　③2×19年向第一大股东B有限责任公司提供资金0.544亿元，本公司对该关联交易没有及时履行信息披露义务。

　　公司董事会接到该文件后非常重视，于7月4日立即发布致歉公告如下：上述问题由于2×19年公司决策层和经营管理层处于重大人事变动状态，导致信息渠道不畅通，对一些相关信息没能及时履行信息披露义务及存在重大遗漏，在此向广大投资者表示歉意。

　　公司新董事会成立后，对信息披露工作十分重视，已进一步完善了相关制度。S证券交易所对公司在信息披露方面的公开谴责，将极大地促进公司在信息披露方面的规范化建设。

　　3) 会计报表及附注信息

　　表2至表4列示了A公司的合并资产负债表、合并利润表、合并现金流量表。

表2 合并资产负债表（资产方） 单位：人民币元

资产项目	2×20年12月31日	2×19年12月31日
流动资产：		
货币资金	4 716 366.41	15 489 194.35
交易性金融资产	100 000.00	—
应收票据	257 000.00	
应收账款	66 835 248.05	200 832 553.90
预付款项	29 016 663.52	19 542 114.04
应收股利	—	—
应收利息	—	—
其他应收款	308 251 010.91	330 135 091.83
存货	43 411 040.31	59 267 286.64
一年内到期的非流动资产	—	
其他流动资产	4 631.42	40 864.38
流动资产合计	452 591 960.62	625 307 105.14
非流动资产：		
长期股权投资	3 570 944.99	226 525.97
固定资产	84 150 100.51	86 146 189.27
工程物资	—	—
在建工程	6 197 759.53	3 126 612.79
固定资产清理	—	—
生产性生物资产	205 026 528.85	
无形资产	18 855 218.56	19 678 492.25
长期待摊费用	—	59 129.66
其他非流动资产	—	—
非流动资产合计	317 800 552.44	109 236 949.94
资产总计	770 392 513.06	734 544 055.08

合并资产负债表（负债及股东权益方）　　　　　　单位：人民币元

负债及股东权益项目	2×20年12月31日	2×19年12月31日
流动负债：		
短期借款	451 925 000.00	462 240 000.00
应付票据	—	—
应付账款	15 522 790.13	9 842 586.09
预收款项	10 867 822.18	3 243 239.53
应付职工薪酬	−577 089.05	−420 611.19
应交税费	10 340 988.28	1 669 449.52
应付股利	5 134 592.76	5 134 542.76
其他应付款	26 781 523.59	11 617 915.37
预提费用	—	3 215 356.12
预计负债	—	—
一年内到期的非流动负债	4 999 495.02	3 190 356.27
其他流动负债	—	—
流动负债合计	524 995 072.91	496 517 478.35
非流动负债：		
长期借款	—	500 000.00
应付债券	—	—
长期应付款	—	—
专项应付款	—	—
其他非流动负债	—	—
递延所得税负债	—	—
非流动负债合计	—	500 000.00
负债合计	524 995 072.91	497 017 478.35
股东权益：		
股本	224 508 138.00	224 508 138.00
资本公积	194 611 805.53	194 611 805.53
盈余公积	67 158 501.42	62 323 198.17
未分配利润	−241 932 887.07	−245 306 109.99
少数股东权益	1 051 882.27	1 389 544.93
股东权益合计	245 397 440.15	237 526 576.23
负债及股东权益总计	770 392 513.06	734 544 055.08

表3　　　　　　　　　　　　　　　**合并利润表**　　　　　　　　　　　　　单位：人民币元

项　目	2×20年度	2×19年度
一、营业收入	80 497 696.92	50 217 399.02
减：营业成本	19 784 571.41	15 359 002.34
税金及附加	1 231 080.81	1 014 566.34
销售费用	31 006 882.33	106 502 324.13
管理费用	23 934 843.67	77 350 184.13
财务费用	14 830 083.08	17 138 963.30
资产减值损失	—	140 450 000.00
加：投资收益	20 517.25	−16 145 720.49
二、营业利润	−10 269 247.13	−323 743 361.71
加：营业外收入	13 827 940.80	45 998 562.83
减：营业外支出	185 470.75	291 119 229.44
三、利润总额	3 373 222.92	−568 864 028.32
减：所得税费用	—	3 508 118.71
四、净利润	3 373 222.92	−572 372 147.03
归属于母公司所有者的净利润	3 249 560.50	−572 962 346.41
少数股东损益	123 662.42	590 199.38

表4　　　　　　　　　　　　　　　**合并现金流量表**　　　　　　　　　　　　单位：人民币元

项　目	2×20年度	2×19年度
一、经营活动产生的现金流量		
销售商品、提供劳务收到的现金	88 605 512.58	77 451 236.34
收到的税费返还	—	—
收到其他与经营活动有关的现金	68 854 175.34	63 073 192.57
现金流入小计	157 459 687.92	140 524 428.91
购买商品、接受劳务支付的现金	33 564 855.37	19 330 703.37
支付给职工以及为职工支付的现金	6 642 614.45	7 656 464.39
支付的各项税费	11 487 243.98	121 574 293.07
支付其他与经营活动有关的现金	69 412 714.20	362 133 194.53
现金流出小计	121 107 428.00	510 694 655.36
经营活动产生的现金流量净额	36 352 259.92	−370 170 226.45
二、投资活动产生的现金流量		
收回投资收到的现金	—	37 194 648.60

项　目	2×20年度	2×19年度
取得投资收益收到的现金	—	1 920 000.00
处置固定资产、无形资产和其他长期资产收回的现金净额	15 000.00	13 500.00
收到其他与投资活动有关的现金	—	—
现金流入小计	15 000.00	39 128 148.60
购置固定资产、无形资产和其他长期资产支付的现金	8 657 721.28	8 205 470.56
投资支付的现金	—	—
支付其他与投资活动有关的现金	—	—
现金流出小计	8 657 721.28	8 205 470.56
投资活动产生的现金流量净额	−8 642 721.28	30 922 678.04
三、筹资活动产生的现金流量		
吸收投资收到的现金	—	—
借款收到的现金	41 000 000.00	951 490 000.00
收到其他与筹资活动有关的现金	—	—
现金流入小计	41 000 000.00	951 490 000.00
偿还债务支付的现金	50 315 000.00	800 114 500.00
分配股利、利润或偿付利息支付的现金	29 172 366.58	124 009 873.46
支付其他与筹资活动有关的现金	—	552 483.50
现金流出小计	79 487 366.58	924 676 856.96
筹资活动产生的现金流量净额	−38 487 366.58	26 813 143.04
四、汇率变动对现金及现金等价物的影响	—	—
五、现金及现金等价物净增加额	−10 772 827.94	−312 434 405.37

合并现金流量表补充资料　　　　　　　　　　　单位：人民币元

补充资料	2×20年度	2×19年度
1.将净利润调节为经营活动产生的现金流量		
净利润	3 373 222.92	−572 372 147.03
加：少数股东损益	123 662.42	590 199.37
计提的资产减值准备	638 311.81	157 541 338.91
固定资产折旧	5 720 799.08	4 677 360.15
无形资产摊销	1 674 293.70	17 636 233.05
长期待摊费用的摊销	—	176 678.41
待摊费用减少（减：增加）	36 232.96	77 444.19
预提费用增加（减：减少）	−3 215 356.12	3 147 656.12
处置固定资产、无形资产和其他长期资产的损失（减：收益）	44 210.00	—
固定资产报废损失	—	29 408.31
财务费用	29 172 371.55	22 578 121.36
投资损失（减：收益）	20 517.25	16 145 720.49
递延税款贷项（减：借项）	—	—
存货的减少（减：增加）	15 876 246.33	−24 263 860.52
经营性应收项目的减少（减：增加）	145 742 596.92	−11 258 059.58

补充资料	2×20年度	2×19年度
经营性应付项目的增加（减：减少）	−162 854 848.90	−16 145 720.49
其他	—	—
经营活动产生的现金流量净额	36 352 259.92	−370 170 226.45
2.不涉及现金收支的重大投资和筹资活动		
债务转为资本	—	—
一年内到期的可转换公司债券	—	—
融资租入固定资产		
3.现金及现金等价物净增加情况		
现金的期末余额	4 716 366.40	15 489 194.35
减：现金的期初余额	15 489 194.35	327 923 599.72
加：现金等价物的期末余额	—	—
减：现金等价物的期初余额	—	—
现金及现金等价物净增加额	−10 772 827.94	−312 434 405.37

报表附注节录：

（1）主要会计政策、会计估计和合并会计报表的编制方法。

①坏账核算方法。

公司坏账采用备抵法核算，按照财政部相关文件的有关规定并经董事会确定的比例按账龄分段计提坏账准备。应收账款和其他应收款坏账准备的提取比例为：1年以内，6%；1~2年，8%；2~3年，12%；3~4年，20%；4~5年，50%；5年以上，100%。公司与关联方发生的应收账款，特别是母子公司之间交易事项产生的应收款项，不提取坏账准备。

②固定资产计价和折旧方法。

a.固定资产是指为生产商品、提供劳务、出租或经营管理而持有的，使用寿命超过一个会计年度的有形资产。

b.固定资产按照取得时的成本进行初始计量。对于固定资产的后续支出，在符合固定资产确认条件时计入固定资产成本；对于被替换的部分，终止确认其账面价值；其他后续支出在发生时计入当期损益。

c.本公司采用直线法计提固定资产折旧，各类固定资产预计使用寿命、预计净残值率和年折旧率见表5。

表5　　　　　　　　　　　　各类资产折旧情况表

类　　别	预计使用寿命（年）	预计净残值率	年折旧率
房屋及建筑物	20	3%~5%	4.75%~4.85%
机器设备	8~10	3%~5%	9.5%~12.125%
运输设备	6~10	3%~5%	9.5%~16.17%
办公设备	5~8	3%~5%	11.875%~19.40%

d.于每年年度终了，对固定资产的预计使用寿命、预计净残值和折旧方法进行复核并作适当调整。

③无形资产计价和摊销方法。

a.无形资产按照取得时的成本进行初始计量。

b.无形资产的摊销方法。

第一，对于使用寿命有限的无形资产，在使用寿命期限内，采用直线法摊销。

第二，对于使用寿命不确定的无形资产，不摊销。于每年年度终了，对使用寿命不确定的无形资产的使用寿命进行复核，如果有证据表明其使用寿命是有限的，则估计其使用寿命，并按其估计使用寿命进行摊销。

④生产性生物资产的会计核算方法。

生产性生物资产按规定年限进行分期摊销，计入当期损益。

⑤除存货、金融资产外，其他主要类别资产的资产减值准备。

于财务报表日，根据内部及外部信息确定固定资产、在建工程、无形资产、商誉、长期股权投资等是否存在减值迹象。对存在减值迹象的资产进行减值测试，估计其可收回金额，将可收回金额低于其账面价值的差额确认为减值损失，计入当期损益。

可收回金额是指资产的公允价值减去处置费用后的净额与资产预计未来现金流量的现值两者之间的较高者。

以单项资产为基础估计其可收回金额，在难以对单项资产的可收回金额进行估计的情况下，以该资产所属的资产组为基础确定资产组的可收回金额。资产组是指可以认定的最小资产组合，其产生的现金流入基本上独立于其他资产或者资产组。

对于商誉和使用寿命不确定的无形资产，无论是否存在减值迹象，都将于期末进行减值测试。

资产减值损失一经确认，在以后会计期间不得转回。

（2）2×20年会计报表主要项目注释。

注释1：应收账款（见表6）

表6　　　　　　　　　　　　　　应收账款项目表　　　　　　　　　　单位：人民币元

会计年度	1年以内	1~2年	2~3年	3年以上	合　计
应收账款	3 982 921.22	17 195 290.42	4 404 960.18	17 789 640.52	79 219 140.52
坏账准备	2 389 752.61	1 375 623.23	528 595.22	8 089 921.40	12 383 892.47

2×20年度，应收账款中有188 948 542.90元用于资产置换，详见注释5。

注释2：其他应收款（见表7）

表7　　　　　　　　　　　　　　其他应收款项目表　　　　　　　　　　单位：人民币元

会计年度	1年以内	1~2年	2~3年	3年以上	合　计
其他应收款	234 179 813.55	21 121 397.75	4 320 384.12	53 803 179.15	31 342 4774.58
坏账准备	1 158 859.38	1 690 111.82	518 446.10	1 811 346.37	517 8763.67

其他应收款的2×20年年末余额中，大额欠款单位明细情况见表8。

表8　　　　　　　　　　　　　大额欠款单位明细表

单位名称	金额（元）	性　质	期　限
北京F广告有限公司长春分公司*	105 150 000	借款	1~2年
B有限责任公司**	54 400 000	借款	1~2年
T公司	8 945 448.73		1~2年

　　注：*北京F广告有限公司与本公司于2×19年度签署《资金借款协议》。根据协议之约定，北京F广告有限公司在2×20年内归还欠款并定期支付资金产生的利息，因借款引起的纠纷和相关事宜由北京F广告有限公司负责。按照上述协议，北京F广告有限公司已经在2×20年度偿还本公司借款3 485万元，支付利息15 177 488.34元，尚欠本公司10 515万元。

　　2×20年12月25日，北京F广告有限公司与本公司续签《资金借款协议》。根据协议之约定，F公司在2×21年度内归还尚欠的10 515万元借款。

　　本公司未对北京F广告有限公司的10 515万元欠款计提坏账准备，原因：根据本公司董事会及本公司与北京F广告有限公司签署的《资金借款协议》，F公司承诺上述借款于2×21年年内归还。

　　**截至2×20年年末，公司第一大股东B有限责任公司占用资金5 440万元。本公司就与第一大股东借款纠纷事宜，于2×20年7月1日向市中级人民法院提起诉讼。根据本公司诉讼保全申请，法院裁定查封B有限责任公司持有的本公司法人股，并对该股份予以冻结，冻结期限自2×20年7月5日至2×21年7月4日。市中级人民法院审理后作出如下判决："被告B有限责任公司于本判决生效后立即给付原告A药业集团股份有限公司欠款3 150万元。"本公司对剩余款项享有继续追索权。截至本会计报表签发日，本公司尚未收到与上述诉讼相关的任何款项。

　　本期其他应收款中有42 998 348.99元，用于资产置换。

　　注释3：无形资产

　　无形资产中，2×18年10月以10 900万元购买"Q胶囊"全部生产经销权，分10年摊销。2×18年11—12月摊销265万元，2×19年1—12月摊销1 090万元，2×19年12月26日，董事会决定对"Q胶囊"全部生产经销权全额计提减值准备。

　　无形资产减值准备计提原因：根据本公司2×19年12月26日董事会临时电话会议决议：因Q胶囊市场运作不力，销售不畅，本着谨慎性原则，对购买Q胶囊全部技术及生产经销权的无形资产余值14 045万元全部作减值处理。

　　注释4：生产性生物资产

　　2×20年年末，生产性生物资产的余额为205 026 528.85元，其中包括林地资产89 068 160.75元，林木资产115 958 368.10元。

　　根据本公司与第二大股东市D区国有资产管理公司签订的资产置换协议、本公司董事会《关于重大资产转换暨关联交易的决议》、本公司2×20年第一次临时股东大会决议，以本公司截至2×20年9月10日的一年以上的价值为204 816 788.57元的应收账款、其他应收款项（其中应收账款188 948 542.90元、其他应收款42 998 348.99元、坏账准备27 130 103.37元）（已经WW资产评估事务所评估确认）与市D区国有资产经营公司所有的价值为205 026 528.85元的林地和林木（其中林地89 068 160.75元、林木115 958 368.10元）（已经WW资产评估事务所评估确认）进行了资产置换，差价209 740.27元由本公司以现金支付。置换入的林地、林木资产的相关产权手续已于2×20年12月29日办理完毕。

注释5：营业外收入和营业外支出（见表9）

表9　　　　　　　　　　　营业外收支明细表　　　　　　　　　单位：人民币元

项　目	2×20年	2×19年
营业外收入：		
处置固定资产收入	—	650.00
其他营业外收入	13 827 940.80	45 997 912.83
营业外收入合计	13 827 940.80	45 998 562.83
营业外支出：		
无形资产减值准备	—	140 450 000.00
固定资产减值准备	—	9 280 828.60
捐赠支出	70 000.00	519 250.00
其他营业外支出	115 470.75	419 100.84
营业外支出合计	185 470.75	185 169 229.94

注释6：收到的其他与经营活动有关的现金

2×20年和2×19年收到的其他与经营活动有关的现金分别为 68 854 175.34 元和 63 073 192.57 元，其中的大额收入款见表10。

表10　　　　　　收到的其他与经营活动有关的现金明细表（部分）　　　　　单位：元

项　目	2×20年		2×19年	
	金额	原因	金额	原因
收北京F广告有限公司欠款	34 850 000.00	欠款		
收北京F广告有限公司占用费	15 177 488.34	利息收入		
收到的财政补贴	15 825 000.00	财政补贴	45 500 000.00	财政补贴
银行存款利息	—		10 571 427.88	利息收入

注释7：支付的其他与经营活动有关的现金（见表11）

表11　　　　　　支付的其他与经营活动有关的现金明细表（部分）　　　　　单位：元

项　目	2×20年	2×19年
总额	69 412 714.23	362 133 194.53
其中：北京F广告有限公司借款	—	190 000 000.00
北京JT广告公司预付款	—	
B有限责任公司借款		54 400 000.00
T公司借款		70 650 000.00
D区财政局借款	10 029 161.63	
销售员借款及提成款	27 169 113.06	33 699 180.14
职工借款	—	—
各种广告费	3 347 017.50	40 732 114.43

思考题：

1）当你初步调查是否可以承接A公司审计业务时，请你写出可能获取信息的渠道。

2）按照你所了解的上述情况，请你决定是否承接该审计业务，并阐明理由。

3）如果你打算承接该审计业务，请你编制该公司总体审计计划。

4）该公司是否存在会计报表舞弊的风险信号？如果有，请指明。

5）在目前这些信息的基础上，你认为应该为 A 公司发表什么意见类型的审计报告？并写出你的审计报告。

6）如果上述会计报表已经是经过注册会计师审计，并发表无保留意见审计报告，请问，你认为通过分析程序看，该报表是否存在问题？

7）如果 2×21 年 A 公司经营状况恶化，被证券监管机构证实存在会计报表的舞弊问题，请问，如果投资者起诉注册会计师，注册会计师该如何为自己辩护？注册会计师可能会承担什么样的法律责任？

主要参考文献

［1］ ARENS A A.Auditing：An integrated approach ［M］．New Jersey：Prentice-Hall，1997.

［2］ AICPA.SAS No.99-Consideration of fraud in a financial statement audit ［J］．Journal of Accountancy，Jan. 2003.

［3］ POER B，SIMON J，HATHERLY D.Principles of external auditing ［M］．New York：John Wiley & Sons Ltd.，1998.

［4］ ELLIOT R K，WILLINGHAM J J.Management fraud：Detection and deterrence ［M］．NY：Petrocelli Books，1980.

［5］ IIA. Report on fraud，research foundation ［P］．Altamonte Spring FL，1985.

［6］ ROBERTSON J C.Auditing an other assurance engagements ［M］．Mexcio City：Transcontinental Printing，Inc.，1998.

［7］ MANCINO J.The auditor and fraud ［J］．Journal of Accountancy，1997.

［8］ WHITTINGTON O R，PANY K.Principles of auditing and other assurance services ［M］．3rd ed. New York：McGraw-Hill Companies，Inc.，2001.

［9］ SEC staff accounting bulletin No. 99．Materiality ［EB/OL］．［1999-08-12］．https://sec.gov/interps/account/sab99.htm.

［10］ LEE T A.Corporate audit theory ［M］．New York：Chapman & Hall，Inc.，1993.

［11］ 克涅科.审计学：教程与案例（英文版）［M］．大连：东北财经大学出版社，1998.

［12］ 中国注册会计师网站，www.cicpa.org.cn.

［13］ 北京注册会计师协会.西方国家注册会计师法律责任——历史演变及借鉴（内部学习资料）［P］．2002.

［14］ 常勋.会计师事务所经营管理问题 ［M］．北京：经济科学出版社，2009.

［15］陈汉文，王华，郑鑫成.安达信：事件与反思［M］.广州：暨南大学出版社，2003.

［16］陈汉文.审计学［M］.沈阳：辽宁人民出版社，2003.

［17］陈汉文.注册会计师职业行为准则研究［M］.北京：中国金融出版社，1999.

［18］陈建明.独立审计规范论［M］.大连：东北财经大学出版社，1999.

［19］卡迈克尔，威林翰，沙勒.审计概念与方法：现行理论与实务指南［M］.刘明辉，胡英坤，主译.大连：东北财经大学出版社，1999.

［20］傅元略.计算机审计［M］.上海：上海人民出版社，1999.

［21］葛家澍，裘宗舜.会计信息丛书——会计热点问题（第三辑）［M］.北京：中国财政经济出版社，1999.

［22］辜飞南，李若山，徐林倩丽.现代中国审计学：电子数据下的审计实务［M］.北京：中国时代经济出版社，2002.

［23］黄京菁.独立审计目标及其实现机制研究［M］.广州：暨南大学出版社，2001.

［24］金光华.计算机审计实务［M］.北京：中国时代经济出版社，2002.

［25］李凤鸣.内部控制学［M］.北京：北京大学出版社，2002.

［26］李若山.审计案例——国外审计诉讼案例［M］.沈阳：辽宁人民出版社，1998.

［27］李若山.审计学［M］.沈阳：辽宁人民出版社，1995.

［28］李若山，刘大贤.审计学——案例与教学［M］.北京：经济科学出版社，2000.

［29］李若山，周勤业.注册会计师法律责任理论与实务［M］.北京：中国时代经济出版社，2002.

［30］林柄沧.如何避免审计失败［M］.北京：中国时代经济出版社，2003.

［31］林启云.注册会计师非审计服务研究［M］.大连：东北财经大学出版社，2002.

［32］林钟高，尤雪英，徐正刚.独立审计理论研究［M］.上海：立信会计出版社，2002.

［33］莫茨，夏拉夫.审计理论结构［M］.文硕，肖泽忠，贾丛民，等，译.北京：中国商业出版社，1990.

［34］麦基.现代分析审计：审计师和会计师实用指南［M］.闫至刚，译.北京：中国铁道出版社，1999.

［35］王光远.制度基础审计学［M］.武汉：湖北科学技术出版社，1992.

［36］王光远，等.会计大典（第十卷）——审计学［M］.北京：中国财政经济出版社，1999.

［37］文硕.世界审计史［M］.北京：企业管理出版社，1996.

［38］萧英达，张继勋，刘志远.国际比较审计［M］.上海：立信会计出版社，2000.

［39］徐政旦，谢荣，朱荣恩，等.审计研究前沿［M］.上海：上海财经大学出版社，2002.

［40］杨春盛.财务信息与非财务信息的鉴证［M］.北京：中国时代经济出版社，2002.

［41］张龙平，王泽霞.美国舞弊审计准则的制度变迁及启示［J］.会计研究，2003（4）.

［42］中国会计学会.中国会计研究文献摘编——审计卷（1979—1999）（上、下册）

［M］.大连：东北财经大学出版社，2002.

［43］中国注册会计师后续教育教材编审委员会.独立审计准则导论［M］.北京：经济科学出版社，1997.

［44］中国注册会计师协会，香港会计师公会.高级审计实务［M］.北京：经济科学出版社，1998.

［45］中国注册会计师协会.审计技术提示第1号——财务欺诈风险［M］.北京：经济科学出版社，2002.

［46］中国注册会计师协会.中国注册会计师执业准则2010［M］.北京：经济科学出版社，2010.

［47］中国注册会计师协会.中国注册会计师法律责任——案例与研究［M］.沈阳：辽宁人民出版社，1998.

［48］奥赖利，威诺格拉德，格尔森，等.蒙哥马利审计学［M］.刘宵仑，陈关亭，译.12版.北京：中信出版社，2007.

［49］海斯，达森，席尔德，等.审计学：基于国际审计准则的视角［M］.来明敏，等，译.2版.北京：机械工业出版社，2006.

［50］克纳普.当代审计学：真实的问题与案例［M］.孟焰，主译.5版.北京：经济科学出版社，2006.

［51］中华人民共和国财政部，等.企业内部控制规范2010［M］.北京：中国财政经济出版社，2010.

［52］Treadway委员会发起组织委员会（COSO）.内部控制——整合框架［M］.方红星，主译.大连：东北财经大学出版社，2008.

［53］布瑞格.会计控制最佳实务［M］.南京大学会计与财务研究院，译.2版.大连：大连出版社，2009.

［54］韦尔斯.公司舞弊手册：防范与检查［M］.朱锦余，主译.2版.大连：东北财经大学出版社，2010.

［55］奥加拉.公司舞弊：发现与防范案例研究［M］.龚卫雄，等，译.大连：东北财经大学出版社，2009.

［56］弗斯通，达维亚.舞弊侦查技巧与策略［M］.谢盛纹，译.2版.大连：东北财经大学出版社，2008.

［57］中国注册会计师协会.财务报表审计工作底稿编制指南［M］.2版.北京：经济科学出版社，2012.

［58］瑞扎伊.财务报表舞弊：预防与发现［M］.朱国鸿，译.北京：中国人民大学出版社，2005.

［59］黄世忠.会计数字游戏：美国十大财务舞弊案例剖析［M］.北京：中国财政经济出版社，2003.

［60］库利南，怀特.美国证监会审计案例精选［M］.宋建波，等，译.北京：中国人民大学出版社，2005.